越文化研究
绍兴文理学院学报特色栏目论文选

越地城池与文化研究
YUEDI CHENGCHI YU WENHUA YANJIU

高利华　主编

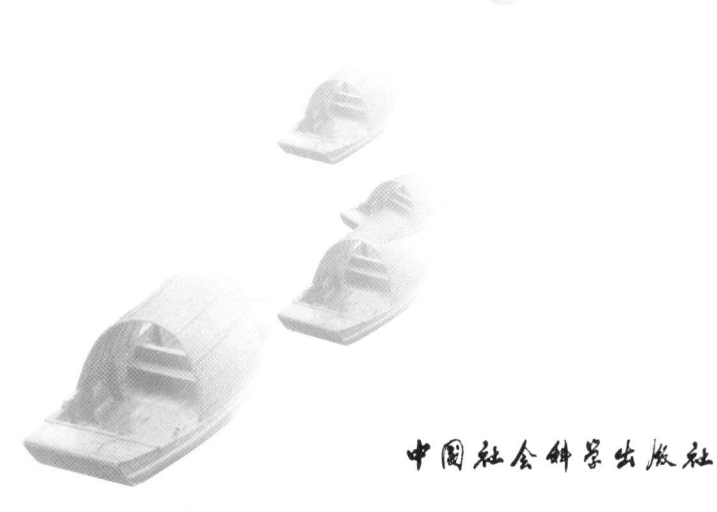

中国社会科学出版社

图书在版编目（CIP）数据

越地城池与文化研究/高利华主编. —北京：中国社会科学出版社，2017.12

ISBN 978-7-5203-1700-9

Ⅰ.①越… Ⅱ.①高… Ⅲ.①古城遗址(考古)—研究—绍兴 Ⅳ.①K878.34

中国版本图书馆 CIP 数据核字(2017)第 314224 号

出 版 人	赵剑英
责任编辑	郭晓鸿
责任校对	沈丁晨
责任印制	戴 宽

出　　版	中国社会科学出版社
社　　址	北京鼓楼西大街甲 158 号
邮　　编	100720
网　　址	http://www.csspw.cn
发 行 部	010-84083685
门 市 部	010-84029450
经　　销	新华书店及其他书店
印　　刷	北京明恒达印务有限公司
装　　订	廊坊市广阳区广增装订厂
版　　次	2017 年 12 月第 1 版
印　　次	2017 年 12 月第 1 次印刷
开　　本	710×1000　1/16
印　　张	27.5
插　　页	2
字　　数	369 千字
定　　价	108.00 元

凡购买中国社会科学出版社图书，如有质量问题请与本社营销中心联系调换
电话：010-84083683
版权所有　侵权必究

目 录

越都城研究

一座中国传统城市的 2500 年
——绍兴城市史概论 ………………………… 任桂全（3）
越国都城规划思想的当代意义 ……………………… 任桂全（21）
试论越都城的建立 …………………………………… 钱茂竹（38）
越王允常都埤中浅解 ………………………………… 莫艳梅（50）
越国故都新探 ………………………………………… 葛国庆（57）
印山大墓应是越王勾践自治冢
——绍兴印山越国王陵陵主新考 …………… 葛国庆（70）
绍兴越王城保护整合工程设计的文化理念 ………… 陈永明（88）

越州、绍兴府研究

论隋唐时期的越州都督府 …………………………… 艾 冲（105）
唐代越州城市商品经济研究 ………………………… 张剑光（119）
隋唐宋元时期佛教在绍兴的传播、承袭与流变 …… 冯建荣（138）

关于越中胜景蓬莱阁的历史文化及重建设想 …… 林亚斐（155）

略论南宋时期绍兴城的发展与演变 …… 陈国灿（166）

试论南宋名宦汪纲对绍兴城市建设的贡献 …… 屠剑虹（179）

试论宋代浙东沿海市镇的海外贸易及其影响 …… 姚培锋　金　毅（192）

论宋代绍兴城市经济 …… 姚培锋　陈国灿　裘珂雁（202）

宋陵布局与堪舆术 …… 祝炜平　余建新（215）

南宋时期绍兴私人藏书家述略 …… 舒炎祥（223）

晚清绍兴与上海的经济联系述论 …… 戴鞍钢（230）

明清以来绍兴藏书家和藏书楼研究 …… 赵任飞　蔡　彦（242）

古越藏书楼藏书聚散考 …… 王以俭　唐　微（257）

城市人口发展、水城文化研究

越文化中心地的民族变迁与人口发展（上） …… 叶　岗　陈民镇（273）

越文化中心地的民族变迁与人口发展（下） …… 叶　岗　陈民镇（288）

略论古代绍兴人口发展的几个重要阶段 …… 寿　洪　魏春初（300）

人文绍兴：一个地域性与时代性的课题 …… 钱　明（314）

从谢安的休闲娱乐看东晋社会的特点 …… 顾　玲（329）

寓园的人文情趣及人本特色 …… 宋　源（342）

从《壬午日历》看祁彪佳的家居生活 …… 李庆勇（355）

绍兴与杭州城市水环境的比较研究 …… 张志荣　祝卫东（370）

论民俗对于建设绍兴文化水乡的价值 …… 仲富兰　何华湘（387）

水文化——越文化生成发展的重要基因 …… 孟繁华（404）

"上善若水"与"南方之强"
　　——试辨越文化的水性禀赋 ……………… 胡发贵（416）

海上"越瓷之路"航线研究的几个问题 ……………… 魏建钢（423）

后　记 …………………………………………………（433）

越都城研究

一座中国传统城市的2500年

——绍兴城市史概论

任桂全[*]

摘　要：绍兴城是春秋战国时期越国的都城，始建于越王勾践七年（前490），至今已有2500年历史。这座由越国大夫范蠡主持兴建的古都，在城市选址、规划理念、空间结构和都城模式等方面，充分体现了周代的建都礼制。秦汉以后，这里相继成为山阴、会稽县治，会稽郡、越州、绍兴府（路）治和东扬州、浙东观察使、两浙东路治所，是一座始终以行政中心功能为主的传统城市。25个世纪来，从城市地理环境、人口数量、用地规模、功能布局到城市肌理诸多方面，按照城市自身规律发展，保持了非常明显的稳定性和延续性。这种城市的稳定性和延续性，又不断累积、丰富、深化了城市文化的内涵和历史记忆，推动着城市文明的进步和深入。

关键词：越都城；行政中心；稳定性；文化传承

2010年是绍兴建城2500周年的喜庆之年。这座始建于越王勾践七年（前490）的越国都城，虽然只是我国历史上220多个古都之一[①]，可是当绝

---

[*] 任桂全(1945—　)，男，浙江绍兴人，绍兴市地方志办公室研究员。
[①] 朱士光：《中国古都学的研究历程》，中国社会科学出版社2008年版，第8页。

大多数都城从地平线上消失，成为钻探、发掘、考古对象时，我们回望越国都城，在时隔25个世纪之后，不仅地理位置不变，古今城址相合，而且还在继续发挥功能，仍然是当地的政治、经济、文化中心。这在我国古都发展史乃至城市发展史上，都称得上是个奇迹。对于城市史研究来说，利用历史文献和考古资料进行研究，固然很重要，利用越都城这样饱含古都肌理的实例进行研究，同样是十分重要的。正像陈桥驿先生所说："在目前我国存在的古老城市中，这个城市（指绍兴）还有大量的古迹未曾泯灭，有利于现场的勘察。譬如，在城内，自从南北朝末期划分的山阴、会稽两县的县界，至今还有很长段落依然存在，而从汉晋以至唐宋的地名，包括街道、河渠、坊巷桥梁等，很大部分至今仍然沿用。"① 特别是绍兴古城作为春秋时期流传下来的城市实例，在城市规划的科学性、城市功能的行政性、城市规模的稳定性和城市文化的连续性等方面，更有其不可替代的重要研究价值。

一　一座按周代礼制规划建设的越国都城

我国现有的大大小小城市大抵不外两种类型：一种是从一开始就按严格的规划兴建，以后便沿着这个基础向前发展，绍兴就是如此；另一种是开始时并无统一规划，发展到一定规模后才重新规划，上海或许属于这一类。前者的优点当然是城市定性明确，功能齐全，布局比较合理，遗憾的是后来城市的发展容易受到束缚，难有突破，趋向保守。后者在开始时可能出现无序状态，而对后来的发展反而留有很大空间，特别是一旦进入规划程序后，有序发展将势不可当。

---

① 陈桥驿：《历史时期绍兴城市的形成与发展》，《吴越文化论丛》，中华书局1999年版，第375—376页。

绍兴城始建于越王勾践七年（前490），时值勾践在吴国经受三年凌辱后回国之初。[①] 原来的越国古都，从无余立国到勾践继位，千余年间，长期居于会稽山腹地之中。勾践深知，要使越国强大起来，实现报仇雪耻、称霸中原的目标，必须把都城从封闭的会稽山区迁到开阔的山会平原。因为从某种意义上说，国都是国家的象征，国都的稳固与安全是事关国家长治久安的大事。所以越王勾践回国后做的第一件事就是"定国立城"[②]，把都城建设当作振奋民心、团结国人的重大标志性工程来实施。可见，勾践对城市建设的性质定位是十分清楚的，他不仅要建一国之都，还把建都与强国方略、称霸宗旨紧密结合起来，这在先秦城市建设史上，恐怕是不多见的。

根据城市的性质定位，范蠡受越王勾践嘱托，在城市选址上采取了与众不同的措施。明确提出："今大王欲立国树都，并敌国之境，不处平易之都，据四达之地，将焉立霸王之业？"[③] 在综合考虑城址的地形地貌、环境条件、资源配置和防灾御敌等诸多因素之外，特别强调了地势的平坦广袤和对外的四通八达。这其实就是现代城市地理学中所谓的城市区位问题，城址如若占有区位上的优势，那么对于发挥城市的集聚功能和辐射功能，对于城市未来的发展与扩张，都是具有决定意义的。范蠡按照上述选址思想，最终选择今绍兴古城所在地为越都城城址。这里地处会稽山北麓、钱塘江南岸，地势由南向北倾斜；东西两翼，又分别以东小江（曹娥江）和西小江（浦阳江）为屏障。依靠这样的自然环境和地理条件，在东西约八里、南北约七里的范围内，依托由会稽山脉没入山会平原后崛起的种山（海拔76米）、蕺山（海拔52米）和怪山（海拔32米）等大小九座孤丘为城址，建立起越国都城。此后绍兴城市发展的实践表明，范蠡的选址思想

[①] 张觉校注：《吴越春秋校注》卷8《归国外传》，岳麓书社2006年版，第204—209页。
[②] 同上。
[③] 同上。

是富有远见的，突出表现为：一是城内有山有水，为后来绍兴山水城市及水乡风光的形成奠定了基础；二是都城四周平坦广袤，给后来的绍兴城市预留了很大的发展空间；三是以九座孤丘为城基，地质条件稳固安全，而且南来的河湖水系既可利用又能避灾，使得2500年城址不变，庚续相继。

在越都城建设中，如何利用当地的自然环境、适应当地的气候条件和满足当地的人文需求，以实现天地人和谐相处，是范蠡必须考虑的另一个重要问题。当他接受建城任务之后，便马上"观天文，拟法于紫宫"①，并且以"象天法地"②即效法天地、遵循规律为越都城规划的基本理念，把都城建设分两步走。先以种山为依托，筑作"勾践小城"，"周千一百二十二步，一圆三方。西北立飞翼之楼，以象天门；为两绕栋，以象龙角。东南伏漏石窦，以象地户。陵（陆）门四达，以象八风。外郭筑城而缺西北，以示服吴……"③ 这里所谓的"天门""地户""龙角""陆门""八风"都是天上地下的对应物，目的是通过把地上的建筑布局与想象中的天上布局相对应，把人间的建筑秩序模拟成天上的建筑秩序，以反映人与天、地、大自然的感性对应关系，这是古人"天人合一"宇宙观在城市建设中的形象反映。

紧接着范蠡又在勾践小城以东建"山阴大城"。据《越绝书》记载，"大城周二十里七十二步，设陆门三，水门三，决西北"④。山阴大城与勾践小城在空间布局和功能配置上，有两点特别值得重视：一是坚持"坐西朝东为尊"⑤的周代礼制。小城是越王勾践的"宫台"所在，具有"城"的

---

① 张觉校注：《吴越春秋校注》卷8《归国外传》，岳麓书社2006年版，第204—209页。
② 同上。
③ 同上。
④ 《越绝书》卷8《记地传》，商务出版社1937年版，第40页。
⑤ 杨宽先生在对大量考古资料进行深入研究的基础上，提出古代都城的基本结构为：①由小城和大城两部分组成；②东汉以前实行"坐西朝东为尊"礼制，以后转变为"坐北朝南"。参见杨宽《中国古代都城制度史研究》，上海人民出版社2003年版。

性质，大城则承担了都城的其他功能，起到了"郭"的作用，所以《吴越春秋》（卷八）称之为"外郭"。在空间布局上，小城在西，大城在东，这种西城东郭、城郭相连的空间结构，就是"坐西朝东为尊"的周代礼制在都城建设中的实际运用。二是创造性地提出了"筑城以卫君，造郭以居民"①的都城模式。尽管我国历史上曾经作为一统政权或诸侯邦国都城的城郭，大大小小不下数百处，但是能够在城市规划中统筹组织空间结构和功能布局的，越都城为其中翘楚。这种"城""郭"组合模式，不仅凸显了"城"以君为核心，"郭"以民为主体的都城规划理念，同时也对"城""郭"的不同功能和相互关系作了明确分工和界定，实际上为越都城的规划建设解决了"城""郭"方位与功能配置两大难题。

如果与"坐西朝东为尊"的礼制联系起来看，西城东郭、城郭相连的结构形态，对越都城来说，城就是城，郭就是郭，"城"与"郭"是两个不同的概念。在这里，勾践小城是"城"，山阴大城是"郭"，一在西，一在东，彼此相连，是一种毗邻关系，即"毗邻城"。这是比东汉以后出现的"套城"更早的一种城市结构形态，目前国内已不多见。②所谓"套城"，是在"坐西朝东"向"坐北朝南"礼制转换过程中出现的城市形态。主要特征就是小城（亦称内城）外面套大城（亦称外城），或大城里面建小城。③两者相比，当然是毗邻城出现时间早，更具有历史的厚重感。

---

① "筑城以卫君，造郭以居民"为《吴越春秋》佚文。参见《初学记》卷24《城郭》；又见《太平御览》卷193《居住》。

② 杨宽先生在《中国古代都城制度史研究》一书中提出的东汉以前"西城连接东郭"的都城布局观点，主要依据考古和文献资料。如果当时他能看到越都城"西城东郭"的现存实例，相信他一定会很高兴。

③ 朱大渭先生在《魏晋南北朝时期的套城》一文中认为，"套城是一种重要的军事工程"，建筑的绝对年代，"大多在西晋以后南北对峙时期"。他列举的37座套城，主要分布在长江以北。见朱大渭《六朝史论》，中华书局1998年版，第79—101页。

二　一个有着2500年历史的区域行政中心

当年越王勾践委托范蠡建城时，就明确告诉他这是"立国树都"，建设越国都城，主要赋予城市行政中心功能。虽然对城市来说，其功能不可能是单一的，除行政中心功能外，一般都有经济中心、文化中心或者交通枢纽等功能。但对中国大多数历史城市而言，首推行政中心功能，然后才是其他功能，这是毋庸置疑的历史事实。因为除去天灾人祸等因素外，城市的兴起与衰落，通常是与统治者的政治意愿紧密联系在一起的。通过政治的干预，可以让城市兴旺、繁荣、扩张，也可以使城市衰落、萧条甚至消失。这种政治意愿在发挥绍兴的行政功能方面，确实有着不俗的表现。因为25个世纪以来，尽管行政管辖范围有大小不同的变化，但它始终是区域行政中心的所在地，在政治、经济、文化上左右着区域的发展、变化与繁荣。

越王勾践自己就首先利用这一功能，借越都城这个平台，带领越国臣民经过十年生聚、十年教训，使国力大为增强，最后报仇雪耻，消灭吴国，演绎了一场威武雄壮的历史剧。此后勾践虽然迁都琅琊，但绍兴仍然是于越族的经济、部落中心和越国重要的后方基地。即使是周显王三十六年（前333），越国被楚国打败，越王无疆被杀，失去钱塘江以北土地之后，据有钱塘江以南越地的部族领袖，仍以会稽为都城[1]，或为王，或为君，"服朝于楚"[2]，绍兴继续发挥着政治中心和经济中心的作用。

秦统一中国后，绍兴城作为曾经的越国古都，由于在城市区位、经济条件以及文化资源方面的优势，继续发挥着区域行政中心的作用。至于作

---

[1] 吴松弟：《中国古代都城》，商务印书馆1998年版，第27页。
[2] 《史记》卷41《勾践世家》，中华书局1959年版标点本。

用大小，当然取决于在行政体制中所处的行政层级及其行政区划的设置情况。在我国的行政体制中，行政中心只是一个行政区划的管理中心而已。而行政区划的基本要素有四：一是层次，即从中央到地方分若干层次进行管理，如州、郡、县；二是幅员，即区划面积大小，是管理范围问题；三是边界，即国家内部区划之间的界线；四是必须有行政中心。[①] 行政区划的这些基本要素，决定了行政中心本身一是有层级的，二是有管辖范围的。绍兴城作为区域行政中心，自秦汉以来，多数情况下，是多个行政区划管理机构设置在一起的区域行政中心城市。这里既是县域行政中心，又是府域行政中心，有时还是州域、路域行政中心。换句话说，在中国历代的行政层级体系中，绍兴是个重要的节点城市，不是单一的行政中心，而有多个行政中心设置在这里，层层叠加，形成了县、府（郡）、州同城而治的管理格局。

在这一管理格局中，绍兴地区的行政区划基本上是三个层次。一是县级行政层次。秦王朝统一全国后，全面推行郡县制，"更名大越曰山阴，设山阴县"[②]，以越都城为县治。到了南朝陈代（557—588），又把山阴县域（包括县城内外）划分为山阴、会稽两县，实行同城而治，直至清宣统三年（1911）山会两县合并为绍兴县。[③] 二是郡（州）、府（路）级行政层次。秦推行郡县制，于原吴越之地设会稽郡，虽然郡治在苏州，但掌管郡军事的都尉治所在山阴。[④] 到东汉永建四年（129），实行"吴会分治"，大体以今钱塘江为界，江北设吴郡，江南为会稽郡，辖十四县，郡治在山阴。[⑤] 及至隋大业元年（605），才改会稽郡为越州，下辖四县（范围相当于今宁绍

---

① 参见邹逸麟《中国历史地理概述》第8章《历代行政区划的变迁》，上海教育出版社2007年版，第164—165页。
② 《越绝书》卷8《记地传》。
③ 傅振照主编：《绍兴县志》第一编《建置》，中华书局1999年版，第92页。
④ 雍正《浙江通志》卷31《公署（中）》。
⑤ 嘉泰《会稽志》卷1。

地区），州治在山阴①。南宋绍兴元年（1131），升越州为绍兴府，下辖八县，府治在山阴②。元至元十三年（1276），改府为路，明清复为府，辖县与治所不变，直至清末③。三是郡、府以上的州、路级行政层次。这一层次的名称变化较多，简言之：南朝宋孝建元年（454），以浙东的会稽、东阳、永嘉、临海和新安五郡置东扬州，州治在山阴④；唐代先后设越州总管府、越州都督府、越州中都督府和浙江东道节度使，五代设越州大都督府，驻所在山阴，管越、睦、衢、婺、台、明、处、温八州⑤；宋代设两浙东路，驻山阴，领越、衢、婺、台、明、处、温七州⑥。

以上事实表明，自秦至清末，绍兴城作为区域行政中心，从行政层级看，多数情况下是三级行政中心的治所或驻地。从行政实体看，一般都是三个政权机构同城而治，自南朝宋孝建元年（454）至南宋祥兴二年（1279）间，基本是四个行政实体。如唐代诗人元稹于长庆三年（823）出任越州刺史，兼任浙江东道节度使，在任七年，忙于两衙之间，所以他有"功夫两衙尽，留滞七年余"⑦的诗句，如果加上山阴、会稽两县衙，当时绍兴城内正好有三个行政层级和四个衙门。所以在2000多年的历史进程中，对绍兴城市性质起决定作用的，始终是历史赋予的行政中心功能。其地位与影响、延续与发展、繁荣与衰落，都与行政中心功能息息相关，成为城市命运的共同体。这或许正是中国传统城市的主要特征。

汉顺帝永建四年（129）实行吴会分治，会稽郡移治山阴后不久，工程浩大的鉴湖水利设施即于顺帝永和五年（140）动工，为日后会稽郡经济社

---

① 《隋书》卷31《地理志（下）》，中华书局1973年版标点本。
② 嘉泰《会稽志》卷1。
③ 见《元史·地理志》《明史·地理志》《清史稿·地理志》，中华书局1976年版标点本。
④ 《宋书》卷35《州郡志一》，中华书局1974年标点本。
⑤ 见《旧唐书·地理志》《新唐书·方镇表》《十国春秋》、嘉泰《会稽志》。
⑥ 《宋史》卷88《地理志四》，中华书局1985年版标点本。
⑦ （唐）元稹：《醉题东武》，《元稹集·集外集卷七》，中华书局1982年版，第695页。

会的发展奠定了坚实基础，并且迅速成为中国东南富庶之地，被称为"海内剧邑"①，被东晋初年的晋元帝司马睿比作北方的关中②。特别是苏峻之乱后，首都建康（今南京）"宫阙灰烬"，因此三吴人士建议迁都会稽③。此议虽未实现，但会稽郡城在江南的地位可见一斑。南宋建都临安（今杭州），绍兴作为畿辅之地，不仅升州为府，而且城市迅速扩张，其规模除临安外，"今天下巨镇，惟金陵与会稽耳，荆、扬、梁、益、潭、广皆莫敢望也"④，实际上发挥了陪都的作用。

在传统习惯中，一座城市的地位高低主要取决于城市所扮演的行政中心角色的大小。首都的城市地位当然高于省会城市，府城自然低于省会城市。历史曾经从不同角度给绍兴城赋予了很多名称，有"东南都会"⑤，即东南大城市；有"浙东大府"⑥，指浙东最高官府；有"会府"⑦，因唐时以节度使治所为会府；也有"都府"（节度使的别称）、首府（指省会所在的府）。这些不同名称集中说明一点，即绍兴城不是一般的县城（有两个首县），也不是普通的府城（是个大府），而是地位非同寻常的"都会"。

有趣的是，这种多个不同层次行政中心叠加于一城的情况同样在城隍庙的设置中得到了反映。城隍是古代神话中的城池守护神，是城市的象征。通常情况下，县有县城隍庙，府有府城隍庙，一般都是一城一庙。而绍兴城内却有四个城隍庙，包括山阴县城隍庙、会稽县城隍庙、绍兴府城隍庙

---

① 《宋书》卷81《顾恺之传》，中华书局1974年标点本。
② 据《晋书》卷77《诸葛恢传》（中华书局1974年标点本），诸葛恢出守会稽时，晋元帝对他说："今之会稽，昔之关中，足食足兵，在于良守。"
③ 据《资治通鉴》卷94《晋纪十六·成帝咸和四年》："是时宫阙灰烬，以建平园为宫。温峤欲迁都豫章，三吴之豪请都会稽。"
④ （宋）陆游：嘉泰《会稽志·序》。
⑤ 《读史方舆纪要》卷92《浙江四》，商务印书馆1937年版，第3825页。
⑥ （宋）李定《续会稽掇英集·序》，藏绍兴图书馆。"大府"指上级官府。李定系明州人，在他看来，绍兴作为两浙东路治所，当然属于上级官府。
⑦ 宝庆《会稽续志》卷1。唐时以节度使为大府，亦谓之会府，犹都会。

（在府山，俗称上城隍庙），还有下城隍庙①。县、府城隍庙各有其主，唯下城隍庙的隍主是谁，不甚明了②，或许是府以上的某位总管府、都督府、节度使。

三　一座稳定性超乎想象的传统城市

在我国现有城市中，如果按其建成的时间划分，大致有三类：一是历史时期出现的，一般称之为传统城市；二是近代出现或成长的，当然属于近代城市；三是因经济或其他因素快速发展起来的现代城市。就数量而言，传统城市在三类城市中，无疑占据着绝对优势，原因很简单，因为中国不是一个新兴的城市国家，而是有着五千年历史的文明国家。大多数传统城市已经连续存在几个世纪、十几个世纪，少数甚至超过20个世纪，绍兴就是一座连续存在25个世纪的传统城市。在城市发展演变过程中，表现出非常强烈的继承性、延续性和稳定性，许多方面甚至超出想象，成为一种奇迹。

首先，表现为城市地理环境的安全可靠，这是最基本的稳定条件。纵观我国城市变迁历史，不少著名历史城市，不是被水冲走，就是被山体掩埋；不是被火焚烧，就是被战争摧毁。原因或为城市选址不当，或为自然环境恶化，或为资源匮乏，或为其他人为原因。因渭水改道，今天的西安城与西周沣镐、秦都咸阳、汉都长安均不相关，而是建立在隋唐长安城的基础上，城址移动了三十多公里。又如今洛阳城，也离开了东周王城及汉魏故城原址，而是建立在隋唐故城的基础上。③ 与这些已经改变城址的名城

---

① 万历《绍兴府志》卷19《祠祀志一》。
② （明）徐渭：《徐文长三集》卷29《府隍神有二辨》，《徐渭集》（第1册），中华书局1983年版，第686页。
③ 陈桥驿：《论绍兴古都》，《吴越文化论丛》，中华书局1999年版，第385页。

不同，绍兴这座始建于公元前490年的古城，一直在原址上岿然不动。一座城市，能在原来的地理位置和建设者奠定的基础上存续如此之久，不能不首先归功于主持建城者科学的城市选址思想和优越的城市地理环境。美国经济和社会问题的研究权威乔尔·科特金把全球城市的共同特征，概括为"神圣、安全、繁忙"六个字，在他看来，安全是城市最基本的三个要素之一，是万不可掉以轻心的①。虽然科特金心目中的安全，既包括地理环境安全，也包括社会环境安全，但对城市来说，地理环境的安全，毕竟是千秋大业，必须是金城汤池，因为这是城市稳定的第一块基石。

其次，人口规模的相对稳定是绍兴城市稳定性的重要方面。与其他传统城市一样，绍兴历代城市人口数，少有文字记载，但是根据现有研究成果，我们仍可以找出其中的一些轨迹。如台湾学者赵冈先生，在广泛深入研究的基础上，提出了自春秋战国以来不同历史时期的中国城市人口比重，②这就为测算城市人口数量提供了很大方便，而且也较为可信。如春秋末年，于越部族的人口总数为30万左右③，按赵先生15.9%的城市人口比重计算，越都城居住人口约为4.8万人。事实上，越王勾践准备伐吴前夕曾经建立了一支包括"习流二千人，俊士四万，君子六千，诸御千人"④的军队，总数正好是4.9万人。假如军队全部驻扎城内，那么越都城城市人口势必超过5万。东汉会稽郡人口有较大增长，总数为481196人，按17.5%的城市人口计算，郡城人口已经达到8.4万。唐天宝年间（741—755），越州总人口为529589人⑤，按20.8%的城市人口计算，州城人口为11万。南宋

---

① 参见［美］乔尔·科特金《全球城市史》，王旭等译，社会科学文献出版社2006年版。
② 赵冈先生认为，春秋战国以来中国城市人口的比重如下：战国（前304）为15.9%，西汉（2）为17.5%，唐（745）为20.8%，南宋（1200年左右）为22%，清（1820）为6.9%，清（1893）为7.7%，近代（1949）为10.6%。参见《中国城市发展史论集》，新星出版社2006年版，第84页。
③ 陈桥驿：《古代于越研究》，《吴越文化论丛》，中华书局1999年版，第3页。
④ 张觉校注：《吴越春秋校注》卷10《伐吴外传》，岳麓书社2006年版，第258页。
⑤ 《后汉书》志22《郡国志四》，中华书局1965年版标点本，第3488页。

因为绍兴地近临安，属畿辅之地，居住人口相当密集，嘉泰元年（1201），绍兴府有主客户273343户①，按每户4口和22%的城市人口计算，绍兴府城常住和临时居住人口多达24万，这是绍兴城市人口的最高峰。以后不断回落，至清宣统二年（1910），绍兴城内人口为112394人②。中华人民共和国成立后的绍兴城区人口，1949年为10.85万人，1979年11.67万人③。上述数据表明，从纵向比较，除南宋外，绍兴城市人口规模，大体均在10万人上下浮动，其稳定性表现得十分明显。再从横向与西安、开封比较，两城均为中国七大古都之一。唐代西安人口为60万左右，而清末只有11万；开封北宋全盛时期城内外总人口达140多万，然而清宣统二年（1910）已降至16万④。与西安、开封的大起大落相比，更见绍兴城市人口的稳定性。

第三，与城市人口稳定性密切相关的，是城市用地规模的稳定性。两者实际上是一种相辅相成的关系。长期以来，由于绍兴城市人口数量稳定，因此城市用地需求也一直保持着相对稳定状态。尽管南宋城市人口高度集中时期，绍兴城很有超越城墙而向外扩展的可能，但就总体而言，城市规模的稳定性是毋庸置疑的。这里不妨把当年的越都城与当今的绍兴古城周长作一比较：前面已经提到，越都城由勾践小城和山阴大城两部分组成，小城周长三里八十二步，大城周长二十里七十二步，两者相加为二十三里一百五十四步，按度地法和战国度量制换算，即11639米。到民国初年，绍兴城墙保存完好，以后分两次拆除，合计为13566米⑤，与越都城建成之初相比，周长仅增加1927米，实际面积到20世纪80年代测量为8.32平方公里。从越都城到现在的历史文化名城绍兴，中间已经相隔2500年了，其城市规模竟稳定到如此程度，简直不可思议，然而这是事实。

---

① 嘉泰《会稽志》卷5。
② 民国《绍兴县志采访稿》，《绍兴丛书·地方志丛编》第9册，中华书局2006年版。
③ 任桂全总纂：《绍兴市志》第3卷《人口》，浙江人民出版社1996年版，第301页。
④ 资料转引自赵冈《中国城市发展史论集》，新星出版社2006年版，第80页。
⑤ 姚轩卿：《轩卿随笔》，北京燕山出版社2001年版，第38页。

最后，在城市规模基本不变的前提下，城市内部肌理，居然也有超乎想象的稳定性。这些城市肌理包括城市河网水系、路网结构、城门位置、市民住宅区、市场分布、功能区布局和城市最高点等，尽管有着逐渐形成的过程，但一旦成型之后，往往长期稳定不变。一个突出例子是城市河道，绍兴是个水城，在8.32平方公里的古城范围内，共有33条城河。[①] 这些城河，由天然河道与人工河道两部分组成，当然以人工河道为主。最后一条人工河道是始挖于唐代的"新河"，嘉泰《会稽志》说："新河在府城西北二里，唐元和十年观察使孟简所浚。"[②] 这些城河不仅构成了城中水网，丰富了水城景观，而且在解决城内外水上交通、方便市民生活用水和城市防洪、防火方面发挥了重要作用，成了市民长期须臾不可缺少的城市基础设施而始终稳定不变。另外，如在六朝时期依据南高北低地势条件形成的南部多住宅、北部多生产性用房的功能分布特点，唐宋时期形成的由沿河街、前后街、丁字街组成的路网结构，以及唐宋时期根据居民生活需求形成的大江桥市、大云桥市、清道桥市[③]等传统市场，也长期没有变动。这些城市肌理的稳定性，尽管有保守、发展缓慢，甚至缺少活力的一面，然而也有另一面，这就是文化的传承和文明的延续表现得更为强烈。

作为传统城市的绍兴，其稳定性达到如此惊人的地步，原因或许是多方面的。比如，以行政中心为主的城市功能没有发生突变，自然界的外力冲击没有影响城市的安全，资源供给和市民需求之间没有发生过大的差异，较少受到战争之类的人为破坏等，这些都是产生城市稳定性的外部因素。就城市内部因素来说，关键是不应该去追求虚假的繁荣和过度的发展。实际上城市自身发展，有一个内在的控制系统，即对城市规模的有效控制。

---

① 任桂全总纂：《绍兴市志》第5卷《城乡建设》，浙江人民出版社1996年版，第398—400页。
② 嘉泰《会稽志》卷10。
③ 嘉泰《会稽志》卷4记载的唐宋城内市场有照水坊市、清道桥市、大云桥东市、大云桥西市、古废市、龙兴寺前市、江桥市和驿地市共8市。

因为历史时期的每一座城市,都处在特定的自然环境和文化背景之下,它的扩展和繁荣,往往受到环境、资源和人文方面的制约。一座城市的规模究竟以多大范围为宜,得看能否满足城市居民生产、生活的各种需求,从根本上给人以安全感。这对以自给自足经济为特点,对外交流并不发达,城市的中心功能又相当有限的传统城市来说,显得尤为重要。如果无法满足甚至失去平衡,城市就会失控而脱离健康成长的轨道,以致遭到破坏。有鉴于此,美国著名城市学家刘易斯·芒福德明确提出城市"有机体有限增长"的主张。他认为,城市是个有机体,城市的发展应当有一定的限度,"罗马的解体是城市过度发展的最终结果,因为城市过度发展会引起功能丧失以及经济因素和社会因素的失控,而这些因素都是罗马继续存在所必不可少的"[1]。绍兴的优点就在于自觉或不自觉地实行了有效控制和"有限增长"。这不仅是绍兴城市保持稳定不变的主要原因所在,也是城市发展的一条基本规律。

四 一座经过 25 个世纪沉淀的文化名城

如前所说,城市的稳定性,给城市文化的传承和延续提供了难得的机遇。城市历史越悠久,这种机遇就越多,继承和流传下来的文化内容就越丰富多彩。同时也为城市文化在继承基础上的创新、发展提供了可能,因为离开继承去空谈创新,只能是无源之水、无本之木。事实上,城市的发展过程,就是城市文化创新、积累、整合和传承的过程。处在这个过程中的相对比较稳定的历史城市,常常会将不同历史时期人类的智慧和创造,通过有形的建筑物或无形的文化式样,把它有机地连接起来,成为城市的

---

[1] [美]刘易斯·芒福德:《城市发展史》,宋俊岭、倪文彦译,中国建筑工业出版社 2005 年版,第 256 页。

历史文化记忆。从这个意义上说，记忆越丰富越深刻，城市文化的积淀也越深厚。绍兴就是这样一座历史文化名城。

在我国现有的108座历史文化名城中，按名城特点和性质，学术界将其分为古都类、传统建筑风貌类、风景名胜类、民族及地方特色类、近代史迹类、特殊功能类、一般史迹类7种类型①。通常情况下，一座名城大致属于一种类型，而绍兴按其特点和性质，却兼具古都类、传统建筑风貌类和风景名胜类三种类型。换句话说，在绍兴城市文化构成中，既有古都文化、传统建筑文化，又有风景名胜文化，历史文化积累特别悠久，特别丰富，也特别有价值，这或许就是绍兴进入全国首批历史文化名城行列的根本原因。

作为越国古都，绍兴所拥有的古都文化，不仅是春秋战国时代于越民族文化的缩影，也是那个时代越国文化的中心。由于于越民族是当时分布范围很广的百越民族中最先进的一支，所以它又是我国东南沿海具有代表性的区域文化。因此，研究越文化、浙江区域文化以及海洋文化，都离不开与越国古都文化的关系。而作为传统建筑风貌类名城，绍兴的最大优势是这方面的历史文化遗存特别丰富。可以这样说，绍兴建城以来25个世纪的历史文脉，既可以从地上、地下的文物遗存中得到解读，也可以从各种地方文献中获得印证。其实，是否拥有较多的历史文化遗存，是进入历史文化名城行列所必备的四个条件之一②。由于绍兴在这方面表现不俗，所以毫无争议便进入第一批历史文化名城名单之中。至于绍兴的风景名胜，不仅景点多，内容丰富，而且历史悠久，文化含量高，人们因此特别看好绍兴的人文旅游。国务院公布《关于保护我国历史文化名城的请示的通知》

---

① 陈友华、赵民主编：《城市规划概论》，上海科学技术文献出版社2000年版，第444—451页。

② 历史文化名城必须具备的四个条件，见罗哲文《再论名城保护和建设与经济发展相协调》（二），《名城报》2007年6月1日。

时指出：绍兴"春秋为越国都城。有著名的兰亭、清末秋瑾烈士故居、近代鲁迅故居和周恩来祖居等。是江南水乡风光城市"①。绍兴兼具的三种名城文化类型，按其存在形态，有物质文化、非物质文化和更高层次的精神文化之分。

以物质文化遗存而言，绍兴当然非常丰富，在当年越都城所在的绍兴古城范围之内，至今还保存着大量的物态记忆。其中就有春秋时期选定的城址和富有地理坐标意义的种山、蕺山、怪山，唐代以前成型的水城格局，宋代确立的街巷结构，明清以来的建筑风貌。这些充满时代记忆的物质文化脉络清晰，延绵不断，是绍兴的历史之根。特别是古城内现有的75处国家和省、市级文物保护单位，83处未公布的文物保护单位。从内容看，有古文化遗址、越国遗迹、古墓葬、历史建筑、名人故居、石刻造像以及3.5万件珍贵文物藏品。以时间跨度看，从新石器时代，夏、商、周到秦统一后的历朝历代，几乎均有分布②。尤其是在8.32平方公里的古城内，每平方公里拥有19个文保单位，如此众多的历史遗存，实在并不多见。因此，有人形容其为"满天星斗"，也有人惊叹绍兴是"没有围墙的历史博物馆"。然而，绍兴城从越都城—会稽郡城—越州州城—绍兴府城直至今天的绍兴市，传承演进，继往开来，把它们紧紧地联系在一起。这种联系，不仅在于遗存下来的城址、河道、三山、城墙、墙门、护城河等建筑物，更在于这座城市经过25个世纪创造、积淀、传承下来的城市文化。

勤劳智慧的绍兴人，在创造丰厚的物质文化的同时，也创造了精湛的非物质文化，并且世代相传，一直延续到今天。有人将城市比作一件艺术品，"一种集合的、复杂的、但又高级的艺术"。绍兴正是这样一座城市。在这里，有越王勾践剑、车马神仙铜镜、越窑青瓷那样精湛的工艺品；有

---

① 见国务院批转国家建委等部门《关于保护我国历史文化名城的请示的通知》，国发〔1982〕26号文件。

② 见宣传中主编《绍兴文物志》，中华书局2006年版。

古兰亭、沈园、西园那样的园林精品；有书法圣地兰亭、泼墨画诞生地青藤书屋以及后来层出不穷的书画名品；有老百姓喜闻乐见的绍剧、越剧、莲花落那样的戏曲种类。古城的街巷里弄，还流传着各种各样的师爷故事、名人传说、风俗民情，处处充满浓厚的文化氛围以及由此散发出来的文化芳香。2006年对绍兴城及其周边地区的普查结果显示，现有非物质文化遗产资源3358项，其中民间文学2304项、音乐236项、舞蹈159项、戏剧51项、曲艺109项、杂技与竞技29项、美术101项、手工技艺78项、传统医药15项、民俗276项①。所有这些，无不都是生长在历史文化名城绍兴肌体上的文化基因，是绍兴文化发展繁荣的源泉所在。

更为宝贵的是这种长期流传、生生不息的文化基因，孕育、造就了绍兴特有的城市精神。在绍兴，或许一下子难以找到红极一时、腰缠万贯的巨贾豪富，但绍兴有着流芳百代、震撼人心的精神财富。这种精神财富通常都是通过杰出历史人物展现出来的。如大禹三过家门不入、为民造福的献身精神；越王勾践卧薪尝胆、发愤图强的胆剑精神；陆游忧忡为国、至死不渝的爱国精神；蔡元培兼容并包、海纳百川的博大精神；鲁迅俯首甘为孺子牛的精神；周恩来鞠躬尽瘁、死而后已的奉献精神等。他们的生平，他们的业绩，以及他们身上涌现出来的崇高精神，不仅受到市民的广泛认可、肯定、赞扬和崇敬，还通过展示遗迹，课堂教育，口碑传递，世世代代与绍兴人相生相伴，成为市民的主流意识和心灵的最终归宿。"一个没有道义约束或没有市民属性概念的城市，即使富庶也注定会萧条和衰退。"②绍兴则紧紧依靠城市赖以维系的精神支柱，撑起了城市的过去、现在和未来。当百姓需要的时候，它可以无私奉献；当事业需要的时候，它可以鞠躬尽瘁；当国家、民族生死存亡的时候，它可以挺身而出、赴汤蹈火。这

---

① 李永鑫主编：《绍兴市非物质文化遗产读本·序》，西泠印社2007年版。
② [美]乔尔·科特金：《全球城市史》，王旭等译，社会科学文献出版社2006年版，第4页。

种精神是绍兴人民的骄傲，也是中华民族的宝贵财富。

当然，这种城市精神，是绍兴传统价值观的历史延续，并曾经发挥且正在发挥着它特有的潜移默化的作用。但它又不是传统价值观的简单重复，而是自觉地、持续不断地接受着其他外来文化中的优秀部分，从文化的多样性中汲取营养，使之成为一种不断更新的、充满活力的、富有生命力的，在持续发展中具有独特个性的精神力量。由此迸发出来的社会凝聚力、进取精神、创新能力，便是绍兴的文化之魂，是城市发展中的精神支柱。

（原文刊登于《绍兴文理学院学报》2010年第3期）

越国都城规划思想的当代意义

任桂全[*]

摘　要：越国都城"处平易之都，据四达之地"的选址思想，"天地人生，和谐合一"的规划理念，西城东郭、城郭连接的空间结构和"筑城以卫君，造郭以居民"的都城模式，不仅蕴含了越都城规划建设中鲜为人知的历史文化内涵和价值，同时也为古都学的研究提供了一种新的实证研究途径。特别是对"象天法地""坐西朝东为尊"和"筑城造郭"等一些重大问题的破解，显示了2500多年前越国古城规划思想的系统性、科学性和生命力。越都规划思想的深入挖掘和探讨，对当代城市规划和发展具有深刻的启示意义。

关键词：越国都城；选址；规划；布局；模式；启示

古城绍兴是一座始建于公元前490年的越国都城。虽然这只是春秋战国时代众多诸侯国的都城之一，可是当大多数都城相继从地平线上消失并且转入地下钻探、发掘、考古阶段时，我们回望越都城，实实在在地感受到它身上所蕴含的历史文化价值显得更加真实、可信和珍贵。从古代的越国都

---

[*] 任桂全（1945—　），男，浙江绍兴人，绍兴市地方志办公室研究员。

城到现代的绍兴中心城市，在过去25个世纪之后，不仅地理位置不变，古今城址相合，还在继续使用，仍然是当地政治、经济、文化的中心。这在我国古都发展史乃至城市发展史上，都无疑是一个奇迹。对于古都学研究来说，利用考古资料进行研究固然很重要，利用越都城这样饱含古都肌理的实证，或许更有意义。特别是在古都选址思想、规划理念、结构模式和建筑意象等方面，越都城确实有许多鲜为人知而又非同凡响之处值得我们去挖掘和探讨，对当代城市规划建设具有深刻的现实意义。

一 "处平易之都，据四达之地"的选址思想

历史的经验告诉我们，在我国古代，无论是统一王朝的国都选址，还是诸侯列国的都城选址，都是十分谨慎而又隆重的。因为国都的稳固与安全，是事关国家长治久安的大事，容不得半点草率与马虎。所以当越王勾践在吴国受尽凌辱回国后首先想到的是"定国立城"[1]，要使国家安定、发展、强大起来，必须得有自己的指挥中心，即我们现在通常所说的政治中心。因为从某种意义上说，国都是国家的象征，勾践想要振兴越国，首先必须迁都，把都城从会稽山区迁到山会平原上来，并把都城建设当作振奋民心、团结国人、报仇雪耻的标志性工程来实施。范蠡因为长期在越王勾践身边，深知勾践所思所想，所以说出了勾践想说而没有说出来的话："今大王欲国树都，并敌国之境，不处平易之都，据四达之地，将焉立霸王之业？"而从勾践的回答看，迁都在他心中早有计划，只是没有最后决定而已，因此他说："寡人之计未有决定，欲筑城立郭，分设里闾，欲委属于相国。"[2]

---

[1] 《吴越春秋》卷第8《勾践归国外传第八》，江苏古籍出版社1999年版，第126页。
[2] 同上。

范蠡与勾践的对话，传达了一条重要信息，即新建越国都城的选址原则是："处平易之都，据四达之地。"用现代话语来表达就是两条：一是地势要平坦广袤；二是交通要四通八达。这两条看似十分普通的选址原则，即使对当今的城市选址，也是普遍适用的。范蠡能够在科学技术并不发达的25个世纪前提出这样的选址原则，除了他的深谋远虑和远见卓识之外，还有两个重要原因：一是鉴于历史的经验教训；二是出于功利的目的。

我们都知道，原来的越国古都，从无余立国到勾践继位，一直在会稽山腹地之中，也就是《越绝书》所说的："无余初封大越，都秦余望南，千有余岁而至勾践。"①《水经注》说秦望山"山南有嶕岘，岘里有大城，越王无余之旧都"。因此有"嶕岘大城"之说。勾践自己也对范蠡说过："先君无余，国在南山之阳。"② 即现在的绍兴县平水镇平阳村③。越国想要继续在山区环境发展壮大自己，显然是不切实际的，因此必须跳出山区，把国都迁到地势平坦、交通便捷的山会平原上来，寻求新的发展机遇。而这样做的功利目的，当然是十分清楚的，就是要富国强兵，消灭吴国，称霸中原。这种把选址原则与建国方略结合得如此紧密的建都思想，在我国古都建设史上并不多见的。

当然，选址是都城建设中一项非常复杂的前期工作，除了地形、地势、地貌、交通等条件外，还必须考虑用水、防灾、守护、御敌以及资源等各种因素。正如《管子·乘马篇》所说："凡立国都，非于大山之下，必于广川之上，高毋近旱而水用足，下毋近水而沟防省。因天材，就地利，故城

---

① 《越绝书》卷第8《越绝外传记地传第十》，商务印书馆1937年版，第51页。
② （北魏）郦道元：《水经注》卷40《浙江水》，浙江古籍出版社2001年版，第622页。
③ 方杰主编《越国文化》在写到越都城时，把今秦望山南的大嶕岭村与黄岘村两个自然村联系起来加以考察，认为嶕岘大城可能就在这一带。而根据《水经注》卷四十记载，嶕岘就在若耶溪上，若耶溪上承嶕岘麻溪，下有嶕岘麻潭。据此，笔者认为嶕岘大城应该在若耶溪（今平水江）旁边，其方位正好与今平阳相合。

郭不必中规矩，道路不必中准绳。"①越王勾践提出"定国立城"主张时，范蠡似乎已有系统考虑，他说："唐、虞卜地，夏、殷封国，古公营城周、雒，威折万里，德政八极，岂直欲破强敌、收邻国乎？"②他在全面回顾尧舜时代择地建都，夏商分封诸侯、各建邦国，古公亶父避敌迁都，周公建雒邑威服天下、德化八方的基础上提出，无论是迁都还是建都，都不仅仅是为了消灭强敌、兼并邻国。君臣之间的这场讨论说明一点，即越国此番迁都后择地新建，除了消灭强敌、兼并邻国之外，实在还有更为远大的目标，而这或许就是绍兴古城 2500 年城址未变的真正原因，因为他们君臣考虑的远非一时一事之兴。

从今绍兴城的地理位置和自然环境来看，越国都城的选址思想确实非常科学而富有远见。

首先是奠定了绍兴山水城市的永久性基础。由越都城发展而来的今绍兴城，地处会稽山北麓、钱塘江南岸的山会平原偏南的地理位置上，地势由南向北倾斜。东西两翼，又分别以东小江（曹娥江）和西小江（浦阳江）为屏障，今绍兴城正好处于两江之间的地理位置上，水源较为丰沛。而勾践建都时期的山会平原，还是一片潮汐侵袭的沼泽平原，即使是建立一般的聚落，也必须利用孤丘的地形条件，何况建立一国之都？于是越王勾践便在今绍兴城一带东西约五里、南北约七里的范围内，依托由会稽山脉没入山会平原后崛起的种山（海拔 76 米）、蕺山（海拔 52 米）和怪山（海拔 32 米）等大小九座孤丘及其孤丘聚落，建立起越国都城③，为后来绍兴形成"越山长青水长白，越人长家山水国"④的城市风貌奠定了基础。即使历史发展到了今天，绍兴古城仍然是城内三山与城外几十座山脉、山丘相呼应，

---

① 《管子》卷第 1《乘马篇》。
② 《吴越春秋》卷第 8《勾践归国外传第八》，江苏古籍出版社 1999 年版，第 126 页。
③ 参见陈桥驿《历史时期绍兴城市的形成与发展》，《吴越文化论丛》，中华书局 1999 年版，第 357 页。
④ 王安石《登越州城楼》诗，见《王文公文集》卷第 45。

城内15条河道与护城河、鉴湖以及其他南来的南池江、坡塘江相沟通。当现实生活中人们呼唤"回归大自然"的时候，我们面对绍兴古城内外的山山水水，怎能不由衷地说一声，谢谢我们的祖先！

其次是给绍兴城市留下了发展空间。如前所述，越都城的地理位置在会稽山北麓、钱塘江南岸的山会平原上，但是具体城址既不在会稽山山麓线上，而在离山麓线以北约十里的地方；又不在钱塘江岸边，而在如今离江岸约30里的山会平原偏南的地方。越王勾践和范蠡大夫为什么做出这样的选择，虽然没有留下任何记载可供我们研究，但是后来发生的东汉会稽太守马臻筑堤围造鉴湖的事实说明，这是给后人留下的发展空间。试想，如果当年将城址紧挨会稽山山麓线，不给都城的南门外留出空间，那么，在南高北低的地势条件下，城中出现水源不足当是预料中的事情，甚至可能经常遇上旱情。而北撤十里，不仅扩大了越都城上游南池江、坡塘江的截雨面积。还为后人通过筑堤围湖广纳来自会稽山区的东、中、西三十六源之水提供了可能。而鉴湖的建成，不但解决了城市防洪和居民生活用水问题，而且通过鉴湖自身的拒咸蓄淡功能，将原本潮汐侵袭的山会平原改造成为万顷良田。这不能不归功于城址决策者的英明！

最后是为越都城提供了必要的安全保障。这种安全保障，主要落实在防御重大自然灾害和实现国防安全两个方面。前面提到，越都城城址是以九座孤丘为基础的，又远离会稽山山麓线，其好处是一方面拥有比较稳固的地质条件，另一方面又可避免因山洪暴发或泥石流等突发性自然灾害造成的损害。特别是来自会稽山北麓的三十六条溪水，大多源短流急，容易对城市安全造成威胁。而鉴湖的筑成，大大加强了对越都城上游水源的调控能力，既可以将三十六源之水纳为一湖而造福于民，又可以在洪水暴发时通过六十九处水闸从东、中、西分头泄出，从而减轻城市压力。至于国防安全，像勾践这样饱经征战的人物，当然会在都城选址中予以充分考虑。后来建成的勾践小城和山阴大城在地理位置上，确实是得山水之利而无旱涝之忧，能攻易守而基业可据。一旦发生战事，这里攻守两便、进退咸宜。

综上所述，越都城选址坚持以九座孤丘为依托，远离会稽山山麓线和钱塘江岸线，居于东小江和西小江之间。地势平坦，土地广袤，交通便捷，是当时都城选址必须考量的因素，也是2500年来绍兴城址始终保持不变的保障。

二 "天地人生，和谐合一"的规划理念

中国传统地理学思想认为，"天地人生之间组成一个整体性的、有循环、轮回、有新陈代谢的生命系统。因此，万物的生化，风雨水土的移动，天体的运动等，都表现了他们的阴阳互相结合的活体。故而大地也是一个由阴阳交互作用形成的太极球，是一个有生命活力的活体。山川地域也因山形水系的形态环境不同，而成为一个个大小不同和个性不同的活体"[①]。同样道理，传统城市也是一个有城墙、城壕围合而成的生命活体，赋有大脑指挥系统，神经中枢系统，血液循环系统，有日夜川流不息的新陈代谢活动。

作为生命有机体的城市，当然不是孤立存在的，它与当地的自然环境、气候条件、人文背景必然有着割不断的、千丝万缕的联系。因此，在越都城建设中，如何利用当地的自然环境，如何适应当地的气候条件，如何满足当地的人文需求，以实现天地人生的和谐相处，成了规划建设者必须考虑的重大课题和追求目标。范蠡可谓深知其中奥秘的人物，当他接受越王勾践的嘱托之后，马上"观天文，拟法于紫宫"[②]，观察天文地理，在越王住所拟定建都规划。

尽管越王勾践时代还没有"城市规划"的概念，但这不等于说当时就

---

① 于希贤：《中国古代都城规划的文化透视》，《中国历史地理论丛》2000年第3期。
② 《吴越春秋》卷第8《勾践归国外传第八》，江苏古籍出版社1999年版，第126页。

没有规划和规划思想了。前面所说的"拟法",其实就是编制规划,只不过所编规划具有"法"一样的重要性,所以称其为"拟法"。从《吴越春秋》的记载看,"象天法地"[①]是范蠡编制越都城规划的基本理念。所谓"象天法地",可以理解为观天象和看风水,这其实与《周易》所说的"仰则观象于天,俯则观法于地"[②] 很相近,目的当然是效法天地,以求得天地人生的和谐合一。范蠡按照"象天法地"的理念,究竟看到了什么天象、发现了何种风水呢?《吴越春秋》《越绝书》都没有向我们透露过这方面的信息,范蠡自己也没有留下片言只语。不过我们仍然可以从范蠡的建都实践中窥知一二,这就是"辨方正位"和"效法天象"。

我国古代住宅、聚落、城市选址和规划中,十分讲究"辨方正位",并且形成了丰富多彩的方位意识,如四方方位、星象方位、八风方位等[③]。这些方位意识在越都城选址和规划中有何体现,范蠡当时并没有做出说明,倒是后来三国时期的越人虞翻,有过一番十分精彩的阐述,他说:"夫会稽上应牵牛之宿,下当少阳之位,东渐巨海,西通五湖,南畅无垠,北渚浙江,南山攸居,实为州镇,昔禹会群臣,因以命之。山有金木鸟兽之殷,水有鱼盐珠蚌之饶,海岳精液,善生俊异,是以忠臣继踵,孝子连闾,下及贤女,靡不育焉。"[④] 这里需要说明的是,牵牛星为二十八宿之一,俗称牛郎星,是寄托着人间牛郎织女故事的星宿,而少阳则指东方,是太阳升起的地方,也是太子所居的东宫所在。正因为越都城处在上应牵牛、下当少阳的位置,不仅四方通达,物产殷富,而且海岳精液,善生俊异,是个

---

① 《吴越春秋》卷第4《阖闾内传第四》,江苏古籍出版社1999年版,第32页。
② 《周易》卷第8《系辞下》。
③ 四方方位指东、西、南、北;星象方位主要有三垣方位、四灵方位、二十八宿方位等;八风方位包括东方明庶风、南方景风、西方阊阖风、北方广莫风、东南清明风、东北条风、西北不周风、西南凉风。参见赵安启、王宏涛《史记与中国古代建筑文化》,陕西人民教育出版社2000年版,第257—259页。
④ 《三国志·吴书》卷57,虞翻传注引《会稽典录》。

人才辈出的好地方。也许由于虞翻从自然环境、经济物产和人才现象多方面印证了越都城乃至整个会稽地区天地人生和谐合一的真实情况，所以向来受人肯定，鲁迅也曾引用其说①。不过从虞翻的叙述中，我们仿佛已经看到了范蠡在越都城选址中"辨方正位"的结果，以及范蠡坚持"象天法地"规划理念给后来的绍兴城带来的受用不尽的恩惠。

至于范蠡在越都城规划建设中是如何"效法天象"的，我们不妨先来看看《吴越春秋》中的一段话。书中说范蠡筑作小城，周千一百二十二步，一圆三方。"西北立飞翼之楼，以象天门。东南伏漏石窦，以象地户。陵（陆）门四达，以象八风。"②其中提到的"天门""地户""八风"，都是天上地下的对应物，因为天上有"天门"，所以在地下埋伏漏石窦③作为"地户"与"天门"对应；在大城四周设立"陵门"，旨在与"八风"相呼应。这种把地上的建筑布局与想象中的天上布局相对应，把人间的建筑秩序模拟成天上的建筑秩序，看似一种简单的比附，实际则从都城建设的视角，反映了人与天、地、大自然的感性对应关系。所以当勾践小城和山阴大城建成之后，范蠡就意味深长地对勾践说："臣乃承天门制城，合气于后土，岳象已设，昆仑故出，越之霸也。"④意思是说我取法天象而兴建城郭，又与地神气数相合，山岳之形已经形成，昆仑之象所以存于其中，象征着越国将成霸业。所以越王勾践接着就说，假如真的如相国所说，那接下来就是我的使命了。范蠡对越王勾践说的这番话，实际上是对自己在越都城规划建设中"辨方正位""效法天象"的一次全面总结。

范蠡为什么在越都城建设中坚持"象天法地"的规划理念，其原因或

---

① 鲁迅：《鲁迅全集》第8卷，人民文学出版社1982年版，第39页。
② 《吴越春秋》卷第8《勾践归国外传第八》，江苏古籍出版社1999年版，第126页。
③ 《水经注》卷11《浊水》："始筑两宫，开四门，穿北城，累石为窦，通池流于城中。"文中所谓"伏漏石窦"，当与此相类。伏：埋伏；漏石窦：指在城下用石块砌成的排泄系统。
④ 《吴越春秋》卷第8《勾践归国外传第八》，江苏古籍出版社1999年版，第127页。这里所谓的"昆仑之象"，是指意象中的通天的神秘之处。

许与"天人合一"的宇宙观有一定的关系。因为古人对自然界始终怀有敬畏的心理,认为"天"是有意志、有人格的最高主宰,从自然界的灾变,国家王权的更迭,社会秩序的安定,到普通小百姓的凶吉祸福,都与"天"有关,是"天命"所致。于是,人们开始寻求建立人与"天"之间的联系,形成了"天人合一"的宇宙观。在这种宇宙观的支配下,人们觉得无论做什么事,都应当承天命、顺天意,以求得天人协调,取得人间平安[①]。因为"天"是主宰,有着至高无上的权力,即使是皇帝也无非是替天行"道"而已,何况越都城的建设?从越都城建成之后范蠡对勾践的那一番意味深长的谈话中,我们不难体味到范蠡心灵深处的"听天由命"思想是客观存在的。

但这不是左右范蠡规划思想的全部,如果我们回过头来看看由范蠡亲手建成并且至今城址未变、古貌尚存的越都城,就不难发现,在范蠡选址、规划、建设越都城的过程中,起决定作用的恐怕还是他实事求是,从实际出发,因地制宜,努力遵循自然界客观规律的思想。如前面讲到的,在越都城的选址问题上,他为绍兴奠定的山水城市基础,他给绍兴留下的发展空间,他为绍兴提供的安全保障,经过长达 25 个世纪的考验后表明,如果没有实事求是、从实际出发的科学精神,历史的发展将可能是另外一种模式。所以,对于范蠡天地人生和谐统一的规划理念,应当予以全面考察和合理解读。

三 "坐西朝东为尊"礼制的实际应用

查阅文献结合对绍兴古城的实地考察,可知越都城的空间组织主要由"勾践小城"和"山阴大城"两部分构成。从地理位置看,小城在西北部,

---

① 张晓虹:《万民所依——建筑与意象》,长春出版社 2005 年版,第 4—8 页。

紧靠种山（今称府山）；大城在东南部，范围更为广阔。从功能布局看，小城是越王"宫台"所在之地①，具有"城"的性质；大城则承担了都城的其他功能，起到了"郭"的作用。研究表明，这种西城东郭、城郭连接的空间组织，虽然具有利用种山地形的因素，但起决定作用的，是一种制度性安排，这就是"坐西朝东为尊"的周代礼制。

中国是传统的礼仪之邦，向来重视用"礼制"来规范人们的一举一动，"礼，经国家，定社稷，序民人，利后嗣者也"②。在儒家学说中，礼就意味着管理，意味着规范，意味着秩序，意味着遵守宗法制度。历代统治者都因此把礼制意识形态化，成为指导社会生活方方面面的准则。即使是建筑领域，上至都城宫室，下及百姓民居，都必须在礼制的规范下运作。《唐会要》中所说的"宫室之制，自天子至于庶人各有等差"，在城市、宫殿、坛庙和墓葬制度中都有不同程度的反映。"坐西朝东"就是这种"等差"制度在先秦时期的都城建设中的实际运用。

不过范蠡按照"坐西朝东"礼制组织空间布局时，不是表现在口头上，而是体现在实际行动中。了解范蠡建城过程的人都知道，他建越都城分两步走：第一步按《吴越春秋》的说法是先"筑作小城"，而且在西北的种山上"立飞翼之楼"，由此推定，小城的位置当在都城的西北部，如果以至今尚存的种山和山上的飞翼楼为坐标，正好与实际情形相符。因为"小城"是越国的"宫台"所在地，也是越国的政治中心，因此《越绝书》便直呼其为"勾践小城"。第二步，范蠡又在小城东南的"司马门（即王宫的外门）"外建起面积比"小城"大十倍的"大城"，即"山阴大城"。《越绝书》说："山阴大城者，范蠡所筑治也，今传谓之蠡城。"③ 山阴大城就其规模来看，被赋予了除越国"宫台"以外的都城必需的其他所有功能。因此，

---

① 《吴越春秋》卷第8《勾践归国外传第八》，江苏古籍出版社1999年版，第126页。
② 《春秋左传》卷4《隐公十一年》。
③ 《越绝书》卷第8《越绝外传记地传第十》，商务印书馆1937年版，第40页。

相对于"小城"而言,"大城"实际上就是"郭",虽然《越绝书》称其为"山阴大城",但按其功能配置看,称之为"郭"或许更为合适。因为这样更能体现"坐西朝东为尊"的核心价值。

其实,"坐西朝东"礼制在古代的适用范围是非常广的,除了都城、宫殿、民居等建筑布局外,在墓葬制度中,在君臣关系上,在宾主席次安排上,都有实际反映。在春秋战国时代的越国墓葬布局中,几乎无一例外地印证了这一点。1996年开始发掘的绍兴印山越国王陵,便是一座"平面呈现'凸'字形的竖穴岩坑木椁墓,呈东西向,墓穴全部在岩层中挖凿而成,全长100米……"①在浙江东阳发现的春秋战国土墩墓群,也都是东西朝向,其中:石角山石室土墩墓,东西向,方向290°;石墩洞山石室土墩墓,东西向,方向283°;银角山石室土墩墓,东西向,方向270°;岣界尖土墩墓,东西向,方向225°②。这种坐西朝东为尊的礼制,直到西汉还很盛行。例如,《史记》写到的鸿门宴上,项王、项伯东向坐,亚父(范增)南向坐,沛公北向坐,张良西向侍③。项王、项伯"东向坐",表示对他们的地位尊重,而张良"西向侍"则表示不敢居尊长之位。即使是明清时代官员与师爷的关系中,也还残留着这种封建礼制。虽然彼此只是一种雇佣关系,但幕主往往尊师爷为"西宾",而师爷则称幕主为"东翁"或"东家"④。可见,坐西朝东是古代特别是春秋战国时代普遍存在的礼制。

范蠡在这样的背景下,对越都城实行西城东郭、城郭连接的规划布局,究竟出于何种考虑,学术界目前存在两种解释:一种认为东方是太阳升起的地方,坐西朝东是古人太阳崇拜在建筑形制上的反映,因此不仅具有宗教信仰的含义,还有向东可以避开冬季寒冷的西北风的功利目的⑤。而更多

---

① 绍兴县文物保护管理所:《绍兴县文物志》,浙江古籍出版社2002年版,第37页。
② 资料出自新编《金华通志》稿本。
③ 《史记》卷7《项羽本纪》,中华书局1975年版,第312页。
④ 任桂全主编:《绍兴市志》卷45《绍兴师爷》,浙江人民出版社1996年版,第3359页。
⑤ 张晓虹:《万民所依——建筑与意象》,长春出版社2005年版,第4—8页。

的人则认为，这是礼制对于都城建设的规范要求，在古人的很多论述中，我们都能够体会到这一点。这里不妨举上几例：《礼记》说："席南向北向，以西方为上"①，"上"当然是尊者。《论衡》说："夫西方，长老之地，尊者之位也。尊长在西，卑幼在东。尊长，主也；卑幼，助也。主少而助多，尊无二上，卑有百下也。"②《日知录》也说："古人之坐，以东向为尊。故宗庙之祭，太祖之位东向。即交际之礼，亦宾东向而主人西向。"③ 师爷与官员的"西宾""东翁"相称，就是一种交际礼。这种以东向为"尊"、为"长"、为"主"、为"上"的强烈的等级观念，必然会反映到越都城的规划建设之中，所以我们说越都城采用西城东郭的空间布局模式，实在是一种制度性的安排。

然而，根据复旦大学杨宽教授的研究结论，这种"坐西朝东"礼制，从东汉开始逐渐被"坐北朝南"的礼制替代了。因此，东汉以后的魏都洛阳、吴都建业、南朝建康、唐都长安等都城的空间布局，实行的都是"坐北朝南"礼制④。之后北宋开封、南宋临安和元明清三朝古都北京都是"坐北朝南"。

这种从"坐西朝东"向"坐北朝南"的礼制转换，也使得都城的空间结构形态发生了质的变化。如前所述，原来按照"坐西朝东"礼制规划建设的古都，都是西城东郭、城郭连接的结构形态，"城"与"郭"既有不同的功能配置，又是东西（或西北与东南）有别却相连的毗邻关系，我们姑且称之为"毗邻城"。而实行"坐北朝南"礼制以后所建的都城，往往遵照"中轴线"布局的原则，不是在"小城"（或称内城）外面建"大城"（或称外城），就是在大城里面建小城。小城与大城虽然功能不同，但相互之间

---

① 钱玄等译注：《礼记》卷2，岳麓书社2001年版，第11页。
② （东汉）王充：《论衡》第23卷《四讳篇》，岳麓书社1991年版，第360页。
③ （清）顾炎武：《日知录》卷28《东向坐》，甘肃民族出版社1997年版，第1228页。
④ 杨宽：《中国古代都城制度史研究》，上海人民出版社2003年版，第179—182页。

已经不是"毗邻关系"了，而是一种新的结构模式，即大城套小城的模式，堪称"套城"。

从"毗邻城"到"套城"的空间结构模式转换，实际上就是我国古都史上存在的两个不同发展阶段，其时间的切割点，便是在东汉。有趣的是，我国目前公认的七大古都北京、西安、安阳、洛阳、开封、南京、杭州，由于各种原因，不少已经偏离了当时的原址，相去至少在十公里以上[①]，但有一个共同的特点，那就是随着城址的变迁，都城的空间布局形态，基本上都是"坐北朝南"的。而七大古都之外的绍兴，不但城址未变，而且西城东郭、城郭连接的空间布局形态还是能找到大致方位。这是非常了不起的，其重大的历史文化价值，于此可见一斑。

四 "筑城以卫君，造郭以居民"的都城模式

在我国历史上，曾经作为统一政权或诸侯邦国都城的，大大小小不下数百处。能够完整提出都城的功能布局和结构模式的文献有记载春秋晚期越都城、吴都城建城历史的《吴越春秋》。《吴越春秋》首次提出了"筑城以卫君，造郭以居民"的都城结构模式。虽然在当今流行的《吴越春秋》一书中，这一具有概括性、指导性、经典性的表述语言已经成了佚文，但所幸被其他古籍保存了下来。《初学记》引《吴越春秋》说："鲧筑城以卫君，造郭以守民，此城郭之始也。"[②]《太平御览》引《吴越春秋》说"鲧筑城以卫君，造郭以居人。此城郭之始也"[③]。两书引用中出现的"居人"与"守民"的区别，当是避讳所致。

[①] 参见谭其骧为《中国七大古都》序言，陈桥驿主编《中国七大古都》，中国青年出版社2005年版。

[②] 《初学记》卷24《城郭》。

[③] 《太平御览》卷193《居住部二十一·城》。

《吴越春秋》把"筑城以卫君，造郭以居民"的建都模式，归功于鲧，是鲧开创了筑城造郭的建都历史。可是我们都知道，鲧存在于传说时代，而鲧的儿子大禹开创的夏代，虽然已经有关于都城的记载，但从考古发掘的情况看，最多也无非是一些城堡遗址而已，如王城岗城堡遗址和平粮台城堡遗址①。尽管两处遗址已有城墙出现，但从根本上说，两者都还没有把"城"与"郭"加以区别的迹象。杨宽教授把"城"与"郭"的发展进程分为三个时期，即"商代是有城无郭的时期；从西周到西汉是西城连接东郭的时期；从东汉到唐代是东西南三面郭区环抱中央北部城区的时期"②。可见，"郭"的出现以及"城"与"郭"相连接的历史，是从西周才开始的。《吴越春秋》不仅明确提出"筑城以卫君，造郭以居民"的建都模式，而且把"城"与"郭"的不同功能和"城"与"郭"的相互关系说得一清二楚。这在其他都城建设和相关古籍中都是见所未见、闻所未闻的。因此我们有理由认为，"筑城以卫君，造郭以居民"，是依据越都城模式而作出的形象概括，是越王勾践和范蠡大夫的创造，只因为勾践是大禹的子孙，当然也是鲧的后代，所以才把这个功劳记到鲧的头上去，这应该是可以理解的。

"筑城以卫君，造郭以居民"模式的提出和"坐西朝东"礼制的实施，实际上已经为越都城的规划建设解决了"城""郭"方位与功能配置两大难题。对于"城""郭"方位，如前所说，范蠡做了西城东郭即西城连接东郭的安排；而在功能配置上，"城"以君为核心，"郭"以民为主体的观念也是十分明确的。

"西城"即勾践小城的范围，《越绝书》说其"周二里二百二十三步，

---

① 河南省文物研究所、中国历史博物馆考古部、周口地区文化局文保科《登封王城岗遗址的发掘》《河南淮阳平粮台龙山文化城址试掘简报》，《文物》1983年第3期。
② 杨宽：《中国古代都城制度史研究》，上海人民出版社2003年版，第2页。

陆门四，水门一"①。而《吴越春秋》称小城"周千一百二十二步，一圆三方……陵门四达……"如果按度地法三百六十步为一里，应为三里四十二步。再按"司马门"②在怪山东南面之说来推测，则小城周长当远不至三里了，其范围大致包括了种山、火珠山、峨眉山和怪山，也就是说，在越都城内的九座孤丘中，小城占据了四座，这不是没有可能的。实际上小城"一圆三方"的形制，已经给周长的计算留下了模糊空间。因为小城只在东面、南面和西面的部分地段筑起了城墙，而北面和西面的部分地段利用了种山地势的险峻而不筑城墙，以示越国服事于吴而不敢设防，这就是所谓的"一圆三方"。因此在实际计算时，因为"一圆"是山体而不是城墙，很可能不在书中记下的周长之内。

至于小城内部建筑，当然以"君"为核心来展开，首要的自然就是越王"宫台"了。这是一组规模宏大的建筑群，"周六百二十步，柱长三丈五尺三寸，霤高丈六尺，宫有百户，高丈二尺五寸"③。作为越国政治中心的象征，即使在今天看来也是气度不凡，足可震撼人心的。与此同时，又在小城西北的种山上建起飞翼楼，实际上起了观察吴国军情的瞭望楼作用；又在小城东南怪山兴建"高四十六丈五尺二寸，周五百三十二步"④的游台，用以观察天象。此外，诸如越王勾践的子女妻室、越国大臣们的眷属、"卫君"士兵的居室以及为上述人员提供服务的各种设施，自然也是小城之内必不可少的建筑物。

或许由于受小城规模限制，许多越王勾践的活动场所，不在小城之内，而在大城甚至大城之外。如建于怪山之巅的灵台（观察天象灵气），建于淮阳里丘的离宫（与宫殿分离的宫室，故名），建于高平里丘的中指台（也称

---

① 《越绝书》卷第8《越绝外传记地传第十》，商务印书馆1937年版，第40页。
② 《吴越春秋》卷第8《勾践归国外传第八》，江苏古籍出版社1999年版，第127页。
③ 《越绝书》卷第8《越绝外传记地传第十》，商务印书馆1937年版，第40页。
④ 同上。

中宿台，是勾践中途歇宿之处），建于安城里的驾台（勾践停放车驾的地方），建于土城山的美人宫（教习西施、郑旦的宫台）以及勾践弋猎之处的乐野、宴饮之处的燕台、斋戒之处的斋台等。所以《越绝书》在写到越王勾践行踪时说："勾践之出入也，斋于稷山，往从田里；去从北郭门，炤龟龟山；更驾台，驰于离丘；游于美人宫，兴乐，中宿；过历马丘，射于乐野之衢，走犬若耶，休谋石室；食于冰厨。"① 勾践足迹所至，涉及离台、游台、灵台、斋台、驾台、燕台、中宿台和美人宫八处宫台。"台"原本是用土筑成的高台，《太平御览》引《尔雅》曰"观四方而高曰台（积土四方者）"②，是古代皇帝权力的象征，而越都城内外有这么多的宫台，而且几乎都建筑在山丘之上，如怪山上的灵台，淮阳里丘的离宫，经考古发掘，美人宫也在土城山上，这不能不说是越都城的一大特色。

当然，小城毕竟受面积限制而不可能担负起更多的都城功能，这就非常自然地落到了比"西城"大出十倍的"东郭"即"山阴大城"身上了。《越绝书》：称"大城周二十里七十二步，不筑北面"③。这里又涉及"东郭"范围究竟有多大的问题，因为既然北面不筑城墙，那么所谓"大城周二十里七十二步"照理就不应该包括北面的长度，换句话说，大城的实际周长可能还要长。如若此说不能成立，那么"西城"与"东郭"是相连接的，其中必然有一段城墙是重叠的，这段重叠的城墙究竟计在"西城"还是"东郭"周长之内？我们不得而知。不过按照《周礼·考工记》提出的建都方略，匠人营国，"左祖右社，面朝后市，市朝一夫"④。都城内应当有宗庙与社稷坛，而越王勾践的宗庙，无疑是大禹庙。由此观之，禹庙在大城的范围之内也说不定。

---

① 《越绝书》卷第8《越绝外传记地传第十》，商务印书馆1937年版，第40页。
② 《太平御览》卷第177《居住部五·台》。
③ 《越绝书》卷第8《越绝外传记地传第十》，商务印书馆1937年版，第40页。
④ 《周礼》卷42，岳麓书社2001年版，第429页。

"东郭"亦即"山阴大城"范围内，除了宗庙以外，还有些什么功能布局和相应的建筑物呢？由于一方面过去没有具体文字记载，另一方面现在人口聚居而无法进行地下考古，所以很难做出肯定的回答。但是，我们不要忘记，这里是越国都城，是越国的政治、军事、经济、文化乃至技术中心，按照"造郭以居民"的原则，我们不妨设想，居住在这里的，不仅有士兵和他们的家眷，有从事农耕、畜牧、养殖的农民，有纺织、冶炼、制陶、制造兵器的工匠以及无法从事生产劳动的老人、小孩等。虽然"东郭"才刚刚建成，还处于初级阶段的形式，但即使如此，民居、工场、作坊、市场、马路、耕地、牧场、军训场地、集会广场以及儿童玩耍的草地等。所有城市的这些基本特征，都在围着的城墙里面找到了自己的最佳位置，甚至影响和引领着未来城市形态的发展。

陈桥驿先生因此指出："小城是于越的政治中心和军事堡垒，大城则是于越的经济中心和生产基地。"他还进一步指出："小城的迅速建成，为大城的兴筑赢得了时间；而大城的兴筑，又为小城保障了给养，进一步巩固了小城的基础，使越王勾践'十年生聚、十年教训'的复兴计划有了可靠的保证。"[①] 这就再次证明，范蠡按照"筑城以卫君，造郭以居民"的模式建筑越都城，不仅在规划设计上是科学合理的，即使从城市发展看，也堪称把现实利益与长远目标有机结合的杰出典范。要不然绍兴古城何以能够做到2500年城址不变、庚续相继，成为我国古都建设史上的奇迹呢？

（原文刊登于《绍兴文理学院学报》2017年第1期）

[①] 陈桥驿：《历史时期绍兴城市的形成与发展》，《吴越文化论丛》，中华书局1999年版，第360页。

试论越都城的建立

钱茂竹[*]

摘　要：春秋时期越都城的建立有其历史原因：一是越地社会本身发展的需要；二是北方各族各国发展的经验；三是兴越争霸的基本要求。绍兴城区以其优越的自然环境条件，成为越都城址的不二选择。越都城有大小两城，各有需求，又密切结合。它是按照大国的要求和争霸的目标来建造的，是越国争霸的前奏曲，是称霸迈出的第一步。

关键词：绍兴；越都城；择址；争霸；称霸

绍兴建城已2500年了。在这漫长的历史岁月中，越都城起了巨大变化，但又处处见证了当初建城者的远见卓识。在推进城市化建设的今天，研究这一城市的创建史，有着重要意义。

一

绍兴城是在2500年前的春秋晚期建成的越都城，其建成是多种因素共同作用的结果。

---

[*] 钱茂竹（1938—　），男，浙江诸暨人，绍兴文理学院越文化研究院研究员。

首先，它是越地社会发展的产物，是于越部族生存和生活的需要，这是最基本的原因。越地是中华民族在东南沿海的发祥地之一，有着辉煌的史前文明。据近几十年的地下发掘来看，在六七千年前绍兴一带的于越部族已进入了发达的农耕时代。农耕生活要求定居于气候温和、水利方便、土地肥沃的地方，需要一个区域政治经济中心。这些愿望和经验，无疑给他们的后代深刻的启示。果然，几千年后，大水退去，人们就开始了对这一社会生活中心的不懈追求和长期的比较、选择。

大约在4000年前夏朝始建时，于越部族聚居中心在会稽山腹地。古籍记载的埤中、大越城等，都在山地聚落中，到勾践父亲允常时，越国"拓土始大"，并自称王。这时北方各大国争霸加剧，吴国日益强大，大有南侵于越部族之势。这内部的经济发展和外部的压力，迫使越人建立一个经济政治中心。到前496年，勾践即位，将大越中心迁移到会稽山北的冲积平原上，前490年又从山北冲积平原迁移到今日绍兴城这个开阔的水乡平原上。这是越地社会发展的内在需要，是于越部族为经济发展而作出的科学选择，是越国历史发展的必然结果。

其次，中原各族各国日益强大、迅速发展的历史经验证明了立郭建城对于越国的重要性。《吴越春秋》记载了勾践与范蠡关于建城的一段对话。范蠡说："唐虞卜地，夏殷封国，古公营城，周雒威折万里，德致八极，先直欲破强敌收邻国乎？"[①] 这里范蠡引用了远古时期几位圣人迁居择地，立郭建城，从而开创一个朝代的历史事实。可分三组：一是唐尧虞舜的卜择土地。几经迁徙，他们先后到陶唐和虞地发展部落，最后成为两个大部落的联盟长，成为中国远古两位著名的圣君。二是夏禹建立的夏朝，成汤建立的商朝。大禹立国后，建都阳城，后迁安邑，后代又迁商丘，到少康时又迁回安邑，从此夏朝历17帝而垂统430多年。这与选择安邑为立国之都

---

① 《吴越春秋》卷8《勾践归国外传》，江苏古籍出版社1992年版，第106页。

有很大关系。商汤从他的祖先契开始，曾历14代而8次迁都。终于推翻了桀，扫平了天下，建立了商朝。但汤以后五盛五衰，6次迁都，最后从初期的亳（安徽蒙城）到盘庚时迁殷（河南安阳），从此商朝亦称殷朝并安定了下来。这说明择地立都是极为重要的事。三是西周初期的迁徙。周族自祖先后稷以后，从黄河西部迁到渭河以北，到公刘时，才定居于豳地（今陕西彬县）。豳地土地肥沃，交通方便，氏族很快繁荣起来。但此处又常受戎狄骚扰，难于应付，故到古公亶父时再次举族南迁至岐山脚下。这里一片平原，宜于耕种，于是就以周原这地方为基地，发展了部族。《诗经·绵》曰："古公亶父，来朝走马，率西水浒，至于岐下……"① 史称一年成邑，二年成都。从最初的3000余户居民，二年增至五倍，于是建国号曰"周"。从亶父到季历到姬昌，仅三代，就成了黄河中上游最强大的部族和封国。这时姬昌又迁都丰邑，不久在丰邑之东建造更大的都城镐京（今西安市）。其时，周的势力已无人可敌。灭纣建国后，姬昌子姬发承大位而为武王，从此周建立了统治整个黄河流域的大王朝，诚如陈致平先生《中华通史》所言："商之统一是将夏之黄河中段与商之黄河东段的统一，而周之统一，是表示西段与中段、东段三个政治势力的大拚合。"② 继而周公又率军东征，在洛水之滨建立了一个新的都城洛邑，称东都，作为统治东方的一个政治中心。国内从此安定，不久就出现了"成康之治"。所以古公亶父的迁徙岐山，周公旦的营建洛邑，实在是周民族大发展和周朝"威折万里"的关键之举。

范蠡举出的上述三组史实，说明当一个部族、一个封国强大之时，选择一个政治中心是十分必要的，这是历史的必然，是社会发展的需要。当时于越部族也面临着在患难中寻找出路，在发展中寻找一个中心的问题，

---

① 程俊英：《诗经译注》，上海古籍出版社1985年版，第496页。
② 陈致平：《中华通史》（第一册），花城出版社1996年版，第220页。

因此，借鉴历史经验定国立城是当务之急。范蠡说："昔公刘去邰而德彰于夏，亶父让地而名发于岐，今大王欲立国树都，并敌国之境，不处平易之都，据四达之地，将焉立霸王之业？"[①] 告诫勾践要学中原部族的经验，选择合适的地方建立政治经济中心，这样才能达到振兴民族进而图霸的目的。

所以建造越城实在是当时越部族本身发展的需要，是历史上各朝各代经济、生产进一步发展的经验。即使没有吴越战争，没有复国雪耻的动机，越国也要建立一个新的中心，也会选择今日绍兴城区这块宝地。

最后，兴建都城是兴越争霸的需要。选址立国是当时兴越诸多事项中首要的、基本的一项。当时越国面临两大问题：一是人口和人才问题。长期征战使人口大量减少，人口关系到农业生产的劳动力与军队战斗力。勾践说："今欲定国立城，人民不足，其功不可以兴，为之奈何？"因此必须选择一个交通方便、土地肥沃、物产丰饶、富有吸引力的地方，作为人口聚集的中心。人口多了，人才也会相应增加，会脱颖而出。二是经济发展的问题，应在土壤、水利、气候比较适宜的地方，亦即自然条件优越之处，建立经济中心。有经济中心才有国力强盛之基础。这经济中心，必须具有内外交通便捷的条件，使国君指令能即时传播，下情能迅即上达。同时在军事上也应有利用地形地物的条件。总之，在当时，越国欲报仇雪耻，进而北上争霸，建立一个新的政治中心确是当务之急。这样择址建城就历史地落到了越国君臣身上，而勾践让范蠡挑起了这一重担。

内外需要的结合，历史必然性与偶然性的一致，是新建越都城的基本原因，绍兴城就在这一历史大背景下建立起来了。

---

① 《吴越春秋》卷8《勾践归国外传》，江苏古籍出版社1992年版，第107页。

二

今日的绍兴城作为当年范蠡受命建越都城的首选之地，不是偶然的。范蠡具备卓绝的建城思想，对立国树都有种种考虑，他了解越地的山山水水，他又懂得中国传统哲学中的阴阳五行、天人合一等学说，因此他的考察又是深邃而全面的。如此综合比较之后，他认为今日的绍兴城址有其他地方难以企及的优越的自然条件，是越国都城的不二选择。

第一，越都城处会稽山北部平原的中心。平原是东西狭长的地区，南倚会稽山，北濒杭州湾，东为曹娥江（东小江），西为浦阳江（西小江），两江在平原北面的三江口汇合入海，故在地形上对平原形成了拱卫之势，而越都城正在受拱卫地域的中心。第二，会稽山有三十六源之水，河流经过平原北流入海。因平原地势南高北低，河流随倾斜之势，流程既短，流速也快，这样既少山洪威胁，也少海水之患。建城的重要条件就是少有水旱之灾，而这里正具备这样的优势。同时，河流之多，便于水上交通，南来北往，迅即到达；平原又西通钱塘江，东接姚江甬江，东西往返也较快捷。由于人们自幼习惯水上生活，长于舟楫运作，这就为选择、培养水军将士提供了良好条件。特别是北濒大海，利于建造大型舟船。须知当时吴越之战的关键是水上之争，所以这一地形对军事上有很大意义。第三，此处土地肥沃，物产丰富，既有陆地之农作，又有水上之养殖，还有从山区而来的特产，可称为鱼米之乡，富饶之地。第四，气候温和，四季分明，水量充沛，既利农业种植，又利居民生活，是一个理想的居民聚居点。第五，平原上有大小不等的八九座孤丘，这些小丘往往亦是居民点，又以河道为互相交往的线路。这些山丘经过改造，既可以成为防守的掩体，也可以成为居高临下的进攻高地，而且可以成为掎角之势，互相支援，在军事上很有价值。正是由于上述优异的自然和生态条件，绍兴具有建城立都的极大优势，所以范蠡选此处为越国都城城址，这是慧眼独具的经典之作。

范蠡选择这样的地址营建越城，与我国古代选址建都的原理相吻合。《管子》卷一《乘马》云："凡立国都，非于大山之下，必于广川之上。高毋近旱而水用足；下毋近水而沟防省。因天材、就地利，故城郭不必中规矩，道路不必中准绳。"①《管子》一书据传为管仲所撰，管仲是春秋初期杰出政治家，九合诸侯，一匡天下，帮助齐桓公成为春秋时第一个霸主。管仲对城建对国都的论述尤为深刻，在《度地》中又说道："昔者桓公问管仲曰：'寡人请问度地形而为国者，其何如而可？'管仲对曰：'夷吾之所闻，能为霸王者，盖天下圣人也。故圣人之处国者，必于不倾之地，而择地形之肥饶者。乡山左右，经水若泽，内为落渠之泻，因大川而注焉。乃以其天材，地之所生，利养其人，以育六畜。天下之人，皆归其德而惠其义……此谓因天之时，归地之利。内为之城，城外为郭，郭外为土阆。地高则沟之，下则堤之，命之曰金城。'"② 这里明确指出为国之都者，必须择"不倾之地""地形之肥饶者"，要有山有水，而又能及时泄洪。这样肥土美水，就会百物丰盈，六畜兴旺，"利养其人"，"天下之人，皆归其德而惠其义"，在这样的地方建起城郭，就有天之时，地之利，就可称之为"金城"。管仲认为灾害有五种："水一害也，旱一害也，风雾雹霜一害也，厉一害也，虫一害也，此谓五害。"他说："五害之属，水最为大。"城都择址，应首选无水患之处，"除五害，以水为始"。这是总结千百年之经验而得出的结论，是建都立城最基本的条件。

范蠡对越都城的选址，可以说是《管子》这一见解的具体范例，或者说是《管子》建城思想在越地的应用。

---

① 《管子》卷1，《百子全书》（第三册），浙江人民出版社1984年版。
② 同上。

三

　　范蠡受命建城，选址既定，就着手具体操作。范蠡分两步兴建越都城：先择今府山为中心，建勾践小城；后在小城之东筑山阴大城。对小城和大城之规模，《越绝书》卷八云："勾践小城，山阴城也，周二里二百二十三步，陆门四、水门一。今仓库是其宫台处也。周六百二十步，柱长三丈五尺三寸，溜高丈六尺。宫有百户，高丈二尺五寸。大城周二十里七十二步，不筑北面。而灭吴，徙治姑胥台。""山阴大城者，范蠡所筑治也，今传谓之蠡城。陆门三，水门三，决西北，亦有事，到始建国时，蠡城尽。"①《吴越春秋》卷八云："于是范蠡乃观天文，拟法于紫宫，筑作小城，周千一百二十一步，一圆三方。西北立龙飞翼之楼，以象天门。东南伏漏石窦，以象地户。陵门四达，以象八风。外廓筑城而缺西北，示服事吴也，不敢壅塞。内以取吴，故缺西北，而吴不知也……"② 这里的紫宫，即紫微宫，古代天子自以为天命所归，故宫城照紫微星模式建筑，范蠡的小城也是如此。有的版本，在"立龙飞翼之楼，以象天门"后，尚有"为两螭绕栋，以象龙角"句，这就是造飞翼楼来象征天门，又造了两条小龙盘于屋脊两端用来象征龙角，这是王城的标志。"伏漏石窦"，即累石为窦，将石块排砌于地下，以便泻泄。"地户"，即地之门。"陵门"应训为"陆门"；"八风"，八方之风。③

　　那么，如何看待勾践小城与山阴大城呢？它们之间是什么关系呢？陈桥驿先生在《历史时期绍兴城市的形成与发展》《古代于越研究》等文中，

---

① 《越绝书》卷8，上海古籍出版社1985年版，第58页。
② 《吴越春秋》卷8《勾践归国外传》，江苏古籍出版社1992年版，第107页。
③ 周生春：《吴越春秋辑校汇考》，上海古籍出版社1997年版，第131页；张觉：《吴越春秋全译》，贵州人民出版社1993年版，第316页。

做了精辟的阐述。范蠡选择九处孤丘中最高的种山东南麓建造越王城有其合理性。种山高76米，高于附近的蕺山（52米）和怪山（32米），此山的东南麓有一块呈箕形的小平地，可以营建较多的房子。种山的西北两边山势高且陡峭，可挡西北风，山会平原是北面濒海，冬天的西北风可以长驱直入，此处有山体掩蔽，免受寒风影响，便于冬日采光，故比别处暖和。山上多柴草树木，能解决平原上的燃料问题。种山山体较大，绵延数里，山中有泉水数处，水质优异，即使大旱不雨时，也有饮水之便。特别是山之西北，山势险要，难以攀援而上，这在军事上有防御和守备的意义。在种山近旁小城四周还有火珠山、峨眉山、怪山、鲍郎山，虽然山体小且不高，但可以与种山构成掎角之势，互相支援。范蠡又在种山西北的最高山巅上建了飞翼楼，飞翼楼高15丈，可以起到军事瞭望台的作用，晴天时可以直观几十里外的动静。可见，小城是一处依山傍水、向阳避风的好处所，它面朝东南向，对周围的小丘而言，宛若众星拱月向着一个中心。这样的地理条件建造宫室所在的小城是十分恰当的。

小城作为政治、军事指挥中心，除越王宫室外，当然也有大臣们的住所。因此勾践小城虽然总体范围不大，但是作用巨大："于越在很短的时间里，迅速地筑成了这座周围只有二里稍多的国都兼军事堡垒，使整个于越部族有了一个新的、坚强的政治中心，让越族在风雨飘摇中站稳了脚跟。"①其意义是不可估量的。

在小城的东面，范蠡建筑了山阴大城，大城是小城的十倍。这里将附近的另外八座小山都包括了进来。除小城周围四座外，还有蕺山、白马山、彭山、黄琢山等。在这些山丘四周聚集了不少居民点，有许多从会稽山上流来的河流流经其中。平原上最大的河流若耶溪在近城处分为两支，一支

---

① 陈桥驿：《历史时期绍兴城市的形成与发展》，《吴越文化论丛》，中华书局1999年版，第360页。

向西环流，进入城中，一支向北流去，水势较大。还有南池江、坡塘江流入城中，后又分数支散开漫流，入城中各闾里坊巷。兰亭江从偏门外也进入小城和大城。众多河道又形成了许多大小湖泊、水池、塘湾、泉潭。而在山丘与民居、水流之间是大片农田。人民早在这里垦地耕种，水中养殖，山麓放牧。造了大城之后，水利效能增加，生产迅速发展，故成了一个水乡和鱼米之乡。陈桥驿先生说："大城把这个地区的大部分孤丘聚落都包罗在内。可以设想，在范围广阔的大城之中，除了街衢、河渠、屋宇、工场等以外，仍然还保留着许多牧场和耕地。"① 因此，大城是越国经济、交通、人员交往的枢纽，真正起到了定国安邦的作用。

小城与大城是连在一起，不可分割的，它们共同组成了越国的都城。古云"筑城以卫君，造郭以守民"，越都城的大城小城就是如此。陈桥驿先生说小城是"政治中心和军事堡垒"，大城是"经济中心和生产基地"。"小城的迅速建成，为大城的兴筑赢得了时间；而大城的兴筑，又为小城保障了给养，进一步巩固了小城的基础，使越王勾践十年生聚、十年教训的复兴计划有了可靠的保证。以后的绍兴城，就是这样从公元前5世纪初的勾践小城和山阴大城逐渐发展起来。"②

以勾践小城和山阴大城组成的越都城建成后，立即发挥了作为越国国都的引领作用和政治、经济中心的辐射作用。《越绝书》卷八的"记地传"记载的近60个地名，都是当时越国各地重要的经济、交通、手工工场、军事训练、游弋狩猎、墓葬祭奠的场所，这些场所都是以这越都城为中心而展开的。特别是两条新辟的山阴故水道、山阴故陆道，即使赴东西小江，也朝发夕至，往返便捷。还有一处新开垦的耕种区："富中大塘者，勾践治以为义田，为肥饶，谓之富中，去县二十里二十二步。"《国语》中也有类

---

① 陈桥驿：《历史时期绍兴城市的形成与发展》，《吴越文化论丛》，中华书局1999年版，第360页。

② 同上。

似的记述:"勾践载稻与脂于舟以行,国之孺子之游者,无不餔也,无不歠也,必问其名。""四方之士来归者,必庙礼之。"① 从侧面反映出建了国都后,交通的方便给了人们四方出行的条件和人们心向往之的热情。《吴越春秋》更具体记录了勾践自越都城建立后,内政外交一起经营,君臣民众团结一心的面貌。"越王是日立政,翼翼小心……苦身劳心,夜以继日……愁心苦志,悬胆于户,出入尝之,不绝于口。中夜潜泣,泣而复啸。"② 越都城的建立,使越王有了一个指挥全国的中心舞台,越国的国运从此蒸蒸日上。

四

对越都城的研究,根据《吴越春秋》的记述,比照先秦古籍和当时其他情况,还可以看到下列问题:

其一,越都城在当时各诸侯国都城中的地位。西周初,实行严格的等级制度。《周礼·考工记》规定了营城制度即城市规范:"匠人营国,方九里,旁三门,国中九经九纬,经涂九轨,左祖右社,前朝后市,市朝一夫。"③ 这是指周天子所在的王城。而对各诸侯国都城的大小,道路宽窄,门高、屋高也都有标准,这里的"经涂"是王城标准,另外又有"环涂七轨,野涂五轨"分别对应诸侯标准、卿大夫士标准。"九轨"即九条车道,余则以两轨为差依此递减。各有所依,不得僭越。但建越都城时已至春秋晚期,礼崩乐坏,各诸侯国坐大,视周天子如无物,亦视数百年营国制度为儿戏。但是勾践既要争霸,"尊王攘夷"还是一面旗帜,因此范蠡建城亦必须有一个大体的依据,至少要参考与之同一或相似级别的诸侯国的都城

---

① 《国语·越语上》,上海古籍出版社 1978 年版,第 635 页。
② 《吴越春秋》卷 8《勾践归国外传》,江苏古籍出版社 1992 年版,第 109 页。
③ 《周礼·考工记》,《四库全书精品文存》(第一卷),团结出版社 1997 年版,第 351 页。

规模。这时越国已自称"王",与各诸侯国王是平等的。所以范蠡要建一个与当时诸侯国相似的都城,以示其争霸的决心。曲阜是当年周公按营城制规定而建的鲁国都城。鲁城南垣长3250米,北垣长3560米,东垣长2531米,西垣长2430米,是一个矩形都城,按周尺计,城垣周长28.4里,约合方7里,它比天子的王城方9里少2里,但比侯伯之城方5里多了2里,因为它是"公爵"的规模,鲁君世称"鲁公"。比照曲阜的城市规模,越都城当然要小些。《越绝书》载大城周长20里72步,但不筑北面,且在其西边还有小城,如两者均计入大城周长中,越都城周长应在24里至25里之间,照此计算约方6里多,这是属于"侯伯"的等级。当年著名的晋国、齐国均是"侯伯"级,其都城也在此列。因此越都城照"周礼"规定,是比公爵级稍小,而比一般侯伯爵级稍大的一个都城。这从一个侧面暗示了勾践、范蠡要称霸中原,左右周王室的企图和决心。

其二,范蠡建筑越都城是按照称霸的大国要求来设计的。中国易学相信"天人感应",阴阳消长,应用到环境地理学上,就主张环境优选,时空优选。在建越都城时,勾践曾有一个疑虑,认为中原之国在国之中,接近昆仑之山,可以直达天听,感应其诚,而越地乃在国之东南,斗去极北,何能与中原各国的"王者比隆盛哉?"对能否建成一个像样的国都信心不足。范蠡根据对易学的深刻理解,依据当时的天地人和合的学说,作了巧妙的安排。中国古代认为西面的昆仑山是万山之母,各地山脉均由它发源而来。昆仑山脉向东延伸,中国的地势也就变成西高东低,所以昆仑山是国之栋柱,是天地人合一的主渠道,是历来帝王王城之象征。越王当然相信这一点。他说:"寡人闻昆仑之山乃地之柱,上承皇天,气吐宇内,下处后土,禀受无外。滋圣生神,呕养帝会。故五帝处其阳陆,三王居其正地。"[①] 范蠡要从建城中坚定勾践称霸的信心,破解勾践的担忧,树立越国

---

① 《吴越春秋》卷8《勾践归国外传》,江苏古籍出版社1992年版,第108页。

大国强国的形象。小城选址在西北高向东南方倾斜的种山山麓平地上，这就与西边的昆仑山向东倾斜相似，而在种山西北最高处的山顶上又建了高高的飞翼楼。这飞翼楼，"以象天门"，可以直接与天感应。因此范蠡说："臣之筑城也，其应天矣。昆仑之象存焉。"接着范蠡又在城之"东南伏漏石窦，以象地户。陵门四达，以象八风"。当时在种山东南已有不少水流环绕，湖泊棋布，如今又凿人工水道，就能使天地之气相接相连，有进有出，上下相应，乾坤合一。且开陆门多处，风气通畅，使地上之气能随时聚散，随风冲刷，吐故纳新。可见范蠡建城法天象地，经纬阴阳，使全城生机勃勃，气韵灵动，不仅有坚固的城墙，更有其鲜活的气宇和灵魂；有其相当的规模，更有其不凡的气势。如勾践所要求的"上承皇天，气吐宇内，下处后土，禀受无外"，如此就会如中原各强国一样，"滋圣生神，呕养帝会"。这样的城市，也就是五帝所处的"阳陆"，三王所居的"正地"。所以范蠡自豪地说："臣乃承天门制城，合气于后土，岳象已设，昆仑故出，越之霸也。"越国的争霸、称霸就可以应天而行，在这新建的都城中开展了。于是勾践顾虑全消，相信天命已应，信心倍增，精神为之奋发："苟如相国之言，孤之命也。"君臣一致，以全新姿态投入到兴越争霸的事业中去。

可见，越都城是按争霸称霸的要求来规划并兴建的，范蠡的目标是明确的。果然，越都城建成不久，越国的争霸事业就显露了端倪。越都城的建立是越国争霸的前奏曲，是为称霸迈出的第一步。

（原文刊登于《绍兴文理学院学报》2010年第5期）

越王允常都埤中浅解

莫艳梅[*]

摘　要：越王允常是春秋晚期的越国君王。允常的都城，史载在埤中。埤中的地望，至今尚无定论。《吴越春秋》说埤中在诸暨北界。元和《郡县图志》《旧唐书》说诸暨为允常之都。孟文镛《越国史稿》说在今诸暨东北的店口、阮市一带。笔者综合冯普仁《吴越文化》的观点以及考古资料，认为埤中在今萧山南部的临浦镇一带，这里既有天险可守，又适合当时越王允常迅速北上乘虚袭吴（前505），摆脱对吴国的附属关系，称王兴霸的情形。

关键词：越国；允常；都城

越王允常是春秋晚期越国的君王。允常即位的时间，无确切的记载。据《吴越春秋·越王无余外传》记载："夫谭生元常，常立，当吴王寿梦、诸樊、阖闾之时，越之兴霸自元常矣。"[①] 如果从吴王寿梦的最后一年（前561）算起，到允常逝世（前497），允常在位的时间有60余年。

---

[*] 莫艳梅(1969—　)，女，瑶族，湖南江华瑶族自治县人，杭州市萧山区委党史研究室、区人民政府地方志办公室党史科长。

① （后汉）赵晔撰：《吴越春秋译注》，薛耀天译注，天津古籍出版社1992年版，第232页。

越王允常的都城，史载在埤中。北魏郦道元《水经注·渐水注》记载："《吴越春秋》所谓越王都埤中，在诸暨北界。"① 唐代李吉甫《元和郡县图志·江南道二》越州"诸暨县"条目记载："秦旧县也，界有暨浦诸山，因以为名。越王允常所居。"② 《旧唐书·地理志》记载：诸暨为"汉县，属会稽郡。越王允常所都"。北宋罗泌《路史·国名记》记载："越，季杼国，姒姓，罕也。一曰于越，处埤中，号无余，今会稽越州治，谓之勾践城，与南越异。""诸暨，秦县，界有诸山、暨浦，允常之都。"③ 南宋王象之《舆地纪胜·绍兴府》记载："诸暨县，在府西南一百四十二里。《晏公类要》云：本越王允常所都。《西汉志》及《晋志》：会稽郡下俱有诸暨县。《元和郡县志》云：越王允常所居。秦旧县也。《国语》：南至于句无是也。《东汉志》注：《越绝》曰：兴平二年分立吴宁县。沈约《宋志》以为汉旧县，不同《会稽志》。或言西有楮山，北有槩浦，诸文省，暨声近，因山浦以名县也。或言无诸旧封，夫槩故邑，上取诸，下取暨，因封邑以为名也。《国朝会要》云：乾道八年以诸暨之枫桥镇置义安县，□废焉。"④ 上述是越王都埤中、埤中在诸暨北界、诸暨为越王允常所都（居）的较早文献记载。

关于越王允常都埤中之地望，至今仍然存有异议。

埤中，在众多的越国古地名中已经失传，明清两代即以"古地名"载入地方志。"埤中"，以字义解释为低洼潮湿的地方，或解释为盆地之中、矮墙之内。估计是泛指某一地区的地形、地貌和自然环境而言。⑤ 冯普仁在《吴越文化》中记载：自无余之后，世系失载，越王允常曾建都埤中，埤中的地望，一说在诸暨北界，一说在萧山通济乡一带（通济乡，今临浦镇。

---

① （北魏）郦道元（？—527）：《水经注全译》，陈桥驿、叶光庭、叶拨译注，贵州人民出版社2008年版，第997页。
② （唐）李吉甫撰：《元和郡县图志》，贺次君点校，中华书局1983年版，第619页。
③ （北宋）罗泌：《路史》，《四部备要本》1936年版，第351—352页。
④ （南宋）王象之：《舆地纪胜》，清咸丰五年刻本，文海出版社1971年版，第100页。
⑤ 孟文镛：《越国史稿》，中国社会科学出版社2010年版，第198页。

冯普仁称通济乡，估计他以1987年《萧山县志》为据，时称通济乡，笔者注），另一说在浙江绍兴会稽秦望山南面的故越城，城址至今尚未发现。①孟文镛在《越国史稿》中记载：根据《水经注》《会稽记》和《法苑珠林》等文献所载，其地望当在今诸暨东北方向与绍兴交界处的店口、阮市一带。②

笔者则认为，埤中在越国的余暨，具体位于浦阳江的下游，今杭州市萧山区南部的临浦镇一带。

理由之一：临浦地理形势与"埤中"相符。临浦一带在距今2500年前已形成临湖（临浦湖）、临河（浦阳江）聚落。地势南高北低。南端有郭墓峰，中有牛头山和峙山，北端与西北有戴家山、苧（苎）萝山、塔山、大头山、花皮山、柏家山、元宝山，以及位于义桥镇的虎爪山（又名傅家山），西有碛堰山。镇域南部为浦阳江、永兴河流域，北部主要为西小江水系。临浦地处平原与山区的连接地，地理形势与"埤中"相符。

理由之二：临浦周围有天险可守，对越都形成了保护圈。临浦周围有众多的越国遗迹，其中西北10公里左右有著名的固陵城（今萧山越王城），东部2公里左右有进化城山（位于今萧山进化镇城山村），东北7公里左右有越王峥（位于今萧山区所前镇越王村、越山村与绍兴县夏履镇北坞村交界处），东北13公里左右有山阴越王城（古城岭，今绍兴县湖塘街道古城村）。这些地方，均是越王允常、勾践父子的栖身处，也是越都埤中的军事保护圈。

其中：固陵城，史载为越大夫范蠡所筑。《越绝书·记地传》记载："浙江南路西城者，范蠡敦兵城也。其陵固可守，故谓之固陵。所以然者，以其大船军所置也。"越王勾践曾保此以拒吴，后人称之为越王城。南宋嘉

---

① 冯普仁：《吴越文化》，文物出版社2007年版，第47—49页。
② 孟文镛：《越国史稿》，中国社会科学出版社2010年版，第227页。

泰《会稽志·古城》记载："萧山越王城，在县西九里。夏侯曾先《地志》云：'吴王伐越，次查浦。越立城以守查。吴作城于浦东以守越，以越在山绝水，乃赠之以盐。越山顶有井，深不可测，广二丈余，中多鱼。乃取鲤一双以报吴。吴知城中有水，遂解军而去。其山四旁皆高隐然。有城堑遗址，其中坦平，井泉湛然。'"据浙江省社会科学院林华东等考证，越国固陵城非今日萧山湘湖城山的越王城莫属。

进化城山，又名汤家大山，海拔187米。汉以前属余暨（今萧山），隋唐以后因永兴县的废并（复置）划归会稽县，新中国成立后又划归萧山县。民国二十七年（1938）《绍兴县志资料·天乐志·山脉》记载："城山，峰顶如城，故名。旧有资教寺，今废。"①

山阴越王城（古城岭），史载为越王允常所筑。南宋嘉泰《会稽志·古城》载："越王城，《旧经》云：在县西南四十七里。《旧经》：越王墓在古城村，今城虽不可考，然地名犹曰古城也。"②明嘉靖《山阴县志·山川》记载："古城岭，去县西六十里，于越允常筑城于此。"③明万历《绍兴府志·城池·古城》称之为山阴越王城："山阴越王城，《旧经》云：在县西南四十七里。《旧经》：越王墓在古城村，今城虽不可考，然地名犹曰古城也。"④清康熙《山阴县志·山川》与明嘉靖《山阴县志·山川》的记载相同。清嘉庆《山阴县志·土地志·山》改去县六十里为五十里："古城岭，在山阴县西五十里，越王允常筑城处。《一统志》案旧志作六十里。"⑤说明

---

① 绍兴丛书编辑委员会编：《绍兴丛书（第一辑地方志丛编第十册）》，中华书局2006年版，第272页。

② 嘉泰《会稽志》，明正德五年刻本；绍兴丛书编辑委员会编：《绍兴丛书（第一辑地方志丛编第一册）》，中华书局2006年版，第20页。

③ （明）许东望修，张天复、柳文鸑：《山阴县志》，明嘉靖三十年（1551）刻本；绍兴丛书编辑委员会编：《绍兴丛书（第一辑地方志丛编第八册）》，中华书局2006年版，第23页、第19页。

④ （明）萧良榦修，张元忭、孙鑛纂：《绍兴府志》，明万历十五年（1587）刻本；绍兴丛书编辑委员会编：《绍兴丛书（第一辑地方志丛编第一册）》，中华书局2006年版，第538页。

⑤ （清）徐元梅修，朱文翰等纂：《山阴县志》，清嘉庆八年（1803）刻本；绍兴丛书编辑委员会编：《绍兴丛书（第一辑地方志丛编第八册）》，中华书局2006年版，第510页。

古城岭（山阴越王城）是越王允常的城址之一，或许是副城。

越王峥，位于今萧山区所前镇东端与绍兴县交界处，主峰海拔354米，是越王勾践与吴战败、退居会稽途中栖居的地方。明嘉靖《山阴县志·山川》云："越王山，即越王峥，去县西南一百二十里。昔越王勾践栖兵于此，又名栖山。上有走马岗、伏兵路、洗马池、支更楼故址。"[1]清乾隆《绍兴府志·地理》载："越王山，一名越王峥，又名栖山。《一统志》：在山阴县西南一百二十里。相近为清化山，俗传浮丘公炼丹于此，顶有丹井，故名浮丘山。《山阴县旧志》：去县西南一百二十里，昔越王勾践栖兵于此，又名栖山。上有走马岗、伏兵路、洗马池、支更楼故址。"[2]据《越绝书·记地传》载："会稽山上城者，勾践与吴战，大败，栖其中。因以下为目鱼池，其利不租。会稽山北城者，子胥浮兵以守城是也。"以此推说，吴越夫椒之战，越军甲楯五千可能自西向东，由萧山越王城（固陵城）—越王峥（越王山）—古城岭（山阴越王城）—会稽山上城，与吴军对峙。

理由之三：古临浦为水陆交通枢纽，更利于允常主动攻吴，称王兴霸。越国建国后，长期活动于南部山区。由于山区条件的限制，长期停滞于刀耕火种的迁徙农业和狩猎阶段，山区的水土资源当然无法与河谷平原比较，使越国经济的发展十分缓慢。越国在春秋晚期允常时，拓土始大，称王兴霸。此前，越国曾是楚国、吴国的附属国。而允常是一个具有雄才伟略的人，为了摆脱对吴国、楚国的臣属关系，振兴越国，他采取了一系列的措施，其中之一就是把国都迁离山区，向河谷平原地区发展，这就是埤中。埤中的位置应该具备便于迅速出海北上应战和背山面水积极防御两大条件。

---

[1] （明）许东望修，张天复、柳文纂：《山阴县志》，明嘉靖三十年（1551）刻本；绍兴丛书编辑委员会编：《绍兴丛书（第一辑地方志丛编第八册）》，中华书局2006年版，第23、19页。

[2] （清）李亨特修，平恕、徐嵩纂：《绍兴府志》，清乾隆五十七年（1792）刻本；绍兴丛书编辑委员会编：《绍兴丛书（第一辑地方志丛编第五册）》，中华书局2006年版，第82—83页。

而古临浦正是这样一个地方。清代著名学者毛奇龄指出古代"临浦一水，尾可从渔浦以出浙江，首可经峡口以通浦阳"。可见古临浦是一个很大的交通枢纽。当时越国的北部广大地区还是一片沼泽及季节性积水区，越国出海或北上主要是经此水路取道西北角的固陵城通往吴国。公元前505年，越王允常就是经此水路至固陵城，以迅雷不及掩耳之势北上乘虚袭吴，从而摆脱了对吴国的臣属关系。如果埤中在今诸暨境内或者更南部的句乘山，是不便于越王允常迅速出击袭吴的。

理由之四：夫椒之战时勾践用人不当，致使越军全线溃败，迁都越国腹地，亦是情理之中的事。公元前497年越王允常卒，子勾践继位。至公元前494年夫椒之战时，越国都城仍然在埤中（临浦一带）。显然，埤中北面，自西向东，由海港至陆上，分别有萧山越王城（固陵城）—越王峥（越王山）—古城岭（山阴越王城）—会稽山上城，加上东部邻近的进化城山，均有天险可守。可惜越王勾践用人不当，导致越军全线溃败，最终国都难以保住，勾践带领剩下的5000越军退居会稽山，吴军乘势攻陷越都埤中，接着又追逐越军到会稽山下，勾践被迫请降求和，入吴为奴。夫椒之战后，勾践将越都从埤中迁到越国腹地，一方面对吴王阿谀奉承，口蜜腹剑，麻痹吴国，另一方面暗地训练军队，伺机反击。因此，越王勾践将国都从临浦迁至越国腹地的平阳以至山阴大城，也是情理之中的事。

平阳（即会稽山上城，今绍兴县平水镇）是勾践始建的临时国都。平阳为会稽山腹地的一个小盆地，北距今绍兴城约20公里，西有秦望山，东有化山，背山面水，形势险要。两侧山冈高高隆起，宛如天然城墙，从环境看，具备以山代城的"会稽山上城"的地理条件。清代毛奇龄《重修平阳寺大殿募疏序》云："平阳即平原也。相传，其地在平水之北，以水北曰阳，故名平阳，越王勾践尝都之。"至公元前490年，勾践为振兴越国，把越都从盆地进一步迁向平原，在今绍兴城另建新都山阴大城，从而离开了平阳。①《越绝书·记地传》记载:"山阴大城者,范蠡所筑治也,今传谓之蠡城。陆门三,水门三,决西北,亦有事。到始建国时,蠡城尽。"这就是今绍兴城市的创始。

理由之五:考古资料证明,临浦周围有浙江省40%的春秋战国时期原始瓷和印纹陶窑址,说明这一带在春秋战国时期已是人口聚集、经济发达的区域,是越王都埠中的更有力佐证。至今在临浦镇施家渡村共发现春秋中期的石室墓1座,出土器物15件。②在临浦镇周围,有新石器时代中后期的茅草山遗址、眠犬山遗址、傅家山遗址,还有春秋战国时期的原始瓷和印纹陶窑址24处,③占浙江省境内已发现的原始瓷和印纹硬陶窑址59处④的40%。此外,还有汉代至南朝的窑址6处。⑤而与之相邻的诸暨北部的阮市、店口一带⑥和绍兴西北部的秦望山一带,虽然也有原始瓷和印纹陶窑址以及新石器时期遗址,但其数量及密集程度远不如今萧山南部的临浦及其周围的进化、浦阳一带。说明春秋战国时期古临浦一带已经是人口聚集、经济发达的区域,为越王都埠中奠定了基础,也为今后的持续发展奠定了基础。越王允常都埠中在古临浦一带比较可信。

(原文刊登于《绍兴文理学院学报》2012年第2期)

---

① 孟文镛:《越国史稿》,中国社会科学出版社2010年版,第198页。
② 杭州市萧山区人民政府地方志办公室编:《萧山市志·文物胜迹旅游》(试印本),浙江人民出版社2011年版,第2167—2170页。
③ 同上。
④ 王屹峰:《浙江原始瓷及印纹硬陶窑址群的调查与研究》,《中国古陶瓷研究》2007年第13期。
⑤ 杭州市萧山区人民政府地方志办公室编:《萧山市志·文物胜迹旅游》(试印本),浙江人民出版社2011年版,第2167—2170页。
⑥ 诸暨县志编纂委员会编:《诸暨县志·文物胜迹》,浙江人民出版社1993年版,第787—792页。

越国故都新探

葛国庆[*]

摘 要：今较为一致认定的越国故都平阳说，地理地貌不合，遗迹遗物全无，史料依据难寻。而今绍兴县平水镇的上塘、下塘地，不仅地域与史料记载的越国故都地全然吻合，更有大量遗迹遗物与故都所在地条件一一对应，紧密联系。上塘、下塘地应为越国建山阴大城之前的越国故都所在。

关键词：越国故都；平阳说；上塘、下塘说

广义而论，越国曾设都之地，均可谓越国故都。然史事遥远，沧海桑田，实难一一尽稽。越始立国，上可追溯至夏少康封庶子无余于越（前2079）；越之绝者，下可逮止秦"定荆江南地，降越君，置会稽郡（前222）"[①]。越立至绝，历夏、商、西周、春秋、战国，达于秦初，凡1858年。其间越国究竟建过多少都城，今地又各在何处，一直是众多越文化研究者的探求热点。时至今日，能一致确认的越国故都，仅公元前490年勾践委范蠡所筑之山阴大城，其余几乎均存较大争议。本文所论的嶕岘大城，因

---

[*] 葛国庆(1954—)，男，浙江绍兴人，绍兴县文物保护管理所馆员。
[①] （汉）司马迁：《史记·秦始皇本纪》，岳麓书社1998年版。

《水经注》载"山南有嶕岘,岘里有大城,越王无余之旧都也"[①];《越绝书》载"千有余岁而至勾践,勾践徙治山北"[②]。故史学家常将越国山阴大城之前的故都称作嶕岘大城。嶕岘大城今究何在?有谓在平阳、在秦望山、在王现者,其中谓在平阳者较众。笔者力求以史料为导向,以考古资料和实地调查为依据,在简要否定嶕岘大城平阳说基础上,对会稽山腹地进行综合性全面考证,继而提出嶕岘大城上塘、下塘说。

一 平阳非越国故都所在

清初,有萧山学者毛奇龄作《重修平阳寺大殿募疏序》,文中述及平阳乃"越王勾践尝都之"之地,"当勾践都居称霸东南之会"[③]。由于勾践七年所建的山阴大城城址在今绍兴城已成定论,故毛奇龄谓勾践都平阳,则只能是山阴大城之前之越国故都。平阳者,毛奇龄作《重修平阳寺大殿募疏序》之平阳寺今仍存焉,位于今绍兴城正南21公里。地为群山中一丘壑坡谷。自毛奇龄作《重修平阳寺大殿募疏序》起,就有学者附和平阳为越国故都之说。近前更大有学者著文立说,并渐趋认定之势。笔者生于斯,长于斯,对此地理地貌熟如指掌。近年又数次考察越国故都,窃以为平阳绝非越国故都所在。

地理地貌不合。古越民族活动于东南沿海,环境迫就这一民族"以舟为车,以楫为马","文身断发",近水而居。宋孙因《越问》曰:"越人生长泽国兮,其操舟也若神;有习流之二千兮,以沼吴而策勋。"[④] 可知越人生活、兴国都与水密不可分。观今平阳之地,海拔高达71米,区内仅有涧

---

① (北魏)郦道元:《水经注》,岳麓书社1995年版。
② (汉)袁康、吴平:《越绝书》,上海古籍出版社1985年版。
③ (清)毛奇龄:《西河集》,清乾隆《钦定四库全书钞本(集部)》。
④ 嘉泰《会稽志》卷8,民国十五年影印清嘉庆本。

溪两条，落差大，水流小。区外虽有若耶溪流经，但此段若耶溪尚属源流段，自古只有再泄泻3公里外的古云门寺前才始通舟楫。康熙《会稽县志》"平阳山"条可证："盖平阳距郡五十里而遥。舟进石岐山，溯若耶溪流，千回百折，又进三十里而进横山之下，则钓台见焉。刘青田所谓一尖昂锁不容针，朱晦庵所谓石陇横起形似双象交鼻者是也。"① 这"一尖昂锁不容针"，"石陇横起形似双象交鼻"之险地，正是现平水江水库筑坝处的横山。横山之名也因"一山横陈耶溪"而名之。试问越族何以会择这高山僻壤、远离舟楫之地立都呢？

遗物遗迹全无。从考古学角度论，平阳如若曾为越都，则其地必有相应时期的遗物遗存。为此，笔者做过专题考察，考察范围遍及平阳整个山谷及外围4公里方圆。还特地趁2001年平水江水库库坝大修，库水彻底干枯时，对库底地貌和遗存物情况再度进行认真考察，然终无所获。调查中唯一发现的平阳最近距离的一枚越国时的印纹陶片，远在平阳以北4公里之外。至于古墓葬埋藏情况，历史考古资料和现场调查结果均显示，这里连唐以前的任何墓葬也从未发现。更广而论之，今秦望山东向和南向的整个腹地内，至今还找不到越国时期的任何遗迹遗物。这一切使笔者认定，平阳不可能曾是越国故都之地。

史料依据难寻。为寻找平阳为越国故都的史料依据，笔者查遍了《四库全书》的相关史料，一无所获。与此相反，清康熙《会稽县志》却清楚记载："平阳兴福寺，在黄龙化鹿诸山之中。相传平阳道观废址……观久废，无事迹可考。"② 康熙《会稽县志》编成于康熙十二年（1673），从其《序》"迄于今九十余年"等言悉该志始修于明末，其间邑令更替，数易其稿，并"删繁征信，博采旁咨"，深感"志会稽之难也"。此言平阳"无事

---

① 康熙《会稽县志》，民国二十五年排印本。
② 同上。

迹可考"，诚为可信。毛奇龄《重修平阳寺大殿募疏序》虽未署时间，但从文中"嗣席者，为天岳大师"语，可推知应作于平阳寺首席住持宏觉禅师（1595—1674）归天，天岳大师嗣席稍后，即康熙十五年（1675）前后。这与康熙《会稽县志》成书时间几乎同时。细嚼毛《募疏序》文，不难发现，他是因"募疏"之需，闪烁其词，炫耀其文，捕云使之成雨。更见毛氏并未到过平水及平阳，以致文中出现方位颠倒，无水曰水，望文生义等谬误。如平阳实在平水正南，毛却曰"在平水之北"。平阳、平水当时根本无"水"可谓，毛却望字生义，称"水北曰阳，故曰平阳"。至于"越王勾践尝都之……"等句，毛未陈任何史据，仅冠以"相传"两字就笔下生出一个故都来。想必毛为使《序》文有幽古而震撼之力，特地用"相传"勾出一个"越都"来，以彰显平阳之地史悠地异。其实，在毛作《序》文后相继编修的乾隆《绍兴府志》《越中杂识》、嘉庆《山阴县志》、道光《会稽志》、民国时期的《绍兴县志资料》，以及新近编修的《绍兴市志》《绍兴县志》等，均对毛奇龄的平阳为越国故都之说不予理会。这是最有说服力的史实。近阅上海古籍出版社1999年12月出版的《中国历代人名大辞典》，书中对毛奇龄在引用史料上的不严肃性早有评论，说毛奇龄著文"援引虽广"，但"不肯核检原书，每多错误"[①]。

二 上塘、下塘即山南嶕岘故都

平阳为越国故都之说隐然可退，那么，山阴大城之前的越国故都究竟在何地呢？千百年来，不知有多少学者为之付出过艰辛的劳动，诚如林华东先生在《越都丛考》中所言："遗憾的是，文献记载中会稽山至秦望山南的故越城，也许因其时间短暂，规模不大；抑或依然沉睡地下，至今尚未

---

① 沈起炜等撰：《中国历代人名大辞典》，上海古籍出版社1999年版。

找到，终嫌不足。我们只好寄希望于今后的考古工作，来证实或更正。"①笔者正试图展开这一工作，使会稽山中古故越城浮出水面。

（一）"秦余望南""山南"实则今会稽山南

早期史料有论越国故都地域者，主要为东汉《越绝书》的"无余初封大越，都秦余望南，千有余岁而至勾践，勾践徙治山北"。北魏《水经注》的"山南有嶕岘，岘里有大城，越王无余之旧都也"。此两说汉魏以来仅文文相袭，未见能实指其处。然而，由于《水经注》在"山南有嶕岘……"句前，正记述秦望山。而《越绝书》"都秦余望南"中的"秦余望"三字又巧与"秦望山"三字形貌相近，遂使不少学者将"秦余望"直视为秦望山了。这恐怕就是越国故都被"迁"往秦望山南去的主要原因。这一讹解虽由来已久，喜的是一直未能染及地方志。然今却不同，新编《绍兴市志》在为"无余定都秦余望南"作注时，作按曰："秦余望即秦望山。"② 鉴于此，更有必要进行澄清。

要弄清《越绝书》和《水经注》中"秦余望"与"山南"的真实原意，确实有一定的难度，问题的关键是今人如何去复活这些死去了的山名。笔者认为，一可寻找多种早期史料相互印证；二可尽力破解"秦余望"三字的原语真意。细察《水经注》"山南有嶕岘……"句前后，若只看前文，其"山南"似有指秦望山南之意。但如留意察看下一句，则见句后紧接一个"故"字作了后缀说明。其曰："故《吴越春秋》云：勾践语范蠡曰：先君无余，国在南山之阳，社稷宗庙在湖之南。"这"国在南山之阳"正表明上句的"山南"是指南山之南。南山者何？仅《吴越春秋》就有"信彼南山，惟禹甸之"和"立宗庙于南山之上"等多处记述，说明当时的南山即

---

① 林华东：《越都丛考》，《1988年中国百越民族史学会第6次年会暨学术讨论会论文》，江西教育出版社1990年版。

② 任桂全总纂：《绍兴市志（大事记）》，浙江人民出版社1996年版。

今大禹陵所在的南镇会稽山。《越绝书》卷八也有"楚伐之，走南山"的记载。陈桥驿先生研究认为："到战国后期楚攻占琅琊以后，北方的于越居民如《越绝书》所说的进行了'走南山'的迁移，回到了浙东的会稽山地。"① 今版地图会稽山南端东脉、北端东脉，均仍以南山名之，更说明今会稽山即南山。而秦望山呢？至今未能找到有南山别称的任何记载。《越绝书》和《吴越春秋》几乎同时期成书，又为同郡人所撰，前者谓先君无余"都秦余望南"，后者谓先君无余"国在南山之阳"。阳者，山南也。两者互证，显然，这"秦余望南"就是指南山之南。如此，"秦余望"就不能再是秦望山，而应是南山、会稽山。事实上，唐张守节早在《史记正义》中就注引《越绝记》云："无余都，会稽山南故越城是也。"② 这里有一个《越绝记》与《越绝书》是否是同书异名的问题。从《隋书·经籍志》著录中仅见"《越绝记》十六卷，子贡撰"③，而不见《越绝书》书名析，《越绝记》和《越绝书》应为异名同书。如此，"无余都，会稽山南故越城是也"句，该是今版《越绝书》之佚文。此外，康熙《会稽县志·会稽山图》中，就在大禹陵所在的会稽山主峰正南位置，清楚标有"越王旧城"四字，还用长方形黑框作醒目标记。这也是支持越国故都在会稽山南的重要依据。看来"秦余望"非秦望山，而是今会稽山，已有多种史料可以为据。这是其一。

其二，从"秦余望"三字本身着手。翻开史书，吴越两地含"余"之地名、山名、人名多得惊人，仅《水经注》"浙江水""沔水注"中就有余暨、余杭、余姚、余发溪、余大干溪、余洪溪、余善、三余、勾余山等；《越绝书》和《吴越春秋》中除越有秦余望山，吴有秦余杭山、余杭城外，还有朱余、无余、余复君等多处。《越绝书》曾为"余"作解曰："朱余者，

---

① 陈桥驿：《古代于越研究》，《民族研究》1982年第1期。
② （唐）张守节：《史记正义》卷41，清乾隆《钦定四库全书钞本（史部）》。
③ 《隋书》卷33，清乾隆《钦定四库全书钞本（史部）》。

越盐官也。越人谓盐曰'余'。"①但综观含"余"之地名、山名,并非都与盐有关。今本《吴越春秋》有注解曰:"秦余杭山,即阳山别名。"又注:"《越绝》曰:'夫差冢在犹亭西卑犹位,近太湖。'"再注:"《吴地记》曰:'徐杭山,一名卑犹山。'"②再据周春生《吴越春秋辑校汇考》本注:"徐:《古今逸史》本作'余。'"③董楚平先生在《吴越文化新探》中也考证认定:"徐的本字是余。"④果此,"徐杭山"亦即"余杭山"。这里需特别引起注意的是:秦余杭山中的"秦余"之为"余",正如《水经注》中"无余"记为"杼"。姑冯勾镶吉金文中越大夫冯同记为"姑冯昏同",以及"于越"之为"越"等,均是古越语缓读音与急读音之故,并往往前一字作发语音,后一字为实音,大有"前偏后正"之规律。看来这"秦余望"三字正是古越语在《越绝书》中的实录与遗存。至此,我们又有足够的理由,依据"秦余杭山"为"余杭山"的越语音规律,将"秦余望"三字急读去掉"秦"字,存实音为"余望",则"秦余望南"就是"余望南"了。"余望南"中的"南"为方位字,古今同义。接下来只需破解"余望"究为何意。今本《吴越春秋》中正有"大舟"即"余皇舟也"的注解。⑤《广韵》亦释:"余皇,吴王船名。"⑥就是说,"余皇"者,乃大船也。由于"余皇"与"余望"在越地方言中完全同音,古史料中同音异字之地名不胜枚举,我们权且把"余望"视作"余皇",到会稽山上去寻求是否真有这样的山名所在。宋《太平御览·地部·会稽山》就曰:"此山有石帆壁立,临川涌石,亘山遥望,芃芃有似张帆也。"⑦这"石帆壁立","芃芃有似张帆"

---

① (汉)袁康、吴平:《越绝书》,上海古籍出版社1985年版。
② (汉)赵晔著,(元)徐天祜音注:《吴越春秋》,江苏古籍出版社1992年版。
③ 周春生:《吴越春秋辑校汇考·夫差内传第五》,上海古籍出版社1997年版。
④ 董楚平:《吴越文化新探》,浙江人民出版社1988年版。
⑤ (汉)赵晔著,(元)徐天祜音注:《吴越春秋》,江苏古籍出版社1992年版。
⑥ (宋)陈彭年等撰:《广韵》,清乾隆《钦定四库全书钞本(经部)》。
⑦ (宋)李昉等撰:《太平御览》卷41,清乾隆《钦定四库全书钞本(子部)》。

者，正是因其山石形如大舟而谓。看来这古越语"余望"所指的正是这形如大舟的石帆山，则《越绝书》中的"秦余望南"该是石帆山南了。又由于石帆山从属于会稽山，故"秦余望南"也就同解于会稽山南。

上述两种推论，不管用史料相互参证导引，还是对越语"秦余望南"的破解，其结果殊途同归。这样，我们更可认定："秦余望南"和"山南"，就是今大禹陵所在的会稽山南。

（二）山南"嶕岘大城"应即今上塘、下塘地

弄清了"秦余望南""山南"即今会稽山南，应该说，这是寻找越国嶕岘大城很关键的一步。尽管还是一个大区域，但至少已不必再远到秦望山南去寻找了。进入会稽山南，是一片狭长的山麓冲积扇，两侧山峦叠叠，支脉绵绵，如入丘陵环围之中。《水经注》言："山南有嶕岘，岘里有大城，越王无余之旧都也。"要在这里寻找"嶕岘大城"，看来得先弄清"嶕岘"究为何物。它是山名、地名，或者更是其他特定所指？考《广韵》，知"山巅曰嶕"①。查《辞源》，得"嶕，高耸貌"②。《集韵》释："岘，山小而险，一曰岭上平也。"③《辞源》又释："岘，小而高的山岭。"④若以此见，"嶕岘"应该既非山名，也非地名，而是指那种"小而高"，"岭上平"，似"嶕"如"岘"，形态特殊的小山脉，这在我国北方多有同例。

从会稽山南小平原东望，正见横亘着一条带状小山脉，总长 1600 米，平均宽约 250 米，19 个大小不等、高不过 20—40 米的小山包天然排列，十分理想地形成一"小而高""岭上平"的狭长山岭。从现场完全可以确定，只有这里，才可能是《水经注》记述的"山南有嶕岘"中的"嶕岘"地

---

① （宋）陈彭年等撰：《广韵》，清乾隆《钦定四库全书钞本（经部）》。
② 《辞源（合订本）》，商务印书馆 1988 年版。
③ （宋）丁度等修：《集韵》，清乾隆《钦定四序全书妙本（经部）》。
④ 《辞源（合订本）》，商务印书馆 1988 年版。

貌。然还得看这"岘"里究竟有没有大城？从该"蠵岘岭"所处环境看，它南端紧偎大山，唯北端有一约 200 米的缺口。循路进入缺口，山湾内竟还隐藏着一方盆地，既宽又广，地势坦荡。周边虽有群山环围，但全无深沉杳绝之感。从地理环境看，整个盆地近水路，若耶溪下游近海段就在岭口，古时大舟小船均可直航，出入海域十分方便；这里又傍山，地高海拔 8 米左右，潮汐未能至，又猎源广阔；这里有险可守，四周有山为屏障，西向更喜"蠵岘岭"为门隘，门户得守，其内无恙也。这里更有平原、坡谷与山岙，陵陆皆备，欲居、欲植、欲猎尽可随心。显然，这里是一处古越先民建城立郭最理想的天成之地。再考上塘、下塘地名：塘者，堤也。堤者，筑土垒壁作封事，或"大举其封疆也"①，是为建城立郭之举。种种迹象表明，上塘、下塘所在地，极可能就是越国时期南、北城堤的塘址遗存。再看 1963 年航拍的军用地图，② 在寒溪村北的山峦凹陷处，清楚地标注着"早堤"字样。这"早堤"是什么？最大可能是城郭外围的防御工事遗迹。故此，这上塘、下塘地完全具备《水经注》记述的"山南有蠵岘，岘里有大城"的各种天时地利条件，更有塘址地名遗存和早堤遗迹印证，看来这越国建山阴大城之前的"蠵岘大城"遗址，非此莫属了。

（三）大量遗物遗迹是故都的有力见证

遗物遗迹遗存可以是地下的，也可以是地上的；可以是地名信息遗存，也可以是建筑物历史沿革信息遗存，乃至民间口碑信息一定程度的印证。要证明"蠵岘大城"之在上塘、下塘，可先在其主区域及其内外相关地带寻找对应遗存物，并加以鉴析。

主区域即上塘、下塘本区及其周边。首先是地下遗物情况。实地调查

---

① 据《康熙字典（五集中）》（中华书局 1958 年影印晚清同文书局木刻版），颜师古曰："堤，封者，大举其封任也。"

② 8-51-74-甲·平水镇，中国人民解放军总参谋部测绘局，1963 年 9 月航拍。

中，村民们纷纷反映，在20世纪80年代中期，他们在村西侧的田畈中挖电力杆洞时，曾见到过好多印纹陶片。这说明村西侧的田畈下就有越国时期留下的遗存物。又现年80岁的五星建材厂会计祝小毛反映，下塘村北近寒溪口一带，1958年前后开田时，地下一米多深处全是瓦砾，瓦砾下的地面很平整。听祖祖辈辈传下来说："这里很早很早以前是一处很闹热（指繁华）的街区。"由于当时未有专业人员在场，瓦砾中是否伴有越国时期的多种遗存，不得而知。1999年至2002年间，笔者五次赴实地调查，就陆续在村周围及其区内土丘旁，捡得一批早期印纹陶片、原始瓷片，经排序考订，上可推至商、周，更多的属春秋、战国遗存物。由此，完全可以肯定，上塘、下塘地至少自商起就有越人在这里频繁活动。再从今地表如此容易就可捡得早期陶片，联系20世纪50年代开田、80年代挖电力杆洞的间接情况，估计村周围的地下遗物埋藏量一定十分丰富，只是两三千年的山麓冲积，使当时的文化层已被深深埋在地下而已。其次是墓葬情况。专题调查显示，在今绍兴范围内，越国时期各式大型墓葬的遗存，除今绍兴县兰亭镇的印山周边及漓渚镇的小步附近尚有少量发现外，其余几乎都集中在这嶕岘岭之东的盆地中及盆地外围一公里方圆内，其数量之多，密度之高，其形制几乎可通览整个越国时期的各个阶段。特别是一批被土著统称为"玉尺里"的覆斗状大型土墩墓，其墓主应为国王及王室大臣，大者完全可与印山越王陵一较高下。依据我国古代王陵及王室大都集中建在国都附近的习俗和葬制，说明这一区域正是越国早中期的国都所在。

印证区域即嶕岘大城与山阴大城连线地带。上塘、下塘地若为越国故都嶕岘大城，则它与之后建成的山阴大城一线，必是当时人口稠密，工、农、商繁华的一方热土。从目前所掌握的资料来看，这一带越国时期的地下遗物遗存、地名山名沿革、传说故事流传，都比其他地方多得多。特别是许多越国故事，都与这里的地名遗存相关。由于相关材料范围之大，内涵之广，难以逐一尽述，这里仅以影响较大的越国冶铸业情况，举一反三加以说明之。地方志鼻祖《越绝书》现版15卷,卷十一专作宝剑记,道:"昔者,越王勾践有宝剑五闻于天下。"又道:"赤堇之山,破而出锡;若耶之溪,涸而出铜。"赤堇山者,宋嘉泰《会稽志》谓:"在县东南三十里。《旧经》欧冶子为越王铸剑之所,一名铸铺山。"① 铸铺山今何在?其地即今平水镇铸铺岙村。村中的欧冶子祠世代沿袭至今,又有欧冶子铸剑用的淬剑井等遗迹。这里南距嶕岘岭不足700米,古时十分畅达的若耶溪水道,就在村东流淌。溪水东濒日铸岭,越赤堇山,穿上灶、中灶和下灶北出。日铸岭者,谓昔欧冶子铸剑,他处不成,至此一日铸成之所。上灶、中灶、下灶,盛传为越国铸剑灶址遗存。又《越绝书》谓"姑中山者,越铜官之山也"②。《水经注》亦载"东有铜牛山……山上有冶官"③。这"铜官""冶官"乃越国国工炼铜锡及冶铸之处,想欧冶为越王铸宝剑,必为官冶国工,欧冶祠和淬剑井就在铸铺岙,故这一带为越国重要的官方冶铸场是可以肯定的。1991年12月,上灶迎丰村出土的一柄未经打磨,茎部有模铸毛刺,但剑体质地相当精良的非成品青铜剑,正可作为这里是越国"冶官"场所的最好物证。更可能湖北江陵望山出土的惊世"越王鸠浅自作用剑"很可能就铸就于这里。

这里除了是越国国工冶铸集中地外,更是民匠盛铸农具的场所。《周礼·考工记》曰:"粤(越)之无镈也,非无镈也,夫人而能为镈也。"汉郑玄注:"言其丈夫人人皆能作是器,不须国工。"唐贾公彦疏:"粤(越)地涂泥多草,岁而山出金锡。铸冶之业,田器尤多。"④ 镈者,非为古代乐器,而是田器,是一种似锄类铲的中耕农具。1991年上灶毓秀桥村出土过两件未见有任何磨损痕迹的青铜削,同样可作为这里是民间铸造作坊的物

---

① 嘉泰《会稽志》,民国十五年影印清嘉庆本。
② (汉)袁康、吴平:《越绝书》,上海古籍出版社1985年版。
③ (北魏)郦道元:《水经注》,岳麓书社1995年版。
④ 《周礼注疏》卷39,清乾隆《钦定四库全书钞本(经部)》。

证。方杰先生主编的《越国文化》在作了全面研究后明确认定："建国以来平水区：越国故都新探（今为平水镇）范围内，特别是上灶乡出土许多典型的青铜器……此地无疑是越国先民聚居中心之一，又是冶铸青铜的重要手工业基地……铸铺吞岙该是越族先民开设冶炼作坊的地方。"① 仅从这一系列密集的官、民冶炼场就不难看出，嶕岘故都与山阴大城连接地带，正是越国百业兴旺之重地。

（四）勾践退守会稽山保的正是山南故都

前494年，越伐吴，伍子胥用"诈兵"之术，使吴反守为攻，并长驱直入越地。勾践惨败，只得以甲楯五千退守会稽山。吴军紧追其后，至会稽山遇越军凭险对峙，于是就在会稽山北若耶溪边驻扎下来。史志多称该次勾践驻守之地为"会稽山上城"；称吴军驻守之地为"会稽山北城"。《越绝书》载："会稽山上城者，勾践与吴战，大败，栖其中。"② 《水经注》也对此有载："浙江之上，又有大吴王、小吴王村，并是阖闾、夫差伐越所舍处也。今悉民居，然犹存故目。"③《越中杂识》更详细记述："会稽山北城，在会稽县东十里，夫差围勾践于会稽山，伍员筑此城以屯兵。今吴王里是。"④ 此言大吴王村、吴王里者，现已音变为大二房村，地在绍兴城东会稽山东北角。

宋嘉泰《会稽志》"会稽山上城"条注引《十道志》言："城天门也，天门当闭，开必致虎。尝观吴之胜越，越虽大败，犹以甲楯五千保险拒之，故不得亡。此与汉伐宛无异。宛以得存者，亦以中城不下故也，岂独以纳赂请盟而得存者。"⑤《十道志》将"会稽山上城"视作越都之天门，更入

---

① 方杰主编：《越国文化》，上海社会科学院出版社1998年版。
② （汉）袁康、吴平：《越绝书》，上海古籍出版社1985年版。
③ （北魏）郦道元：《水经注》，岳麓书社1995年版。
④ （清）悔堂老人：《越中杂识》，浙江人民出版社1983年版。
⑤ 嘉泰《会稽志》，民国十五年影印清嘉庆本。

木三分地将越此次亡而复生，归功"天门不破"，而非"纳赂请盟"之故。观会稽山所处的特定门户之险，其东、西崇山连绵，海侵敌进均天然可拒。东带若耶溪虽畅有南入会稽山腹地的唯一缺口，但该缺口具有两山夹峙之险，只需坚守关隘，内都平安即可保也。会稽山上石帆山主峰，正是守住天门的理想制高点。考古调查证实，这里正是会稽山上城的城址所在。它的建立，完全基于山南的嶕岘故都。

越国历史，已史遥时远。越国史迹，已多隐埋难稽。越国故都嶕岘大城究在何方，已迷惘甚久，今天欲重现其本来面目，殆非一人一时所能全然。只要嶕岘大城确曾在上塘、下塘存在过，其或多或少会在原地及其周边留下许许多多可供研究的东西。本文仅欲作一引子，以提请方家争鸣，益裨于揭开越文化研究新的一页。行文至此，笔者还是以能找到这方越国嶕岘大城最合理之地而欣慰。因为，从总体上看，只有这里，才是"秦余望南""南山之南""岘里有大城""会稽山上城"等史料记地的最合适统一点；只有这里，才能满足越族近海依山而居，水道畅达，出海快捷，守御便近，潮汐未能至，有险可防守等的特定条件；只有这里，才能与"千有余岁而至勾践，勾践徙治山北"，"不处平易之都，四达之地，将焉立霸主之业"[①]等的史料环境相吻合；也只有这里，才能找到越人长期定居的依据，找到王陵及王室大族的密集分布，找到城址残迹的地名佐证，找到周边一片百业昌盛的遗迹旁证。相信随着考古资料的不断发现与补充，随着学者们对这一课题的研究与深化，上塘、下塘为越国嶕岘大城说，一定会得到进一步证明。

（原文刊登于《绍兴文理学院学报》2003年第5期）

---

① （汉）赵晔著，（元）徐天枯音注：《吴越春秋》，江苏古籍出版社1992年版。

印山大墓应是越王勾践自治冢

——绍兴印山越国王陵陵主新考

葛国庆[*]

摘　要： 印山越国王陵是越王勾践自治冢，主要依据有三：一是印山不是木客山，木客山另有其山，木客山上另有其大墓。只有木客山上之大墓，才可能是允常的木客大冢。二是印山大墓之规模、形制与允常时的国力、地位极不相称，它不可能成为允常之陵。三是印山大墓所反映的全方位信息，与勾践在位时的时代背景全然吻合。

关键词： 印山大墓；木客大冢；越王勾践冢

浙江绍兴印山大墓自1996年至1998年经科学考古发掘，现已升格为国家级重点文物保护单位。因缺乏认定墓主人的相关依据，故以"印山越国王陵"名之。对于该大墓的断代，由于发掘中未能获得带有文字性质，或足以证明墓主身份的任何遗迹、遗物，只能称"墓葬年代的上限应不早于春秋晚期"，同时还确认："印山大墓应是一座越国王陵。"[①]但对其墓葬年代的下限却没有言明。国务院在公布该大墓为全国第五批重点文物保护单位时

---

[*] 葛国庆（1954—　），男，浙江绍兴人，绍兴县文物保护管理所馆员。
[①] 浙江省文物考古研究所、绍兴县文物保护管理所：《浙江绍兴印山大墓发掘简报》，《文物》1999年第11期。

则断为"春秋、战国"。事实上，发掘结束至今，学术界多已认同该大墓的断代应为春秋末、战国初，相对应的墓主人应属越国初兴时期的君主夫镡、允常和勾践祖孙三代之一。对于夫镡之陵，由于《越绝书》载为"若耶大冢"，而若耶溪与印山地域大相径庭，已一致予以否定；勾践之陵，《越绝书》谓"独山大冢"，又因记载越都徙琅琊而"冢不成"，故勾践在越地的自治冢没有建成；而允常之陵，《越绝书》称"木客大冢"，从现印山地域位置看，与史书记载基本吻合，遂致认同者较多。但问题的根本在于现印山西翼还存有一座体貌类同、结构相仿、时代基本一致的大墓，这就否定了这样的论断。首先，并存于一起的两座同类大墓，孰是孰非，从逻辑推理上也好，从严谨治学上也好，两者都只能居其一，不管认定哪一座，都须有足够的认定依据，并须附带排除另一座的依据。其次，印山这座自然山确曾就是历史上的"木客山"吗？在无法认定木客山的情况下，就去认定木客大冢，似乎缺少了最基础的东西。最后，现印山大墓所呈现的宏大规模、豪华墓室、浩大气势，特别是象征帝王等级的隍壕建制，它与允常时的国力、地位相称吗？这一系列疑问，能不能探究出一个比较客观又相对统一的答案呢？本文试图在综合史料和全面考古调查基础上，寻找史实与现状的结合点，并形成一孔之见。

一　印山不是木客山，木客山另有其山

　　印山是否就是历史上的木客山？木客山是否另有其山？木客山是一个小山包？一条独立的小山脉？或者更是某一区域山峦群峰的合称？这是研究大墓墓主人的基础。为弄清木客山的基本区域，不妨先铺垫一些相关史料。《越绝书》言："木客大冢者，勾践父允常冢也。……去县十五里。"[①]

[①] （东汉）袁康、吴平辑录：《越绝书》，上海古籍出版社1985年版。

《水经注·浙江水》亦谓："浙江又东与兰溪合（笔者注：兰溪，即今绍兴兰亭溪）。浙江又经越王允常冢北。"① 《嘉庆山阴县志》更谓："木客山，在县西南二十七里。《越绝书》木客大冢者，允常冢也。"② 《辞源》"木客"词条在综述相关史料后亦称："后人因名其地为木客村，称允常冢为木客冢。"③ 多少年来，一批又一批学者都在孜孜寻找这"木客山"和"木客大冢"。对于古之木客村即今之木栅村，众多学者已经充分论证。新编《绍兴市志》也这样首肯："木客今作木栅，系村名，今绍兴县娄宫里木栅村。"④ 对于其方位、距城距离，由于自范蠡建越城，2400多年来，这一古城坐标基准点尚未有变，故以此往"西南二十七里"，兰亭溪稍南，木栅村近处，正是现印山一片区域。因此，木客山就应该在这一带，大方位即可定矣。接着是如何寻找准木客山的问题。

木客山，史志上有其名，但当今地图上及民间口碑中早失其传。笔者对此苦寻有年。那也是一个偶然的机会，笔者在查阅一些木版、石版线装古籍时，经常遇到一些形近字脱笔成另一字或误刊成另一字的情况。巧的是竟碰到了好几处"客"字误刊为"容"字的情况。起初也没太在意，然终于突然感悟到："客"可误刊为"容"，则木客山不就成了木容山了吗？在特定条件下完全可因此易名。于是，就急去查阅今版地图，在印山西翼现绍兴书法圣地兰亭景区正对面，兀然有一座"木鱼山"。这"鱼"和"容"虽并非一字，但在绍兴方言中两字几乎同音，犹如"木客"音转为"木栅"，"木容"之转为"木鱼"是很自然的事。况且"木容"两字在民间本无实义，而"木鱼"则是大小寺院及乡村老妇用得十分普遍的一种佛事法器，虚义字变成实义字，这在民间谐音字演变中最为普遍。近如目前，

---

① （北魏）郦道元：《水经注》，岳麓书社1995年版。
② 嘉庆《山阴县志》，中华民国二十五年十一月绍兴县修志委员会校刊。
③ 《辞源》（合订本），商务印书馆1998年版，第808页。
④ 任桂全总纂：《绍兴市志（四）》，浙江人民出版社1996年版。

尽管书上写的，地图上标的都是"木鱼山"，但由于村民习惯把"木鱼"说作"驳鱼"（驳为敲击木鱼时的拟声词），故当地村民还是把该山俗呼为"驳鱼山"了。今之木鱼山，是印山西侧成一字排列的五个小山包中山形最大，位列最西端的一座，海拔高 101.1 米。依次向东的其余四个小山包，海拔高度分别为 38.1 米、44.6 米、42.2 米、36.1 米，当地村民一一呼之为小潜蟒山、大潜蟒山、鲶鱼山、姜婆山。其中最东端的姜婆山与印山仅一溪之隔。笔者在调查中意外地获悉，当今的姜婆山早先也称木栅山。查清嘉庆《山阴县志》，其内就清楚记载："徐渭墓在城西南十五里木栅山（旧志）。"①徐渭墓现为绍兴县县级文物保护单位，近辟徐渭墓园作文物景点对外开放。该墓就位于姜婆山东坡。至此，姜婆山亦称木栅山已得到了证实。然而由于"木栅"是"木客"之音转，则该山早先必该称木客山了。

木客山真实所在及其范围即现木鱼山和姜婆山所在的这一山脉。其西端主峰，因古籍"客""容"误刊，使木客山变成了木容山，再经民间音、义双转，使木容山变成了今之木鱼山。最东端的现姜婆山，由于地近木栅村，在木客村转为木栅村的同时，木客山也就转呼成了木栅山。由于今西起木鱼山，东至姜婆山是一条独立的小山脉，五个山包紧紧相依，一字排列，前后总长不过 800 米。因其最西端的木鱼山即古之木客山，最东端的姜婆山也即古之木客山，那么，一字形紧夹在中间的三个小山包，岂有不隶归木客山之理。显然，古之木客山范围即今西起木鱼山，东至姜婆山，总体包含五个小山包的整条小山脉。上述考证是否有直接的史料佐证呢？

翻开明万历《绍兴府志》，其内明确记载"越王允常冢在木客山"②，更在"山阴县境图"中绘有十分清晰、形象、完整的木客山山势图。该图所示木客山正是一条独立的小山脉，呈西高东低逐坡东下态势，与上述认

---

① 嘉庆《山阴县志》，中华民国二十五年十一月绍兴县修志委员会校刊。
② 万历《绍兴府志》，明万历刻本。

定的木客山实境完全吻合，其形状、态势简直逼真到惟妙惟肖的程度。山周边的玉架山、法华山等所处位置也与今实地基本一致。这就有力印证了上述考订结果，更证实在明万历年间该独立小山脉正是被整体称为木客山。与此同时，笔者还更在同时代编纂的万历《会稽县志》中，看到一段"会稽县图"的注解。其曰："右图凡五聊以似邑治之概，亦多从绘工之旧本而稍次之耳。大而详于书者，此不能尽载，或细而略于书者，此顾载之亦不为一一琐，较以务求其合也。"① 该注解包含两个重要内容：一是志书中的"会稽县图"，是在"绘工之旧本"基础上稍作修改两成的，并当时手头旧图之多，以致大者"不能尽载"，小者也不再琐载；二是说其图是比较"务求其合"的，即它与实地是较为吻合的。于此，我们就完全可以认为：万历《绍兴府志》中的"山阴县境图"，也应出自更为早期的"绘工之旧本"，并且其中的木客山态势，与实地应是吻合的。当然更体现出：至少在明万历前后及此前的一段时间，木客山山脉就是被这么认定的。此外，对于近来又有人提出：木客山既不是一座山，也不是一条小山脉，而是印山周边偌大区域山峦群峰的合称。在此已无必要再展开辩论了。

　　木客山已经找到，那么印山可否包含在木客山山脉之内呢？答案是否定的。自古至今，不管是山势地理成规，还是堪舆学说，均认定山随脉行，脉连山依，脉断山离。山之脉，如人之脉，虽错综复杂，但各成体系，脉脉含理。综观木客山山脉态势，它是群山环抱中一条十分奇特而又十分难得的独立小山脉，与绍兴城内的卧龙山山脉极为相似。这种山脉既玲珑剔透，又气宇轩昂，起伏有序，呈时隐时现，似睡似醒状。然卧龙山之脉重在一个"卧"字，如巨龙盘卧，弓背力张；而木客山之脉凝结于一个"潜"字，它如巨蟒匍匐于地，却引颈昂首，注目前视，具一触即蹿之态，难怪其颈下两峰至今仍以大、小潜蟒山名之。

---

　　① 万历《会稽县志》，绍兴鲁迅图书馆藏钞本。

印山之所以不能归属木客山，最关键的是两山间有涧溪隔离，山脉已断。细察木客山山脉，自西端木鱼山至东端姜婆山，五个山包一气呵成，在姜婆山北向稍作延缓后，隐入地表，山脉已终。而印山虽与姜婆山仅一小溪相隔，但其东、西两侧各有流溪夹山北泻，山南山北落差明显，山南坡地紧依正南向高大的裟帽山，山北拖着长长缓坡后也渐遁入地表，其脉稍与木客山脉尾，形成身首各异的两处尾尖，先后绝于北向只要稍有脉理基础者即可看出，印山之脉乃源于正南的裟帽山，而止于印山，与近旁的姜婆山并不相干。故印山和木客山绝非同一脉系，印山绝不能归宗到木客山去。

二　印山大墓不是允常木客大冢

笔者对木客山的每一个山头都进行过全面实地考古调查，整座木客山五个山包中，靠东两峰、靠西两峰均为自然山体，山顶并无人工开凿或堆筑封土的任何迹象，仅中间一峰有一大型土墩墓。至此，可以十分肯定地说，木客山上有大墓，而且只有一座。早在1996年4月，发现印山大墓遭盗的同时，绍兴县文物部门也调查证实了该墓是一座类同于印山大墓的大型土墩墓。从外表看，该墓所在的小山包呈馒头状，在距山顶1/3处，出现了一条整齐微凹的球冠线。球冠线所在位置正是墓葬封土和自然山体基部的结合面。再经仔细观察，发现该墓封土土质明显比印山差，封土坡度也较印山平缓得多。又上山察看山顶盗洞，见上部封土夯层明显，下部深5米多处，即出现纯度不高的青膏泥填筑层。更从几处早期盗洞洞口堆积物看出，该墓内同样具有大量的木炭层。再经现场目测，东西向最宽的两处盗洞间距约20米，封土与自然山体结合面直径约30米，估计墓坑最多长度为20米以上、30米以下。从山顶环视四周，未见有明显的隍壕遗迹。至此，基本可以做出如下推断：该墓形制结构类同于印山大墓，应为竖穴岩坑大型土墩墓；从其山体大小、封土厚薄、墓坑可能长度等方面看，该墓体量明显小于印山大墓；从其封土土质、厚度、外表坡度、青膏泥纯度及无隍壕等情况看，该墓建造规格、填筑要求等明显逊色于印山大墓。上述调查资料反映出：木客山上有大墓，而且只有唯一的一座，并与印山大墓结构类同、形制相仿、时代相近。仅此就可推定，木客山上的大墓应该就是允常的"木客大冢"，印山大墓不再可能是木客大冢，理由有三：

其一，木客大冢必应建在木客山上。这是最基本的常理。但现印山大墓所在"独山"不能包含在木客山山脉中，则印山大墓就很难成为木客大冢了。

其二，印山大墓的宏大规模与允常时的国力不符。印山大墓发掘后，以非凡的气势，宏大的规模，豪华的墓室，以及十分讲究的填筑工艺，为世人所震惊。该墓墓坑长46米，宽14米，深12.4米。墓室长34米，宽6.7米，高5米，墓室面积160平方米。独木棺长6.05米，宽1.12米，厚0.20米。墓道长54米，底宽3.4—8.7米，开口宽6.5—14米。坑内木结构墓室各种枋木189根，约计500立方米。填筑木炭约计1400立方米。青膏泥约计5700立方米。墓道填土及整座大墓的内外封土约计40000立方米。印山四周隍壕总长888米，宽16—19米，深2.1—2.7米，总挖土量约40000立方米。隍壕间南北长320米，东西宽265米，陵园水平面积85000平方米。如此巨制的陵墓，与允常时的国力形成了强烈的反差。春秋初，越被周天子贬为子。公元前544年夫镡时，"吴人伐越，获俘焉，以为阍，使守舟"[①]。说明当时的越国根本无伐吴之力，任凭吴国把越人抓去当"刑人"。允常元年（前510），"吴王以越不从伐楚，南伐越。越王允常曰：'吴不信前日之盟，弃贡赐之国，而灭其交亲。'阖闾不然其言。遂伐，破

---

① （清）阮元校刻：《春秋左传正义》，中华书局1991年版。

檇里"①。显示此时的越国已沦为吴的属国，需年年向吴贡赐。允常六年，"越闻吴王之在郢，国空，乃伐吴"②。这次虽曾取得了短暂的偷袭胜利，但等吴国主力一回来，越只得急速撤退。史书载有"越之兴霸自元常矣"③ 和允常时"拓土始大，称王"④，指的不过是这次偷袭撤退时占领了吴靠近越界的些许土地。此后允常国力虽渐兴盛，但一直难与吴抗衡，并时时有吴犯之忧。允常在位14年，前五年只是谨守父业，后九年虽始有所志，国力初兴，并渐自强。但由于当时越国的治国重心仍在加强军备、严防外犯和提高国民生活水平上，它怎可能去考虑营建印山大墓那样大损国力的陵寝工程呢？允常晚期毕竟尚是越国国力的初兴时期，是刚刚起步阶段。

其三，印山大墓的隍壕形制与允常时的社会地位不符。印山大墓除了墓坑之大，墓道之长，墓椁之伟，封土之雄外，更使人叹为观止的是呈长方形围绕整座陵山的隍壕结构。正是它把该大墓推向顶级地位。隍壕者，没有水之护城沟也。本是设在城周作护城河，后假借设于陵周，乃视陵为城也，亦视陵主为城主也。春秋战国期间，华夏共尊周室，各种周礼尚健。在陵周设隍壕，正是当时显示帝王尊贵身份和地位的象征，一般诸侯国君主非敢妄为。而在古越地的印山越国王陵恰恰敢于配建如此宽广浩大的隍壕，这正与陵主当时的身份和地位紧密联系。纵观我国已发掘王陵的隍壕结构，除陕西凤翔秦公一号墓配有内外隍壕外，印山隍壕是江南地区已发掘王陵中唯一的一处，难怪1998年国家文物局有位领导视察到印山大墓的隍壕后，十分感慨地说："北有秦陵，南有印山。"说明设有此等隍壕的陵墓，其规格之高，非特等尊贵者不能为。作为越国初兴阶段的君主允常，能配建此等隍壕吗？各种史料记载得十分清楚：允常时的越国只不过是周

---

① （汉）赵晔：《吴越春秋》，江苏古籍出版社1992年版。
② （汉）司马迁：《史记》，岳麓书社1988年版。
③ （汉）赵晔：《吴越春秋》，江苏古籍出版社1992年版。
④ （唐）张守节：《史记正义》，清乾隆《钦定四库全书钞本》。

王朝下一个地处偏远的小小封国。《史记索隐》言："越在蛮夷少康之后，地远国小。春秋之初，未通上国，国史既微略无世系，故纪年称为于越子。"①《舆地志》也曰："春秋贬为子，号为于越。"②《孟子正义》谓王者之制："天子一位、公一位、侯一位、伯一位、子男同一位，凡五等也。"又曰："周礼春官典命，掌诸侯之五仪，诸臣之五等之命。上公九命为伯，其国家宫室车旗衣服礼仪，皆以九为节；侯伯七命，其国家宫室车旗衣服礼仪，皆以七为节；子男五命，其国家宫室车旗衣服礼仪，皆以五为节。"③足见列于"子"位的越王允常，其地位、其礼遇排行在最下等。加上当时越国近忧吴犯，远臣于楚和国力初兴的背景，使允常不敢不顾自身身份地位、不畏诸侯嗤之以鼻、不惜重耗微薄国力而冒天下之大不韪，去营建印山大墓如此巨制之王陵。

三 印山大墓只能是越王勾践自治冢

由于墓中出土文物匮乏，印山大墓谓木客大冢的说法又已先声夺人，要重新匡正大墓主人不是允常，就须有更为翔实更有说服力的资料加以陈述推断。

（一）从印山大墓规模形制看只能是越灭吴后所为

前文已论及印山大墓的规模形制与允常时的国力、地位不符，那么，它与勾践灭吴后越国的国力地位是否相符了呢？汉司马迁《史记》对当时越国国力、地位这样概述："勾践已平吴，乃以兵北渡淮，与齐、晋诸侯会于徐州，致贡于周。周元王使人赐勾践胙，命为伯。勾践已去，渡淮南，

---

① （唐）司马贞：《史记索隐》，清乾隆《钦定四库全书钞本》。
② （唐）张守节：《史记正义》，清乾隆《钦定四库全书钞本》。
③ 焦循：《孟子正义》，商务印书馆1933年版。

以淮上地与楚，归吴所侵宋地于宋，与鲁泗东方百里。当是时，越兵横行于江、淮东，诸侯毕贺，号称霸王。"① 唐司马贞《史记索隐》更清楚记述："勾践平吴之后，周元王始命为伯，后遂僭而称王。"② 僭者，越分也。指超越身份，冒用在上者的职权行事。伯者，霸也。很显然，这时越国的霸主地位已达"诸侯毕贺"的程度，尤其是为一些诸侯国恢复疆土的做法，已具有一种主宰诸侯、治理天下之态势。故一向被视为"地远国小"的"蛮夷"越国，能毫无阻碍地挥麾中原，并将南海之滨的越都移至今山东滕县的古琅琊之地，这在列国争强的战国初期，不能不说是一件力压群雄的盖世之举。难怪唐代史学家司马贞就认为，此时的勾践已"僭而称王"了。再从另一个侧面可以看出，越灭强吴后，除了吴故地归并越疆外，直至越新都琅琊周边当时并未划定严格的越界，而仅表现出"诸侯毕贺"的氛围，则更说明在琅琊的越都，一定意义上已是周边列国的政治中心和军事中心。对此，唐张守节《史记正义》亦言：范蠡"与勾践深谋二十余年，竟灭吴报会稽之耻，北渡兵于淮，以临齐、晋，号令中国以尊周室，勾践以霸"③。这"号令中国以尊周室"，绝非一般霸主所能为，正说明勾践"僭而称王"是周元王认同并默许的。在这样的国力、地位背景中，在勾践满腹称王称霸的雄心里，在一片诸侯毕贺的簇拥下，这样的勾践若去自建陵寝，不考虑象征帝王尊贵的隍壕结构，不营造现印山大墓那样气势独尊、规模恢宏的皇家陵园才是怪事。从印山大墓的隍壕和墓内大量填筑青膏泥、木炭的种种墓葬文化看，正带有浓厚的中原楚文化特点，这与勾践此时的政治地位也正相吻合。若对印山大墓的断代为春秋末、战国初没有错的话，则印山大墓的墓主就非勾践莫属。

---

① （汉）司马迁：《史记》，岳麓书社1988年版。
② （唐）司马贞：《史记索隐》，清乾隆《钦定四库全书钞本》。
③ （唐）张守节：《史记正义》，清乾隆《钦定四库全书钞本》。

（二）印山一带唯有勾践有过大规模伐木之举

公元前488年，勾践从吴归国，急于报吴雪耻。文种献灭吴"九术"，其五曰："遗之巧工良材，使之起宫室，以尽其财。"还请越王"选名山神材，奉而献之"。于是，"越王乃使木工三千余人，入山伐木。一年，师无所幸。……一夜，天生神木一双……乃使大夫种献之于吴王"①。这是印山一带有过大举伐木的首次记载。《越绝书》《水经注》等书都对此言之凿凿，可见确有其事。越王使木工三千余人入山伐木一年余，导致遍山躺满巨木，过伐面积一山又一山。然因献吴仅需极少量的"神木"，故大批巨木只能任其散布山野。

相关地质、水利资料显示，在春秋末期，印山流域出口处的现里木栅村北向即为薄海，南向即是原始林区，村所在区域正是水陆接壤处，也即当时伐木工的息驻之地。《越绝书》卷四载："昔者，越王勾践既得返国，欲阴图吴，乃召计倪而问焉。曰：'吾欲伐吴，恐弗能取，山林幽冥，不知利害所在。西则迫江，东则薄海，水属苍天……'"② 可知当时的越国周边遇陆即"山林幽冥"，遇洼即"水属苍天"。逮至北魏郦道元作《水经注》，在描述"浙江又径越王允常冢北，冢在木客村"时，更具体地记述了"浙江又东北得长湖口（笔者注：长湖即古鉴湖）"，"湖南有覆斗山……山西枕长溪，溪水下注长湖"③。文中的长溪正是现里木栅村北流注兰亭江之木栅溪，村所在地一直称"长溪口"。新中国成立初在村口仍有一个船埠，称"长溪埠"。明、清以来在这里狭溪所垦之田，至今仍称"长溪畈"。调查还证实，里木栅村以北田畈下均为海畈泥，深挖时常有硕大的朽烂原木挖出，村以南却全为原生沙砾山土。很显然，这里正是水陆接壤处。长溪口稍北，

---

① （汉）赵晔：《吴越春秋》，江苏古籍出版社1992年版。
② （东汉）袁康、吴平辑录：《越绝书》，上海古籍出版社1985年版。
③ （北魏）郦道元：《水经注》，岳麓书社1995年版。

有历称"西岸头"和"屯里"两自然村，这里就是当时伐木工上岸和歇脚屯驻之处，故名。随着伐木不断向南推进，屯驻伐木工（木客）区域就渐渐南移至现里木栅村所在地，遂成木客村。或许正是这次大规模伐木，才使得原隐蔽在"山林幽冥"之中的今印山得以显现，并透出不同凡响的舆穴瑞兆。加上大量巨木遍布山周，为营建大墓奠定了天成的基础。也或许，勾践选定这里作献吴的伐木场，就意味着要在他父亲陵旁营建陵寝。

（三）印山大墓结构特征显示是座自治冢

发掘资料显示，大墓封土靠近墓道的 1/5 部分及墓道、甬道的全部填土、封土，均为二次填筑。就是说，该墓在首次建造完毕后，曾被有计划、有步骤地重新打开，然后下葬。这是典型的自治冢特征。

印山大墓发掘中，墓坑内出现了一种十分奇特的现象，那就是在青膏泥填土间，镶嵌着一条用树皮纵横连接，自坑内墓室底直达坑口，呈南北走向的隔离带。它将墓坑内的青膏泥填土分隔为东西两部分，分隔平面正好与坑内木结构墓室的入口门面一致。这是一种建造时特设的标志物。其作用是在大墓需要开挖时，能在墓坑口十分方便而直观地找到坑内墓室门的确切位置。同时还发现，在该树皮隔离带正中向东处，呈现一条宽 5 米的不同土色填筑带，其西端正好顶住树皮隔离层，东端一直与墓道填土相连接，南北边线整齐划一，上自坑口，下抵墓道底及甬道结构，所填青膏泥明显较原大坑纯度差、色灰暗，且间或混有少量黄土。其上墓顶封土连同墓道封土，土质明显劣于原主墓顶封土。对此，《印山大墓发掘简报》也作了这样的报告："墓道与墓坑连接处上的封土……结构比较松散，夯窝不易分辨。夯层厚度 20 厘米，远远厚于内外封土之夯层。""该封土有一部分叠压在内外封土之上，其夯筑时间显然稍迟。""整个封土是二次分筑的。"① 由此，可以十分肯定地说，该墓营造时，墓主尚健在，初筑时就特设树皮隔离带作标志，以备日后下葬时能既正确又迅速地找到墓室门，还能整齐划一地分离墓坑填土和甬道填土，以保证墓坑填土的结构稳定牢固。这是十足的自治冢结构。

（四）史书有勾践营建独山自治冢的记载

楚昭王十年冬（前506），吴入楚，伍子胥鞭楚平王尸之事。《吴越春秋》载："伍子胥以不得昭王，乃掘平王之墓，出其尸，鞭之三百，左足践腹，右手抉其目。"② 此等酷景，怎不使人毛骨悚然。在勾践看来，人之辱，国之辱，莫过于此。故当他围姑苏拒吴媾和时，就厉言谓吴曰："吾将残汝社稷、夷汝宗庙。"③ 他认为没有比这更严厉的了。在这种心理因素支配下，当勾践欲建自治冢时，就必然想到日后若被他国打败，自己的尸骨同样会遭楚平王那样的厄运。故此，勾践若想营建自治冢，就必然不可为世人所知。种种迹象表明，勾践在营建自治冢的整个过程中，确实费尽了心机，用尽了方法。

公元前473年，越一举灭吴，随即北渡江淮，争霸中原。此时的勾践，灭吴大愿已遂，国力顿然强盛，自己又年事渐高，营建自治冢当然会提到重要的议事日程上来。随着战事不断向北挺进，为长期有效控制中原，勾践决定将军事指挥中心迁往琅琊。《越绝书》卷八记载："初徙琅琊，使楼船卒二千八百人伐松柏以为桴。"这是印山一带见于记载的第二次大规模伐木行为。各种迹象综合表明，这一年（前472），勾践假借"伐松柏以为桴"之举，聚集大批匠工，在印山全面启动自治冢工程。

---

① 浙江省文物考古研究所、绍兴县文物保护管理所：《浙江绍兴印山大墓发掘简报》，《文物》1999年第11期。
② （汉）赵晔：《吴越春秋》，江苏古籍出版社1992年版。
③ 同上。

当该自治冢即将建成之时，又恰值越将迁都琅琊。勾践抓住这特定时期，为制造假象，混淆视听，掩盖真相，特地派遣大批土石匠，到现绍兴城南九里的大独山上，大张旗鼓地佯建自治冢。这就是《越绝书》称"独山大冢者，勾践自治以为冢。徙琅琊，冢不成，去县九里"[①]的记述。就这简短的一句话，使许多学者认为，勾践在越地的自治冢没有建成，并继而做出勾践之陵不在越地而在山东琅琊之定论。胡文炜先生在《印山越王陵应为勾践的"自治冢"》一文中[②]，对此作过精辟点评："凡探究印山墓主者，都注意到《越绝书》中提到的'独山大冢'，但没有一人将其与印山相联系，认为'无论勾践墓有否建成，都可以肯定不会在印山'，'在绍兴没有勾践的王陵'。却都没有提出任何理由。"越民族向有"树高千丈，落叶归根"的习俗和祖训，一生中不管辗转南北还是浪迹天涯，一到晚年，都将尽最大努力返归并归葬祖籍血脉地，以永随列祖列宗。勾践平生最注重事鬼神、尊宗庙。越之先君无余，就是因为"恐禹祭之绝祀"，而"春秋祠禹墓于会稽"[③]。勾践在绍兴建都立城后，也曾将其祖父夫镡葬迁至禹祠近旁的若耶溪畔。其父亲允常也安葬在离城不远的木客山上。与此更相呼应的是《越绝书》还记有："夫山者，勾践绝粮，困也。其山上大冢，勾践庶子冢也。去县十五里。"[④] 万历《绍兴府志》亦载："勾践子墓在夫山。《越绝书》夫山大冢勾践庶子冢也，去县十五里。"[⑤] 这就是说，越国上至越宗庙禹陵，中至越先君无余，近至勾践祖父、父亲，下至其庶子冢，全都永息在这血脉之地，唯独勾践不思"事鬼神、尊宗庙"，孤身一人置陵到异域，实在于情不通、于理有悖。况且，现山东文物部门证实，在古琅琊之地，至今未曾发现过古越时期的任何越族大墓。

---

① （东汉）袁康、吴平辑录：《越绝书》，上海古籍出版社1985年版。
② 胡文炜：《印山越王陵应为勾践的"自治冢"》，《绍兴日报》1999年3月17日。
③ （汉）赵晔：《吴越春秋》，江苏古籍出版社1992年版。
④ （东汉）袁康、吴平辑录：《越绝书》，上海古籍出版社1985年版。
⑤ 万历《绍兴府志》，明万历刻本。

调查还证实，现城南九里大独山山顶坦平如削，人为开凿痕迹明显，其上至今存有春秋晚期印纹陶片。加上地名、距城距离均与《越绝书》记载吻合，可认定勾践确曾在这里佯建过自治冢。

此外，这当中或许更包含一种可贵的信息，那就是勾践在城南选择一座与印山地理特色、山形大小均相仿的"独山"来佯建陵墓，其目的正是用声东击西之法，转移视线，混淆视听，掩盖真相。同时更有可能当时的印山也是被称作"独山"，真正的"独山大冢"正在现印山的那座独山上紧张地营建中，只是其信息被严严实实封锁罢了。至于现"印山"山名，那是后人因其山形独立似印而重被命名的。

（五）勾践"欲移允常冢"个中深藏隐情

印山大墓考古发掘显示，营建墓室的斜撑木，多在 70—90 厘米见方，其原木胸径均应在 150—200 厘米。这座大墓从构建墓室的枋木制作、干燥、三面髹漆，到挖坑搭建、内壁再次全面上漆，以及大量木炭的烧制、填筑，青膏泥和封土的选料、搬运、填筑，即使不考虑人力、财力能否足配，工程起讫也至少得 4 年时间。如以越灭吴后的第二年为大墓规划和营建起始期，这一年勾践在"使楼船卒二千八百人，伐松柏以为桴"的同时，就开始全面制作构建墓室的各种枋木。至公元前 468 年越迁都琅琊那一年，大墓才能进入全面填筑阶段。正在这时，勾践却招摇过市地在"去县九里"的城南建"独山大冢"，并随即以"徙琅琊"为由突然停建。迁都琅琊的第二年（前 467），印山大墓已进入全面竣工时期。也正在这时，却又出现了"越王使人如木客山，取允常之丧，欲徙葬琅琊"[①] 的蹊跷事。前文已述，勾践既不可能将自己的陵墓建到琅琊去，同样更不可能把好端端安息在越国发祥地的父亲允常之墓远迁到异族他乡去，这是不必再去争辩的常理。

---

① （汉）赵晔：《吴越春秋》，江苏古籍出版社 1992 年版。

那么，这当中究竟隐藏着什么不可告人的目的呢？

勾践时期尚处在我国奴隶社会末期，其时，统治者一直沿袭残忍的人殉制度。《吴越春秋·阖闾内传》就有这样的记载。其曰：吴王葬女于国西阊门外，"凿池积土，文石为椁，题凑为中，金鼎、玉杯、银樽、珠襦之宝皆以送女。乃舞白鹤于吴市中，令万民随而观之，还使男女与鹤俱入羡门，因发机关以掩之，杀生以送死。国人非之。"①阖闾仅为诸侯王，葬其女就以万民殉之，足见当时人殉制度仍十分盛行，难怪"国人非之"。勾践灭吴称霸后，其骄横任性几近之后的秦始皇。加之勾践建自治冢的独特心理，为确保日后不被外界知晓，在即将全面完工的节骨眼上，勾践必然会使出最有效、也是最残酷、最狠心的一着，那就是对营墓人员实施全殉。在印山大墓发掘中，就曾在墓内甬道与墓门接合部位，发现一大块武士身上穿戴的漆皮铠甲片遗存，这正是人殉的物证。再联想《越绝书》及所有与越史相关的资料中，从未提及现印山大墓的任何信息，更未记及勾践陵寝究竟在何处，这正反证了勾践必定使用了这一着，而且做得天衣无缝，才使得真正在印山营建自治冢的消息成功地隔绝于世。据此，勾践"使人如木客山，取允常之丧"这一百思不得其解的蹊跷行踪，正是勾践派遣他的"死士"军队，从琅琊直奔印山墓地，名曰迁允常墓，实为执行对营墓人员的全歼，并分坑殉埋。为给空手而返的"迁丧"军队有个说法，就扬言"三穿允常之墓，墓中生火票风，飞砂石以射人，人莫能入"，是"吾前君其不徙乎"②。印山东首的大片缓坡中，存有数十处或大或小的圆形土墩，经考古勘探，它们正是大墓的陪葬墓。抑或当时的人殉坑。

---

① （汉）赵晔：《吴越春秋》，江苏古籍出版社 1992 年版。
② 同上。

（六）印山大墓遗物遗迹表明其是座实葬陵

印山大墓发掘后，不少人认为是座空墓，其实不然。要判断该墓是否是空墓，不能仅以墓内有否尸骨类遗存物作为唯一依据。这是因为人体的一切物质均为有机质，它在我国南方的一般环境中都无法久存。该大墓已历遭盗掘，原来的密封条件已破坏殆尽，2400多年前的尸骨不存是势所必然的。恰恰相反，更多的迹象更能证明它是一座实葬陵。

其一，墓内有大量陪葬物。尽管出土陪葬物不多，但从首次被盗时，木椁前、后室南侧各被切断两根斜撑木，其缺口宽度达163厘米、160厘米。本来，盗墓者入内仅需开断一根斜撑木就足矣，但盗掘者却不惜费时开凿如此大的缺口，证明墓内一定陈有大件器物，是为完整外运而为之的。这次发掘中，前后室除几处破碎陶片外，几乎成为空室。按常规，这里正是大量陈放大件陪葬品的地方。考古实践证明，自治冢建成时，是不可能提前放入大件陪葬品的。

其二，玉镇、篾席之类，只能在入葬时使用。该墓共出土玉镇19件，其中一件还是在木结构墓室顶部的盗洞土中发现的，说明有一大部分已被盗走。现幸存的这些玉镇，几乎分布于中室四周。同时，中室棺床底面还遍铺做工精细、双面涂漆的篾席，众多玉镇正是用来镇这些席子边角的。在棺床上遍铺篾席的行为，也只有在入葬时才为之。此外，中室存有漆木柄、玉剑、玉镞、玉佩饰、玉管珠等，这些直接与墓主有关联的器物，甚至是墓主生前的实用器与随身饰物，不可能事先放进去。所有这些都是实葬陵的有力物证。

其三，独木棺曾被掀翻过。墓内独木棺下有三根垫木，除东首一根似原样，未觉明显移动，中间一根整体南拽，西首一根南侧重度西撒；又中室幸存的大部分小玉器，基本集中在独木棺向北侧倾翻的口沿处；再就是该部位底面篾席痕迹特别明显，篾席上又存有一层厚厚的深黑色淤泥，虽未能分辨是为何物，但泥质、泥色明显异于他处，应是有机质及穿戴类堆积物的腐烂体。与此相反，本次发掘清理独木棺时，棺内全是从盗洞注入的黄土及与青膏泥的混合土，连紧贴棺木底的那部分泥土也尽是如此。整个棺内实在找不到含有有机质或其他陪葬物的淤泥层。种种迹象表明：该墓首次被盗时，盗墓者似曾将独木棺向北侧掀翻过，用以全数获取棺内细软贵重之物，甚至有将尸体外拖之嫌。反之，如若是空墓，盗墓者又何劳此举。

综上所述，印山大墓墓主人只能是越王勾践，它的建造年代大致是在越灭吴后的第二年（前472），前后历经五年余。完工应在越迁都琅琊后的次年（前467）。又历二年（前465），勾践卒，于是揭去墓道及甬道顶的封土，重新打开墓道、甬道及墓室门，正式实施安葬。之后再度填封墓道、甬道及其上部封土，遂呈考古发掘中的结构。印山越国王陵是一个十分博大精深的研究课题，包括对2500多年前的越国政治环境、文化修养、社会风俗、生产力水平、墓葬文化，以及气候、地理、物产、生态环境等的研究。我们以尊重史实、崇尚科学的态度，客观现实地去认识印山越国王陵，去研究越国历史，去挖掘它所蕴藏的全方位文化积淀，并使研究成果更好地为现代的文化、旅游和经济建设服务，这是件很有意义的工作。

（原文刊登于《绍兴文理学院学报》2001年第5期）

绍兴越王城保护整合工程设计的文化理念

陈永明[*]

摘　要：越王城作为绍兴城市发展的源头，有着深厚的历史文化积淀。在绍兴越王城保护整合工程设计中，通过挖掘文化内涵，传承历史文脉，和谐周边环境，回归自然风貌等方面来深化设计的文化理念，使越王城真正成为绍兴古城保护的新亮点，绍兴城市的又一张"金名片"。

关键词：越王城；保护整合；设计；文化理念；和谐

绍兴是国务院首批命名的 24 个国家历史文化名城之一，越王城作为绍兴城市发展的源头，历经 2500 年的沧桑而城址未变，此种情况国内仅存苏州与绍兴。随着绍兴越王城保护整合工程的启动，绍兴的历史必将翻开新的篇章。如何挖掘文化内涵，传承历史文脉，融洽周边环境，回归自然风貌，是越王城保护整合中必须面临的问题。从设计源头着手，把握设计的文化理念是关键。

---

[*] 陈永明（1966—　），男，浙江嵊州人，绍兴市历史文化名城保护管理办公室高级工程师。

一 历史与现状

（一）越王城历史

越王城是绍兴越文化的代表，是越文化积淀的集中体现。绍兴如今的城市是以越王城为基础发展起来的。前490年，越王勾践为报仇复国，以今卧龙山（又称府山、种山）一带为城址，授命范蠡筑城，《越绝书》卷8载："勾践小城，山阴城也。周二里二百二十三步，陆门四，水门一。"[①] 之后，范蠡又在其东建成山阴大城，史称"蠡城"。凭借此城，越王勾践卧薪尝胆、励精图治，最终实现了"十年生聚、十年教训"的复兴计划，成就霸业。隋开皇年间（581—600），越国公杨素修竣大城，史称"罗城"，为蠡城建成以来第一次有记载的城垣修葺。同时，杨素又将勾践小城扩建成周十里的"子城"，并使子城与罗城相衔接。嘉泰《会稽志》卷1引旧经云："子城西北两面皆因重山以为城，不为壕堑。"[②] 五代十国时，吴越国王钱镠在卧龙山麓建王宫和蓬莱阁，作为吴越国的东府。南宋时，绍兴成为南宋临时首都达1年零8个月之久。1223年，郡守汪纲复按罗城重加缮治，并修诸城门，俗称"宋城"。明末时，为鲁王监国之所。元、明、清三代，这里仍为路府、府治及山阴县治所在。可以说作为绍兴一带的政治统治中心，其基本的功能、性质历经千年而没有大的变化。

2500年的风雨沧桑给予这座"越国小城"更为深厚的文化内涵。这里是越国古都的所在地，古越文化的发源地。山势宛如卧龙的府山，景色优美，史称"龙山佳气冠越州"，"卧龙春晓"更是曾被古人列为越中十二胜

[①] 《越绝书》卷8，上海古籍出版社1985年版，第58页。
[②] 嘉泰《会稽志》卷1，《绍兴县志资料之五》，绍兴地方志编纂委员会1993年版。

景之首。文人墨客慕名而来者络绎不绝，李白、元稹、白居易、范仲淹、陆游、辛弃疾、杨维桢、王阳明、徐渭、张岱等历代文豪留下了大量脍炙人口的诗文。人文之盛，堪称古越文化之缩影。虽然几经磨难、摧毁，越王城内仍有文种墓、唐宋摩崖题刻、越王台、孙清简祠、雷公殿等文物古迹。如今漫步府山，依然随处可见历代遗留下来的名胜古迹。

（二）越王城现状

越王城隶属越子城历史文化街区，地段位于绍兴城西，规划占地39.7公顷。北含府山，与环山路毗连，西邻府山西路，南为偏门直街，东到府直街。东北面有内护城河——沿山河、府河环绕。

越王城地段内历史景观众多，山林植被茂盛，有着丰富的人文景观和自然景观。地段及周边环境土地种类复杂，有公园绿地、居住用地、工业用地，另外还有少量的军事用地和商住用地、商业旅馆用地、文教体卫用地等。

由于历史的原因，目前越王城地段存在着许多问题：

1. 工业、仓储用地过大，且与居住用地和文物古迹用地相混杂，对街区的历史风貌和居民生活有较大影响。一些插建建筑体量偏大、高度偏高，对山体景观和传统尺度的街巷和水乡风貌造成一定损害。

2. 基础设施缺乏，街路狭窄，部分路段机动车只能单向行驶，府山公园门口缺少适当的集散空间。

3. 居住用地内的配套设施不够完善，人均居住用地偏少，老房子较多，多已年久失修，居民居住条件较差，没有完整的配套设施，严重影响街区的历史与环境风貌。

4. 由于景观建设多，缺乏统一规划，景观间联系不够密切，景点内部常有许多不和谐之处。

5. 受诸多因素的影响，山体自然轮廓线破损，水土流失严重。

二　设计理念

（一）指导思想

坚持"保护优先、市民优先、生态优先"的指导思想，使越王城真正成为绍兴古越文化的核心展示区，市民休闲生活的重要聚集区，文化旅游的新亮点。

（二）设计原则

1. 整体性原则：从城市的角度来考虑历史街区的问题。

2. 地标性原则：与绍兴城内其他二山呼应，形成具有良好文化内涵的地标性群落，具有鲜明的地域文化特色，成为绍兴城市发展的精神渊源。

3. 尊重历史原则：充分延续历史文脉，使其得到良好的延续。

4. 尊重自然原则：山体尽量保持原生态的植被，并做好水土流失的整治工作，局部恢复整治山体曲线，种植观赏性植物，体现府山植被的可观赏性。保护现有绿化。

5. 尊重规划原则：理解规划，贯彻规划。

6. 可持续发展原则：在设计中充分考虑持续性发展，形成共生。

7. 文化交融原则：传统文化与现代文明在这块土地上交融起来，虽然地处历史保护区，很多建筑在外形上要求保留原来的形态，但实际使用的人，却是现代人，所以在使用功能上应当满足人们新的需求。

8. 尊重现状原则：周边环境的大格局已经形成，在尊重现状的基础上，合理处理好与周围建筑之间的关系。

9. 显山露水原则：遵从规划，让山体进入城市，使山体真正融于城市。

（三）设计定位

强化绍兴的地域归属感，让越王城成为绍兴人精神层面的"桃花源"，使绍兴人得到精神上的回归，重获归属感，重拾文化身份和重建人地的精神联系，依托府山山体，依托历史民居，形成体现越文化的历史街区，沟通内外交通，方便周边居民，形成城市旅游的文化亮点。

（四）功能分区

设计明确了四大功能分区：

1. 生态保护及遗址公园区。这一区块以府山山体为主，保留原有的越王台、越王殿、飞翼楼、风雨亭、唐宋摩崖题刻、文种墓、烈士墓、三蓬亭、紫翠古亭、龙湫池、兰苑、蒙泉、雷公殿等文物古迹和风景点，并进行保护性修复，梳理山体植被，整治园路，整理周边环境。同时，重建蓬莱阁等景点，新建越王台东侧景区。

2. 文化休闲区。主要集中在府山南麓原绍兴丝织厂区域，有博物馆、休闲广场、晨练广场、游客中心和地下车库等几组体现越文化内涵的公建项目。

3. 传统民居保护区。东起府直街，西至太平弄，南临偏门直街，北到府山公园，占地2.1公顷，建筑面积1.88万平方米，涉及居民250多户。采取以保护为主，营造现代人居住的生活空间。

4. 文化旅游区。位于越王城的西南角，与情缘龙山休闲商贸区毗邻。主要以范蠡庙、地方曲艺中心和文化产业用房为依托，与情缘龙山形成整体效果。

三 挖掘文化内涵，传承历史文脉

（一）建筑设计

建筑设计的文化理念为：建筑创造文化，亦继承文化，建筑作为技术与艺术的结合体，在满足功能使用要求的同时，更为重要的是以其特有的建筑语言体现其实质内涵。设计内容着重考虑恢复一些历史胜景和新建几组体现越文化内涵的公建项目。设计借助绍兴古越文化悠久的人文历史资源，给建筑注入厚重的人文感和历史感，充分考虑绍兴的民居风格、周边的建筑立面、山体和水体的分布格局以及整个越王城保护整合工程的自然色系的因素。建筑的立面提取绍兴传统建筑的要素与符号，通过尺度、比例、材质等建筑语言，造型朴素大方具有亲和力，外观以粉墙黛瓦为主，以体现传统文化的延续。

1. 蓬莱阁

（1）蓬莱阁历史

蓬莱阁系五代十国时期吴越国钱镠所建，历史上许多著名诗人曾来到吴越王宫，登上蓬莱阁，寄情抒怀。如秦观七律诗《次韵公辟会蓬莱阁》，末句云："非是登高能赋客，可怜猿鹤能相容。"辛弃疾于宁宗嘉泰三年（1203）冬任绍兴知府兼浙江东路安抚使。他的《汉宫春·会稽蓬莱阁怀古》，写登阁所见万端景色，追怀越国的儿女英雄……最著名的是宋名人王十朋的《蓬莱阁序》，曾与《黄鹤楼记》《滕王阁赋》齐名。

要重建蓬莱阁，地点的确定十分重要，但历史记载对建阁的地点表述不一。嘉泰《会稽志》卷1云"设厅之后蓬莱阁"[①]；嘉庆《山阴县志》卷

---

① 嘉泰《会稽志》卷1，《绍兴县志资料之五》，绍兴地方志编纂委员会1993年版。

7曰"蓬莱阁在设厅后臣卧龙山下"①；范仲淹《会稽清白堂记》"会稽府署,据（踞）卧龙山南足,北上有蓬莱阁,阁之西有凉堂,堂之西有岩焉"②；《越中杂识》载"蓬莱阁在府治设厅后卧龙山上"③……不一而足。最后,综合各方因素,经专家反复推敲,决定将蓬莱阁重建于府山磨盘岗上。

（2）蓬莱阁的体量、风格

府山山顶海拔74米,已建有21米高的飞翼楼,建筑面积506平方米。磨盘岗海拔57.5米,现蓬莱阁重建于此,两楼阁直线距离220米。同一山上有两楼阁,距离又近,要使重建的蓬莱阁不影响飞翼楼第一高度的地位,保护飞翼楼作为绍兴城市的制高点,城市地标的视线景观,同时要满足各方向的观感效果,蓬莱阁高度、体量的确定至关重要。通过多次放飞气球,从不同的角度进行观察,做成效果图进行视线分析,同时广泛征询地方文史专家的意见,最后确定：蓬莱阁高19.376米,占地面积近195平方米,建筑面积240平方米。为区别于飞翼楼汉代风格望楼式建筑,采用三层三重檐十字屋脊明清式楼阁,层层外挑,形成下大上小的空间形体。小而密的如意斗拱,装修精细。建筑为砼框架结构,可见部分用优质木材装修,以保持传统建筑的风貌。

2. 范蠡庙

范蠡作为和绍兴古越历史有深厚渊源的人物,并以其传奇经历,被人们奉为商圣,具有双层的意义。建范蠡庙（历史上为城隍庙）于文化旅游区中,可凸显其渊源与地位,并为商贸吸纳人气。范蠡庙向后退让,形成前广场。因其基地地形南低北高,地面标高相差约5米,为此采用逐级抬高

---

① 嘉庆《山阴县志》卷7,《绍兴县志资料之七》,绍兴县地方志编纂委员会1993年版。
② 《四库全书》卷7《范文正集》,《会稽清白堂纪》。
③ （清）悔堂老人：《越中杂识》,浙江人民出版社1983年版,第155页。

的方式适合地形变化。其建筑布局采用坐北朝南，前后三进，前堂后寝，符合古制礼法。中为商圣殿，是举办祭祀活动的场地。依据地形步步升高，高低错落。底层架空，可作其他用途。前为广场，立牌楼。建筑为砼框架结构，可见部分用优质木材装修，以保持传统建筑的风貌。区别一般庙宇，追求儒雅而不张扬。构件上采用民间做法，且集木雕、石雕、砖雕于一身，精致漂亮。

3. 博物馆

原绍兴博物馆建于延安路上，因规模较小，已不能适应绍兴建设文化强市的要求。新建博物馆于越王城，使越王城厚重的越文化积淀能有一个集中展示的平台，并成为绍兴对外文化交流的重要场所。

（1）建筑造型重在吸取地域文化，并努力寻求与地域文化相融合的创新风格。由中庭式水庭上部变形的四方攒尖坡顶，舒展而古朴，突出中心形象。造型取自绍兴坡塘出土的战国墓祭祀伎乐铜屋，屋面铺设契合式青铜瓦，并蚀刻绍兴出土文物上的纹样，展现古越文化特色。

（2）力求表现厚重的历史感，表现特定的府山环境中的绍兴文化特质。

（3）关注与山水的关系、现代空间与功能的关系以及材料和光影等建筑的基本品质，简洁的几何形体成为其自然的形式特征。以古朴厚实的石墙镶嵌于山坡，并以竹林及坡地绿化作为过渡，博物馆与府山的自然风景交相辉映。

（4）设计以本地传统台门建筑中所体现的那种因地制宜的人对自然的亲和为理念，吸取传统建筑院落式布局手法，结合地形，注重生态环境与景观，通过墙、廊、院落等要素把富有节奏的展馆群巧妙地排列在一起，并大量运用顶部采光、内院采光，在有限的条件下营造出一个具时代精神和文化地域感的新场所。

（5）西翼的展厅全部覆盖在绿化下，每厅中央作切割成形的方棱形天窗，散落在绿化之中。

（6）应用绍兴地方石材。建筑外墙采用绍兴当地的东湖石干挂，其中1.8米高的墙裙使用100厚的毛面蘑菇石，上部使用50厚的火烧板。为克服东湖石材易风化的缺陷，石材表面涂刷防腐剂。南面主入口采用绍兴传统的石库门造型，与绍兴传统的建筑风格相吻合。

4. 地方戏曲展示中心

地方戏曲展示中心位于越王城文化旅游区最西南角。西面和北面靠龙山，东面为范蠡庙，南面为情缘龙山商住区。地方戏曲展示中心的建设主要是为了完善越文化的传播舞台。通过这个舞台可以使越文化以视觉、味觉、触觉等全方位感官体验和心灵体验传达给游客和市民。在这里，越国繁荣时期越王宫廷生活写照、越国训导美女（如西施）进献吴王的场景、绍兴莲花落、诸暨西施传说、梁祝传说、嵊州吹打、新昌调腔等曲目即将上演。并且与绍兴区域的民间餐饮美食相结合，形成绍兴特有的中国古时"红磨坊"。从而达到对越文化生动而具体的表达，创造一个具有空前规模的越文化展示、体验空间。

5. 越王台

越王台的前身应是勾践小城中的"宫台"。《越绝书》卷8记载："今仓库是其宫台处也。周六百二十步，柱长三丈五尺三寸，雨留高丈六尺。宫有百户，高丈三尺五寸。"[①] 以后屡废屡建。李白有诗写其兴废云："越王勾践破吴归，义士还乡尽锦衣。宫女如花春满殿，而今只见鹧鸪飞。"

越王台，据宝庆《会稽续志》记载，原在府山之东北，南宋嘉定十五年（1222），由知府汪纲移建府山东南麓，"气象开豁，目极千里，为一郡登临之胜"[②]。元贡悦《越王台》诗赞曰："曙光晴散越王台，万壑千岩锦

---

① 《越绝书》卷8，上海古籍出版社1985年版，第58页。
② 绍兴市地方志编纂委员会：《绍兴市志》，浙江人民出版社1996年版，第415页。

绣开。俯槛僧钟云外落,卷帘渔唱镜中来。"1939年3月,周恩来总理回绍兴时,曾在越王台向各界代表发表抗日演说,还亲笔写下"生聚教训,廿年犹未为晚"的题词。抗日战争时期,此台为日机所炸毁。

现在的越王台重建于1982年,庄严宏伟,气宇轩昂,富有古朴的民族风格,为市级文物保护单位。台基长11米,宽9米,高7米,主体建筑300多平方米,为水泥仿木结构,宽5间,东西为配房。入门处两扇黑漆大门上有一幅明代大书法家徐渭创作的对联:"八百里湖山,知是何年图画;十万家烟火,尽归此处楼台。"穿过越王台下大门,一株高10余米的古柏傲然挺立,俗称"龙树",传为宋代所植,素为越人所敬重。

设计按文物修缮的理念,在原样的基础上进行保护性修复。

6. 雷公殿

雷公殿,又名雷祖庙、雷殿,俗呼雷公庙。明张岱《陶庵梦忆》中载:"雷殿,在龙山磨盘冈下。钱武肃王于此建蓬莱阁,有断碣在焉。殿前石台高爽,乔木萧疏。六月,月从南来,树不蔽月。余每浴后,拉秦一生、石田上人并子辈坐台上,乘凉风,携肴核,饮香雪酒,剥鸡豆,啜乌龙井水,水凉冽激齿。下午着人投西瓜浸之,寒栗逼人。"[①]

作为历史上的重要建筑现已破损不堪,按文物修缮的要求,设计采用落架大修的方法。并保护好周边的环境,尤其是殿前的乌龙井。

(二)景观设计

1. 布置景观小品展现古越文化

越王宫殿(越王台、越王殿)与博物馆之间由晨练广场和公园园路相接,但缺少历史文化内涵。如何让游人在越王宫殿与博物馆之间的路上感

[①] (明)张岱:《陶庵梦忆》,兰州大学出版社2004年版,第173页。

受到越文化的气息，是设计人员必须挖掘的文化内涵。经多方论证，反复比较，确定在晨练广场东北侧设置一块重达100多吨的大景石，顺山势坡度斜放，以增强景石与人的亲和感，上刻"投醪出征"的场景浮雕。广场西南侧设置一组绍兴不同时期出土的青瓷羊形器、青瓷狮形器、青铜牛镇的青铜雕塑。通往博物馆的园路上设置景石，上刻"卧薪尝胆"的场景浮雕。公园入口北侧，利用原有堆放的石构件，适当加以整理，形成绍兴石构件展示区。东侧景区广场耸立5米多高的景石，正面刻著名书法家沈定庵题写的"越园"两字，背面刻宋代诗人刁约的《望海亭记》。府山公园门口的自然石体上刻著名书法家甘稼泥题写的"府山"两字。因勾践爱植兰，兰花又是绍兴的市花，所以东侧景区的园路和草坪灯上均刻有兰花图案。所有小品、展区均配以石材与铜组合的介绍牌，使市民和游客在休闲中体会到古越文化的深厚内涵。

2. 运用传统技法营造山水文化

掇山理水，是中国园林中的一个主题，一种技法。水中的天光云影和周围景物的倒影，水中的碧波游鱼、荷花睡莲等，使园景生动活泼，所以有"山得水而活，水得山而媚"之说。由于水无定形，它在园林中的形态是由山石、驳岸等来限定的，掇山与理水不可分。

东侧景区位于越王台东面，地块原为市卫生防疫站办公用房及府山游泳池，地形呈多层梯田状，严重影响越王宫殿的整体效果。怎样使越王宫殿"显山露水"？整体效果得以改观？设计采用了掇山理水、疏泉叠石的传统技法，自龙湫引水，经瀑布而下，层层跌落，积水成潭，至最低层形成较开阔的自然水池。蜿蜒曲折的溪流、山石、驳岸和园路构成一条纵向游览线，与越王台规则的纵向旅游线相呼应。同时寓意着古越文化源远流长。溪流、水池两旁的山石采用绍兴诸暨产灰石，灰石与黏土颜色相近，使山体风貌更为自然、和谐。石缝间种植黄馨、迎春、麦冬等植物，软化小溪、水池的山石轮廓，两旁种植树林。小溪、水池水面种植荷花、睡莲等水生植物，与建筑、水体相互映衬。整个景区沿瀑布、溪流、水池边设置了雾喷装置。当雾森开启时，淡淡的清雾随风飘散，袅袅的雾气与瀑布完美结合，游动在溪流间，弥漫于岸边，拂过水面，穿过丛林，使游人、市民体验到江南所特有的烟雨风情和水雾萦绕、虚实相间的浪漫氛围。

四　和谐周边环境，回归自然风貌

（一）景观与周边环境的和谐

地段内现有历史景观众多，山林植被茂盛，有着丰富的人文景观和山林景观。人文景观主要有越王台、飞翼楼、文种墓、唐宋摩崖题刻、风雨亭、烈士墓、孙清简祠、雷公殿等，其中市级文保单位6处，市级文保点多处；山林景观主要有樱花林、香樟林、龙头古柏、古香樟树、龙湫泉、盆景园等景点。

对各类人文景观的保护采用不同的方法，在进行保护性修复的同时，使其与周边环境更加和谐。风雨亭、孙清简祠、雷公殿等实行保护性修缮；文种墓、唐宋摩崖题刻、烈士墓等进行周边环境整治；越王宫殿（越王台、越王殿）采用保护性修缮的同时，对周边环境进行整治，并将临时存放于景区内的火神庙戏台移建于较隐蔽的位置，更加突出越王台景区的中轴线，山上山下相连，形成"青山拥小城，市井映宫台"的整体景观风貌。

对自然景观实行山体"接脉补坡"，营造植物生存环境。建于20世纪70年代的绍兴丝织厂坐落于府山南麓，该厂占地3.9公顷，建筑面积51000平方米。因建设的需要，曾将府山部分山体夷为平地。另外，由于自然灾害及一些人为因素，如长年的水土流失以及众多市民在场地上锻炼，造成山体轮廓线破损，体型变"瘦"，山体植被遭受破坏，植物生存环境较为脆弱，一些植物病虫害较多，有些植物品种几乎灭绝。因此，绿化景观设计中，重点要对山体"接脉补坡"，对已破损的山体进行修复，重现府山山脉走势。同时，整合山体植被，弥补维养植物的生存环境，保护原有树种，延续补种周边树种，使其成林。保护、补种原有地被植物，防止山体水土流失。以营造和谐、自然、舒适的环境，使越王城能真正和谐环境、回归自然。

（二）建筑与周边环境的和谐

博物馆依山而建，建筑的体量和风格直接影响山体的景观效果。设计采用半掩埋的手法，具体做法是：修复20世纪70年代遭破坏的山体山形、地貌，重现府山山脉走势，博物馆靠山部分建筑外侧顺山势设置不同高度的挡土墙，进行填土使建筑半掩半显自然地融入山体，部分建筑屋顶植树绿化，与山体的植被连成一体，博物馆建筑环境中体现"显山露水"。

博物馆面向人民西路、大校场沿和偏门直街三条道路的交叉口，以谦逊的姿态推进，留出给市民作为休闲活动或重要集会的开放空间。抬高入口广场的标高，以层层递进台阶的方式慢慢显露建筑的轮廓。建筑依据山势，底部渐渐抬高，并适当拉开间距，以山水庭院作为建筑群透气的所在，在景观上显露府山特色，在前往博物馆和各个庭园途中也兼顾了与飞翼楼、风雨亭及重建的蓬莱阁等对景。建筑南面的自然式水池是水乡的写照，一湾小溪缓缓流过，是"曲水流觞"的最好注释。

（三）宫殿轴线与周边轴线的和谐

越王宫殿（越王台、越王殿）区域存在着三条轴线。分别是：由拜王桥沿府直街向北延伸上山即为越王宫殿的中轴线；秋瑾纪念碑沿府横街向西延伸至府山公园的东西轴线；自府山山脚拾台阶而上向北延伸至烈士墓的南北轴线。三条轴线紧挨一起，相互干扰，破坏了景观效果。设计中采用了突出越王宫殿的中轴线，弱化东西、南北两条轴线的方法，解决了轴线相互干扰的矛盾。具体做法是：取消南北轴线上的第一层台阶，改为先由台阶西面的园路上山，再拾台阶而上至烈士纪念碑，原第一层台阶恢复为自然山体。东西轴线从府山公园大门通往公园的笔直道路，设计成弯曲顺畅的园路，尽量不在轴线上设置标志性或纪念性的景观、建筑小品，同时取消府山公园门口的一组建筑，改造门卫建筑，弱化大门概念，与宫殿的台前广场融为一体，以强化宫殿的中轴线。

（四）文化旅游区与周边商贸区的融洽

文化旅游区位于越王城的西南角，东面与仓桥直街历史街区相近。仓桥直街是以古城风貌为特色，以传统民居为主要内涵，集居住、商业、旅游为一体的历史文化街道，曾获得"联合国教科文组织亚太地区文化遗产保护优秀奖"，被称为"中国遗产活生生的展示地"，每年吸引大量来自世界各地的游客。西侧与颇具人气的情缘龙山休闲商贸区毗邻。区域内主要以范蠡庙、地方曲艺中心和文化产业用房为依托，东与仓桥直街相呼应，西与情缘龙山形成整体效果，努力打造传统风貌与现代风情相结合的商贸特色街。设计中强调以范蠡庙为中心，东侧为文化产业区，以街道和院落组成不同的空间，沿街采用2层的建筑格局，组合成错落有致的商业氛围，形成以范蠡庙为中心的庙会文化。即使到了晚上，也能形成热闹的场景，成为绍兴休闲旅游的新亮点。西侧以表现越剧、绍剧折子戏等地方戏曲的曲艺中心为主，形成绍兴的地方曲艺中心，宣扬绍兴的传统文化，提升绍兴夜生活的品位。

五 结语

越王城的保护与建设是绍兴古城保护的新亮点，是绍兴的又一张"金名片"，对于提高绍兴城市品位，促进绍兴文化、旅游事业大有益处；使市民的文化生活、休闲娱乐也更为方便；对于弘扬、展示、提升越文化，培育、弘扬新时期胆剑精神，进一步完善、提升绍兴名城保护工作有着十分重要的意义。建设此项工程，上可慰藉前贤，下可鼓舞后人。一张新名片，印证着几千年历史发展的轨迹；一个新亮点，满载着千百万越中儿女无限自豪自信之激情。

（原文刊登于《绍兴文理学院学报》2009 年第 6 期）

越州、绍兴府研究

论隋唐时期的越州都督府

艾 冲[*]

摘 要：隋唐时期，今绍兴市被称作越州，其治城是浙江地区的军政、经济、交通和文化中心，具有重要的历史地位。南朝迄隋唐，置于今绍兴市的州级政区经历过几度演替，即东扬州—吴州—越州—会稽郡—越州的变化。隋开皇九年始，在越州城（今绍兴）先后建置吴州总管府、越州总管府、越州都督府、浙东观察司和镇东军节度使司等地方高层管理机构。开元末年，越府管8州，相当今浙江省的绝大部分。越州城是隋唐时期浙江地区的中心城市。其历史地位表现在：绍宁平原的经济社会快速发展推动其中心城市的出现、越州城是联结内地与海外交通的中枢节点、越州城文化教育事业不断发展、文化名人辈出等方面。

关键词：绍兴市；隋唐时期；吴州总管府；越州城；越州都督府

在隋唐时期，今绍兴市被称作越州，其治城在那时是今浙江地区的军政中心，具有重要的历史地位。之所以得出这一结论，是因为隋唐时期越州城不仅是越州的治所，更是地方高层行政管理机构——吴州总管府、越州

---

[*] 艾冲（1955— ），男，陕西周至人，陕西师范大学历史文化学院教授。

总管府、越州都督府、浙东观察使司及镇东军节度使司的治城，因此可以说是今浙江地区在那个时期的中心城市。而杭州城是后来才成为浙江地方行政中心的，晚于越州城。为再现历史原貌，笔者在此结合宏观的历史背景试作简要的论析。

一 隋代吴州总管府的兴废

在隋代地方行政管理体系中，曾存在总管府一级建制。在过往的长时期内，史学界对此未予足够的注意，或者认为它仍跟从前一样属于军事建置，故未能深究它在地方行政管理体制中的作用和地位，甚至摒之于地方行政制度之外。这是亟待史学界深入研究的领域。

吴州总管府出现的历史背景大略如下：

中国历史上建都于关中平原的封建王朝，曾经两度把自己的行政管理体制推行到全国。第一次是秦王朝推行郡县制，第二次是隋王朝普及总管府制。隋朝是继承北周而崛起的封建国家，其总管府制也系继承后者而来。周隋禅代之际（周大定元年、隋开皇元年，581年），北周在各地建置的总管府已达28个。[①] 隋朝建立伊始，继承这笔政治管理制度的遗产。在开皇三年（583）前后，伴随着对州级政区的调整，不仅一刀切地废除郡级建制，还相继撤销12个总管府建制单位（治所分别是：延州、廓州、金州、宕州、洛州、亳州、相州、汾州、晋州、定州、扶州和黄州）。[②] 此外，益州总管府、荆州总管府、并州总管府曾罢而复设，青州总管府、安州总管府迟至开皇十四年（594）撤销，故忽略不计。调整的目的在于使总管府建

[①]（唐）魏徵等撰《隋书》卷29至卷31《地理志》上、中、下，中华书局1973年版，第805—901页。文中数据依其记载统计而成，参看艾冲《论隋代总管府制的发展与废止》，《唐都学刊》1998年第4期。

[②] 同上。

制的空间分布更为合理。总管府上承中央政府之令，下统数州的军民之政，成为地方高层行政管理机构。

隋朝于开皇九年（589）平定南朝陈之后，总管府制度遂向江南地区推广，其数量增加10个（扬、寿、吴、杭、洪、广、循、桂、潭、永诸府）。总管府的总数达至26个。其中，吴州总管府组建于开皇九年（589），治吴州城（今绍兴市），管治吴州等数个州级政区。据统计，仁寿四年（604），隋朝版图上共置有35个总管府（未含京畿地区），分别统管若干个州级行政区。①

南朝迄隋唐时期，以今绍兴市为中心的州级政区建制经历过名称的几度演替。据《隋书》记载，今绍兴作为州级政区的治所始于南朝萧梁统治时期。萧梁在今绍兴市城区曾建立东扬州，管理钱塘江以东地区。南朝陈立国之初，曾经撤销东扬州，但很快就恢复其建制。东扬州下辖十县：会稽、山阴、永兴、上虞、始宁、句章、余姚、鄞（yin，阳平声调）、鄮（mao，音冒，去声）、剡（shan，音扇，去声）、诸暨。直到隋朝于开皇九年（589）平定南朝陈后，将东扬州改称吴州。将原领十县省并为四县——会稽、句章、剡、诸暨。②但是，有关东扬州的初置时间，另一种观点认为：东扬州始置于刘宋统治时期，即《旧唐书》载："会稽（县）宋置东扬州，理于此，齐、梁不改。隋平陈，改东扬州为吴州。炀帝改为越州，寻改会稽郡，皆立于此县。"具体时间应是刘宋"孝建元年，分扬州之会稽等五郡为东扬州"。显然，东晋时尚未置该州。宋孝武帝刘骏孝建元年，即454年。③

---

① （唐）魏徵等撰《隋书》卷29至卷31《地理志》上、中、下，中华书局1973年版，第805—901页。文中数据依其记载统计而成，参看艾冲《论隋代总管府制的发展与废止》，《唐都学刊》1998年第4期。

② 《隋书》卷31《地理志下》会稽郡，中华书局1973年版，第878页。

③ （后晋）刘昫等撰：《旧唐书》卷40《地理志三》，中华书局1975年版，第1589—1590页。（唐）李吉甫撰：《元和郡县图志》卷26《江南道二·浙东观察使》，中华书局1983年版，第617—631页。

同年，以吴州城为驻地，建立地方高层管理机构——吴州总管府，以管理数州之政。按照常例，凡任总管之职者，必定兼任驻在州的刺史——二级行政区的行政长官，且以驻在州的全名作为本总管府的专名，合称"×州总管府"。吴州总管府总管兼任驻在州——吴州刺史。吴州总管府统管州级政区究竟有多少？这是一个迄今仍难全面回答的疑问。由于史籍失载，其管州之名称及数量，尚不能勾勒清楚。大致推断其辖区包括今钱塘江（中上游称富春江）东西之地。至仁寿中（601—604）增置杭州总管府后，其辖区才有所收缩。①

总管府制自开皇元年至仁寿四年（581—604），存在24年之久（若从北周明帝武成元年即559年算起，约历时45年）。这种集军、民治权于一府的建制在稳定地方秩序方面发挥了重大作用。隋代总管府建制已由军事性质转为兼管军民两政的职能，并且成为普遍的地方常设权力机关。

延至大业元年（605），隋炀帝即位，统一地撤销全国各地的总管府建制。大业元年春正月壬辰朔，炀帝下令："废诸州总管府。"于是乎，35个总管府建制遂被撤销，其管区也不复存在。吴州总管府遂于此年解体，吴州仍存。时任吴府总管者，乃宇文弼也。撤销吴州总管府之际，宇文弼被调回朝廷担任尚书省刑部尚书。② 同年，吴州改称"越州"，此乃越州之名的初次出现。但在大业三年（607）调整地方行政区划过程中，越州被改置为会稽郡，州刺史之职改称郡太守。在地方上复行郡县两级管理体制后，会稽郡依然是地方高层行政组织，其治城依然是浙东中心城市。隋代，越州之名仅沿用两年时间。

隋炀帝为什么要全面废除总管府建制呢？这个举措有其具体的历史根源。原来，隋文帝于仁寿四年（604）七月"病死"，炀帝柩前即位，对外封锁消

---

① 《隋书》卷31《地理志下》余杭郡，中华书局1973年版，第878页。
② 同上书，卷3《炀帝纪》，第62—63页；卷28《百官志下》，第793页。

息。直到八月，方奉灵柩回大兴城。这个突然变故引起其弟并州总管府总管杨谅的怀疑，举兵讨伐。这次叛乱虽被戡定，隋炀帝却因此对手握军民治权的总管们极不放心，遂有大业元年正月初一"废诸州总管府"之举。其意在削夺地方主要官员的权限，改地方集权体制为分权体制，以预防形成对抗中央政府的反叛势力。从隋炀帝绝不宽赦杨谅余党的态度，就可窥出他对地方集权的忧虑。大业三年正月，隋廷下令："敕并州逆党已流配而逃亡者，所获之处，即宜斩决。"大业五年（609）六月，隋炀帝在张掖郡"戊午，大赦天下。开皇以来流配，悉放还乡。晋阳逆党，不在此例"[①]。

但在撤销总管府建制之后，隋廷面临着管理三百余州的政区格局。如何理顺中央与地方的行政关系已是十分紧迫的问题。大业元年，隋廷派出八名大使巡省各大区域风俗，实为监察诸州县官员治绩[②]。大业二年（606）正月，隋廷启动合并州、县两级政区的进程，分遣10位大臣赴各地"并省州县"。先后废掉134个州，保存183个州。[③] 这就使州级单位之数量大减，中央政府的管理幅度减小。与此同时，分割诸州刺史之军事职能的举措也在推进，此年二月在各地"置都尉官"，掌管地方武装，负责驻防、捕盗、讨逆诸事务，遂解除州刺史的军权，导致地方的军权与政权分离。正如《隋书》云："旧有兵处，则刺史带'诸军事'以统之，至是别置都尉、副都尉。都尉正四品，领兵，与郡不相知。副都尉正五品。"[④] 大业三年四月，隋廷采取进一步的动作：诸州一律改称郡，刺史一律改称太守。并增设郡赞务（后改作郡丞），继设郡通守，作为副职。郡通守列名在郡太守之次，郡赞务（郡丞）位在郡通守之下。凡发送公文，须三人签署方为有效，这就进一步限制了郡太守的权力。据大业五年统计，隋朝版图内有190个郡政

---

① 《隋书》卷3《炀帝纪》，中华书局1973年版，第67—73页。
② 同上书，卷3《炀帝纪》，第62页；卷28《百官志下》御史台、谒者台、司隶台，第796—797页。
③ 同上书，卷3《炀帝纪》，第65页；卷29《地理志上·序》，第807—808页。
④ 同上书，卷3《炀帝纪》，第65页；卷28《百官志下》，第802页。

区（即州，含大业元年平定林邑增置三州、五年平定吐谷浑国所增置四郡）。①

此后，地方行政体制分作四个层级：郡—县—乡—里，实为郡县两级；且实行地方分权机制，导致遇事掣肘，不能即时应变。隋末，地方行政体系未能发挥其有效作用，盖与此（地方分权）直接相关。鉴于此，唐初立即恢复总管府政区建制。

二　唐代前期越州都督府建制与属州的演替

唐朝建立伊始，出于加强控制地方的现实需要和修正隋炀帝暴政的愿景，迅即恢复总管府政区建制。所谓武德元年（618）六月，"时天下未定，凡边要之州，皆置总管府，以统数州之兵"。"诸州〔总管府〕总管，加号'使持节'。"《新唐书·地理志》亦曰："唐兴，高祖改郡为州，太守为刺史，又置都督府以治之。"② 此处"之"即指州级政区。唐初重建这种地方高层行政建制之时，仍然沿用"××××诸州诸军事"传统措辞。总管府制遂以正规行政管理体制的面目存在于唐朝的政治版图之上。

唐前期，江南地域如同其他区域一样，推行总管府/都督府建制。唐后期，则由节度司建制接替都督府制的主体地位，成为管理地方的高层军政实体。对于这种地方高层政区及其管理机构的演变，前人探讨不多。

江南地域是在唐高祖武德四年、五年（621—622）被统一的。为有效地控制该地区，唐朝共建置11个都督府，分别统管69个州级政区。经过其

---

①《隋书》卷3《炀帝纪》，中华书局1973年版，第67页；卷28《百官志下》，第802页；卷29—31《地理志》，第805—901页。

②《资治通鉴·唐纪一》"高祖武德元年（618）"，中华书局1956年版，第5791—5795页；《旧唐书》卷1《高祖本纪》，中华书局1975年版，第6—7页；（宋）欧阳修、宋祁：《新唐书》卷37《地理志一》，中华书局1975年版，第959页。

后的陆续调整，至贞观末年（649），都督府数降至 5 个，而州数降为 35 个。贞观末年的越州都督府建制，乃五个都督府之一。

（一）武德至贞观年间的越州都督府

越府初立于武德四年（621）平定李子通后，称越州总管府，治越州（今浙江绍兴）。越州建制也复置于武德四年。越府总管 11 州，即越州（治会稽县，今绍兴）、嵊州（治剡，今嵊州）、姚州（治余姚，今余姚）、鄞州（故治在今宁波南句章故城）、浙州（无考）、绸州（治乌伤/义乌，今义乌）、衢州（治信安，今衢州市）、縠州（治太末/龙丘，今衢州市东北）、郦/丽州（治缙云/永康，今永康）、严州（治桐庐，今桐庐）、婺州（治金华，今金华市）等州。武德六年，越府之地陷于辅公祏叛乱势力。七年，平定辅公祏后，改称总管府为都督府。《旧唐书》载，越府督领越、鄞、婺、嵊、郦 5 州。此管州之数当有问题。同年，废姚州，地入越州；废绸州、縠州，地入婺州；废严州，地入睦州；废衢州、浙州，地入睦州。八年，省并鄞、嵊二州，地入越州；废郦州，地入婺州。此后，越府实管越、婺 2 州而已。及至贞观元年（627），因括州都督府被撤销，括、台二州改归越府。同年，增领泉（后称闽州）、建 2 州。越府管州之数增至 6 个——越、婺、括、台、泉、建诸州。据《唐大诏令集》卷 62《册段宝玄越州都督文》，显庆三年，越府仍管上述 6 州。① 因此可知，贞观二十三年，越府管州之名数亦然。

论及越州都督府，不能不涉及同期的括州都督府。括府，初称括州总管府，置于武德四年（621）平定李子通后，治括州（今浙江丽水）。管 4 州，即括州（后称处州，治括苍/丽水，今丽水）、海州（后称台州，治临

---

① 《旧唐书》卷 40《地理志三》，中华书局 1975 年版，第 1589 页。原文有"纲州"，实误，应作"绸州"，今改正。

海，今临海）、松州（治松阳，今遂昌东南）、东嘉州（后置温州，治永嘉，今温州市）诸州。六年，陷于辅公祏。七年，收复其地，改置括州都督府。八年，废松州，地入括州。贞观元年（627），撤销括府，并废东嘉州，地入括州。以括、台二州隶于越府。①

（二）永徽至景云年间的越州都督府

在唐高宗至睿宗时期，江南地区除继续保有5个都督府之外，又增置两府——闽州都督府、辰州都督府。共分划7个都督府政区。此期，越州都督府的管境范围较贞观末年缩小很多。

越州都督府之建制依旧，而管区有所变更。据《册段宝玄越州都督文》，显庆三年（658）七月十九日，段宝玄受命为"使持节都督越、台、括、婺、泉、建六州诸军事，越州刺史"②。其后，越府管州之数续有增加。唐高宗上元二年（675），析出括州的永嘉、安固二县，别置温州，隶于越府。其管州之数增为七州。武后垂拱二年（686），析婺州的信安、龙丘二县，置衢州（武德四年始置，七年废。至此复置），隶于越府；同年十二月，析置漳州，治漳浦（今福建漳浦），隶于越府。是年，越府管州之数增为九州——越、台、括、婺、泉、建、温、衢、漳诸州。圣历二年（699），分割泉州（闽州）的南安、莆田、龙溪3县，置武荣州，隶于越府；三年，罢武荣州。久视元年（700），复置武荣州。景云二年（711）正月，改称泉州，隶于新组建的闽州都督府。圣历二年至景云元年（699—710），越府增领武荣州，通前共管10州。

至景云二年（711）正月，唐朝增立闽州都督府（治闽州，今福建福州

---

① 《四唐书》卷40，《地理志三》，中华书局1975年版，第1596页。
② （清）董诰等编著：《全唐文》卷14，唐高宗《册段宝元越州都督文》，上海古籍出版社1990年版，第68页。（宋）宋敏求：《唐大诏令集》卷62，唐高宗《册段宝玄越州都督文》，商务印书馆1959年版。

市）、割闽州（原泉州）、建州（治建安，今福建建瓯）、泉州（原武荣州，治晋江，今泉州市）、漳州（治今漳浦）隶之。即"改（泉州）为闽州，置都督府，督闽、泉、建、漳、潮五州"①。越府则管越、台、括、婺、温、衢六州。景云二年六月，唐廷列之为"中"等都督府。唐中宗曾将"越州都督"称号追赠给大臣徐有功。唐睿宗曾于景云中（710—711）委任王姓官员"遂作越州都督，同京官正三品连率，统察杭、婺、衢、睦、温、抚、台、闽八州长吏已下，率由部按。事虽竟寝，议者终荣。仍守越州（都督府）都督，加银青光禄大夫"②。算入越州，越府当统察九州，只是未能变成现实而已。这些皆可证明越府的存在。

（三）先天至天宝年间的越州都督府

唐玄宗统治时期，江南地域的都督府级管理实体出现两大变化，即都督府的专名发生变更、都督府建制保持稳定而管州数量有所增加。

都督府的专名出现变更。依据《旧唐书·地理志》的记载和出土的唐人墓志铭与墓碑资料，天宝元年（742），唐朝采取统一的步骤，改州为郡，同时相应地更改都督府的专名。这次变更行政区的名称，对于州级行政区而言，其专名和通名全部改变，如梁州改为汉中郡、广州改为南海郡；对于都督府级行政区来说，除三都、六都护府之外，48个都督府的专名，因驻在州改为郡而全部变更，如益州大都督府改为蜀郡大都督府、胜州都督府改称榆林郡都督府等。③

我们特别摘引《旧唐书·地理志》的相关资料。该志记述较清楚的都督府举例如下：

---

① 《旧唐书》卷40《地理志三·福州中都督府》，中华书局1975年版，第1598—1601页。
② 《全唐文》卷16唐中宗《赠徐有功越州都督制》，上海古籍出版社1990年版，第79页；《全唐文》卷293张九龄《故太仆卿上柱国华容县男王府君墓志铭并序》，中华书局1983年版，第2967—2968页。
③ 周绍良：《唐代墓志汇编》天宝一七九条，上海古籍出版社1992年版，第1656页。

1. 越州中都督府。天宝元年，改越州（都督府）为会稽郡（都督府），乾元元年，复为越州（都督府)①。

2. 黔州下都督府。"天宝元年，改黔州为黔中郡，依旧都督……九州（按：应作郡），又领……五十州，皆羁縻，寄治山谷。乾元元年，复以黔中郡为黔州都督府。"即天宝迄至德中，黔州都督府被改称"黔中郡都督府"，下统九郡（九州），以及五十个羁縻州（当作郡）。②

3. 福州中都督府。"旧属岭南道，天宝初，改属江南道。寻改为长乐郡（都督府）。乾元元年，复为福州都督府。"即天宝迄至德中，福州都督府被改称"长乐郡都督府"。③

越州都督府（会稽郡都督府）的管州数量较前增多。在原有越、台、括、婺、温、衢六州管区的基础上，增领开元二十六年（738）析置的"明州"（治鄮县，今宁波市南句章故城）。《唐会要》漏载"睦州"（治雉山县，今浙江淳安西），理应补上。据此，开元末年，越府凡管 8 州——越、台、括、婺、温、衢、明、睦诸州，几乎包括今浙江省境的绝大部分。④

三　唐代后期浙东观察使司建制的演变

安史之乱后，伴随着军事活动频繁的形势，军管体制——节度使司制成为地方主要的高层管理体制，其管区也就成为高级行政区。都督府，虽然名义上照旧存在，但其主导地位已被节度使司占据。都督成为节度使的兼职之一，因而已非主要权力机构。迄唐末，都督府建制并无具体而明确的撤销时间，始终存在。

---

① 《旧唐书》卷40《地理志三》，中华书局1975年版，第1589页。
② 同上书，第1620页。
③ 同上书，第1598页。
④ 同上书，第1589页。

由于天宝十四年（755）"安史之乱"的突发，节度使司建制在很短时间内推广至内地。唐肃宗乾元元年（758）三月，唐朝在"山南东道、河南、淮南、江南皆置节度使"①。于是乎，唐朝的腹地（包括河北、河南、淮南、山南、江南以及河东与关内的南部）皆遍置节度使司建制。军管体制的推广，本意是适应战时形势的需要，但因叛乱历时七八年之久，遂使之沿袭下来。那时的人们习称之为"节镇""方镇"或"使司"。随着节镇体制遍布于内地和节度使兼任都督府都督之职（原无都督府建制之处，则无此兼职），开始处理地方行政事务，其管区就具军事区和行政区双重性质。与此同时，节度使均兼任管内观察处置使，行使监察权力，这也导致监察区与行政区的重叠。

于是，我们就看到唐后期地方管理体制又向过度集权化转变。凡出任节度使者（包括观察、都防御、都团练、经略等使）必兼秉军事、行政、监察、财经、运输诸大权，即节度、都督、观察、度支、转运诸使职必集于一人之身。在唐后期，都督府作为行政建制虽未被废除，但其主导地位被节度使司侵夺。

唐后期的地方高层行政区划及管理实体——节度司建制的发展可分作两个阶段：至德元年至元和八年（756—813）为第一个阶段，共58年。元和九年至昭宗兴化三年（814—900）为第二阶段，约87年。至于天复元年至天祐四年（901—907）的7年，唐朝已面临灭亡，其实体不足代表一个时代的制度，本文从略。

（一）第一个阶段（756—813）的江南8镇之一——浙东观察使司

依据唐宪宗时宰相李吉甫编撰的《元和郡县图志》，参以其他史篇，可知

---

① 《旧唐书》卷10《肃宗本纪》，中华书局1975年版，第251页。

截至元和八年（813）江南地域的节度使司级建制单位大致是 8 个。① 其中，浙东观察使司专名别称有：浙江东道、义胜军、威胜军、镇东军。

始置于唐肃宗乾元元年（758），初称浙江东道节度使司，治越州（今浙江绍兴市）。浙东节度使兼任越府都督。使司管越、睦、衢、婺、台、明、处（括）、温八州。唐代宗大历五年（770），改置浙东都团练观察使司，管州如故。大历十四年至贞元二年间（779—786），撤销浙东观察使司，以八州改隶浙西观察使司。唐德宗贞元三年（787），复置浙东观察使司。而以睦州改隶浙西。迄元和八年（813），管七州——越、婺、衢、明、台、处、温诸州，总领 38 县。②

（二）第二阶段（814—900）江南 9 镇之一——镇东军节度使司

在节度使司政区发展的第二个阶段，即元和九年迄光化三年（814—900）间，方镇的建制数量继续增加。

让我们先把年代标尺锁定在唐昭宗光化三年（900），对之做一番考察。研究表明：在第二个阶段，节度使司级政区的数量较前增长；其管区则较前缩小；其名称较前更趋统一，皆以"××军"作其专名，成为该时期方镇建制的显著特征。迄九世纪末，江南地域共存在 9 个方镇。其中，镇东军节度使司（浙东）唐僖宗中和三年（883），改浙东观察使司为"义胜军节度"使司。光启三年（887），再度更名"威胜军节度"使司。唐昭宗乾宁三年（896），三度改名"镇东军节度"使司，仍治越州（今浙江绍兴）。迄光化三年（900），其管区仍包括浙东 7 州：越、婺、衢、明、台、处、温。③

顺便叙及镇海军节度使司（浙西）。唐大和九年（835），改浙西观察使

---

① （唐）李吉甫：《元和郡县图志》卷 25 至卷 30，中华书局 1983 年版，第 589—764 页。
② （唐）李吉甫：《元和郡县图志》卷 26《江南道二》，中华书局 1983 年版，第 617—643 页。
③ 《新唐书》卷 68《方镇五·浙东》，中华书局 1975 年版，第 1897—1927 页。参见吴廷燮编著《唐方镇年表》卷 5《浙东》，中华书局 1980 年版，第 770—796 页。

司为"镇海军节度使"司,仍治苏州。大中十二年至十三年(858—859)、咸通三年至八年(862—867),两置两废。咸通十一年(870),第三度置镇海军节度使司。唐昭宗景福二年(893),镇海军节度司迁治杭州(今杭州市)。迄光化三年,仍管杭、睦、湖、苏、常、润6州[①]。至五代十国时期,吴越王国的最高统治者钱镠以杭州作为其统治中心,实施大规模的城市扩建工程。此后,扼处钱塘江(富春江入海口河段)的杭州城的经济地位不断上升,取代越州城而发展为浙江地区的中心城市。

但是,越州城仍然具有无法替代的历史文化地位。

四 隋唐时期越州都督府的历史地位

综上所论,越州城在隋唐时期始终是浙江地区的高级行政管理中心。隋代的吴州总管府、会稽郡以此为治所。唐代次第建立的越州总管府、越州都督府,无论管州之数增多或减少,皆以越州城为治所。唐后期的浙东观察使司、镇东军节度使司依旧驻在越州城。在唐前期的景云元年,越州都督府管治地域最广时可达10州——越、台、括、婺、泉(闽)、建、温、衢、漳、武荣(泉)诸州,东临大海、西过浙江、北拒海口、南括漳州,几乎囊括今浙江、福建两省之地。开元末年,越府管8州——越、台、括、婺、温、衢、明、睦诸州,略近于今浙江省管境。因此,可以肯定地说,在古代中国发展最兴盛的历史阶段,越州城作为东南沿海地区最为重要的中心城市,具有突出的历史文化地位。

这主要表现在下列几个方面:

1. 绍兴—宁波平原的经济社会快速发展,人口众多,物产丰富。这就

[①] 《新唐书》卷68《方镇五·江东》,中华书局1975年版,第1897—1927页。按:"江东"即"浙西",参见吴廷燮编著《唐方镇年表》卷5《浙西》,中华书局1980年版,第742—769页。

为地方高层行政管理机构将治所选定在今绍兴市之地提供了物质基础。我们知道，自魏晋至南北朝时期，北方黄河流域的居民不断向南迁徙，进入长江三角洲、钱塘江左右区域，尤其是浙东滨海平原地带。大量劳动力的涌入，推进着绍宁平原农业及手工业的持续进步。经济社会的发展，反过来又吸引更多的人口进入或自然增长。封建国家的地方管理也在不断地细化。随着人口的增长、州郡的逐步增多，建置更高层级的管理机构就势在必行。

2. 越州城（今绍兴）是连接内地与海外交通的中枢节点。南朝至隋唐时期，江南运河通达钱塘江左岸，而浙东运河则连接着钱塘江与明州（今宁波）海港，沟通着日本、朝鲜等海外诸地的交往。越州都督府在唐代后期成为向入唐求法的日本僧人核发路证、过所的地方高层权力机构之一，就充分说明这方面的重要性。交通方面的成就为五代两宋时期明州成为重要出海港口之一奠定了基础。

3. 越州城（今绍兴）正因为长期作为地方中心城市，其文化事业出现长足的发展。其刻书印刷、收藏图书、重视文化教育、古典园林建设等文化事业不断发展进步，并辐射至本行政区域及区外各地。其历史文脉环环相连、传承不绝，终于造就出一个名人辈出、享誉遐迩的历史文化名城。

4. 作为历代行政中心的会稽城、越州城，以及其后的绍兴府城，得益于地理形势的优越、经济社会的持续发展、内外交通条件的逐步完善、文化教育事业的不断进步。因此，在特定历史时期，今绍兴曾展现出自己的辉煌面貌，既是浙江区域的行政中心，同时也是该区域经济中心、交通枢纽和文化中心。

俱往矣，数风流人物，还看今朝。隐含着深厚的历史文化底蕴的绍兴城，在新的历史时期必定焕发出新的青春光彩，铸就当代经济社会文化发展的崭新成果。

（原文刊登于《绍兴文理学院学报》2010年第6期）

唐代越州城市商品经济研究*

张剑光**

摘　要：唐代越州城市人口密度逐渐增加，常住人口达到15万以上，日常生活用品和奢侈品的消费需求增大。越州有方便的水陆交通，是浙东交通枢纽，大量商品从越州运至全国各地。越州城市商业兴旺发展，被称为东南沿海的商业都会。越州城市规模大于周围的一些州城，城内商品市场有严格的管理制度，商品种类繁多，巨富大商众多，还有一个专门消费奢侈品的特殊阶层。城市商品经济的发展对越州经济影响较大。

关键词：唐代越州；人口；商业交通；商业都会；经济影响

宋人云："杭州在唐，繁雄不及姑苏、会稽二郡，因钱氏建国始盛。"[①] 就今天浙江地区而言，在唐代最繁荣的是会稽郡。古代城市的繁盛，主要指人口的兴旺、城市规模的庞大和商业的发达，宋人之所以说越州比杭州更加繁荣，越州的地位高居于浙东诸州之首，与越州地区的经济发展水平有关，其中商品经济的发展最为显著。

---

* 基金项目：本文为上海市教育委员会重点学科项目之一（编号：J50405）。
** 张剑光（1964—　），男，上海人，上海师范大学人文学院教授、博士生导师。
① （宋）王明清：《玉照新志》，《宋元笔记小说大观（第四册）》卷5，上海古籍出版社2001年版，第3968页。

一　越州的人口密度和州城人口数量

　　唐代浙东北部是人口较为密集的地区。据史书记载，越州贞观十三年（639）有25890户，124010口，户数和口数排在浙东第二位，位于婺州之后。越州之所以户数和口数均少于婺州，其主要原因是婺州的地域较广，后来的衢州之地还没有析出，所以人口总数量超过越州。其次，越州东部后来析为明州的部分，其时地广人稀，影响了整个越州的户、口数量。据翁俊雄先生的研究，婺州每平方公里人数为10.81，越州为8.36。[①] 实际上，越州西部地区的人口密度远远高于这个数字。

　　开元时期，越州户数达到107645户，不但居浙东地区第一位，亦超越润州及常州等浙西大州。此后，明州从越州析出，造成越州面积缩小，户口数字相应减少，如天宝元年（742）越州为90279户，529589口。不过越州的人口密度却有较大的增加，翁俊雄先生研究的结果是每平方公里人数为57.51[②]。与贞观时期相比，越州的人口密度增加了好几倍。

　　中唐以后，越州户口减少严重。刘长卿曾说："越州初罢战，江上送归桡。南渡无来客，西陆自落潮。空城垂故柳，旧业废春苗。"[③] 元和时，仅20685户。不过户口减幅如此之高，学术界产生了不少怀疑。安史之乱以后，浙东地区动荡不定，出现了不少叛乱，不仅规模大，而且覆盖面广。如永泰末年越州"妖贼杀郡将以叛"[④]，其他各州也是叛乱不断，一些叛军拥兵坐大，从而导致了唐政府对浙东地区控制能力的削弱，造成逃户众多，山区百姓数量没法很清楚地统计出来，从而使政府掌握的税户数量严重不

[①] 翁俊雄：《唐初政区与人口》，北京师范大学出版社1990年版，第96页。
[②] 翁俊雄：《唐朝鼎盛时期政区与人口》，首都师范大学出版社1995年版，第204页。
[③] （唐）刘长卿：《刘随州集》，《四部丛刊》卷1《送朱山人越州贼退后归山阴别业》。
[④] （清）董诰：《全唐文》卷521梁肃《越州长史李公墓志铭》，中华书局1983年版，第5294页。

实。因此《元和郡县图志》上记载的户数应该不是越州真实的情况。

其时还有大量的北方人民南迁，越州有发达的商品经济和温润的气候，是北方人比较喜欢的聚集之地，"自中原多故，贤士大夫以三江五湖为家，登会稽者如鳞介之集渊薮"①。《唐国史补》卷下云："初，越人不工机杼。薛兼训为江东节制，乃募军中未有室者，厚给货币，密令北地娶织妇以归，岁得数百人。"② 薛兼训任越州刺史在代宗宝应元年至大历五年（762—770），单单纺织妇女就有数百人南来，说明北方人迁到越州的数量不少。吴松弟先生在《中国移民史》第三册中认为越州是北方移民较为密集的一州，他编辑的《移民实例》中列出迁到越州的有6例。笔者另发现了北方移民到达越州境内的有9例，其中2例是定居到越州城内。③ 因此即使到了宪宗元和以后，估计越州人口仍有可能在缓慢增加。

我们可以来看一下作为一州的中心，越州城内的人口数量。越州城内的人口在南朝时比较有限。裴子野《宋略》谈到南朝刘宋朝会稽的户口说："会稽山阴，编户三万，号为天下繁剧。"④ 当时的会稽县，相当于中唐的会稽、山阴、上虞三县之地，城乡编户有3万，但实际居住在会稽城内的人口应该不会很多，推测可能不超过1万户，也就是说最多有5万—6万人。

不过到了唐代，越州城内的户口有了急剧增加的迹象。《元和郡县图志》谈到开元间，越州户已达10万，由于其时越州已析分为六县，平均每县约有户17940。唐代的县据户口多少分成不同的等级，在越州六县中，会稽、山阴、诸暨为望县，⑤ 余姚、萧山、剡县为紧县，其中会稽和山阴为郭

---

① （清）董诰：《全唐文》卷783 穆员《鲍防碑》，中华书局1983年版，第8190页。
② 《唐国史补》卷下，明清建秘书本，第28页。
③ 张剑光：《唐五代江南工商业布局研究》，江苏古籍出版社2003年版，第38页。
④ （唐）李吉甫：《元和郡县图志》卷26《江南道二》"越州"，中华书局1983年版，第618页。
⑤ 见李吉甫《元和郡县图志》卷26《江南道二》。据《新唐书》卷41《地理志五》，山阴县为紧县。

下县，因此会稽和山阴的户口数字必定超过了平均数，两县合计应该超过4万户。

又，在翻检嘉靖《萧山县志》时，我们于卷3《户口》看到："唐开元户部账，户凡二万五千八十有六。"这是至今看到的唯一记录一县户口的开元户部账。按萧山是紧县，在越州六县中是户口较少的一县，就算上述萧山县的户数为平均值，这里也已多了7146户，推测两则资料的记述时间不同，开元户部账所记的时间必在李吉甫之后。作为郭下县的会稽由于是望县，户数肯定会超过萧山，估计可达3万户。山阴县同是望县，户数估计和会稽差不多，不过会稽后来于贞元中析出一部分另置上虞县，因此猜测山阴县的户数可能比会稽略少，姑且大致当作与萧山相当，暂作25000户计，如此会稽和山阴两郭下县合计为55000户左右。

唐代越州城内的准确户口，由于没有具体资料的记载我们难以断定，只能以唐代苏州的一些资料作大体类比推断。唐代苏州的户口数字较为详细，我们曾推测苏州总人口为142000户，而居住在城内的民户为26000户至36000户，州城人口占总人口的18%—25%。又我们据苏州每乡户口平均数约为599户计，吴县和长洲县各有30坊和30乡，吴县有户38361，长洲县有户23700，推测苏州郭下县城内户口约占总人口的42%。[①]

记录开元、天宝间越州户口的资料主要有二：一是两《唐书》记载越州天宝年间的户数为90279，口为529589，每户约为5.87人；是《元和郡县图志》记开元户为107645。倘我们仿苏州居住在州城的民户为总人口的18%—25%比例，以越州最高的107645户计，居住在越州城内的户数为19376—26911。倘以后一种郭下县城内户口约占总人口的42%的比例来推测，以越州城内55000户计，估计越州城内户数开元时达23100户左右。我们又以开元至天宝年间，越州每户5.87人推算，其时越州城内人口数按前

---

① 张剑光：《唐五代江南工商业布局研究》，江苏古籍出版社2003年版，第350—352页。

一种方法在113737—157967人,按后一种方法大致为135597人。由于越州是浙东观察使所在地,各种官员、军人及他们的家属比一般州要多,而且越州还有大量的流动人口,因此我们认为整个城内人数可能少则14万—15万人,多时或许可达16万—17万人。即使在唐代一些特殊时期,有大量城外人口涌进州城内谋生,但估计常住总人口无论如何是很难突破18万的。

越州城市经济在唐代的发展,是与城市人口数量的增长分不开的。城市人口数量的增加,是城市商品经济发展的动力。人口越多,城市日常生活用品和奢侈品的消费量就会大增,为城市提供衣食住行服务的行业就能发挥更大的作用,这样就使更多的人们卷入商品交换和城市的服务性行业中来,城市经济就会不断得到繁荣。

二 越州的交通与商业道路

越州与周边各州有着方便的水陆交通网络,是浙东的交通枢纽,大量商品从各地运到越州,或者从越州运至全国各地。

唐朝政府在越州建有完善的驿路体系。如州城内有临江驿和镜波馆,迎恩门外有西亭驿。离山阴县29里的迎恩乡,有苦竹驿。在诸暨县,唐初有待宾馆,大历中改为诸暨驿;诸暨另还有使华驿,估计是在城外。萧山县有西兴驿。李绅《欲到西陵寄王行周》云:"西陵沙岸回流急,船到黏沙去岸遥。驿吏递呼催下缆,棹郎闲立道齐桡。"[1] 此外剡县有剡溪馆,会稽县另有小江驿。越州至各县,都有驿馆设立,交通十分方便。当然馆驿主要是政府的招待所,老百姓是不能借住的,但民间商业却能依靠驿路运送货物。

越州到浙东各州有较为畅通的交通。《元和郡县图志》卷26谈到越州交通时说:"东至明州二百七十五里,东南至台州四百七十五里,西南至

---

[1] (清)彭定求:《全唐诗》,中华书局1960年版,第5475页、第5493页。

婺州三百九十里，西北至杭州一百四十里。"① 越州西可至杭州进入江南运河并北上中原，或进入浙江南下到达岭南，东至明州后可出海，向北也可跨杭州湾到达嘉兴，交通占据了优势，形成网络状，商业运输比较兴盛。

就陆路而言，越州至杭州境内有南北二路。裘甫起义时，部下曾对他说："宜急引兵取越州，凭城郭，据府库，遣兵五千守西陵，遁浙江筑垒以拒之。"并云如有机会，可"长驱进取浙西"。② 这条通道比较平坦，是政府的驿路。白居易曾谈到从杭州至越州："云树分三驿，烟波限一津。"③ 平均每40多里有一驿。南路是指到达杭州南部的山路，即从诸暨到富阳的路线。自富阳过江，经诸暨可直接到达越州。

越州东经余姚可至明州，陆路十分畅通。其时官府有驿路从越州通向明州。李宗闵为明州刺史，曾"驰驿赴任"④，从长安通过来的驿路是先到越州再到明州。《乾道四明图经》卷1谈到元稹为浙东观察使之前，明州每年都贡海物"走驿达于长安"，据此明州到越州的陆上驿路十分完备。

越州东至明州西至杭州的水路交通，对商业运输的作用更为突出，其中最为重要的是人工开挖和自然河道相结合的浙东运河。为保证水位，运河在唐五代时设置了埭堰。天宝末年，余姚郡参军李惟燕北归，至上虞埭，正好碰上"塘破，水竭"，船无法行驶。"时塘水竭而塘外水满，惟燕便心念，塘破当得水助。斗夕之后，忽闻船头有流水声，惊云：'塘阔数丈，何由得破？'久之稍觉船浮。及明，河水已满，对船所一孔，大数尺。"⑤ 可知

---

① （唐）李吉甫：《元和郡县图志》卷26，中华书局出版社1983年版。
② （宋）司马光：《资治通鉴》卷250唐懿宗咸通元年三月，中华书局1956年版，第8082页。
③ （唐）白居易：《白居易集》卷23《早春西湖闲游》，上海古籍出版社1979年版，第506页。
④ （清）董诰：《全唐文》卷70唐文宗《贬李宗闵明州刺史制》，中华书局1983年版，第736页。
⑤ （宋）李昉：《太平广记》卷105引《广异记》"李惟燕"条，中华书局1982年版，第707页。

运河两旁筑塘，塘阔数丈，十分坚固厚实。运河过曹娥江处筑埭，以保证河水不流入江中。此埭筑于何时，史未明言，但天宝末年已有，估计修筑年代较早，至唐末仍在发挥作用。此外，唐宪宗元和十年（815），越州观察使孟简在山阴运河沿岸修建运道塘，这似乎并不仅仅是一条纤路。按《新唐书》卷41云："（山阴）北五里有新河，西北十里有运道塘，皆元和十年观察使孟简开。"① 塘的确是指堤岸，但这儿新河、运道塘相对应，可以推测开凿的应当是一条河流。至于纤路，想必是开河的副产品。

越州西南经诸暨陆路可到达婺州。从诸暨进入婺州，有不同的两种走法，或经东阳至婺州，或经浦阳、义乌至婺州。昭宣帝天祐二年（905）十一月，淮南陶雅、陈璋攻克婺州后，"璋攻暨阳，两浙将方习败之。习进攻婺州"②。杨行密的吴国军队从婺州向越州进攻，而防守的钱镠吴越军队则从诸暨向东阳、婺州反攻。

越州水路通过浦阳江可以到诸暨、浦阳再至婺州。李白云："客有思天台，东行路超忽。涛落浙江秋，沙明浦阳月。"③ 陈尚铭先生说，开元间李白从杭州过钱塘江，"入浦阳江，寻访苎萝山。这条水路是到会稽的重要通道，而且最宜观赏越中山水的风情"④。水路的畅通，对商业运输的意义更大。

越州向东南经剡县可通至台州。越州至剡县有驿路相通。方干有诗云："驿路古今通北阙，仙溪日夜入东溟。"⑤ 越州至剡县水路可从上虞江的上游

---

① 《新唐书》卷41《地理志五》。
② （宋）司马光：《资治通鉴》卷265，中华书局1956年版，第8647页。
③ （唐）李白：《李太白文集》卷16《送杨山人归天台山》，《四部精要》，上海古籍出版社1993年版，第183页。
④ 陈尚铭：《李白浙江行踪考查》，《宁波师范学院学报》1987年第2期。
⑤ （清）彭定求：《全唐诗》卷651方干《和剡县陈明府登县楼》，中华书局1960年版，第7482页。

剡溪直达，李白曾云："试问剡溪道，东南指越乡。舟从广陵去，水入会稽长。"①他曾溯源剡溪，寻访天姥，登天台，游四明。剡县至台州唐兴县也有陆路和水路相连。

越州地处钱塘江南岸，从越州出发的海路有多条。由越州跨杭州湾可到达嘉兴，比从浙东运河经杭州走要近很多，但相对而言航行安全性差。由越州进入大海向东航行，再转而向南可到达浙东沿海各地。《隋书》卷48《杨素传》谈到杨素平定江南高智慧叛乱时，"智慧逃入海"，杨素"从余姚泛海趣永嘉"②，可知余姚县是一个海船出海的港口。

从上面这些叙述中可以看到，越州至周边各州、县都有顺畅的水陆交通，进而北可以至中原和关中，西南可以至江西和岭南，东可以至海外，这为越州的商品往来提供了便利条件。

三　越州城市商品经济的发展

作为浙东观察使的治所，越州不仅在政治上有着比周围各州更高的地位，而且在城市经济的发展上更胜出其他城市一筹，呈现出十分明显的特色。大体而言，越州城市商品经济的发展主要表现在以下几个方面：

（一）东南沿海的商业都会

越州交通占据了优势，商业比较兴盛。早在唐前期，越州就显现出了商业都会的迹象。中唐设观察使后，越州"西界浙河，东奄左海，机杼耕稼，提封七州，其间茧税鱼盐，衣食半天下"③，是浙东七州的经济中心。

---

① （唐）李白：《李太白文集》卷15《别储邕之剡中》，《四部精要》，上海古籍出版社1993年版，第177页。
② （唐）魏徵：《隋书》卷48《杨素传》。
③ （唐）杜牧：《樊川文集》卷18《李讷除浙东观察使兼御史大夫制》，上海古籍出版社2007年版，第268页。

唐玄宗时的孙逖说："会稽郡者，海之西镇，国之东门，都会蕃育，膏肆兼倍，故女有余布，而农有余粟。以方志之所宜，供天府之博敛，筐丝苎缟金刀，浮江达河。"① 由于农业发达，农产品丰富，纺织品在江南独领风骚。唐后期崔元翰说："越州号为中府，连帅治所，监六郡，督诸军。视其绾毂之冲，广轮之度，则弥地竟海，重山阻江，铜盐材竹之货殖，舟车包筐之委输，固已被四方而盈二都矣。"② 这里崔元翰的话并不是夸大之词，而是根据越州大量商品运往全国各地而言。刘禹锡《酬乐天衫酒见寄》诗云："酒法众传吴米好，舞衣偏尚越罗轻。动摇浮蚁香浓甚，装束轻鸿意态生。"③ 越罗轻盈，女性穿在身上意趣横生。吴米和越罗都是苏州刺史白居易送给刘禹锡的，估计越罗是从越州流向苏州市场的。

从越州经商业网络运向全国各地市场的商品不计其数。《全唐文》卷630吕温《京兆韦府君神道碑》云："天宝之后，中原释耒，辇越而衣，漕吴而食。"④ 吴越地区的纺织品除交租赋之外，必有相当部分的产品是经过商人之手转运到北方去的。杜甫《后出塞》云："云帆转辽海，粳稻来东吴。越罗与楚练，照曜舆台躯。"越罗和楚练都是有名的丝织物，被商人销往全国各地。随着文化事业的发展，纸的需求量大增。越州剡县出名纸，受到全国各地文人的喜爱，大量剡纸从越州运到全国各地。舒元舆云："过数十百郡，洎东洛、西雍，历见言书文者皆以剡纸相夸。"⑤ 说明剡纸行销四方，广受欢迎。

越州还有大量的产品出口到国外，越州商品在国际市场上也有一定的影响力。从8世纪后半期开始，越州有大量的瓷器输往日本。芡风先生综合

---

① （清）董诰：《全唐文》卷312孙逖《送裴参军充大税使序》，中华书局1983年版，第3167页。
② 同上，卷523崔元翰《判曹食堂壁记》，中华书局1983年版，第5321页。
③ （唐）刘禹锡：《刘禹锡集》卷34，中华书局1990年版，第480页。
④ （清）董诰：《全唐文》卷630，吕温《京兆府君神道碑》，中华书局1983年版。
⑤ （清）董诰：《全唐文》卷727《悲剡溪古藤文》，中华书局1983年版，第7495页。

日本学者的研究材料和考古报告,指出在日本发现中国瓷器的遗址共188处[①],明确断定为越窑系的有48处。随着交通航线的开辟,越州青瓷通过海道被运进朝鲜。在古新罗时代第98号墓中出土的越窑青瓷小壶,专家估计9世纪初已运销过去。[②]越窑产品还远销至东南亚、西亚、南亚和俄罗斯的西伯利亚等地。这使我们看到了越州作为一个商业都会,商品交易与国际市场之间的联系。

直至宋朝,人们评价越州仍是:"其地襟海带江,方制千里,实东南一大都会。又物产之饶,鱼盐之富,实为浙右之奥区也。"[③]指出了越州在浙东的经济中心地位,至宋仍是东南沿海的一大商业都会。

(二) 州城的规模和州市管理

唐代的越州城,隋开皇十一年(591)杨素筑,罗城达24里250步,另修子城周10里。唐初一般州城只有子城而无罗城,与同时期的江南其他一些州城不同,常州、润州、杭州、睦州等都是在安史之乱以后才修筑罗城,而越州的罗城在隋朝已经修筑。从理论上讲,具有完备的罗城可以很好地保护居住在子城之外的居民,而且有利于市场的设立和管理。

越州城内设有市。元稹有诗云:"暮竹寒窗影,衰杨古郡濠。鱼虾集橘市,鹤鹳起亭皋(越州宅窗户间尽见城郭)。……渔艇宜孤棹,楼船称万艘。"[④]据此,可知罗城外有护城河,渔船可直至城内,众多运送商品的楼船直接将货物运进城内市场。城中设市,市边有河道,水边有堆置货物的

[①] 衰风:《中国唐五代时期外销日本的陶瓷》,《唐研究》(第四卷),北京大学出版社1987年版。

[②] 林士民:《北洋航路拓展与朝鲜半岛制瓷文化的交流》,《浙东文化论丛》,中央编译出版社1995年版。

[③] (宋)张淏:宝庆《会稽续志》卷1《会稽》,《宋元方志丛刊》,中华书局1990年版,第7092页。

[④] (唐)元稹:《元稹集》外集卷7《奉和浙西大夫李德裕述梦四十韵》,中华书局1982年版,第692页。

平地，四周是民居，市离城墙不远。尽管我们无法确切地断定越州市的具体位置，但可以了解唐代州县市都按政府的规定，设立市令等官员来管理市场，越州也是如此。天宝初，"会稽主簿季攸有女二人……市胥吏姓杨，大族子也，家甚富……"①据此知道越州市内是有官员进行商业管理的，而且据这个杨姓市吏是大族子且家里十分富裕来看，当时管理市场者可能多是经济比较富裕者。武则天久视元年（700），"越州有祖录事，不得名，早出，见担鹅向市中者。鹅见录事，频顾而鸣。祖乃以钱赎之"②。越州市大概从早晨开市，一直到傍晚才结束。市内主要是安置商业店铺，但也有不少手工业作坊。上引天宝时会稽主簿季攸"乃为外甥女造作衣裳、帷帐"，推测季主簿不可能自己动手缝制衣裳，裁衣铺在越州市中应当说是比较多见的。

（三）市场商品种类的繁多

唐代越州农业及手工业相当发达，多余的农产品及手工业制品流入市场成为商品。越州市场上商品不仅种类繁多，而且数量丰富。多样化的商品及便利的交通，促进了越州商业贸易的繁荣。

水果是重要的商品。元稹《唐故越州刺史河东薛公神道碑文铭》载薛戎在浙东观察使任上，"旧制包橘之贡取于人，未三贡鬻者，罪且死。公命市贡之鬻者无所禁，旬月之内，越俗无余弊"③。意谓贡橘最初是固定到人的，如果没上贡三次就要判死罪，薛戎于是通过从市场上购买的办法上贡。从薛戎罢贡橘旧俗，侧面显示越州所生产的橘子不但量大且成为商品，地方长官才可"市贡橘，惠施于人"。又元稹在《奉和浙西大夫李德裕述梦四

---

① （宋）李昉：《太平广记》卷333引《纪闻》"季攸"条，中华书局1982年版，第2645页。
② （唐）张鷟：《朝野佥载》卷4，中华书局1979年版，第100页。
③ （唐）元稹：《元稹集》卷53，中华书局1982年版，第573页。

十韵》诗中称："鱼虾集橘市……渔艇宜孤棹，楼船称万艘。"① 按照元稹的意思，越州市场上以橘子数量最多，鱼虾也是较有特色的产品。

农民还养殖了鸡、鸭、鹅等家禽和猪、牛、羊等牲畜提供到市场中。前已引武则天时越州祖录事"见担鹅向市中者"，同样，猪、牛、羊等大牲畜也是农民向城市供应的重要肉类商品。越州面向大海，境内河流、湖泊众多，各类河鲜、海鲜是市场上的重要商品。诸暨县东 80 里的山遏浦，"高公湖为浦，取鱼所集千艘，后人思之，号山遏浦"②。大量渔船满足了越州人对鲜鱼的消费需求。商人和渔民对水产品进行了加工，用制成咸鱼和鱼干的方法把商品抛向市场。

唐代越州地区的主要贸易商品有食盐、越瓷、高级丝织品及藤纸、苔笺等。

中唐以后，政府实行榷盐，两浙地区将食盐其运输到湖、越、杭三榷场，而商人们则到三场来进货贩运。官榷场的设立，使大量食盐在越州买卖或从越州运到全国各地，促进了越州商品经济繁盛局面的出现。

越州是南方最重要的丝织品生产地，不少产品在本地销售。罗隐《绣》诗云："一片丝罗轻似水，洞房西室女工劳。……蜀锦漫夸声自贵，越绫虚说价犹高。可中用作鸳鸯被，红叶枝枝不碍刀。"③ 诗中以越绫和蜀锦相互比较，证实越绫在全国市场上是比较有竞争力的。施肩吾云："卿卿买得越人丝，贪弄金梭懒画眉。女伴能来看新蹙，鸳鸯正欲上花枝。"④ 越州丝绸质量较高，织出的图案十分闻名。

越州市场上，大宗商品主要是日用品粮食、蔬菜、肉食、衣服等，同时也有一部分奢侈品，如珠宝、高级丝织品、国外商品等，繁杂丰富，种

---

① （唐）元稹：《元稹集》外集卷 7，中华书局 1982 年版，第 692 页。
② 嘉泰《会稽志》卷 10《水》，《宋元方志丛刊》，中华书局 1990 年版，第 6884 页。
③ 陈尚君：《全唐诗续拾》卷 45，中华书局 1992 年版，第 1408 页。
④ （清）彭定求：《全唐诗》卷 494《江南织绫词》，中华书局 1960 年版，第 5605 页。

类较多。从商品经济的发展程度来看，越州市场是以社会产品极大丰富为前提的，是商品经济全面发展的结果。

（四）众多实力雄厚富商的出现

浙东观察使皇甫政曾于宝林寺"大设斋，富商来集，政又择日，率军吏州民，大陈伎乐。……百万之众，鼎沸惊闹……顷刻之间，到宝林寺，百万之众，引颈骇观"①。宝林寺的一个斋会，由于是观察使举办的，所以引得富商们纷纷前来，说明越州城内富商众多。州城内有"百万之众"，尽管说得比较夸张，但说明州城内居住着众多士兵和老百姓，富商的出现有众多人口的需求来支撑。皇甫政为观察使在唐德宗贞观年间，说明唐中期越州城内居民众多，富商云集，商业十分繁荣。

实力强大的商人往往通过长途贩运赚足钱财，经营规模十分庞大。如在明州象山县和台州宁海县交界处的祚圣庙，"唐贞观中，有会稽人金林数往台州买贩，每经过庙下，祈祷牲醴如法，获利数倍"②。可见越州早期就已见特别有实力的商人在进行长途贩卖。又独孤及谈到与江西进行物资交易的有各地富商："豫章郡左九江而右洞庭……由是越人、吴人、荆人、徐人，以其孥行，骆驿渐至大江之涯。于是乎宏舸巨鹢，觸接舻艦。"③越州商人被排在各地商人的首位，说明越州人经商在国内已有一定影响，用巨船运输物资是十分常见的现象。

越州是外国商人上岸的一个港口，因而越州市场上有外国商人的身影。《新唐书》卷220《日本传》谈到日本岛东面海中有岛屿邪古、波邪、多尼等，"北距新罗，西北百济，西南直越州，有丝絮、怪珍云"④，这些岛屿航

---

① （宋）李昉：《太平广记》卷41"黑叟"条，中华书局1982年版，第259页。
② 乾道《四明图经》卷6《祠庙》，《宋元方志丛刊》，中华书局1990年版，第4899页。
③ （唐）独孤及：《毗陵集》卷17《上元二年豫章冠盖盛集记》，《四部丛刊》。
④ 《新唐书》卷220《日本传》。

行到浙东的船大多以越州为目的地。在越州城里，有大量的外国商人。韩愈云："越商胡贾脱身罪，珪璧满船宁计资。"① 杜甫说："商胡离别下扬州，忆上西陵故驿楼。为问淮南米贵贱，老夫乘兴欲东流。"② 这儿的商胡是沿浙西运河到达西陵驿，经江南运河再到达扬州。

越州也有不少商人远赴国外经商的。如日本文德天皇齐衡三年（856），越州商人詹景全、刘仕献等到达日本。开元时徐延寿诗云："金钏越溪女，罗衣胡粉香。"③ 说明外国香药在当时很受越女的欢迎。至于这胡粉香药到底是外国商人还是本国商人运来的，就比较难说了。

（五）城内奢侈消费阶层的形成

越州城内居住着众多官员及其家属，还有军队、手工业工人、进城服徭役及从事服务业的农民等，他们的日常生活用品需要依靠城市商业来提供。另外越州城内还出现了一批特殊的商业消费者。

北宋王禹偁在《小畜集》卷30《柳府君墓碣铭》中云："于时宦游之士，率以东南为善地，每刺一郡，殿一邦，必留其宗属子孙，占籍于治所，盖以江山泉石之秀异也。至今吴越士人多唐之旧族耳。"④ 富人贵族官僚集中在城市中，他们需要以声色犬马为主的娱乐活动，越州城内遂出现了许多卖艺人和妓女。《云溪友议》卷下谈到元稹在浙东为观察使时，"乃有俳优周季南、季崇及妻刘采春自淮甸而来，善弄《陆参军》，歌声彻云"⑤。妓女的出现，最能反映城市的奢侈消费之风。吕温曾云："天宝季年，羯胡内侵，翰苑词人，播迁江浔，金陵、会稽文士成林，嗤炫争驰，声美共寻，

---

① （清）彭定求：《全唐诗》卷342《送僧澄观》，中华书局1960年版，第3830页。
② （清）仇兆鳌：《杜诗详注》卷17《解闷》之二，《四部精要》，上海古籍出版社1993年版，第768页。
③ （清）彭定求：《全唐诗》卷114《南州行》，中华书局1960年版，第1165页。
④ 《小畜集》卷30《柳府君墓碣铭》。
⑤ 《云溪友议》卷下。

损益褒贬，一言千金。"① 大量的文人士大夫在城内活动，"声美共寻"，追求声色，应该说，这是对越州城内出现奢侈消费阶层的准确描述。由于浙东社会相对安定，经济繁荣，因此"江外优佚，暇日多饮博"②。

四 城市商业发展对越州社会经济的影响

唐代人认为越州之所以"都会蕃育，膏肆兼倍"，主要与"女有余布"和"农有余粟"有关。③ 越州商业的发展，对以纺织为代表的手工业和以粮食种植为主的农业，产生了一定的影响。具体来说有这样几个方面：

（一）促使了越州农村商业的勃兴

唐代越州城市商业的发展，带动了农村地区商业经济的发达，在一些交通要道，出现了众多草市。草市是越州农村商品经济发展的直接产物，设置在县城以外的人口稠密区和交通便利处。一些在商品出产地附近的草市就直接以商品命名，称鱼市、橘市等。

如会稽县有著名的平水市。嘉泰《会稽志》卷10《水》云："平水在县东二十五里，镜湖所受三十六源水，平水其一也。唐元微之撰《长庆集序》云：'尝出游平水市中，见村校诸童竞习诗，召问之，曰先生教我乐天、微之诗也。'水南有村市、桥渡，皆以平水名。"④ 平水市出现的时间较早，通向各地的交通比较发达，水陆都十分方便，有利于客商前来交易。像这样的草市在越州有很多，如上虞县北35里有五大夫市，山阴县西20里

---

① （清）董诰：《全唐文》卷631《祭座主故兵部尚书顾公文》，中华书局1983年版，第6371页。
② （宋）李昉：《太平广记》卷251引《抒情诗》"冯衮"条，中华书局1982年版，第1951页。
③ （清）董诰：《全唐文》卷312孙逖《送裴参军充大税使序》，中华书局1983年版，第3167页。
④ （唐）元微之：《元氏长庆集·序》，上海古籍出版社1994年版，第3页。

有梅市，萧山县南30里有临浦市。

除草市外，新的经商场所不时涌现。方干诗云："沙边贾客喧鱼市，岛上潜夫醉笋庄。"① 时方干居住在镜湖边，他看到的鱼市应当也是在镜湖周围地区。元稹说："镜澄湖面，云叠海潮齐。……长干迎客闹，小市隔烟迷。"② 这个"小市"也在镜湖附近。再如韩翃诗云："暮雪连峰近，春江海市长。"③ 海市的形成主要与海上运输的便利和海上渔业生产有关。

越州农村还有一种叫店的农村基层商业交换场所。前引《太平广记》卷105"李惟燕"条，谈及"天宝末，惟燕为余姚郡参军，秩满北归，过五丈店，属上虞江埭塘破，水竭"。五丈店，位于明越之间的水路交通线旁，可能发展成了有多个商业店铺组成的村落或小集镇。这种店日后一部分有可能会发展成为农村集市，成为商业贸易的中心。

越州的草市和店往往设立在江河边和交通要道旁，特别有利于货物的水陆运输，草市中都有桥梁和周围地区相通，有交通路线与四周农村相连。越州草市和店，商品交换的种类较具地方特色，与当地农业经济的发展密切相关。如越州靠近湖泊边的一些草市，常以鱼、盐作为主要商品，所谓"鱼市酒村相识遍，短船歌月醉方归"④，市中商品以鱼、酒为主。

（二）使越州农村的经济面貌和生产结构发生了一定的变化

越州城市商业的发展，使得农民与城市的关系日益密切，农民进入城市的人数增多。农民进入城市，一方面为城市提供手工业劳力，另一方面也可为城市提供商品。浙江四明山下有张老庄，"其家富，多养豕"⑤，显然养猪是为了出售，养猪使其家富裕了。不少农民养殖了鸡鸭鹅等小家禽，运进城市

---

① （清）彭定求：《全唐诗》卷651《越中言事》，中华书局1960年版，第7475页。
② （唐）元稹：《元稹集》卷11《送王协律游杭越十韵》，中华书局1982年版，第131页。
③ （清）彭定求：《全唐诗》卷244《送张渚赴越州》，中华书局1960年版，第2746页。
④ 同上书，卷654罗邺《南行》，第7526页。
⑤ （宋）李昉：《太平广记》卷439引《集异记》"李汾"条，中华书局1982年版，第3581页。

出售。武则天时，有人"担鹅向市中"，说明农民看到了州城中的消费者对小家禽的消费需求，投其所好进行养殖，以获取经济利益。肉类提供如此，其他如鱼类、蔬菜、粮食等物品的供应也无不如此。可知城市对农民的影响是比较大的，它吸引了相当一部分农民渐渐离开土地而依赖城市经济。

城市对商品的需要，促使越州农村作物种植出现变化，农业生产商品化倾向明显。《全唐文》卷 985《对盗稻桔判》说："会稽杨真种稻二十亩，县人张辨盗将，令访知，收辨科罪。"虽然杨真所种水稻面积还不算很大，但实际上二十亩水稻全家是消费不完的，部分稻谷必然会运进市场，成为商品进入贸易渠道。农民种植粮食作为商品粮在当时是比较普遍的一种现象。

中唐以后，越州丝织业特别发展，农民种植桑树的规模越来越大。代宗大历年间，耿沛谈到越州："回首望知音，逶迤桑柘林。"[1] 显然出现了大面积的成片桑园。寒山说剡县"田舍多桑园"[2]，农村中常见桑树成园的景象。水果应该是市场中较重要的商品，农民种植越来越多。早在南朝萧梁时，任昉《述异记》曰："越多橘柚园，越人岁税，谓之橘户，亦曰橘籍。"说明越州在六朝时期橘子已经是大规模种植的商品。《全唐诗》卷 691 杜荀鹤《送友游吴越》云："去越从吴过，吴疆与越连。有园多种橘，无水不生莲。"吴越之地，橘园到处都是。此外，农民还种植花卉供应城市。

陆羽《茶经》在评价浙东茶叶时认为越州茶为浙东最佳，不过与浙西及宣歙茶相比，越州茶质量明显低许多。然而到了北宋，人们对会稽茶的评价大为提高。宋人王十朋有《会稽风俗赋》，说："日铸岭……地产茶最佳，其芽纤白而长。"越州茶从一般到广受好评，其转变就是在唐后期至五代时期。随着市场的需要，种植茶叶越来越讲究质量，引导农民更多地从经济利益的角度来安排种植。

---

[1] （清）彭定求：《全唐诗》卷 268《送王秘书归江东》，中华书局 1960 年版，第 2983 页。
[2] 同上书，卷 806《诗三百三首》，第 9070 页。

（三）使越州手工业发展更具区域特色

越州城市商业的发展，促进了手工业的急剧变化，手工业产品由于较多地受到了市场需求的影响，发展规模受到市场的刺激，渐具区域特色。

手工业产品中，唐代越州丝纺织品的变化十分突出。开元时，徐延寿有诗谈到钱塘江南岸的越州女孩："织缣春卷幔，采蕨暝提筐。"① 人人都在纺织丝缣，给诗人影响很深。《玉泉子》谈到御史中丞归仁绍指责卢携为监察御史时，"自浙东推事回，鞴袋中何得有绫三千匹？"归氏抨击卢携既然搜刮了这么多越州绫，怎还能担任御史呢？绫在越州是十分贵重的物品。

中唐以后，越州市场上有十分高档的丝织品出售。白居易《缭绫》云："织为云外秋雁行，染作江南春水色。广裁衫袖长制裙，金斗熨波刀翦纹。异彩奇文相隐映，转侧看花花不定。昭阳舞人恩正深，春衣一对直千金。"② 缭绫是比较花费工时的一种高档织品，与一般的缯、帛之类相比，更受人们的喜受，上贡后成了昭阳殿里歌舞人的衣服料子。由于唐代各地的贡物"并以官物充市"，是官府收购的当地特产，因而缭绫是越州地方政府在市场上收购后送到长安的，所以有"直千金"一语。随着越来越多的丝织品进入市场，富人需要质量较佳的纺织品，价格再高也在所不惜，这直接促进了越州地区纺织技术的进步。

越州在全国占有重要地位的另一手工业是瓷器，在上虞、余姚、绍兴等地发现了大量窑址。余姚上林湖、上岙湖、白洋湖一带及上虞的龙浦湾头、黄蛇山等地有上百个唐五代的窑址，是这一时期瓷器制造的核心地区。研究发现余姚上林湖、诸暨高湖乡等窑整个唐代一直在烧制瓷器，而且时间越往后越瓷生产区不断扩大，窑口数量增加。手工业的发展，当然是受

---

① 《全唐诗》卷114《南州行》，第1165页。
② （唐）白居易：《白居易集》卷4，上海古籍出版社1979年版，第79页。

到了国外市场、国内市场的刺激才大幅增长的，越州市场的需要当然只是其中的一部分，据此可知市场对手工业发展的影响。

越州是传统的产纸区。李肇《唐国史补》卷下云："凡物由水土，故江东宜纱绫宜纸者，镜水之故也。"又说："纸则有越之剡藤、苔笺。"剡纸广为人们喜爱，陆羽在《茶经》卷中《四之器》中认为："纸囊，以剡藤纸白厚者夹缝之，以贮所炙茶，使不泄其香也。"颜色洁白而且比较厚实的纸为陆羽深爱，认为包茶最合适，可以防止香味外泄。商业需求不断促进造纸技术的进步，越州生产出更多的优质产品。

综上，越州城市商业的发展，对越州地区经济的影响较大，不但直接使越州经济兴旺繁荣，而且推动了越州地区农村商品市场的勃兴，为城市商业市场提供大量的商品。商业的发展对越州农村影响较大，既拓展了农业生产的空间，又改变了农作物的种植结构。商业还推动了手工业的发展，使越州形成了以丝织、制瓷、造纸等为特色的区域手工业。

（原文刊登于《绍兴文理学院学报》2010年第5期）

隋唐宋元时期佛教在绍兴的
传播、承祧与流变

冯建荣[*]

摘　要：隋唐宋元时期，绍兴佛教空前繁荣，三论、天台、禅宗、律宗、华严等宗派林立，广为传播；大德高僧云集，翻译著述成风，涌现了一批有影响力的佛学著作；寺院遍布州郡，表现为僧与士、佛教与诗歌交相辉映的禅林诗境，以致在佛教传播趋于式微的宋元时期，绍兴佛教仍得益于隋唐繁荣的余晖与南宋陪都的优势，一枝独秀，保持了兴盛的局面，并呈现出佛寺与朝廷宗室关系密切，佛教寺产寺院经济空前繁荣，佛教社会化世俗化倾向逐渐抬头等趋势。隋唐宋元时期绍兴佛教的兴盛、承祧和流变，既源于中国佛教传播的大背景和绍兴特殊的地域优势，又和该地区的历史积淀、民风民俗相关。绍兴为中国佛教主要宗派的形成、发展与流播做出了历史性贡献。

关键词：佛教；越州；绍兴；传播；承祧；流变

佛教在绍兴的传播很早，从东汉末年至西晋，佛教在会稽（郡治在今绍兴）已有举足轻重的地位。文献和考古发掘均印证了会稽在佛教传入中

---

[*] 冯建荣（1963—　），男，浙江上虞人，绍兴市人民政府干部。

国的初始阶段，就已是不同凡响的了。到隋唐时期，佛教在绍兴的发展进入全盛时期，出现了空前繁荣的局面，并呈现了标志性的成果、地域性的特征和流变的新趋势。

一 隋唐五代时期越州佛教传播的盛况

隋唐五代十国时期，越州佛教空前繁荣。经过东晋至南朝260余年的传播，到了隋唐时期，佛教在绍兴已是枝繁叶茂，五代作为吴越国的东府，越州成为中国佛教传播盛况空前的中心之一。其重要标志有三：

（一）涌现了一批有影响力的高僧和佛学著作

这个时期越地佛教开宗立派，异彩纷呈，形成了宗派林立，著述成风的局面。三论宗的实际创始人、真正缔造者吉藏（549—623），隋文帝开皇九年（589）来越州，先后在嘉祥寺住了12年，"嘉祥结肆，独檀浙东"。应召入京时，"禹穴成市，问道千余"[1]。他博学多才，法华、华严、般若诸学皆通，于三论尤精，一生讲述三论百余遍，著有《三论玄义》《三论略疏》等30余部，现存20余部，注引宏广，发明颇多，为三论宗带来了吉祥之光。他因此而成为唐初全国最高僧官"十大德"之一，被后人尊称为"嘉祥大师"。其弟子智凯（？—646）在嘉祥寺继讲三论时，"四方义学八百余人，上下僚庶，依时翔集"[2]。另有一系代表法敏（579—645），开讲时，"众集义学三门七十余州八百余人，当境僧千二百人，尼众三百，士俗之集不可复记，时为法庆之嘉会也"[3]。三论宗由此而又称"嘉祥宗"，嘉祥寺由此而堪称三论宗的祖庭，越州也实际上成为当时中国三论宗的传播中

---

[1] （唐）道宣：《高僧传合集·吉藏传》，上海古籍出版社1991年版。
[2] 同上。
[3] （唐）道宣：《高僧传合集·法敏传》，上海古籍出版社1991年版。

心。唐武宗灭佛时，祖庭嘉祥寺被毁，三论宗衰落并最终销声匿迹。

天台宗在越州亦盛极一时。先是有会稽籍僧普明（534—616）和山阴籍僧大志（568—609）皈依天台宗的实际创始人智顗。后又有天台宗五祖灌顶（561—632）、会稽称心资德寺僧大义、诸暨焦山寺僧神邕、会稽大禹寺僧神迥、山阴大善寺僧湛然等大加弘扬。智顗学识广博，适应时宜，深得统治者敬崇。南朝陈宣帝曾为他特诏："禅师佛法雄杰，时匠所宗，训兼道俗，国之望也。宣割始丰县调以充众费，蠲两户民用供薪水。"① 他还为隋炀帝杨广授菩萨戒，后者尊他为智者大师，在他灭度后还在天台山依其遗愿修建了国庆寺。他对佛学的论述主要分为止观、忏法、教判三大部分，有《法华经玄义》《摩诃止观》《请观音忏法》等近 40 部著作，弟子灌顶整理了其中的大部分。灌顶不仅为天台宗在江南的传播做出了贡献，也为该宗北传起到了推波助澜的作用。隋炀帝时，曾诏其"并《法华经疏》随使入京"②。湛然是天台宗的九祖，除教授弟子外，还著有《法华文句记》《法华玄义释签》《摩诃止观辅行传弘诀》等 50 余部著作。他在理论上的主要贡献是提出了"无情有性"说，使天台宗在创新中保持了兴盛。

禅宗在越州同样盛行。"南方禅法如寻根究底，可上溯到安世高和康僧会，以及《安般守意经》在江南的传播。"③ 可见其历史源流之长。唐时，初传者为会稽妙喜寺的印宗（627—713），其于广州遇禅宗六祖慧能而得禅玄。印宗颇受越州民众与刺史王胄尊重，除在妙喜寺外，还在越州天柱寺、报恩寺设置戒坛，度僧数千，著有《心要集》，纂集梁至唐高僧语录，《宋高僧传》有传。诸暨僧慧忠（？—776），创"义理禅"，受唐玄宗、肃宗、代宗三帝礼遇，被尊为"国师"。山阴大云寺僧慧海，所著《顿悟入道要

---

① （唐）道宣：《高僧传合集·智顗传》，上海古籍出版社 1991 年版。
② （唐）道宣：《高僧传合集·灌顶传》，上海古籍出版社 1991 年版。
③ 严耀中：《江南佛教史》，上海人民出版社 2000 年版，第 154 页。

门》引得四方僧众来越依附①。唐宪宗时，灵默禅师（748—818）到诸暨创立三学禅院（今五泄禅寺），其弟子良价（807—869），诸暨人，晚唐时与弟子本寂创立了禅宗曹洞宗。

律宗于东晋南朝时已在越地传播，至隋唐五代十国时，越州已是浙东的传播中心了。会稽籍僧文纲（636—627），先从道宣学律，后在长安讲律，为唐中宗、唐睿宗、武则天、唐玄宗四朝帝师。文纲高足道岸（654—717），常住越州龙兴寺，"江淮释子，辐辏乌合"②，《四分律》由此盛行江淮。后应诏入朝，颇受唐中宗尊重。晚年回龙兴寺，并在此圆寂，时僧俗共哀，披麻戴孝，数以万计。他曾为高足玄俨授具足戒，为鉴真受菩萨戒，而这两人后来都成为一代律学大师，足见他是一位了不起的佛学泰斗。玄俨（675—742）本籍诸暨，俗姓徐，20岁受具足戒，住越州法华寺近30年，建置戒坛，招集律行，同宣般若；讲唐玄宗亲注之《金刚般若经》，颇合帝意，影响甚大；修剡县石城大佛像，七宝八珍，琳琅纷呈；著有《辅篇记》10卷、《羯磨述章》3篇、《金刚义疏》7卷，为"僧徒远近传写"；他还"受毗尼之密行"，为门人"觉引灌顶，皆不倾油钵，无漏浮囊"，史称三千门人、五百弟子③。鉴真第三次东渡日本时，"天宝三载（744）岁次甲申，越州龙兴寺众僧请大和上讲律授戒"，"时越州僧等，知大和上欲往日本国，告州官曰：'日本国僧荣叡，诱大和上欲往日本国。'时山阴县尉遣人于王蒸宅搜得荣叡师，着枷递送京"④。可见越州僧众与官民对他的崇敬。当时浙东的主要律寺——越州开元寺（后称大善寺）住持昙一（692—771），一生讲《四分律》35遍，《删补钞》20余遍，著有《发正义记》，"从持僧律，盖度人十万计矣"⑤，连湛然也成为他的弟子，华严宗四祖澄观

---

① 嘉泰《会稽志》卷11《高僧·大珠慧海传》。
② （宋）赞宁：《宋高僧传·道岸传》，中华书局1987年版。
③ （宋）赞宁：《宋高僧传·玄俨传》，中华书局1987年版。
④ ［日］真人元开撰，梁明院校注：《唐大和上东征传》，广陵书社2010年版，第43页。
⑤ （宋）赞宁：《宋高僧传·昙一传》，中华书局1987年版。

亦从其学律。这一时期，在越州讲授传播律宗的还有昙休、丹甫、允文、元表、灵一、灵澈等。唐末五代，律宗在越州逐渐衰落。

华严宗也在越州得到了传播，特别是出现了像澄观这样的大德高僧。澄观（738—839）本籍山阴，11岁依宝林寺洪霈禅师出家，20岁始四方求师，曾从昙一学律，从湛然学天台止观，从慧云、无名学禅，从玄璧学三论，从法诜学华严，可谓广涉佛学。后游五台山，住大华严寺，精研华严，著成《华严经疏》等400余卷，现存170余卷，有"华严疏主"之称，成华严宗四祖。曾奉诏参与翻译《四十华严》，并撰成《贞元新译华严经疏》10卷。唐德宗贞元十五年（779），赐以"清凉法师"，礼为"教授和尚"；唐宪宗元和五年（810），召入内殿讲华严法界宗旨，加号"僧统清凉国师"①。华严宗全盛时，法藏"因奏于两都及吴、越、清凉山五处起寺，均榜华严之号"②，将越州也列为通过官方力量建立全国性象征、与两都并立的五个地区之一。智藏"及游会稽，于杭坞山（今诸暨境内）顶筑小室安禅。乃著《华严经妙义》，亹亹，学者归焉"③。

越地信仰净土，始于东晋慧虔、南朝宋道敬。至立宗后，弘传者为唐元英，在越州大禹寺结成九品往生社，有社员1250人。在净土教义里，观世音扮演着阿弥陀净土的指引菩萨的角色。"山阴比寺有净严尼，宿德有戒行，夜梦见观世音从西郭门入。清辉妙状，光映日月，幢幡华盖，皆以七宝庄严。见便作礼，问曰：'不审大士今何所之？'答云：'往嘉祥寺迎虔公。'因尔无常。……虔既自审必终，又睹瑞相。道俗闻见，咸生叹羡焉。"④俨然是一幅观世音接迎慧虔去净土的图像。与此同时，观世音对现世的"救苦救难"，又使其获得了广泛的民间基础，表现为专奉寺庙的大批

---

① （宋）赞宁：《宋高僧传·澄观传》，中华书局1987年版。
② ［新罗］崔致远：《唐大荐福寺故寺主翻经大德法藏和尚传》。
③ （宋）赞宁：《宋高僧传·智藏传》，中华书局1987年版。
④ （唐）道宣：《高僧传合集·慧虔传》，上海古籍出版社1991年版。

涌现。嵊县法性院，"晋天福七年（942），邑人于古大宁寺基上建。有大士像随潮而至，父老迎置于院，改观音院"①。

密宗在越州的传播者为寂照，住持龙兴寺；还有顺晓，为日僧最澄授过灌顶礼。他们都受业于该宗三大创始人之一不空的弟子慧果。五代后，密宗渐融于诸宗。严耀中因其"没有自身独立的传授系统，但却在其他诸宗中流传不息"，而称之为"寓宗"②。从这个角度而言，净土宗也是"寓宗"。不过越州密宗在融于诸宗、与民俗民风打成一片的同时，内容上还是保留了密宗寺院、密迹与会密传的僧人等相对的独立性。剡县惠安寺"有灌顶坛。张继剡县法台寺灌顶坛诗：'九灯传像法，七夜会龙华。月静金殿广，幡摇银汉斜。香坛分地位，室印辨根芽'"③。这是一幅活灵活现的灌顶密法图。会稽开元寺的"戒坛四面，皆为天王及日月星宿之象"④，实际上也是密坛。

唯识宗兴起于唐代，也在越州得到了传播。具有象征意义的，是以"慈恩"为名的寺院的出现。山阴县慈恩院，"后唐长兴二年（931）谢君彦舍地建。……大中祥符元年（1008）七月改赐今额"⑤。后唐会稽郡大善寺僧虚受，"《法华》《百法》《唯识》，各有别行《义章》"⑥。可以说是继承了唯识宗创始人玄奘一专多能的遗风。

这个时期越州佛教宗派林立，蔚然成风，奠定了越州在江南乃至整个中国佛学上的领先地位，为中国佛教主要宗派的形成、发展与流播做出了历史性的贡献。

---

① 嘉泰《会稽志》卷8"嵊县法性院"条。
② 严耀中：《江南佛教史》，上海人民出版社2000年版，第172页。
③ （宋）高似孙编：《剡录》卷8"惠安寺"。
④ 嘉泰《会稽志》卷8"开元寺昭庆戒坛"条。
⑤ 嘉泰《会稽志》卷7"山阴县慈恩寺"条。
⑥ （宋）赞宁：《宋高僧传·虚受传》，中华书局1987年版。

（二）寺院遍布州郡各地

隋文帝时，全国有寺院3792座，炀帝时有3985座。① 张国刚对唐代不同时期的寺院作了考证统计，648年为3716座，650—683年为4000座，713—755年为5358座，842—845年为4600座。② 隋唐时期，越州"共创建佛寺208处、庵舍8处，其中尚不包括修建和会昌毁佛后重建的。如果按朝代分，隋代5处，唐代91处，五代120处"③。根据李映辉的研究考证，唐时，以安史之乱为界，此前有寺院834座，除长安、洛阳两都外，越州有23座，与治所在今山西代县的代州并列第4位，占南方总数364座的6%；此后有寺院664座，除长安与苏州外，越州有28座，与东都洛阳并列第1位，占南方总数365座的8%。④ 另据他统计，唐代寺院最密集地区为今浙、苏两省，包括越、扬等十州，该区域唐前期"总共有140所寺院，占全国点数的17%"，后期升至"169所寺院，占全国总数的25.5%"。⑤ 照此算来，越州寺院占该区域的比例，唐前期为16%，后期为17%。由此可见越州寺院在南方与全国的地位。

唐武宗会昌五年（845）七月敕令毁佛，越州以浙东观察使治所而留大善一寺，"且延僧五人守之"⑥，余均在毁撤之列。然而，实际毁撤的并不多，地方志有明确记载的才59处。这一方面是由于佛教在会稽的强大势力与社会基础；另一方面是由于唐宣宗次年五月即位后即敕复佛寺。在这样的情况下，越州修建寺庙之风益盛。仅宣宗大中年间（847—860），就一下恢复了16处。在以后的40年间，除嘉祥寺外，其他寺庙都相继获得了恢复。

---

① （唐）法琳：《辩证论》。
② 张国刚：《佛学与隋唐社会》，河北人民出版社2006年版，第98页。
③ 任桂全主编：《绍兴佛教志》，浙江人民出版社2003年版。
④ 李映辉：《唐代佛教地理研究》，湖南大学出版社2004年版。
⑤ 李映辉：《唐代佛教寺院的地理分布》，《湘潭师范学院学报》1998年第4期。
⑥ 嘉庆《山阴县志·肇兴庙碑记》，绍兴县修志委员会民国二十五年刊本。

吴越国（907—978）存续的71年间，不仅修复前代废弃佛寺，还新建了120处。其中，钱镠除赐钱八千万恢复新昌宝相寺（今大佛寺）外，还创建了越州开元寺、会稽澄心寺、嵊州瑞像院；钱元瓘在位的9年中，建成了44处佛寺；而钱弘俶则称得上是佛教徒的领袖，他在大兴佛寺的同时，还铸造了约84000个封藏佛经的铜制宝箧印塔。

这一时期，寺院的组织管理也得到了加强。"寺有上座、寺主、都维那，是为'三纲'。"[①] 上座为首席长老，寺主主持日常寺务，都维那主诵经功课等业务。寺主有官方任命的，也有众僧推选的，如山阴县大庆尼寺"用十方规制选名行尼主焉"[②]。

（三）越地禅诗融通，相得益彰

隋唐时期的越州，是佛教僧侣的圣地，也是文人墨客的天堂。特别是这一时期，出现了僧人与诗人相友相兼、佛教与诗歌相交相会的禅林诗境，成为越州佛教与文化领域中的一大奇观。2200余位《全唐诗》的作者中，有400位左右来过越州，他们或壮游或为官或寓居，佛不离心，诗不离口，成就了有名的"唐诗之路"[③]。他们遍访越中名山古刹，表达山水禅林心境，丰富了诗歌创作的新题材，开辟了诗歌创作的新意境。李白的《石城寺》、秦系的《云门寺》、宋之问的《游法华寺》、白居易的《题法华山天衣寺》、方干的《题宝林山禅院》、孟浩然的《题大禹寺义公禅房》等都是极佳的诗篇。

与此同时，许多越中僧侣，也崇尚课余咏诗，表达禅意禅趣，出现了一批著名诗僧。云门寺僧灵澈，曾从严维学诗，与诗人刘长卿、皇甫曾倾心相交，同诗僧皎然一见如故。悬溜寺僧灵一，"每禅诵之隙，辄赋诗歌

---

① （唐）长孙无忌等：《唐律疏议》卷7"诸称'道士''女官'者，僧、尼同"条。
② 嘉泰《会稽志》卷7"山阴县大庆尼寺"条。
③ 竺岳兵主编：《唐诗之路综论》，中国文史出版社2003年版，第6页。

事，思入无间，兴含飞动"；传法时，也是"示人文艺，以诱世智"。[①] 诗僧们借助诗歌这种文学形式来观照世界，理解人生，阐发禅理，弘扬佛法，既是对佛教的一大贡献，同时更是对文学的一大推动。

二　宋元时期绍兴佛教的承袭与流变

宋元两朝的408年间，佛教的主要宗派继续在绍兴广泛传播。

弘扬华严宗的，在宋代有慧定（1114—1181），山阴人，曾住戒珠寺、石佛妙相寺，著有《金刚经解》《法界观图》《会三归一章》等。有子猷（1121—1189），山阴人，住石佛妙相寺二十余年。在元代，有春谷弘华严于景德寺、宝林寺。其弟子大同终身弘扬华严，被视为华严正宗传人，信徒广众。

弘扬天台宗的，在宋代，有指堂，会稽人，宋光宗绍熙元年（1190）住持天台国清寺，时称"治山法师"，与朱熹等交游，有《指南集》行世。有仲休，被誉为"紫衣海慧"。在元代，有性澄（1265—1342），会稽人，曾应召入京，奉旨校正《大藏经》，赐号"佛海大师"，至元间（1264—1294），奏请收回为禅宗所占的国清寺，恢复台宗根本道场。有弘济（1271—1356），悉通台宗玄义，连性澄也延请其分座说法，曾与高昌国般若空利共译《小止观》。有允若（1280—1359），弘法于云门寺、圆通寺。有善继（1286—1357），弘法于灵秘寺。有元静（1312—1378），弘法于长庆寺、天衣万寿禅寺。

禅宗在唐末分出五家后，曹洞宗在绍兴的弘传者有天衣寺法聪禅师、超化藻禅师，临济宗有云门寺显庆禅师、姜山方禅师和石城宝相寺的显忠禅师，沩仰宗有清化禅院全怤，法眼宗有开创者文益弟子德昭的法嗣希辩、

[①] （宋）赞宁：《宋高僧传·灵一传》，中华书局1987年版。

道圆等,云门宗主要有北宋天衣寺义怀及其弟子天章寺元善禅师、云门寺灵侃禅师等。

宋时,净土宗风行绍兴,禅宗、律宗、天台宗、华严宗弘扬者多兼修净土。天衣寺禅师义怀倡导"禅净双修",认为"若言无净土,则又违佛语"①。这种顺应众生通过简便途径往生净土心理的主张,不但为众生接受,也为寺僧接受,从而使禅宗得到了更好的弘扬,义怀本人也因此于宋徽宗崇宁(1102—1106)中,赐谥振宗禅师。禅宗影响广泛,并逐渐融会诸宗,成为实际上的绍兴共宗、天下共宗。

在全国佛教总体上已日见式微的情况下,绍兴佛教得益于隋唐繁荣的余晖与南宋陪都的优势,仍一枝独秀,保持了兴盛的局面,并表现出以下新的趋势。

(一) 朝廷赐额广泛,蔚然成风

其实早在东晋南朝时,会稽佛寺就有了皇帝赐额的先例,这在全国来说,也是较早的。如许询"舍永兴、山阴二宅为寺,家财珍异,悉皆是给。既成,启奏(晋)孝宗。诏曰:'山阴旧宅为祇洹寺,永新新居为崇化寺。'"②

有宋一代,绍兴在原有寺庵的基础上,"在府城和山、会两县又新建了佛寺42处、庵舍41处"。对这些新建寺庵,朝廷多次敕赐匾额,其中规模较大的有两次:一次是宋真宗大中祥符元年(1008),"赐额今绍兴市境内寺院80处";另一次是宋英宗治平三年(1066),"共赐额58处"。③ 赐额不仅是为了控制寺庙的数量与命名,而且显示了朝廷对佛教事务享有的权威。不过,也有在地方官府许可或默许下,将废旧寺额移到新寺,以免赐额的

---

① (唐)道宣:《高僧传合集·新续高僧传四集·义怀传》,上海古籍出版社1991年版。
② 《建康实录·孝宗穆皇帝》"永和三年(347)十二月"条。
③ 任桂全主编:《绍兴佛教志》,浙江人民出版社2003年版,第10页。

麻烦与限制的。如绍兴的观音教院，是"乾道九年（1173）有沈安中舍所居，请于府，移会稽县界圆通妙智教院旧额建"①。与此同时，官府对寺主任命和僧侣人数的控制也较唐代有所放松。寺主除极少数敕差和一些十方寺（或称丛林）由地方官提名外，甲乙寺（或称子孙寺）等一般都自行产生，官府备案了事。如山阴灵秘院，"绍兴（1131—1162）中僧智性创。……（智性）请于府，移江北安昌乡灵秘废院额。智性年九十余，精神犹不衰，犹能领院事，淳熙十六年（1189）九月，准尚书礼部符甲乙住持"②。

在广泛赐额的同时，有的佛寺还得到了特殊的护持。建于晋义熙三年（407）的云门寺，宋太宗于淳化五年（994）诏改"淳化寺"，绍兴十八年（1148）宋高宗又赐御书"传忠广孝之寺"额。建于北宋至道二年（996）的天章寺，宋太宗当年即赐"天章寺"额，天圣四年（1026）宋仁宗又赐御书"天章之寺"额，绍兴八年（1138）宋高宗赐御书《兰亭集序》，淳熙十年（1183）宋孝宗诏重建御书阁以奉安仁宗皇帝。建于南朝宋元徽元年（473）的宝林寺，绍兴七年（1137）改名报恩广孝（又名光孝）禅寺，寺奉徽宗香火。

敕赐御书匾额给佛寺，始于晋代，南朝隋唐亦有，而如两宋之盛，则实在是前所未有，虽或有过滥之嫌，然亦说明宋时朝廷对佛教之护爱有加，绍兴佛寺与皇家宗室之关系十分密切。

（二）功用广众，佛教社会化世俗化倾向逐渐抬头

宋元时，始于六朝的城隍、土地和龙王崇拜在绍兴得到了进一步发展，出现了大批城隍庙、土地庙和龙王庙。它们与佛教寺院和平相处，互相影响，使佛、道、儒三家观念又找到了一个新的结合点，从而壮大了稳定社

---

① 嘉泰《会稽志》卷7"府城观音教院"条。
② 嘉泰《会稽志》卷7"山阴县灵秘院"条。

会基层的信仰力量。

城隍崇拜的兴盛与城市的发展成正比，表达了祈求城市安宁的愿望。土地神崇拜的兴盛与绍兴人多地少的矛盾相符合，旨在祈求一方平安与农业丰收。龙王崇拜与绍兴作为水乡泽国相关联，目的是祈求风调雨顺，因为越地先民"常在水中，故断其发，文其身，以象龙子，故不见伤害也"①。有的佛寺，还将与这些神祇有关的神迹作为特色来吸引信众。嵊县龙藏寺"旧号龙宫院，有巨井深浚，水色绀寒，疑有蛟龙居焉。又有老松如龙，数百年物也"②。不过，这些神庙的规模一般都较小，如会稽的显宁城隍庙仅有"一僧掌香火"③。

这时的寺院，社会化的功能进一步强化，用途日益繁多，反映了佛教的加速世俗化，这是与包括绍兴在内的江南经济的发达相关联的。有的寺院，作为读书讲习之处，寄厝棺柩之地，隐士避世之居，行人旅宿之舍。有的甚至成了生死二途的共同旅舍，如有个名叫唐信道的人，"宣和五年（1123）自会稽如钱塘，赴两浙漕试，馆于普济寺。寺后空室有旅梓，欲观之。"④

宋元时期佛教的流变，直接影响了明清时期的绍兴佛教文化，大众化、社会化、世俗化进一步成为主流。

（三）佛教寺产广大，寺院经济空前繁荣

宋元时期，绍兴佛教寺产规模空前扩大，寺院有比较稳定的经济来源，成为经济实体，寺产多为房、田、地、山、荡，其来源或为朝廷所置，或为官绅所捐，或为百姓所资，不一而足。云门寺曾有田地三百余亩。天章

---

① 《汉书·地理志（下）》应劭注："越君封于会稽，文身断发，以避蛟龙之害"条。
② 宝庆《会稽续志》卷3"嵊县龙藏寺"条。
③ 同上书，"城隍显宁庙"条。
④ （宋）洪迈：《夷坚志·乙志》卷10"余杭宗女"条。

寺朝廷供田1000亩。宝林寺宋孝宗乾道间（1165—1173），置田5000亩，寺宇、佛像之藻绘尤盛。嵊县普安寺宋景祐二年（1035）赐额并置御田800亩、山60亩。宋淳熙十三年（1186），承节郎（宋代五十三阶武臣官阶中之第五十一阶）河北薛纯一"以家所有山阴田千一百亩，岁为米千三百石有奇，入大能仁寺（建于晋时，在府城）"①。元代本立大师，"竭其心思，不惮劳勤"二十余年，建成绍兴路至大报恩接待寺，"买田千亩以充饥餐之需，买山五百余亩以供薪樵之用"②。

另外，始于东吴时的舍宅为寺，到宋时，发展成为一种较为普遍的作为家庙延伸的坟寺。这是建造在家族茔地附近，并为其照料坟墓的寺庙，是"欲先世流泽常在子孙，使坟墓永有荫托"③。法云寺是陆游五世祖——光禄大夫、太子太保陆仁昭的功德院。雍熙院和宝山证慈寺均为陆游祖父尚书左丞陆佃的功德院。天衣寺曾为宋孝宗子魏惠宪王的功德坟寺，南宋末僧福闻"乃魏宪靖王坟寺守僧也"④。

与此同时，还出现了权贵指称民间寺庙为自家功德坟寺的现象。黄敏枝认为，"功德坟寺的发展结果，出人意表"，使"寺院已完全丧失其独立自主权，而俯首听命于权贵阶级，受他们摆布。权贵阶级在指射寺院为坟寺之后，无不视之为私产，有如新置一庄，一针一草皆为私物"⑤。不过，将佛寺转为坟寺，对佛教来说，也非全然坏事。某种程度上，这也有利于佛寺处于权贵强有力的保护之下，甚至得到额外好处。如会稽报恩广孝禅寺（初名宝林寺），"绍兴初以濮安懿王园庙寓焉。郡守汪纲以钱十万令寺僧重加葺修，于是庭宇益整肃焉"⑥。

---

① （宋）陆游：《渭南文集·能仁寺舍田记》，中华书局1976年版。
② 绍兴县修志委员会：《绍兴路至大报恩接待寺记》，民国二十五年刊本。
③ 参看（宋）叶适《水心文集·郭氏种德庵记》。
④ （明）邵景詹：《觅灯因话·唐义士传》。
⑤ 黄敏枝：《宋代佛教社会史论集》，学生书局1989年版，第435页。
⑥ 宝庆《会稽续志》卷3"报恩广孝禅寺"条。

张弓认为，"舍宅为寺，移产入释，名为无上功德，实则含有借释荫产的明显动机"①。同时，由于拥有财产权，也很容易衍生出施主对住持的任命权。这种情形，对后来的绍兴佛寺影响很大。

三 绍兴佛教鼎盛的地域优势和历史渊源

应当说，隋唐宋元时期绍兴佛教的兴盛，是与中国佛教发展的大背景紧密相关的。绍兴作为江南佛教传播的一大重镇，也有其特殊的地域优势和历史渊源。

从地域上讲，绍兴处于东南沿海地区，东汉以来自然经济环境优越，海上陆路交通便捷，对于佛教的传播和交流都是十分有利的。据文献记载，早在东汉时期，高僧安世高（名清，字世高，出家前是安息国王太子）即入会稽②，标志着绍兴佛教传播的开始。三国时孙权（222—252）优礼来自月支国的支谦和来自天竺国的康僧会，支持他们译出了《微密持经》《阿弥陀经》等江南第一批佛经，"由是江左大法遂兴"③。西晋太康十年（289），西域僧幽闲在剡县澄潭（今属新昌县）卜筑新建寺④，会稽佛教得到了直接真传。就目前发现有确切纪年的早期佛教造像，多在三国西晋时期，会稽越瓷青瓷堆塑罐上有形态多样的胡僧，说明当时在会稽地区有许多来自印度、西域各地的僧人。⑤ 20 世纪八九十年代，在绍兴大量出土的三国、西晋时的青瓷谷仓、三足樽、双系罐、砖甓上出现的佛像以及相关的铭文表明，佛教已经广泛深入到了人们的生产、生活和丧

---

① 张弓：《汉唐佛寺文化史（卷上）》，中国社会科学出版社 1997 年版，第 210 页。
② （梁）慧皎：《高僧传·安清传》，中华书局 1992 年版。
③ （梁）慧皎：《高僧传·康僧会传》，中华书局 1992 年版。
④ 任桂全主编：《绍兴佛教志》，浙江人民出版社 2003 年版，第 157 页。
⑤ 张恒：《浙江嵊县发现的早期佛教艺术品及相关问题之研究》，《东南文化》1992 年第 2 期。

葬习俗当中。①

到了唐代，越州更是江南地区的通都大邑，经济发达、人文荟萃，为中国佛教三论宗、天台宗、密宗和曹洞宗传入日本、高丽等，发挥了重要的源头活水与桥梁纽带作用。

最早"入隋受嘉祥吉藏三论之旨"的，是来自高丽（今朝鲜）的慧灌，他学成后赴日传授，成为日本三论宗的初祖。② 日本的求法僧最澄、空海、圆珍和留学僧义真、圆载等，都到越州求过法。最澄在越州龙兴寺、法华寺习天台止观的同时，还在镜湖峰山道场受顺晓法师的密教灌顶，唐贞元二十一年（805）归国时从越州带走佛经102部115卷及大量佛具等。由于在越州的经历，他在日本创立天台宗时，主张台、密两教合一，成为日本天台宗的一大特点。由于禅宗五家之一的曹洞宗的创始人的关系，日本曹洞宗法嗣经常到越州参禅。

从历史渊源上回溯，佛教在会稽的传播，是与会稽佛教的历史积淀和特殊的民风习俗相关的。越俗"俗信鬼神，好淫祠"③，笔者在《秦〈会稽刻石〉考论》序言中指出，"最早祭禹的，可以追溯到夏王启派遣的使者及禹之后人"④，"最早祭祀会稽山神的是越王勾践"，"最早亲祭大禹的帝王是秦始皇"⑤。在官方祭祀活动的带动与影响下，越地先民敬畏祖宗神灵、祈求安康福祉的民俗心理、宗教氛围浓厚，为佛教的传播提供了良好的文化"土壤"与"气候"。安世高、幽闲等异域高僧们来会稽，并不是偶然的。

---

① 上虞县文物管理所：《浙江上虞江山三国吴墓发掘简报》，《东南文化》1989年第2期；阮春荣：《早期佛教造像的南传系统》，《东南文化》1990年第1—3期；蒋明明：《佛教与六朝越窑青瓷片论》，《东南文化》1992年第1期；周燕儿、蔡晓黎：《绍兴县出土的六朝佛教题材青瓷器》，《东南文化》1992年第2期。
② [日]《元亨释书》卷1。
③ 《隋书·地理志（下）》"扬州"条。
④ 平水新城管委会：《秦〈会稽刻石〉考论》，西泠印社2011年版，第22页。
⑤ 同上书，第23页。

"晋南渡后，释氏始盛"①，会稽在一百二十余年佛教传播的基础上，发展成为与建康（今南京）齐名的佛教中心。②鉴湖筑成，会稽的生态环境明显改观，成为晋室南渡之际中原名门望族避乱的理想安居之所。东晋时期四方高僧亦纷至沓来，与本土高僧相融合，研究佛学理论。律宗、净土宗、成实宗、涅槃宗等宗派纷纷创立。这些开宗立说的代表人物，有六家、六宗、六人生活或活动在会稽。③同时，佛经的大量翻译，极大地促进了佛教主要宗派在会稽的传播。上虞人慧皎（497—554），著成《高僧传》，录东汉明帝永平十年（67）至南朝梁天监十八年（519），凡453年间的高僧257人，附见239人，创僧传体例。自东晋至南朝，"今绍兴市境内，相继创建寺庵达65处之多"④。根据张伟然、顾晶霞的考证，南北朝时，会稽有寺院39座，数量居江南第三。

佛教加速传播与玄学扩大影响的需要，使僧侣与士大夫们历史性地走到了一起。仅《世说新语·文学》中有关双方交往的记录就有16条之多。他们由谈玄、谈佛而谈道，实现了历史性的合流，留下了18高僧与18名士交往等历史佳话。⑤这种合流，从大的方面来讲，是促进了佛教的中国化，促成了山水诗和山水画在江南的首先诞生；从小的方面来讲，是僧人进入了当时的主流社会，推动了佛教在会稽境内的传播。帝王、士大夫崇佛，高僧们对政治及儒、道也是兴趣浓厚，积极参与，融会贯通，活学活用。南朝宋时的慧琳，"元嘉（424—453）中，遂参权要，朝廷大事，皆与议焉。宾客辐辏，门车常有数十两，四方赠赂相系，势倾一时"⑥。会稽孔觊

---

① 钱大昕：《十驾斋养新录·沙门入艺术传始于晋书》。
② ［日］镰田茂雄：《简明中国佛教史》，上海译文出版社1986年版。
③ 汤用彤：《汉魏两晋南北朝佛教史》，中华书局1963年版。
④ 任桂全主编：《绍兴佛教志》，浙江人民出版社2003年版，第5页。
⑤ （宋）高似孙编：《剡录·白居易·沃洲山禅院记》卷5。
⑥ 《宋书·夷蛮传·天竺迦毗黎国》。

称其为"黑衣宰相"①。白道猷与竺道壹居若耶山,"纵心孔、释之书"②。竺法潜在越中"优游讲席三十余载……释《老》《庄》"。一生受到四位皇帝的敬重,为佛教赢得了空前的发展空间与社会地位,也为儒、释、道的交融起到了推波助澜的作用,更为会稽佛教中心的形成发挥了关键的影响。这一切为隋唐宋元时期佛教在绍兴的全面繁荣奠定了基础。

佛教是中华传统文化的一大支柱,是中华民族的一大精神家园。党的十八大报告提出,要"全面贯彻党的宗教工作基本方针,发挥宗教界人士和信教群众在促进经济社会发展中的积极作用",要"建设优秀传统文化传承体系,弘扬中华优秀传统文化"③。作为为中国佛教的发展做出了独特贡献,在中国佛教史上独放异彩的绍兴佛教,是值得研究的。

(原文刊登于《绍兴文理学院学报》2015 年第 1 期)

---

① 《南史·夷貊传·天竺迦毗黎国》。
② (梁)慧皎:《高僧传·竺道壹传》,中华书局1992年版。
③ 胡锦涛:《坚定不移沿着中国特色社会主义道路前进 为全面建成小康社会而奋斗——在中国共产党第十八次全国代表大会上的报告》(2012 年 11 月 8 日),《求是》2012 年第 22 期。

关于越中胜景蓬莱阁的历史文化及重建设想

林亚斐[*]

摘 要：根据绍兴地方历史文献和实地调查，考证越中第一胜景蓬莱阁的历史、高度、建制、地位等，提出重建蓬莱阁的诸多设想和重建的重大意义，并从浩瀚的历史文献中辑录历代文人雅士咏蓬莱阁的诗文，为越王城的开发提供可供借鉴的蓝图。

关键词：蓬莱阁；历史文化；重建设想；诗文辑录

说起蓬莱阁，人们马上就会联想到山东胶州半岛上的蓬莱阁，它以神秘的传说和令人陶醉的风景吸引着中外游客，与江西滕王阁、湖南岳阳楼、湖北黄鹤楼齐名，被称为天下四大楼阁。但在历史上，绍兴的蓬莱阁不但比山东蓬莱阁建得更早[①]，且因其建在越王城上，气势恢宏，文人墨客竞相登临，诗赋唱和，经久不衰，数百年中积累了丰厚的历史文化，使其名声远播，成为越中第一胜景。南宋状元王十朋出任越州签判，对于越中山水、历史文化钦羡不已，留下了脍炙人口的《会稽三赋》，其中《蓬莱阁赋》开

---

[*] 林亚斐（1965— ），女，浙江宁波人，宁波广播电视大学副教授。
[①] 山东蓬莱阁建于宋嘉祐六年，即 1061 年。

篇云："越中自古号嘉山水，蓬莱阁实为之冠。"① 自宋代至明朝，一大批著名诗人留下大量名篇佳作，绵延不绝，可与东晋士人吟咏稽山鉴水、隋唐诗人竞游浙东胜景相媲美，影响之广不在山东蓬莱阁之下。但是，随着朝代更替，世事沧桑，昔日辉煌的越中蓬莱阁逐渐倾圮，直至被人们淡忘，令人扼腕长叹。

近年来，绍兴开发越王城，笔者认为重建蓬莱阁、恢复越中第一胜景、打造"浙江滕王阁"的时机已经成熟。为此，笔者查阅资料，耙梳文献，考究史实，俾使倾圮多年的蓬莱阁重新出现在古越大地上。②

一 蓬莱阁的地点和历史沿革

关于蓬莱阁的历史，绍兴的历代方志中多有记载，确系五代十国时期吴越国王钱镠所建，但对建阁的地点表述不一。嘉泰《会稽志》云"设厅之后曰蓬莱阁"；宝庆《会稽续志》曰"蓬莱阁在设厅后卧龙山下"；范仲淹《会稽清白堂记》"会稽府署，据（踞）卧龙山南足，北上有蓬莱阁，阁之西有凉堂，堂之西有岩焉"；《越中杂识》载"蓬莱阁在府治设厅后卧龙山上"③……不一而足。但是明张岱《陶庵梦忆·雷殿》一文中记载得很清楚："雷殿在龙山磨盘冈下，钱武肃王于此建蓬莱阁，有断碣在焉。"④ 张岱是明末著名文学家、史学家，以学识广博、治学严谨著称，其居所园即在此山山麓，从《陶庵梦忆》可知，张岱常与文友上卧龙山览胜，不止一次

---

① 据绍兴图书馆影印《绍兴再造古籍善本》之《会稽三赋》第 4 册，以下所引《蓬莱阁赋》均据此版本。此本与《四库全书》中所收之《蓬莱阁赋》有数字之差。
② 民革绍兴市委会从 20 世纪 80 年代起就关注府山开发，组织文史工作者先后编印了《关于进一步修复和完善"三山"（龙山、蕺山、塔山）的风景古迹》（1983 年 2 月）和《府山的综合开发》（1997 年 3 月）两期资料，但是均未提到蓬莱阁。
③ 本文所引嘉泰《会稽志》与宝庆《会稽续志》资料，均见《绍兴县志资料》影印本之七。"设厅"即原绍兴府治所在地。
④ 张岱：《陶庵梦忆·雷殿》，天马图书有限公司 2011 年版，第 143 页。

亲眼看见"断碣在焉",这一记载应当是可靠的,因此我们认为,现雷公殿附近即吴越国时蓬莱阁之所在。

钱镠建蓬莱阁,源于唐代著名诗人元稹的诗作。唐长庆三年(823)十月,元稹出任浙东观察使和越州刺史,因州衙"居山之阳,凡所谓台榭之胜,皆因高为之以登览",触景生情,题写了《以州宅夸于乐天》诗一首寄给时任杭州刺史的白居易,诗曰:"州宅回萦拂云堆,镜水稽山满目来。四面常时对屏障,一家终日在楼台。星河似向檐前落,鼓角惊从地底回。我是玉皇香案吏,谪居犹得住蓬莱。"① 钱镠即以元稹诗中末二字"蓬莱"为名于此建造了蓬莱阁,唐代元白诗作唱和之文坛雅事亦由此而更加闻名。

蓬莱阁建成后,成为文人雅士登高览胜、赋诗会友之所,是郡城的标志性景观,历代绍兴地方官十分重视保护和维修。嘉泰《会稽志》、宝庆《会稽续志》和《越中杂识》等文献记载:北宋皇祐四年(1052)知州王逵第一次重修;北宋元祐二年(1087),越州知州章楶第二次重修;南宋淳熙元年(1174),钱镠八世孙钱端礼知绍兴,第三次修葺,还特在梁间刻了一行字"定乱安国功臣,镇海、镇东两军节度使,检校太师侍中兼中书令,食邑一万户,实封六百户,吴越王钱建";南宋嘉定十五年(1222),绍兴知府汪纲第四次重修。② 另据民国时期所编《绍兴县志资料第一辑》记载,阁内藏有汉熹平石经石碑8方,碑高2尺7寸,阔1尺2寸,并辑录全部碑文③。元明时未见重修记录。

蓬莱阁何时倾废未见记载,但徐渭的名联"王公险设,带砺盟存,八百里湖山,知是何年图画?牛斗星分,蓬莱景胜,十万家烟火,尽归此处楼台",系为蓬莱阁所撰,说明在明朝中期蓬莱阁不但仍在,而且灯火辉

---

① 宝庆《会稽续志》云:"州城萦绕拂云堆",其余版本个别字略有出入。
② 《越中杂识》,乾隆抄本,浙江人民出版社1983年版,第155页。
③ 见《绍兴县志资料》第一辑《碑刻》第68至第73,绍兴地方志编纂委员会1993年版。

煌，气势雄伟，景色宜人。到明末张岱写《陶庵梦忆》时，只剩断碣，阁已不存。一代名阁，逐渐消失在人们的视线之中。

二 蓬莱阁之地位、高度和功能

蓬莱阁在越中名胜中的地位非同一般，南宋状元王十朋《蓬莱阁赋》云"越中自古号嘉山水，而蓬莱阁实为之冠"，已说明此阁是府山乃至越中的景点之冠，地位之重要，不言而喻。

绍兴古城拥有近2500年的建城史，即使从宋代算起也有1000多年的历史，城内名胜古迹众多，是一个没有围墙的博物馆，府山是名胜古迹集中之处，有70余处亭台楼阁。古诗赞其"天下山川越为先""佳气龙山冠越州""蠡城种山出宏才"，是一座自然景观与人文景观都十分丰富的宝山。在如此众多的景点中，为什么蓬莱阁特别引人注目，成为越中的景点之冠？

首先，因其由吴越国王钱镠所建，从选址、设计、施工、用材到工匠选择、资金投入、室内装饰、周围环境等，质量要求很高，非一般景点所能比；其次，绍兴四任地方官每隔几十年都对其大规模整修，在绍兴古代历史上找不出第二个例证，在全国也罕见，足见地方政府之重视；最后，它吸引了大批一流的诗人登高眺望，赋诗作文，留下众多名篇佳作，供后人传诵。历代文人雅士吟咏府山景点的诗文以蓬莱阁为最多，流传至今的有宋代程师孟、王十朋、章岷、辛弃疾、姜夔、吴文英、秦观、陆游、周密、张炎等。其中王十朋《蓬莱阁赋》全文830字，句句描写稽山镜水、字字珠玑，文采之美，可与王勃《滕王阁序》、范仲淹《岳阳楼记》、欧阳修《醉翁亭记》等中国文学史上最优秀的散文媲美，在绍兴可谓空前绝后，把蓬莱阁比作"浙江滕王阁"也不过分。但在越王城的开发方案讨论中，有的学者主张暂缓重建蓬莱阁。笔者认为，如果将这么重要的景点予以"暂缓"，那越王城就像一幅美丽的国画少了点睛之笔，府山源远流长的历史文化也难以体现。

一般来说，古代建筑中的亭台楼阁，阁比较高，阁的功能主要是供人远眺。《辞海》中对阁的解释是："阁是中国的一种传统楼房，《淮南子·主术训》：'高台层榭，接屋连阁。'其特点是通常四周设隔扇或栏杆围廊，供远眺、游憩、藏书和供佛之用。"① 因此一般建在高处。

蓬莱阁究竟有多高，外观形制如何？由于缺乏史料，已无从查考。据记载，王逵重修时曾有图画，但因年代久远早已不存。我们从历代诗文中可以推断，蓬莱阁颇高，气势雄伟，很远就能看到其壮观的身影，徐渭所撰楹联中有"十万家烟火，尽归此处楼台"之句，说明登阁四望，古城尽收眼底。王十朋的《蓬莱阁赋》是越中山水的绝唱，用优美隽永的文句，勾画了古城四周的如画景色："周览城阙，鳞鳞万户"，"东望稽山，思禹之功……南望秦望，哀秦之过……西望夕阳，送目兰亭……北望沧海，渺其无涯……前瞻鉴湖，满目云水……仰瞻高阁，翚飞崔嵬……"好一幅稽山鉴水图！在领略如画的风景后，王十朋触景生情、感慨万千，发思古之幽情，畅胸怀于寥廓，"把酒论文，俯仰湖山，怀古伤今，登高赋诗，以写我心"。② 由此可知建在府山磨盘岗上的蓬莱阁，凌空矗立，登阁眺望，湖光山色，一览无余。

此外，从历代诗人留下的名篇佳作中也可窥见蓬莱阁之高，章岷诗"郡阁高檐半纳云"；程师孟诗："半天钟鼓宴峥嵘"；张伯玉诗："书报蓬莱高阁成"；吴明可诗"万壑千岩百尺楼""尤有楼台参天半"……都说明蓬莱阁具有一定的高度。③

在越王城的规划设计中，有人担心恢复蓬莱阁会影响飞翼楼，笔者认为，现在重建的飞翼楼在海拔72米高的府山山顶，建筑高21米；而蓬莱阁

---

① 《辞海》（合订本），上海辞书出版社1989年版，第922页。
② 见绍兴图书馆影印《绍兴再造古籍善本》，《会稽三赋》第4册。
③ 参见本文第四部分《有关蓬莱阁诗文辑录》。

在府山西峰，磨盘冈海拔不过40米，如果阁高20米，尚相差30米，绝无超过之可能。至于阁址的选定，虽有府治附近之说，但因府治所在地已成为越王台、越王殿之所在地，倘蓬莱阁仍建于附近，势必压倒其他建筑，影响越王城的主题设想。唯有建于西峰磨盘岗，才能起到东西辉映、互相衬托之效。

三　关于蓬莱阁重建和布展的设想

既然蓬莱阁在历史上有越中第一胜景的地位，那么在今天越王城的开发中应该放在突出的位置，笔者现提出以下重建及布展的设想。

阁址。如前所述，建阁地点应"在设厅之后"，即今越王台之西，现雷公殿遗址附近，阁建成后雷公殿可另作他用。

建制及布展。蓬莱阁至少应建三层，系一单体建筑。既要区别于庙宇建筑，又不同于近年新修之滕王阁、岳阳楼、黄鹤楼等之过于富丽高大；建筑要适当、精美，宜用歇山顶，盖琉璃瓦，有飞檐翘角、梁间应有斗拱；色彩应体现雄伟壮丽，阁身四周配以灯光，昼夜都亮丽。

三层中，底层应略高。挂"蓬莱阁"三字，匾额宜稍大，制作要精美，与其"郡城第一景"的地位相匹配。书法应有仙气，与蓬莱仙境相匹配。现代人以集启功字体为佳，古代书法家也可用集字法，苏东坡、欧阳询、米芾、董其昌等均可，适宜用楷书，不用篆、隶、草体。迎面壁上置木刻《蓬莱阁赋》全文，加标点，赭色打底，字为绿色，以示文雅。《蓬莱阁赋》是点睛之笔，要有视觉冲击力，使之成为浙江滕王阁。文字要注意校对，《四库全书》与《绍兴再造古籍善本》相差数字，孰是孰非要仔细考证。汉熹平石经石碑8方，可仿古制作，重新放入。门联用徐渭名联"八百里湖山，知是何年图画；十万家烟火，尽归此处楼台"。

第二层陈列历代诗人咏蓬莱阁之佳作，精选后或书或刻。第三层陈列历代名人吟咏府山之诗文,唐代以来诗人咏府山的诗可集中展示,精选后书刻。二、三层均可结合旅游,有茶叙等设施,据宋张伯玉、王十朋等诗文记载,文人们常登阁品茗饮酒,赏景赋诗,据此推断,阁上备有酒菜。但忌用明火。要尽可能收集蓬莱阁原有对联,或从古诗中选取,也可有今人创作,每层2—4副为宜。

建筑设计时就应考虑文化布展的要求,留足必要的空间,避免建成后的频繁改建造成不必要的浪费。要吸取西园的教训①,建议在设计时,就请文化布展者参与,起到防患于未然的作用。

周边环境。应加强蓬莱阁周围乃至整座府山的绿化建设。新中国成立以后,经过长期的封山育林,府山已经改变了新中国成立前童山濯濯的荒凉面貌。但长期来只重封山,忽视绿化与美化相结合,或是片面地强调了"山林野趣",以致造成目前府山上杂树丛生树老枝枯,林相不佳,山间遍布藤萝野草,影响观瞻。笔者认为府山的绿化既不能采取山区人工造林的方法,也不宜采用庭园绿化的方法,而要注重自然,特别要注意增加观赏树种,恢复原有树种,根据本人从唐代至清代著名诗人吟咏府山的诗文中查证,府山上原有风景树种计有松、柏、竹、樟、柳、桂、枫、茶、桃、桑等十余种之多,建议逐步淘汰长相不佳的杂树、野树,补植原有树种,改变林相,美化府山,缺乏古树名木的园林是没有历史底蕴的。

此外,应有一块重建蓬莱阁碑记,请越中名流硕儒撰写,以载盛事。

在越王城开发中,重建越中第一胜景蓬莱阁意义深远。首先,可以延续府山的历史文脉,重现府山上丰富的历史文化遗存。府山从越王勾践开始至民国时期,一直是吴越政治、文化中心,每一重要历史时期都留下了代表性的景点。蓬莱阁是吴越国时期的代表,如"暂缓建设",就难以体现

---

① 西园建好后,因设计者与文化布展者没有事前协调,在文化布展时发现不少应挂牌匾的地方没留好,工程返工很多,造成不必要的浪费。

这一时期的文化。其次，可以进一步推动绍兴旅游业的发展，吸引游客上府山游览观光，凭吊历史遗迹，所谓"山不在高，有仙则名；水不在深，有龙则灵"，使游客加深对绍兴历史文化的认识。最后，蓬莱阁为一代名阁，可以为此载体，展开文学艺术的创作活动，繁荣我市的文化事业。兰亭借托书法做大了文章，做出了品牌，蓬莱阁可以借古代诗文，吸引全国各地作家到此地搞创作，使之成为全国有名的创作中心，成为绍兴"第二兰亭"。此外，还可以借此做足府山西面的文章，使整座府山的景点布局大体平衡。

四　有关蓬莱阁诗文辑录

《蓬莱阁赋》（节选）宋·王十朋

周览城阙，鳞鳞万户，龙吐戒珠，龟伏东武，三峰鼎峙，列障屏布，草木笼葱，烟霏雾吐，栋宇峥嵘，舟车傍午，壮百雉之巍垣，镇六州而开府。东望稽山，思禹之功，乔松郁乎故陵，丹青俨于祠宫，藏丹书于神穴，流遗画于无穷①。南目秦望，哀秦之过，方石以颂德，骄颜色以相贺，嗟仙乐之不来，俄腥风之已播。西望夕阳，送目兰亭，怀王谢之风流，感斯文之涕零，徒观夫茂林修竹，销烟霭而冥冥。北望沧海，渺其无涯，方吴门之画龙，视越国其如蛇，轰雷鼓于一震②，虚吴国而成，访丽谯之故址，第见乎古木之号鸦。前瞻鉴湖，满目云水，嘉马侯之伟绩，慕贺鉴之高轨，祠荒兮遗迹半湮，宅冷兮黄冠无几，徒有鱼舟贾楫，风樵航苇，往来乎鸥鹭之乡，欸乃乎烟波之裹。

---

① 《四库全书·蓬莱阁赋》为"流遗尽于无穷"。
② 《四库全书·蓬莱阁赋》为"轰雷鼓于一处"。

仰瞻高阁，翚飞崔嵬。俯瞰州宅，缅怀高才，面无时之屏障，家终日之楼台，长湖山之价于几席之上，惜斯人之安在哉！

《春日独登蓬莱阁》宋·章岷

郡阁高檐半纳云，危栏徙依惜芳辰。
澄湖叠嶂新经雨，啼鸟开花各为春。

案有笺毫难赋景，席无歌管懒邀宾。
自怜莫厌登临数，即是葵丘代戍人。

《题蓬莱阁》宋·秦观

林声槭槭动秋风，共蹑丹梯上卧龙。
路隔西陵二三水，门临南镇一千峰。

湖吞碧落诗争发，塔涌青溟画几重。
非是登高能赋客，可怜猿鹤自相容。

《蓬莱阁醉归》宋·张伯玉

书报蓬莱高阁成，越山增翠越波明。
云收海上天风静，人在月中金翠横。

游女弄芳珠作佩，仙人度曲玉为笙。
会须长楫浮丘伯，醉听银河秋浪声。

《蓬莱阁》宋·王十朋

中秋玩月小蓬莱，风送婵娟入座来。
樽俎论文清有味，湖山照银净无埃。

云生脚底蛟龙卧，影落人间鼓角催。
把酒问天兼问月，何时此夜更衔杯。

《秦少游题郡中蓬莱阁次其韵》宋·程师孟

半天钟鼓宴峥嵘，早晚阴晴景旋生？
湖暖水香春载酒，月寒云白夜闻笙。

金鳌破海斗争出，玉鹭排烟阵自陈。
我是蓬莱东道主，倚栏长占日初明。

《蓬莱阁》宋·王迈

历晋更唐岁月多，玩珠龙尚枕山河。
绝怜蓬阁题元祐，敢拟兰亭记永和。

秦望数尖衔夕照，镜湖一线暗烟莎。
登临未尽匆匆去，奈此千岩万壑何。

《汉宫春　会稽蓬莱阁怀古》宋·辛弃疾

秦望山头，看乱云急雨，倒立江湖。不知云者为雨，雨者云乎？长空万里，被西风，变灭须臾。回首听，月明天籁，人间万窍号呼，谁向若耶溪上，倩美人西去，麋鹿姑苏？至今故国人望，一舸归与？岁云暮矣，问何不鼓瑟吹竽。君不见，王亭谢馆，冷烟寒树啼乌。

《忆旧游登越州蓬莱阁》宋·张炎

问蓬莱何处？风月依然，万里江清。休说神仙事，便神仙纵有，即是闲人。笑我几番醒醉，石磴扫松阴。任狂客难招，采芳难赠，且自微吟。俯仰成陈迹，叹百年谁在，栏槛孤凭。海日生残夜，看卧龙和萝，飞入秋冥。还听水声东去，山冷不生云。正目极空寒，萧萧汉柏愁茂陵。

《次辛稼轩蓬莱阁·汉宫春》宋·姜夔

一顾倾吴，苎萝人不见，烟杳重湖。当时事如对弈，此亦于乎！大夫仙去，笑人间，千古须臾。有倦客，扁舟夜泛，尤疑水鸟相呼。秦山对楼自绿，怕越王故垒，时下樵苏，只会倚栏一笑，然则非欤！小丛解唱，倩松风，为我吹竽。更坐待，千岩月落，城头眇眇啼乌。

《登蓬莱阁望云门、秦望诸山》明·高启

旅思旷然释，置身苍林杪。群山为谁来，历历散清晓。
奇姿脱雾雨，奋首争欲娇。气通海烟长，色带州郭小。
曲疑藏啼猿，横恐截归鸟。流晖互荡激，下有湖壑绕。
佳处未遍经，一览心颇了。秦皇遗迹泯，晋士风流杳。
顾探金匮篇，振袂翔尘表。

（原文刊登于《绍兴文理学院学报》2007 年第 6 期）

略论南宋时期绍兴城的发展与演变

陈国灿[*]

摘 要：南宋时期，绍兴城走向繁荣，其发展形态呈现出不少新的特点。一方面，随着城市空间范围和人口规模的扩大，传统坊市分离格局全面瓦解，街区建设日益完备；另一方面，工商业的兴盛，引发都市经济结构和城乡关系的相应变动。与此相联系，市政管理趋于专门化和系统化，社会保障事业逐渐兴起。绍兴城的发展演变，很大程度上是宋代城市转型的一个缩影。

关键词：南宋；绍兴；城市；形态

绍兴是江南地区历史最悠久的城市之一。从先秦时期的越国都城，到东汉六朝时期的会稽郡城，再到隋唐时期的越州城和五代时期吴越国的陪都，绍兴一直是南方颇具影响的都市。入宋以后，尤其是到南宋时期，绍兴城更是呈现出空前的繁荣，不仅位列宋廷宣布的40个"大邑"前茅，而且城市形态也发生诸多变化。本文试就此作一番考察和分析。

---

[*] 陈国灿（1966— ），男，浙江绍兴人，浙江师范大学中国历史研究所所长，浙江省社科重点研究基地"江南文化研究中心"首席专家，教授，历史学博士后。

一　城市规模和街区建设

绍兴城的前身是先秦时期越王勾践修筑的山阴城，分为小城和大城两重。小城实际上就是宫城，周3里；大城则是城的主体，周20里。秦汉以降，在山阴城的基础上陆续有所扩建。到南宋时，罗城周回已增至24里，由隋时杨素重筑的子城也扩大到10里。[①] 不过，南宋时期城市空间规模的扩大，已不再局限于城墙的外扩，而是更多地表现为城区空间范围突破城墙的限制，向城郊扩展，使得原本属于乡村的城郊地带逐渐成为城市的有机组成部分。如都城临安先后在城郊设置城南左厢、城北右厢、城东厢和城西厢，将城外东南3里、南5里、西南10里、西25里、北9里的区域划入城市行政管理的范围。[②] 绍兴虽没有正式在城郊设厢，但其城区空间范围显然已包括部分郊区。嘉泰《会稽志》中提到，当时府城周边分布着一系列市场，包括城西1里的清道桥市，城南2里的大云桥东市，城北郭外的大云桥西市，城北2里的龙兴寺前市和驿地市，城北5里的江桥市等。市场的大量出现，表明城市工商业活动越出城墙向外扩散，从而引发了城郊都市化现象以及在此基础上城市空间的扩张。

在空间规模不断扩大的同时，绍兴府城的人口数量也有显著增加。鉴于有关历史文献没有明确记载当时绍兴城的人口状况，我们不妨从侧面作一番粗略估算。据嘉泰《会稽志》卷五记载，南宋嘉泰元年（1201），绍兴府城所在的会稽、山阴两县，登记在籍的户口共计72058户。若以其中1/2为城内和郊区户口（从当时与绍兴类似的其他城市情况来看，这一比例应

[①] 嘉泰《会稽志》卷1《城郭》《子郭》，宋元方志丛刊本，中华书局1990年版。
[②] 陈国灿：《宋代江南城市研究》，中华书局2002年版，第168页。

该是比较适当的），计有3.6万余户。按照户均5人规模，约为20万人。当时，绍兴城驻有为数不少的军队，包括禁军和厢军在内有6000余人。宋朝实行募兵制，往往一人充兵，子弟相继，家属相随。北宋时司马光曾指出："在京禁军及其家属皆生长京师，亲姻联布，安居乐业。"① 这些军人以及家属并不编入所驻地区的州县户籍，而是由枢密院单独编为兵籍。如果以平均每位军人有家属1.5人计算②，那么绍兴城的军事人员连同家属约有1.5万人。作为南宋陪都，绍兴城所驻政府机构众多，官吏及其家属当不在少数。同时，绍兴又是宋室宗亲的重要安置地之一，南宋政府设有专门机构进行管理，说明其人数也达到一定规模。此外，还有生活于寺院道观的宗教人员，户籍在农村而定居于城里的"遥佃户"③，以及外来的工商业人员和士人、文化演艺人员、无业游民等。以此推算，到南宋中期，绍兴府城（包括郊区）的总人口有近30万人。这一估算虽并不十分精确，但考虑到同期府州级城市人口大多在10万人左右的情况④，绍兴城的人口规模显然较一般同级城市要大得多。

从街区格局方面来看，中国古代早期的城市普遍实行坊市分离制，即将城区划分为功能单一的政治区（子城）、居民区（坊）和商业区（市）三部分。其中，政治区是各种政府机构集聚的区域，居民区是一般居民居住和生活的区域，商业区是指定的商品交易区域。各区域均以围墙围圈，彼此分隔和封闭。从晚唐时期起，工商业的不断发展开始冲垮这种人为分割的城区结构。进入宋代，坊市制全面走向解体，取而代之的是市场、店

---

① （元）脱脱等：《宋史》卷194《兵志》，中华书局1985年版。
② 按吴松弟：《中国人口史》第三卷《辽宋金元时期》（复旦大学出版社2000年版）的估计，宋代每家军户平均有现役军人约1.6人，即每名军人有家属2.1人。但考虑到部分士兵没有家室或不随军带家属的情况，以人均1.5人计算似较为合理。
③ 在宋代，乡村地主移居城市的现象十分常见。他们生活在城里，又保有乡村田产，并征收地租，时人称为"遥佃户"。
④ 陈国灿：《南宋城镇史》，人民出版社2009年版，第230—236页。

铺、民居、官廨等交错分布的综合性坊巷格局。到南宋时期，府州级城市已普遍实行坊、厢结合的街区划分，其中的坊不再是封闭的居民点，而是开放性的基层街区；厢则是由一定数量的坊巷和街道构成的较大范围的街区。绍兴府城也不例外。据宝庆《会稽续志》卷一记载，嘉定十七年（1224），知府汪纲对府城的街区进行重新调整，将城区划分为5厢96坊，其中会稽县界设第一、二厢，分别统辖21坊和19坊；山阴县界设第三、四、五厢，分别统辖31坊、20坊和5坊。

与街区格局的变化相联系，绍兴城的建设也呈现出一些新的特点。作为城市防卫的主要设施，城墙的修筑一直是古代城市建设的重点。入宋以后，宋廷和地方官府先后多次开展对绍兴城郭的修缮活动。如北宋皇祐年间，知越州王逵奉诏修复城墙，并开挖城壕。宋徽宗宣和年间，守将刘显忠为抵御方腊起义军，又增筑城墙。南宋时期，绍兴地方官府对城墙的修筑更为重视，规模进一步扩大。如嘉定十三年（1220），知府吴格重修城墙。十六年（1223），知府汪纲再加缮治，并修葺诸门，设城东五云门、城东南会稽山门、城西迎恩门、城西南常喜门、城南植利门、城北三江门等7处陆路城门和城东都泗门、城东南东郭门等2处水门。

随着传统坊市分离格局的瓦解，居民数量的增加，工商业的兴盛和扩散，城市变得拥挤起来，违章建筑、乱设店铺、霸占街市的现象日趋严重。同时，人流和车流量的不断增大，使街衢路面极易损坏，更进一步加剧了城市交通的不畅。因此，坊巷整治和道路修筑越来越成为城市建设的重要内容。嘉定末年，绍兴知府汪纲在调整街区的同时，对城区街衢进行大规模整治，"浚治其湮塞，整齐其崎，除陌之秽，复河渠之使得，道、堤岸以至桥梁，靡不加葺"。绍兴府城街道原来多为泥质路，不仅路面狭窄，而且"遇雨泥淖几于没膝，往来病之"。汪纲命"计置工石，所至缮砌"，"始于府桥至轩亭及南、北两市，由府前至镇夷军门，贤良坊至府桥，水澄坊至鲤鱼桥，沿河夹岸迤逦增筑，暨大小路、迎恩门内外至鸿桥、牵汇，坦夷如砥，井里嘉叹"。斜桥坊街路系"台、明往来之冲"，每遇雨天，行人"苦于泥泞"。汪纲进行整修，"命伐石砌，二州往来者甚便之"①。经过此番整治，绍兴城区的主要街道和对外道路路面均由泥质改为砖石铺设。

二　城市工商业

　　从全国范围来看，宋代以前，城市工商业活动受到政府的严格控制，其经营活动主要集中于指定的区域——"市"之中。入宋以后，特别是到南宋时期，伴随传统坊市制的全面瓦解，工商业活动逐渐扩散到城市的各个角落，进而越出城墙，向城郊地带扩展。许多城市店铺遍布、市场林立，开始形成综合性的工商业街区。绍兴城也经历了同样的变化，不仅形成了城北和城西南两个繁华的工商业集聚区，而且城内外市场众多，仅嘉泰《会稽志》和宝庆《会稽续志》明确记载和提到的市场就有13处之多。其中，城内6处，即照水坊市、古废市、南市、北市、花市、瓦市；城外7处，即清道桥市、大云桥东市、大云桥西市、龙兴寺前市、驿地市、江桥市、斜桥市。此外，还有一种特殊的市场形式——灯市，它是与地方风俗活动结合在一起的商品交易活动，其规模和影响较一般集市要大得多。如绍兴城东南2里的开元寺前，每年正月元宵节都要举办大型集市，百物汇聚，场面宏大，吸引了周边地区的众多商人，甚至海外舶商也参与其中。史称："正月既望，为灯市，傍十数郡及海外商贾皆集，玉帛、珠犀、名香、珍药、组绣、髹藤之器，山积云委，眩耀人目；法书、名画、钟鼎、彝器、玩好奇物，亦间出焉。"②

　　绍兴城工商业的发展，在宋廷征收的商税额变化中也有反映。北宋熙

---

①　宝庆《会稽续志》卷1《街衢》《坊巷》，宋元方志丛刊本，中华书局1990年版。
②　嘉泰《会稽志》卷7《寺院》，宋元方志丛刊本，中华书局1990年版。

宁十年（1077），宋政府全面调整各地商税额，越州城的年税额为28916贯92文①。按照当时通行的5%税率计算，越州城每年的商品交易额为57.8万余贯。宋室南渡后，绍兴城的商税额又有大幅度增长。到嘉泰元年（1201），府城税额已增至62256贯959文②，相当于熙宁十年税额的2.2倍。事实上，南宋时的商税率较北宋要低得多。时人谈钥谈到湖州都税务的情况说："吴兴初以市物之值一万则税五百，盖二十取一……今征商五十而取一，岁入则十倍而赢。"③也就是说，商税率由原来的5%降至2%。若按调整后的税率计算，南宋中期绍兴府城每年的商品交易额高达300多万贯，较北宋中期增加4倍以上。商税额的多寡，固然受宋廷赋税政策和征收方式变化的影响，也与南宋政府不断增加纸币发行量引发的通货膨胀现象有关，但工商业的发展和商品流通规模的扩大，无疑是城市税额快速增长的重要基础。如果考虑到工商业者总是设法规避场务征收，逃税漏税的现象相当普遍，那么绍兴城商品流通和市场交易的规模显然较前面估算的还要大。

城市工商业的兴盛，伴随着发展形态的变化。就商业而言，古代早期城市最为活跃的是消费性商业，外来商品经由市场为城市居民所消费。入宋以后，随着城市人口的增加和居民生活水平的提高，消费商业更显发达。不过，更值得注意的是流通性商业和服务业的活跃。与消费性商业主要局限于从农村到城市的单向商品流通形式不同，流通性商业更多的是地区之间的商品流通，使城市进一步承担起一定地域范围内流通中心的角色，从而有力地推动了商品生产和市场的专业分工。不同形式的批发市场的兴起，便是这方面的突出表现。服务业原本只是商业活动的一种补充形式，但到宋代，餐饮、旅店、租赁、修补等诸多服务行业日益成为不少城市商业体

---

① 徐松辑：《宋会要辑稿》16之7《食货》，中华书局1997年版。
② 嘉泰《会稽志》卷5《课利》，宋元方志丛刊本，中华书局1990年版。
③ 嘉泰《吴兴志》卷8《公廨》，宋元方志丛刊本，中华书局1990年版。

系的重要组成部分。南宋时，绍兴酿酒业发达，饮酒之风颇盛。著名诗人陆游在《上元雨》一诗中，用"城中酒垆千百家"来描述当时绍兴府城各种酒店遍布街头巷尾的盛况。这数量众多的酒店，既有民间经营的，也有不少是官方开设的。如宝庆《会稽续志》卷一提到的照水坊激赏库酒楼和莲花桥都酒务酒楼，均系官办酒店。旅店业是适应城市流动人口增加和商贸往来需要而兴起的。嘉泰《会稽志》卷一一《桥梁》中提到，府城东北的斜桥，"其下多客邸，四明舟楫往来所集"。斜桥因地处府城通向庆元府的水运线上，又邻近斜桥市，往来客商船只云集，故旅店业十分发达。租赁业以房屋、店铺、仓库之类的出租最为活跃。一方面，由于许多工商业者在城里并没有自己的房舍，或者已有的房产所处地段不佳，往往需要租赁楼馆、店铺才能开展经营活动；另一方面，宋代官员多携带家属赴任，他们有的住在政府提供的官舍或官衙里，有的则租屋居住。南宋初，绍兴成为宋廷陪都和两浙东路的首府，各类政府机构大增，原有的官廨不敷所用，"参议、机宜、抚干，旧无廨舍，皆僦居于市"[1]，甚至连城区驻军也一度"皆僦居于外"[2]。

就手工业而言，官营手工业曾长期在城市手工业中占据主导地位。南宋时期，城市民营手工业发展迅猛，逐渐取代了官营手工业的主导地位。在绍兴城，除兵器制作、造船等官营手工工场外，丝织、酿酒、造纸、图书刻印、制扇、铜器制造等民营手工业都十分活跃，其产品"供给四方，无有纪极"[3]。与官营手工业相比，民营手工业虽然在规模上要小得多，一般都是家庭式作坊和个体经营，但其数量众多，行业齐全，面向整个社会生产不同群体的需要生产各种制作品和加工品。而且，官营手工业主要是为政府各部门服务的，产品很少投放市场；民营手工业属于商品生产，其

---

[1] 嘉泰《会稽志》卷3《安抚司签厅》，宋元方志丛刊本，中华书局1990年版。
[2] 同上书，卷1《军营》。
[3] 梁庚尧：《南宋城市的社会结构》，《大陆杂志》1990年第4期。

原料来自市场，产品也完全投放市场。因此，民营手工业的兴盛，意味着城市已不再只是商品消费地和流通中心，也是商品的生产和供应地。在此基础上，城市的经济结构趋于完整，城乡之间开始形成商品流通和供应的双向互动关系。应该说，这是古代城乡关系的一个重要变化。

三　市政管理和社会保障

市政管理的系统化和社会保障事业的兴起，是宋代绍兴城发展的重要表现。尤其是到南宋时期，绍兴府城已基本形成了行政、户籍、治安、消防、救助等一系列较为完备的社会管理和保障制度。

古代早期的城市并不是相对独立的行政单元，而是与农村一并归入相应的乡建制，将城市与农村视为一体，进行统一管理。进入宋代，开始将城市与农村区分开来，进行专门管理。特别是州府城市，伴随着街区格局由坊市分区向综合性坊巷的转变，普遍建立起有别于农村的行政管理体制。在具体管理形式上，则有厢坊制、隅坊（巷）制、厢界街坊（巷）制等。绍兴府城实行的是厢坊制。绍兴元年（1131）十二月，绍兴府通判朱璞在奏言中提到当时绍兴府城分为五厢[1]，说明南宋初绍兴城就已设有厢级机构。前文提到的知府汪纲对城区厢坊的全面调整，可以说是厢坊制的进一步完善。在厢坊制下，厢是包括若干综合性街区的管理区域，设有厢公事所，由京朝官或大小使臣领厢公事[2]，另有一定数量的都所由、所由、街子、行官、厢典、书手等属吏。厢公事所的职权虽十分有限，主要负责辖区内民间纠纷的调解、一般民事的处理和社会治安的日常维护，但它有一

---

[1]　徐松辑：《宋会要辑稿》68 之 138《食货》，中华书局 1997 年版。
[2]　按宋制，文官分为京朝官和选人两部分。京朝官又称京官，系各级政府主事官；选人即幕职州县官，是对低级文臣寄禄官的称呼，因由吏部铨选差遣，故名。选人须经几次磨勘，达到一定资历，并由在职官员推荐，方能升为京朝官。大小使臣，属于武官序列。

定的行政和司法处置权，在性质上属于具有相对独立性的行政管理机构。从历史的角度讲，厢级行政管理机构的出现，是后来城市政府的萌芽。坊是小规模的街区，包括一定数量的街道、民居和工商业店铺，属于城市基层管理单元，设有轮差充任的坊正、队头、保正等管理人员。

户籍管理是与行政管理联系在一起的。与前代相比，宋朝户籍制度的一个突出特点是将城市居民与农村居民区分开来，单独编籍，称为坊郭户。在绍兴地区，这种城市户籍制度至迟到南宋时已完全确立。南宋高似孙《剡录》卷一谈到当时嵊县户口情况时，称"县郭为户一千一百九十四户"，"乡落为户三万二千"。[①] 明确将县城户口和乡村户口区分开来，表明即便在城市发展水平相对滞后的嵊县，也已经实行坊郭制。至于绍兴府城，显然也实行坊郭户籍。宋廷之所以全面推行坊郭户制，一方面固然是为了适应城市人口不断增加和市民阶层日趋活跃的现实，另一方面更重要的是出于加强城市社会管理和赋役征发的需要。由于城市居民一般没有田产，以田地为主要征收标准的农村赋役制度显然不适合城市，取而代之的是根据城市居民的家产、职业和经营状况进行赋役的征发，而坊郭户制为此提供了必不可少的基础。通过对坊郭户的调查和统计，及时掌握城市居民经营活动的变化，对赋役作出相应的调整。

城市街区结构和社会活动的复杂化，使城乡一体的传统治安管理体制越来越难以维持。因此，宋廷在实践探索的基础上，逐渐在各地推行适应城市情况的治安管理制度。其中，最突出的是在州府城市实行与厢坊制相结合的军巡制，即在厢一级设置都巡检使或巡检使，下辖若干军巡铺，负责各街区坊巷的日常巡逻和防盗防火。绍兴所在的两浙地区，到南宋时军巡制已在州府城市普遍实行。如镇江府城原来"厢无巡铺，官无军巡"，宋宁宗嘉定年间，待制史弥坚于城内5厢及江口镇"创置巡铺二十八所，以

---

① 《剡录》卷1《县纪志》。

二十八宿为记。铺各厢军二名，专充巡徼"①。绍兴府城的情况史无明载，估计应与镇江等城市相似。

随着城市人口的不断增加和街区坊巷建筑的日趋密集，绍兴城的火灾问题越来越突出。如绍兴元年（1131）十月大火，烧延颇广，"民多露处"；同年十二月，又发生火灾，"焚吏部文书"。庆元二年（1196）冬，"绍兴府僧寺火，延烧数百家"②。火灾的频频发生，不能不引起宋廷和地方官府的重视，开始将防火救火列为城市管理的一项重要内容。宋宁宗时编订的《庆元条法事类》卷八《失火》规定："诸州、县、镇、寨城内，每十家为一甲，选一家为甲头，置牌，具录户名，印押付甲头掌之。遇火发，甲头每家集一名救扑。讫，当官以牌占数。仍从官钱量置防火器具，官为收掌，有损阙，即时增补。"又规定："诸在州失火，都监即时救扑，通监督，违者各杖八十。虽即时救扑，而延烧官私舍宅三十间以上（芦竹草版屋三间比一间），都监、通判各杖六十，仍奏裁；三百间以上，知州准此。其外县丞、尉（州城外草市、倚郭县同）并镇、寨官，依州都监法。"这是从法律上规定了组织民众进行救火的办法和有关官员的职责，并对玩忽职守的官员进行处罚，表明城市消防开始走向制度化。事实上，前面提到的州府城市厢坊军巡铺，除了维持治安外，也承担着日常烟火检查和管制的责任。如南宋中后期，都城临安城内，"官府坊巷近二百步置一军巡铺，以兵卒三五人为一铺，遇夜巡警地方盗贼、烟火"③。在绍兴府城，还设有专门的消防机构——潜火队。潜火队由一定数量的专业救火人员组成，备有相应的扑火设备，一遇火警，便前往救援。

宋朝是我国古代对社会救助事业比较重视的一代。通过陆续颁布和实行一系列法令和政策，逐渐建立起较为完整的社会保障体系。由于城市是

---

① 嘉定《镇江志》卷10《巡铺》，宋元方志丛刊本，中华书局1990年版。
② （元）脱脱等：《宋史》卷63《五行志二上》，中华书局1985年版。
③ 吴自牧：《梦粱录》卷10《防隅巡警》，浙江人民出版社1980年版。

各级政治中心,其社会稳定对统治者来说显得尤为重要;同时,城市又是各种游民的聚集地,特别是在灾荒年份,大批灾民涌入城市,给城市社会带来巨大的压力。此外,随着城市贫富分化的加剧,越来越多的下层居民和无业游民需要救济。因此,在社会保障活动中,城市往往是重点。就南宋时期的绍兴府城而言,其社会赈济和救助活动主要有三方面:

一是对贫穷流浪之人的赈济。绍兴元年(1131)十二月,绍兴府对城中乞丐和病患贫民进行大规模赈济,并制订了相应奖惩措施。通判朱璞的奏言对此次赈济有详细说明:"绍兴府街市乞丐稍多,被旨令依去年例日下赈济。今乞委都监抄札五厢界应管无依倚、流移、病患之人,发入养济院,仍差本府医官二员看治,童行二名,煎煮汤药,照管粥食。将病患人拘籍,累及一千人已上,至来年三月一日死不及二分,给度牒一通;及五百人已上,死不及二分,支钱五十贯;二百人已上,死不及二分,支钱二十贯,并令童行分给。所有医官医治过病患人痊愈分数,比类支给。若满一千人,死不及一分,特与推恩。如有死亡之人,欲依去年例,委会稽、山阴县尉各于城外踏逐空闲官民地埋葬,仍委官逐日点检,无令暴露。"①

二是对鳏寡老弱孤幼病疾等不能自存者的救助。这方面,主要有居养院和安济坊两种形式。居养院最初出现于北宋都城开封,重点救助鳏寡孤独贫乏之人。元符元年(1098),宋哲宗从详定一司奏请,规定:"鳏寡孤独贫乏不得自存者,知州、通判、县令、佐验实,官为居养之,疾病者仍给医药。监司所至,检察阅视。"② 由此,居养院之类的机构推广到全国各地。安济坊最初出现于北宋中期,重点救助疾病之人,北宋末年逐渐趋于普遍。南宋时,绍兴地方官府一度对居养院和安济坊十分重视,其制度之完备、规模之大、经费之充足,在同期两浙各府州中是比较突出的。嘉泰

---

① 徐松辑:《宋会要辑稿》68 之 138《食货》,中华书局 1997 年版。
② 李焘:《续资治通鉴长编》卷 503 元符元年十月壬午,中华书局 2004 年版,第 11976 页。

《会稽志》卷一三介绍说："居养院最侈，至有为屋三十间者。初遇寒惟给纸衣及薪，久之，冬为火室给炭，夏为凉栅，什器饰以金漆，茵被悉用帛，妇人、小儿置女使及乳母。有司先给居养、安养等用度，而兵食顾在其后。安济坊遍遣诸医疗视，视月给俸。"① 不过，由于吏治腐败，胥吏舞弊为奸，居养、安济之法渐趋败坏，以致"死于安济者相踵"，最后走向名存实亡。

三是对贫穷无力安葬者的救助和无主尸骸的掩埋。这方面，主要有漏泽园和义冢的设置。漏泽园属于公墓性质，位于绍兴城南7里的郊区，始设于北宋后期。除收葬无主尸骸外，也允许一般民众安葬。"有子孙亲属而愿葬园中者，许之，给地九尺。已葬而愿改葬他所者，亦听。"② 两宋之际，社会动荡，不少地区的漏泽园渐趋荒废，但绍兴城南的漏泽园不仅得到较好的维护，其规模还进一步扩大。南宋初，守臣翟汝文命山阴县收集四郊无主尸骸入园，所葬者数以千计。义冢与漏泽园类似，是宋宁宗庆元元年（1195）由提举浙东常平使李大性设置的，共有两处：一处在会稽县镇坞，占地40亩；一处在山阴县洄涌塘傍，占地10余亩。据嘉泰《会稽志》引录时任会稽县尉徐次铎所撰《记》文，义冢设置后，短期内即收葬尸骸近1300具。

四　余论

自从20世纪前期部分日本学者提出"唐宋变革论"以后，宋代是中国古代社会转型期的观点已越来越多地为人们所接受。都市文明的调整，便是此期社会转型的一个重要表现。从表面上看，宋代城市的演变主要是工商业的兴盛以及由此引发传统坊市格局的瓦解，实质乃是城市越来越多地

---

① 嘉泰《会稽志》卷13《漏泽园》，宋元方志丛刊本，中华书局1990年版。
② 同上。

突破原有政治性质所构成的限制，实现由各级统治中心向一定地域范围内的经济、社会和文化活动中心的转变，从而真正确立起有别于乡村的自身的文明形态。可以说，南宋时期的绍兴城在很大程度上展现了都市文明的这种变化。

另外，从古代绍兴城发展演变的整个历史过程来看，虽然早在六朝时期，随着大规模的地域社会开发，当时的会稽郡治山阴就已发展成为江南颇有影响的都会，但绍兴作为区域性的中心城市和商贸都会，是在入宋以后，尤其是到南宋时期才真正确立的，由此奠定了其后世发展的基本格局和方向。

（原文刊登于《绍兴文理学院学报》2010年第3期）

试论南宋名宦汪纲对绍兴城市建设的贡献

屠剑虹[*]

摘 要：南宋名宦汪纲在两任绍兴知府期间，从绍兴城市发展的长远考虑，进行了有规划、有组织的大规模城市建设。由此完善了绍兴城市的厢坊建置、街衢布局与河道分布，为绍兴城市的可持续发展起到了奠基和推进作用。

关键词：汪纲；城市建设；科学规划；固本保民

越州从宋建炎四年（1130）四月始，曾一度成为南宋的临时首都，为时达一年零八个月之久。次年正月，宋高宗取"绍奕世之宏休，兴百年之丕绪"之意，改元绍兴，并且"仿唐幸梁州故事，升州为府，冠以纪元"[①]，是为绍兴名称之由来。绍兴元年（1131）十一月，南宋朝廷决定迁都临安，并在绍兴二年（1132）初开始迁离。南宋朝廷迁移后，绍兴依然作为陪都存在，成为一个府的府治后，依然是南宋朝廷的陪都，此处既是王室的陵寝所在，又设有浙东安抚使、提点刑狱使、提举常平使等路级机构，城中还有天庆宫、报恩观、天长观等行宫和皇室祭祀点。绍兴六年（1136），朝

---

[*] 屠剑虹（1960— ），女，浙江绍兴人，绍兴市城市建设档案馆馆长，研究馆员。
[①] 嘉泰《会稽志·序》，绍兴县地方志编纂委员会，1992年12月重印。

廷宣布临安以外的全国大邑 40 处，山阴就名列前茅①。南宋一代，除首都临安以外，绍兴与金陵齐名②，为全国两大城市。值得指出的是宋嘉定十四年（1221）至宝庆三年（1227）汪纲（字仲举，南宋安徽黟县人）知绍兴的一系列举措，在一定程度上确立了绍兴城市的基本格局。本文以宝庆《会稽续志》为主要依据，试论汪纲在绍兴城市建设方面的贡献。

一　科学规划，合理布局，完善城市功能

南宋偏安江南多时，在此期间，北方人口的大量南移，给南宋带来了充足的劳动力、先进的技术和丰富的生产经验，推动了南方社会经济的发展。绍兴作为浙东中心城市，又是南宋的陪都，更有着特殊的地位。南宋嘉定年间，宋金之间虽然没有爆发大规模战争，但金人的威胁依然存在。随着绍兴政治、经济地位的崛起，绍兴知府汪纲以敏锐的眼光察觉到扩建府城、重修各城门及完善城市功能的重要性。为此，他从绍兴城市发展的长远考虑，制订了科学规划，大修城池，疏浚河道，修筑道路桥梁，其规模之大，范围之广，史无前例。

隋开皇中，越国公杨素将范蠡修筑的山阴大城（周 20 里 72 步，不筑北面），加扩至周四十五里，高一丈七尺五寸，上广一丈五尺，下广二丈七尺，女墙七千六百五十，皆高五尺，名曰罗城。唐乾宁中钱镠重修。北宋皇祐年间，绍兴知州王逵重修罗城且浚治池壕。嘉定十三年（1220），绍兴知府吴格又重修，后多摧圮。嘉定十六年（1223），汪纲乃按罗城重加缮治并修诸门，史称"宋城"，城周长二十四里，设城门九。"城之东，曰五云门，即古雷门，晋王献之所居，有五色祥云见，故取以名门；有水门曰都泗，旧都赐；东南，

---

①　（宋）熊克：《中兴小记》卷 20，福建人民出版社 1985 年版。
②　陆游所作嘉泰《会稽志·序》云："今天下巨镇，惟金陵与会稽耳，荆、扬、梁、益、潭、广皆莫敢望也。"

曰稽山门；水门曰东郭；西曰迎恩门，唐昭宗命钱镠讨董昌，以兵三万屯迎恩门，则迎恩门之名其来久矣；西南曰常喜门，又谓之偏门；南曰植利门；北曰三江门。"① 在修缮城墙并诸门的同时，"以至堰埭亦皆修筑"②。汪纲在重修罗城的同时，对子城亦一并修之，对缺损破坏的谯楼及镇东军门、秦望门等建筑均作修缮装饰，遂为一郡壮观。城墙、城门和护城河的修建，既增强了城市的防御功能，又有利于水上运输和排水抗洪作用的发挥。

南宋时，绍兴府城内已基本形成了完善的河网水系格局，城市的运输功能主要依赖水路。凡有河道的地方，所有的物资运输以至人员出行往来都用船运。当时府城的常住人口已超过10万，从人员出入及物资运输方便考虑，民居、商铺、酒楼甚至工场等建筑皆多依河或沿街而建。日积月累，河床的淤泥逐步抬高，船只经常搁浅，河土墈亦岁久皆坏。汪纲遂重砌了河墈，对城内的河道作了疏浚，使大小支流纵横交叉，皆可互通舟楫。河道的畅通，带来了水上交通的便利，府城内樯橹相接，船舶如梭，水上运输重现繁忙景象。

随着绍兴城市经济的发展和商贸业的兴盛，城市道路日显拥挤。府城内的道路已久不修治，且多为泥土路面，一遇下雨天，路上的泥淖几乎没膝，行人苦不堪言。泥泞的路面不仅影响路人通行，也有损城市市容，于是汪纲着手修建城内道路和城市对外主要通道，采用石块铺筑路面，"始于府桥至轩亭及南、北两市，由府前至镇夷军门，贤良坊至府桥，水澄坊至鲤鱼桥，沿河夹岸迤逦增筑，暨大小路、迎恩门外至虹桥、牵汇，坦夷如砥"③。使府城内的道路有了"天下绍兴路"的美誉，"井人嘉叹：实为惠利悠久"④。嘉定十七年（1224），汪纲又修建了城内向外的道路。斜桥坊路

---

① 宝庆《会稽续志》卷1，宋元方志丛刊本，中华书局1990年版。
② 同上。
③ 同上。
④ 同上。

是府城通往台州、宁波等地的交通要道，每逢下雨天，路面泥泞难行，汪纲命伐石甃砌，使二州往来者甚便。

由于众多的道路是由桥梁接续延伸，因此，南宋时绍兴桥梁的数量十分惊人，至宋嘉泰元年（1201），府城内已有府桥、纺车桥、斜桥、五接桥、小江桥、落碧桥、八字桥、广宁桥、大庆桥等99座桥梁，无名小桥则不计其数。在这些桥梁中，有很大一部分是南宋时建造的，而且有些桥梁的技术水平已达到了相当先进的高度。如建于宋嘉泰元年之前，位于府城东南的八字桥系梁式石桥，筑于三河汇合处，兼跨三河，与三条道路相衔接。八字桥设计科学，布局合理，巧妙地解决了三街三河复杂的交通问题，堪称中国古代石桥的杰作。

由于年久失修，有的桥梁成了危桥，有的桥梁已经垮塌。汪纲遂对城内的桥梁作了加葺。如将原用砖砌而成的摇摇欲坠的府桥，改建为石砌拱桥，桥面两侧石栏、柱头，雕饰精美。桥面加宽后，府桥一带翕然成市，遂为壮观。修缮府治前的莲华桥，随后依次修建了拜王桥、西双桥、水澄桥、大善桥、县桥、清道桥、鹅鸭桥、木瓜桥、章家桥、里木桥等，重建了已圮毁的桥梁。[①]

此后，绍兴城墙更为坚固，河渠畅通，堤岸坚实，桥梁一新，城市面貌大变，绍兴的水上航运也更为发达繁荣，通瓯达闽，浮鄞达吴。

二 开浚运河，修筑堤塘，改善城市水环境

汪纲上任伊始，就作出了一条重要决策，即开浚山阴萧山古运河。这条"运河自萧山县西兴六十里至钱清堰渡堰，迤逦至府城。凡一百五里"[②]。

---

① 《会稽续志》卷3《桥梁条目》，宝庆刻本。
② 《会稽续志》卷2，宝庆刻本。

自南宋乾道年间（1165—1173）西兴运河即与山阴古水道连通，成为萧绍运河，使这条运河的重要性与日俱增。运河西通钱塘，东达台明，诸如漕米、食盐和其他物资的运输及官商人等的往来，都依赖这条水运要道。到南宋嘉定年间，古运河"自西兴至钱清一带为潮泥淤塞，深仅二、三尺，舟楫往来不胜牵挽盘剥之劳"[①]。运河沙涨，造成交通堵塞，往来不便。嘉定十四年（1221），汪纲上奏朝廷开浚运河，除本府自备工役钱米外，蒙朝廷支拨米3000石，度牒七道，计钱5600贯，添助支遣，通计13000贯，以疏通古运河。组织民工修建设施，以防淤泥再入。

运河开浚畅通后，舟楫无阻，人皆便之。极大地促进了水上航运的繁荣和发达，也由此带动了绍兴城市的经济发展及市场繁荣。

修筑海塘、增筑沙路，是汪纲上任后的又一利民之举。清风、安昌两乡，濒临大海，有塘岸以御风潮。嘉定六年（1213），因遭海浪怒潮侵袭，使原本并不坚固的海塘终于溃决，决口达5000余丈，七万余亩田地被淹没后盐渍化，二万余户居民的房屋倒塌，十万左右人员流离失所，两乡仅一年的赋入损失即以万石计。嘉定十年（1217），知府赵彦炎奏请朝廷拨款，主持修筑了海塘，即山阴后海塘，共6120丈（约20399.8米），堤塘有三分之一用石块砌筑而成，于次年夏天毕工。海塘之坚固，维系着萧绍平原百姓的安危，是沿海地区的生命线、生存线，也是萧绍经济和社会发展的重要安全屏障。汪纲十分重视海塘的安全，上任后即下令对海塘时加巡视修护，加固千里海塘，确保百万生灵。同年，汪纲又增筑了位于府城之西门，距西兴逾百里的堤塘，时称新堤。该堤长年以来外为纤夫踩践，内为田家侵掘，废坏已久，堤塘成了泥涂。每逢初夏发大水时，河水满溢，从堤塘决口处淹没农田；当秋天骄阳仍如火烤之时，田水早已泄而不留。水旱灾害，严重影响了农作收成。嘉定十四年（1221），汪纲重筑堤塘，皆用石料

---

① 《会稽续志》卷2，宝庆刻本。

砌筑而成，使行人走路无淤泥溅衣之苦，舟行有纤夫拉纤之便，田有畔，岸水有储积。同时在人烟稀少之地建立了施水坊，共8所，各5间，可供过往行人休憩。又从长远考虑，为守坊者解决了生计问题①。此举使百姓得以安居，水利设施有了改善，农作获得丰收，交通畅行便利，可谓利国利民，因而深得民心。

汪纲于嘉定十六年（1223）重新修砌了长400余丈（约1333米），位于会稽县东七十余里千秋乡的菁江塘。该堤塘的修筑，解除了当地百姓遭受风潮袭击、水侵湖田之苦。次年，又筹资三千万，米千斛，木舂条五万余，对西兴沙路作了修建，该沙路长1140丈（约3800米）从沙上直抵江岸。修建后的沙路宽阔平坦，行人皆称便之。嘉定十七年（1224）三月，宁宗皇帝灵驾发引，即由此条沙路捧擎径达于河②，再由水路抵达攒宫皇陵。

汪纲从开浚运河，修筑堤塘等水利建设着手，消除了旱涝之患，许多流离失所的百姓得以重返家园，安居乐业，大大促进了农副业发展。更重要的是，通过实施这项固本保民的措施，维护了社会稳定，增加了地方财政收入。

三 修葺名胜，保护古迹，传承历史文脉

绍兴府治，背枕卧龙山。唐代时州宅内亭台楼榭，胜迹非凡，犹如仙境。唐诗人元稹曾作《以州宅夸于乐天》之诗篇："州城迥绕拂云堆，镜水稽山满眼来。四面常时对屏障，一家终日在楼台。星河似向檐前落，鼓角惊从地底回。我是玉皇香案吏，谪居犹得住蓬莱。"唐时州宅之胜可想而

---

① 《会稽续志》卷3《堤塘条目》，宝庆刻本。
② 同上。

知。乾宁二年（895），董昌在越州称帝，自封罗平国王，举起反旗，以州治厅堂作为宫殿。钱镠奉昭宗之命平董昌之乱后，厌恶董昌宫殿伪迹，将其毁后又重新建立。南宋高宗赵构于建炎初驻跸越州，以州治为行宫，将州治中之设厅改作明堂，行祭天祭祖大礼。宋高宗迁都临安后，行宫复作州治。至宋嘉定十五年（1222），州宅已破败不堪。汪纲自谯楼以至设厅、由廊庑吏舍内自寝堂、燕坐庖之所，悉治新之。工程自嘉定十五年春开工至十六年冬落成。重修了多稼亭、观风堂、清旷轩、真武堂、贤牧堂、常衙厅、秦望阁、棣萼堂、清思堂、青隐轩、延桂阁、招山阁等建筑，同时又加建了多处建筑，从而成为卧龙山之胜景。用唐代元稹"州城迥绕拂云堆"和"四面常时对屏障"之诗句，分别创建了名为"拂云""四面屏障"等建筑；用宋代张伯玉"疏竹间花阴，了无尘土侵""燕寝长居紫府春"及"州宅近云根"之诗句，分别在清思堂之北和州宅后创建了名为"无尘""燕春""云根"等建筑，还创设了镇越堂、月台、云壑等建筑。此外，汪纲还修缮了府治官廨[1]。重修了提刑司、提举司、安抚司签厅、通判厅、签厅，使这些建筑"稍称大府之体"[2]。

由于南宋王朝偏安江南，北方大片领土陷入金人之手，许多爱国志士和将领日夜思念收复失地。为激励人们继承和弘扬越王勾践卧薪尝胆、发愤图强的精神，汪纲在近民亭遗址上建造了越王台。越王台高十丈，气象开豁，目及千里，为一郡登临之胜。在越王台左侧筑了三大亭，各篆字刻之[3]。

望海亭是越城古景。该亭初为越国大夫范蠡所筑，名为飞翼楼。登楼眺望，可观察吴国入越动静。唐时在飞翼楼址上筑亭，因登亭可望后海，故称望海亭。北宋祥符中（1008—1016），高绅植五桂于亭之前，将望海亭易名为五桂亭。后亭废，桂树亦不存。嘉祐中（1056—1063），刁约增扩旧

---

[1]《会稽续志》卷1《府廨条目》，宝庆刻本。
[2]《会稽续志》卷2，宝庆刻本。
[3]《会稽续志》卷1《越王台条目》，宝庆刻本。

址后再建，复名望海亭。到南宋嘉定年间，亭已破败不堪，十五年，汪纲又重修望海亭。①

蓬莱阁在设厅后，卧龙之下，始建于五代十国时期，由吴越国王钱镠所建。其名源于唐代诗人元稹的诗作。蓬莱阁建成后，成了郡城中的标志性建筑，巍巍壮观，非同凡响。南宋状元王十朋所作《蓬莱阁赋》中云："越中自古号嘉山水，而蓬莱阁实为之冠。"历代均十分重视对蓬莱阁的保护和维修。嘉定十五年（1222），蓬莱阁其坏尤甚，旧景不再，汪纲遂重修之，使其重现风采。②

清白堂在蓬莱阁之西，卧龙山之足。北宋康定元年（1040）范仲淹所建。范仲淹徙知越州，在府山西岩下获废井，泉甘色白，他爱泉之清白，遂将井旁的一座凉堂改名清白堂，以"清白"自励。到南宋嘉定年间，该堂不存已久矣。十五年，汪纲命访其所，将其旧址上的都厅重加整葺，恢复范仲淹的"清白堂"旧匾。③

西园，在卧龙山之西。"府治，据卧龙形胜处，龙之口，府东门也，龙之尾，西园也。"④自吴越时此处已为游观之地。随着钱氏王室举家北徙，此园遂废不葺治。北宋景祐三年（1036），蒋堂出知越州不久，即复其旧观。后园内亭宇多坏。嘉定十六年（1223），汪纲对园内景观作了增葺，又创"憩棠"一亭，颇为华丽。⑤

除了对府山一带的景观进行改造外，汪纲还十分重视教育，绍兴历有重学传统，南宋时学风尤盛，"南渡以后，弦诵之声，比屋相闻"⑥。嘉定十五年（1222），岁逢大比，汪纲整葺贡院，增屋三十间，将贡院庭中之泥地

---

① 《会稽续志》卷1《望海亭条目》，宝庆刻本。
② 《会稽续志》卷1《蓬莱阁条目》，宝庆刻本。
③ 《会稽续志》卷1《清白堂条目》，宝庆刻本。
④ （宋）刁约：《望海亭记》，（宋）孔延之《会稽掇英总集》，宁夏人民出版社2007年版。
⑤ 《会稽续志》卷1《园圃条目》，宝庆刻本。
⑥ 《会稽县志》卷7《风俗》，康熙刻本。

全部改建成石砌之地，院前待试地亦填石①。嘉定十六年（1223），汪纲在巡视学校后，认为建筑简陋破损，于是决定将其修缮并扩建。

小教场，宋时位于卧龙山上，是教阅、操练军兵以及日常习武的场地。汪纲在教场"院地前筑台门，缭以墙垣，中为堂，曰'威武'，以为常教之所"②。在小校场之侧设立了制造军械的都作院，建屋二十余间。绍兴地处都城临安之侧，系通往海防据点明州（今宁波）之咽喉，故为内地之重镇。府城内除有厢军屯驻外，在水沟坊、卧龙山、秦望门、鲤鱼桥均有禁军驻守。嘉泰元年（1201），绍兴府城内驻有军兵近7000人，嘉定十六年（1223），府城中有军营12个。由于军舍不足且多已破损，军兵皆僦居于外，因而军纪极为涣散。汪纲针对绍兴驻军人员众多，但军舍不足的现状，对原有军舍作了修缮并又建屋一千余间，所有军兵均入营垒，使军纪有所好转③。随着农业和手工业的发展，在府城内又增建了苗米仓、糯米仓、银器库、军资库、书籍库、轿库、炭库等数十处物资仓库以及酒楼、馆驿等建筑④。北宋重视道教，绍兴一带信奉的是道教旧派正一教。但事佛之风亦颇盛。两宋时期，在前代所创佛寺庵舍的基础上，在府城和山会两县又新建了佛寺42处，庵舍41处。皇室对于宫观及佛寺庵舍的护持胜过前代。朝廷先后多次对宫观及佛寺敕赐匾额。南宋时，绍兴的一些著名佛寺，还与赵氏宗室的关系相当密切，如"光孝禅寺，专奉徽宗皇帝香火，实际成了赵氏宗室的家庙"⑤。嘉定十五年，汪纲大修宫观及寺庙，重修了天庆观、告成观、千秋鸿禧观、报恩光孝禅寺、本觉寺、城隍显宁庙等⑥。有些宫观及寺院遂成了当地之胜景。如千秋鸿禧观，又名天长观，位于会稽县东南

---

① 《会稽续志》卷1《贡院条目》，宝庆刻本。
② 《会稽续志》卷2，宝庆刻本。
③ 《会稽续志》卷2《军营条目》，宝庆刻本。
④ 《会稽续志》卷2《仓、库条目》，宝庆刻本。
⑤ 绍兴佛教志编纂委员会：《绍兴佛教志概述》，《绍兴佛教志》，浙江人民出版社2003年版。
⑥ 同上。

五里，系纪念贺知章而建。汪纲认为原有宫观偏小，因而更新了天长观的六十余间房屋，又增建了真武殿、先贤列仙祠并贺秘监祠、爽气堂。在天长观之前筑了一园，取名"赐荣"。汪纲在园中之柱上题写了李白忆贺知章之诗："敕赐鉴湖水，为君台沼荣。"园中筑了幽襟、逸兴、醒心、迎棹四亭。又筑长堤十里，夹道皆种垂杨、芙蓉。春波桥横跨湖面，犹如长虹卧波。此处春和秋丰，花木林影，左右映带，风景尤胜，成了越中的清绝之地。①

四　完善厢坊建置，奠定城市基本格局

在唐代以前，"越城之中多古坊曲"②，居民的住宅区和商业区分隔，"坊"内住有居民，"坊"之四周筑有围墙，坊内有一条或两条大路通往坊外，是"坊"的主干道，又有若干小路交叉，称为"曲"。作为商业区的"市"则设在"坊"的外边，在市中设"肆"。到唐代末期，随着城市发展和商业经济的活跃繁荣，这种传统的坊市制已有所改观，居民区的坊墙亦渐被拆毁。至北宋大中祥符时，绍兴府城内已有新的坊巷聚居制的记载，城内共设32坊。而"坊"的功能则从居民区演变为行政区，其间包含一定的商业网点。从绍兴初年始，绍兴城市发展很快，到绍兴二十七年（1157），城内俨然一派繁华景象。南宋状元王十朋在出任越州签判时，从卧龙山顶俯瞰这座城市，写下了描述绍兴城市的美文佳句："周览城，鳞鳞万户。龙吐戒珠，龟伏东武。三峰鼎峙，列障屏布，草木笼葱，烟霏雾吐。栋宇峥嵘，舟车傍午。壮百雉之巍垣，镇六州而开府。"到宋嘉定十七年（1224），经过三年多时间的科学规划和大规模的城市建设，府城内已形成

---

① 《会稽续志》卷2《寺院条目》，宝庆刻本。
② 《会稽志》卷4，嘉泰刻本。

了"一河一街""一河两街"和"有河无街"的水城格局，纵横交错的河道与街道，把府城分割成许多坊巷。于是汪纲把府城内的建置扩大到五厢96坊，"厢"就是由一定范围内的坊巷、街道、商店和市场所构成的。这个规模为大中祥符年代的三倍。其时，除临安外，绍兴为其他城市所不及。临安作为南宋都城，规模庞大，城内共设九厢85坊，明州城区分为四厢54坊，湖州城区分为四厢55坊，严州城区分二厢19坊。绍兴的城市规模和地位显然高出其他各府。

厢坊制的建立，彻底打破了官民分居、坊市分离的格局，官府衙门、贵戚府第与一般市民住宅互相杂处，商业和其他经济活动散布于城市各处。①

绍兴五厢96坊的具体设置是：会稽县界设第一、二厢，计40坊。山阴县界设第三、四、五厢，计56坊。

第一厢下分外竹园、里竹园、晋昌、元真、外钟离、里钟离、静林、甘露、外梧柏、里梧柏、杏花、亲仁、目连、季童、义井、新路、小新、都亭、法济、孝义、礼烟21坊。

第二厢下分棚楼、花行、日池、月池、照水、小德政、宝幢、庆陵、石灰、朴木、乐义、永福、押队、诸善、上党、义井、祥符、詹状元、莫状元19坊。

第三厢下分西河、小驿、南市、富民、华岩、铁钉、蕙兰、德惠、大市门、治平、甲子、开元、南观仁、狮子、云西、菩堤、耀灵、植利、采家、柴场、京兆、天井、水沟、大新、河南、施水、船场、府桥、桐木、槿木、爱民31坊。

第四厢下分贤良、火珠、少微、板桥、北市、瓦市、双桥、水澄、新河、大路、石灰、锦鳞、武勋、书锦、迎恩、草貌、笔飞、斜桥、戒珠、

---

① 陈国灿、奚建华：《浙江古代城镇史研究》，安徽大学出版社2000年版。

王状元20坊。

第五厢下分教德、卧龙、车水、显应、秦望5坊。[①]

值得一提的是，绍兴府城内各坊的名称，反映了绍兴的地域文化，有的取自桥名，有的取自宫观、寺院之名，有的取自市场之名，有的取自当地风俗礼仪，类型很多，不胜枚举。尤其是绍兴府聚居着许多官户，大多是通过科举入仕为官的，他们在很多方面影响着所居的城市，若是得中状元，更成了当地的荣耀，有的坊巷即以此为名。宋淳熙乙未（1174），郡人詹骙得中状元，其所居之地德政坊更名詹状元坊。此后21年，莫子纯又中魁，于是复立莫状元坊。之前，绍兴已有状元坊之名。王佐在高宗绍兴十三年（1143）中进士第一，其时，府城中首次将一坊取名状元坊。到嘉泰元年时，王状元坊已废，只有詹、莫二坊了。嘉定十七年，知府汪纲在旧址上重建王状元坊，并恢复旧名。同时在96坊之前新筑华表，重题坊名[②]。

在这五厢96坊中，又设置了照水坊市、清道桥市、大云桥市、大云桥西市、龙兴寺前市、古废市、驿地市、江桥市八个集市，组成了城市内部的商业网。

五　结　语

《宋史》说汪纲"机神明锐，遇事立决。在越佩四印，文书山积，而能操约御详，治事不过二十刻，公庭如水，卑官下吏，一言中理，慨然从之"。汪纲担任绍兴知府长达七年，任期内勤勉工作，上得朝廷信任和赏识，下受同僚乃至一方百姓的拥戴。理宗"特畀二秩，守户部侍郎，乃赐

[①]《会稽续志》卷1，宝庆刻本。
[②]《会稽续志》卷1《坊巷条目》，宝庆刻本。

金带。卒后，追赠宣奉大夫"①。越人闻汪纲卒讯，"有相率哭于寺观者"②。

汪纲在嘉定年间对绍兴的大规模建设，其规划体现了前瞻性、科学性和合理性。他在保持城市原有风貌的基础上，充分考虑绍兴城市的长远发展，使城市功能得以完善，城内的厢坊建置、街衢布局、河道分布等基本定形，历元、明、清直至民国，都没有大的变化。他在建设中突出古城保护的理念，尤其是重点保护城市的水系和名胜古迹，修建公用设施，建设民生工程，传承和弘扬绍兴历史文化，可谓造福于民，泽被千秋。他以廉洁勤政取信于民，兴建公共设施，往往带头捐款，自身则"服用不喜奢丽，供帐车乘，虽敝不更"③。

汪纲对古城的建设，进一步巩固了绍兴作为京畿重镇的地位。他在城市建设中所秉承的理念，在当今的城市规划建设和管理中仍具有重要的借鉴意义。

（原文刊登于《绍兴文理学院学报》2010 年第 4 期）

---

① （元）脱脱：《宋史》卷 408《汪纲传》，中华书局 1985 年版。
② 同上。
③ 同上。

试论宋代浙东沿海市镇的海外贸易及其影响

姚培锋[*]　金　毅

摘　要：宋代浙东沿海的明州、温州和台州等是重要的港口城市，海外贸易发达，与高丽、日本、东南亚及西亚国家均有频繁的贸易往来。海外贸易的兴盛，极大地促进了沿海市镇商品生产和贸易经济的发展，引发了社会经济结构的变化，从而对该地区市镇的社会生活产生了不可忽视的影响。

关键词：宋代；浙东沿海；市镇；海外贸易；经济结构；社会生活

宋代浙东地区即两浙东路，下辖越州（绍兴府）、明州（庆元府）、台州、温州（瑞安府）、婺州、衢州、处州7个府州，其中越、明、台、温濒海，为浙东沿海地区。

两宋时期，由于受自然和社会政治、经济等因素的影响，浙东沿海一带市镇勃兴，工商业发达，特别是由于拥有明、温、台等重要的外贸港口，使该地区市镇的商品生产和海外贸易呈现出前所未有的繁荣景象，从而有力地推动了宋代浙东市镇商品经济的繁荣和社会经济结构的变化。本文主要

---

[*] 姚培锋（1963—　），男，浙江嵊州人，绍兴文理学院上虞分院副教授。

探讨浙东沿海市镇的海外贸易以及由此产生的对社会生产和生活的影响。

一 浙东沿海市镇的勃兴和工商业发展

在宋代，市镇包括作为农村新兴工商业中心的镇市和在乡村墟市基础上形成的草市。镇市在浙东沿海的兴起始于北宋，至南宋，则出现了历史上的第一次高潮。

宋代浙东沿海市镇的勃兴，一方面表现在市镇数量的增加上，另一方面则表现在市镇工商业经济的繁荣上。宋初，随着唐末五代十国割据局面的结束，浙东沿海地区的社会经济得到了迅速恢复。由于诸如土地肥沃、气候适宜、灌溉便利等优越的自然条件，加上统治者采取了一系列有利于农业生产的措施，如检田劝农、鼓励垦荒、兴修水利等，因此，到宋真宗时，该地区的农业生产已基本恢复并重新走向高涨。"夫景德、祥符间，斯民富且庶矣。当是之时，人人乐业，庐里之中，鼓乐之音远近相闻，熙熙然殆不知帝力也。"[1] 在此基础上，市镇得到了迅速发展，数量急剧增加。据《元丰九域志》卷五《两浙路》记载，北宋时的越、明、温、台四州市镇分别只有9个、3个、7个、9个，到南宋时期已分别拥有53（含草市）个、143（其中村坊119处）个、9个、81（其中村坊60处）个[2]。市镇数量的增长，无疑是农村经济发展的结果，它为这一时期市镇的发展提供了广阔的地域空间，使市镇工商业得到迅速繁荣。

两宋时期，浙东沿海市镇的商品生产和商品经济十分活跃。以商税为例，北宋熙宁十年（1077），浙江地区设有税务的市镇平均年商税额为

---

[1] 晁说之：《嵩山文集》卷1《元符三年应诏封事》。
[2] 陈国灿、奚建华：《浙江古代城镇史研究》，安徽大学出版社2000年版，第120页。

3179.4贯，而越州的曹娥镇已达4936贯，渔浦镇达3240贯，温州的永安场也达4704贯，均高出平均年商税额。越州的龙山场、台州的县渚镇等市镇的年商税额也在2000贯以上。而且，市镇的商税总额占全州城镇商税总额的比重也在日益增加，如越州占18.25%，温州占14.80%，台州占9.90%①。至南宋时，更是有了较大的发展。如绍兴府在北宋熙宁十年，其市镇的商税额为12082贯，到南宋嘉泰（1201—1204）初年已增至21652贯，增长了79.21%②。

当时，该地市镇工商业出现了颇具规模的产业经济。如越州、明州的酿酒业，越州、剡、温州、台州的造纸业，越州、台州的印刷业，明、温、台的海产品加工业，温、台的皮革业，越、台的制漆业，温州的竹编业，越州的制扇业等都相当发达。南宋时期的绍兴是浙东沿海的中心城市，被人们视为除临安以外江南地区最著名的城市之一，"今天下巨镇，惟金陵与会稽耳"③。它是浙东诸州县商品流通的一大中心，其城内外有12个市场，形成了城北和城西南两个繁华的商业区。城郊又分布有许多卫星市镇，每年还要定期举办大型商品交易会。如每年正月十五的"灯市"规模庞大，参与交易的商人来自周边许多州郡乃至海外诸国。到嘉泰初，绍兴城内年商税额在6万贯以上，较北宋时增加了1倍多④。

二 浙东沿海的航运业和海外贸易港口

宋代的航海技术和船舶制造已大大超过前代，出现了适宜远洋航运的大海船。孙光圻先生曾对我国宋元时期的航海技术做过概括，他说："航海

---

① 《宋会要》16之7至9《食货》、16之18《食货·商税篇》、12之20《方城》，嘉定六年十二月十二日。
② 《宋会要》16之7《食货》；嘉泰《会稽志》卷5《课利》。
③ 嘉泰《会稽志·序》；嘉泰《会稽志》卷5《课利》。
④ 同上。

地理视野的开阔,地文定位技术的深化,叙述性航路指南的成熟,船用海图的应用,海洋知识的丰富,气象预测的采用,船板操纵技艺的娴熟等均是,但最重要的则是全天候的磁罗导航与量天尺为测天工具的大洋天文定位技术。"[1] 这使宋代开展海外贸易具备了交通工具和技术上的先决条件。

从北宋前期起,宋廷就一直在明州、温州设有官营造船场供漕运和海外交往。如哲宗元祐五年(1090),诏温州、明州岁造船各以600艘为额[2],其数量在同期全国所有官营造船场中居首位。官营造船场所造的一般均为大船,如元丰元年(1078)明州造船场应宋使赴高丽的需要,造万斛船两艘[3],每艘船载重约为1100吨。民间造船业更为普遍,制造技术也达到相当高的水平。南宋吴自牧在《梦粱录》中说,当时浙江商人前往日本、高丽贸易,其所乘船只"大小不等,大者五千料斛,可载五六百人;中等二千料斛至一千料斛,亦可二三百人;余者谓之钻风,大小八橹或六橹,每船可载百余人"[4]。造船技术和航运业的发展为海外贸易的发展提供了积极的客观条件。

宋政府为了增加财政收入,对海外贸易十分重视。早在太祖开宝四年(971)就在广州设置市舶司。以后,杭州、明州、温州也相继设立。南宋高宗绍兴七年(1137)上谕说:"市舶之利最厚,若措置合宜,所得动以百万计,岂不胜取之于民,朕所以留意于此,庶几可以少宽民力尔。"[5] 又绍兴十六年(1146)上谕说:"市舶之利,颇助国用,宜循旧法,以招徕远人,埠通货贿。"[6] 南宋政府奖励海外贸易的原因主要是南渡后国家财政支

---

[1] 孙光圻:《中国与海上丝绸之路》,福建人民出版社1991年版,第213—214页。
[2] 参看《宋史》卷338《苏轼传》、卷487《高丽传》、卷186《食货下八·互市舶法》、卷185《食货志》。
[3] 同上。
[4] 吴自牧:《梦粱录》卷12《江海船舰》,三秦出版社2004年版,第184页。
[5] (清)徐松:《宋会要辑稿》446之20《职官》,中华书局1957年版,第2811—2853页。
[6] (清)徐松:《宋会要辑稿》466之24《职官》,中华书局1957年版,第2883—2920页。

出浩繁，经费筹措困难，只有奖励海外贸易，才能增加国家财政收入。南宋高宗绍兴年间，浙、闽、广三市舶司一年收入达两百万贯，超过北宋时最高额两倍多①，占南宋财政收入的1/20，是一项很重要的税收。所谓"东南之利，舶商居其一"②。因此，南宋统治者积极采取措施，奖励外商来华，"凡市舶纲首能招诱舶舟，抽解货物，累价及五万贯、十万贯的可以补官"③。并对外商的权益予以保障，市舶官员如果强行征收外商商税和收买货物，允许外商向宋朝政府控告申诉。对外商的各种困难想办法解决，如对遇风险漂泊而来的外商则给予援救。外商船主如不在或失踪，责令市舶官员负责清点并保管其货物，待其亲属来认领，同时，给外商在生活上提供一切方便。凡市舶官员能使市舶增加收入，就受到升官的奖励，反之，市舶亏损，则要受到降职处分。这些措施，对奖励和招徕外商来华贸易，起了很大作用，促进了浙东沿海对外贸易的发展。

两宋时，浙东沿海对外贸易港口，以明州、温州为最盛。

明州，唐中后期已是重要的外贸港口，北宋时成为与杭州、广州、泉州、密州齐名的全国五大外贸口岸之一。史称其处"海道辐辏之地，故南则闽广，东则倭人，北则高句骊，商舶往来，物货丰衍"④，时人曾以"城外千帆海舶风""梯航纷绝缴，冠盖错中州""雨前茶更好，半属贾船收"⑤等诗句赞叹当时明州港海上贸易的兴盛。淳化三年（992），宋廷曾一度将两浙市舶司移至明州。咸平二年（999）与杭州分司，正式设立明州市舶司。

明州虽在南宋初一度遭到金兵的严重破坏，海外贸易也受到很大影响，

---

① 《建炎以来系年要录》卷183。
② 参看《宋史》卷338《苏轼传》。
③ 《宋史》卷487《高丽传》。
④ 《乾道四明图经》卷1《分野》。
⑤ 《乾道四明图经》（卷8引邵必）《前题三首》，又见《延祐四明志》（2031舒亶）《和马粹老四明杂诗聊记里俗里》。

但时隔不久，便很快得到恢复，到南宋中期，已超过了北宋时的发展水平，呈现出"珠宝贝阙竞来还，泉客鲛人争献宝"①，"有司资回税之利，居民有贸易之饶"② 的繁荣景象。

温州，自绍兴初设立市舶务后，正式成为宋廷批准的对外贸易港口，其海外贸易更显发达，"其货纤靡，其人多贾"③。时人陈傅良《咏温州》诗云"江城如在水晶宫，百粤三吴一苇通"，反映了温州海上交通的发达。温州著名诗人徐照也有"夜来游岳梦，重见日东人"，"两寺今为一，僧多外国人"④ 等反映海外往来频繁情况的诗句。随着海外贸易的发展，温州城也日益繁华。据孝宗时曾任温州知府的王之望说，当时温州城内有居民"一万数千家"。若加上城郊四厢八界，则其市民当在 10 万人以上。

明州、温州等港口城市海外贸易的繁荣还可以从南宋政府市舶税收入的大幅度增加中得到反映。北宋时，全国市舶司收入最高额为 63 万贯⑤；南宋时，到高宗末年，就已达 200 万贯，以后还有进一步增加。而在宋廷的市舶收入中，明州、温州等浙东港口城市和市镇无疑占了主要部分。

此外，台州港也是浙东沿海的重要外贸口岸，具体有章安、临海、黄岩等港口构成。其中，章安镇自六朝以来一直是台州港的主要出入口岸，进入宋代，由于邻近临海港和黄岩港的兴起，使章安港的地位有所下降，但仍不失为一个相当活跃的港口市镇。南宋时，章安港尚能停泊装载 10 万石粮食的大海船，可见其靠泊和吞吐能力还是相当大的。据文献记载，南宋初还一度在章安设置过市舶司⑥，表明当时章安港的海外贸易还在进行。

---

① 《乾道四明图经》（卷 831 王益柔）《前题》。
② 《宝庆四明志》卷 6《叙赋下·市舶》。
③ 程俱：《北山小集》卷 22《席益差知温州制》，上海书店出版社 1934 年版影印本。
④ 徐照：《移家池雁》《题江心寺》，见《芳兰轩诗集》。
⑤ 王应麟：《玉海》卷 186，广陵书社 2008 年版，第 3397—3407 页。
⑥ 金陈宋主编：《海门港史》，人民交通出版社 1995 年版，第 42 页。

三　海外贸易的主要国家和商品种类

北宋时，浙东沿海对外贸易的主要国家是日本和高丽。那时，正值日本加藤原氏专权，严禁日商私自出海贸易。所以，这一时期，来往于中日之间的几乎都是宋朝的商船。这些商船大都从明州出发，回国时也在明州上岸。据统计，北宋时宋舶前往日本的有70多次，日本商人也绝大多数从明州登岸，如神宗元丰三年（1080），宋商孙忠从明州出发，越洋到达日本敦贺港；仁宗天圣四年（1026），日本使者周良史"奉本府都督之命，将土产物色进奉"①，就是由明州登岸的。与高丽的商贸往来，据杨渭生研究，北宋一代，见于史载的官方往来有67次。至于民间商贸往来更是频繁，仅据《高丽史》所载，从高丽显宗三年（1012）到仁宗二年（1124）的一百余年间，宋商赴高丽经商多达96次，计3000多人次②。这些高丽商人绝大部分或全部由明州或杭州入关，或经明州再转杭州，然后北上③。

明州对外贸易的主要国家除高丽和日本外，还有东南亚的交趾（越南北部）、占城（越南南部）、三佛齐（苏门答腊东南部）和西亚婆国、波斯国等，成为国际通商的重要口岸。

南宋时，从日本输入的贸易品，细色有金子、沙金、珠子、药珠、水银、鹿茸、茯苓；粗色有硫黄、螺头、松板、杉柏、罗板④。日本的木材，曾大量输入明州。明州天童寺千佛阁和育王寺舍利殿就是用日本木材修建

---

① ［日］木宫泰彦：《中日交通史（上卷）》第11章，陈捷译，商务印书馆1980年版，第275页。
② 杨渭生：《宋与高丽：朝廷"贡""赐"贸易》《宋与高丽：民间贸易与商人的作用》，《宋丽关系史研究》第4、5章，杭州大学出版社1997年版。
③ 熙宁七年（1074），高丽王提出"欲远契丹，乞改途由明州诣阙"的请求，参见《宋史》卷487《高丽传》。
④ 宝庆《四明志》卷6《叙赋下·市舶》。

的①。此外，日本输入明州的黄金数量也不少。理宗宝庆年间（1253—1258），庆元府一年内由日本输入的黄金总额达四五千两②。这对南宋金融市场影响很大。

明州与高丽贸易货物品种繁多。从宝庆《四明志》卷六所列的货单中，可以看出由高丽输入的货物中，以人参、药材为最多。其次是各种布匹、漆、铜器、虎皮等。此外，还有折扇、纸墨和各种工艺品。至于明州输出高丽的货物，主要有瓷器、茶叶、丝织品、书籍、文具等，尤其是越瓷，对高丽陶瓷业的发展有很大的影响。高丽在南宋时与明州继续贸易往来。因宋金战争虽一度与高丽断绝贸易，但时间很短，"宁宗皇帝更化之后，禁贾舶泊江阴及温、秀州，则三郡之务又废，凡中国之贾，高丽与日本诸番之至中国者，惟庆元得受而遣焉"③。从此，明州与高丽的贸易畅通无阻，宋丽商人往返于明州与礼成港之间，络绎不绝，并对高丽、日本商船在税收上给予优待。

明州在真宗咸平间（998—1003），还在狮子桥北建清真寺，在市舶务西设波斯馆。占城国经常来明州经商，商船所携带的货物主要是麝香、笺香、沉香、丁香、檀香、山西香、龙涎香、降真香等香药④。

此外，温州和台州也是浙东沿海的重要港口，民间海外贸易十分活跃。据《高丽史》记载，仅宋仁宗期间，从温、台两港出发赴高丽的商队就有天圣九年（1031）陈惟志等64人、宝元元年（1038）陈维绩与明州商人陈亮等147人、皇祐元年（1049）徐赞等71人等多支，规模都相当庞大。

---

① 宝庆《四明志》卷13《寺院》。
② ［日］加藤繁：《中国经济史考证》（第二卷），吴杰译，商务印书馆1973年版，第250页。
③ 宝庆《四明志》卷6《叙赋下·市舶》。
④ 同上。

四 海外贸易发展对经济结构和社会生活的影响

宋代海外贸易的兴盛，对浙东沿海市镇的生产和社会生活产生了不可忽视的影响，促使该地区社会经济结构的变化，区域经济特点越来越明显。

从市镇的社会生产角度来看，海外贸易的发展影响着市镇商品经济的繁荣和生产方式、社会经济结构的变化。如明州、温州、台州等府州城市，凭借优良的天然港湾、较为发达的陆上交通和经济腹地，成为海上贸易的重要港口。又如台州的章安镇，也成为著名的港口型市镇。海外贸易直接导致了市镇经济的繁荣，工商业的发达，并使市镇居民产生分化。在宋代浙东沿海的城市和市镇里，居民不再是单一的农民和地主，而出现了一定数量的手工业作坊主，当然更多的是小商小贩和工匠佣人，形成了从事商品经济的市民阶层。

海外贸易的发展，对浙东沿海经济结构变化的影响也十分明显。所谓经济结构的变化包含两层意思：一是指生产资料的所有制形式的变化；二是指经济的商品意义增大，即商品经济的发展。而海外贸易对浙东社会经济结构变化的影响，最主要的是后者。受海外贸易影响的商品生产，具有一般商品生产所没有的活力。从理论上说，一切商品均受价值规律支配，由于海外贸易的盛行，使商品的价格远远高于价值，因而反过来刺激商品生产的发展，形成类似今日的出口导向型产业，从而产生内地所没有的经济优势。关于这方面的论述，厦门大学著名经济史教授郑学檬先生曾有过详细的分析[1]，已无须赘述。

从城镇的社会生活角度来看，城镇工商业发展和阶级分化的出现，既

---

[1] 郑学檬：《中国古代经济重心南移和唐宋江南经济研究》，岳麓书社1996年版，第260—268页。

反映了城镇居民不同的生活层面,又反映了贫富分化现象的存在。崇尚享乐,贪求享受之风在有产之家盛行,服饰、饮食、房屋装饰、红白喜事的操办等都极尽奢华。至于城市贫民,连日常生活都甚感艰辛,更谈不上享受了。因此,海外贸易的发展和商品经济的繁荣,不仅导致了奢靡之风的盛行,也对其他方面的社会风气有很大影响。主要有如下几方面的表现:(1) 舍本逐末,趋利经商之风盛行。上至贵族宗亲,下至贫寒小户,无不以经商逐利为务,以至当时世人感叹:"今人无复良心,惟知有利耳。"①(2) 迷信佛道,敬事鬼神。温州、明州、台州等城的敬事佛道之风很盛。如温州寺院"庄严冠于二浙,焚修闻于四方"②。(3) 崇儒重教,学风滋盛。如温州"士气浸盛",至建炎、绍兴间,"异才辈出,往往甲于东南"③。(4) 浮夸虚荣,以财论婚。随着商品经济的发展和奢侈之风的盛行,在不少城市居民中,滋生了好尚虚荣的习性。而婚姻上的重财观,则极大地反映了城镇商品经济发展后,市民追求物质利益的普遍心态。

当然,海外贸易发展对宋代浙东沿海市镇社会各方面所产生的影响,极大地以积极形态表现出来,上文所提到的对社会风气的影响,也不能完全看作弊端,而是在很大程度上反映出宋代传统农业经济向商品经济逐步过渡的过程中,无论是生产方式,还是社会生活方式发生相应变化的必然结果,是社会进步过程中的反传统表现,或者说是商品经济社会对农业社会在一定意义上的否定。

(原文刊登于《绍兴文理学院学报》2005 年第 5 期)

---

① 李元纲:《厚德录》。
② 周行己:《浮沚集》卷 6《净居寺盖造文》。
③ 王十朋:《梅溪先生后集》卷 29。

论宋代绍兴城市经济

姚培锋　陈国灿*　裘珂雁

摘　要：宋代绍兴城市经济发展显著，尤其是南宋时期，表现出工商业形态多样、经济结构完整和市场体系成熟等特点，在江南城市体系中具有一定的典型性。城市经济的发展，是与宋代绍兴城市人口增加、社会经济发展等状况相适应的，是自然经济向商品经济转型的必然反映。城市经济的发展，不仅改变了城市居民的社会结构，形成了与市民阶层相适应的思想观念和社会风气，而且对城市管理的提升、文化教育的发展和城郊都市化、农村城镇化趋势的出现，均产生了十分深刻的影响。

关键词：宋代；绍兴城；工商业形态；经济结构；社会影响

在宋代江南城市体系中，绍兴城具有相当重要的地位。至南宋时，它既是陪都，又是两浙东路治所，政治影响仅次于都城临安。不仅如此，绍兴城还是一座较为典型的综合性都市，城市规模庞大，城郭周围达"二十有

---

* 姚培锋（1963—　），男，浙江嵊州人，绍兴文理学院上虞分院副教授；陈国灿（1966—　），男，浙江绍兴人，浙江师范大学人文学院中国历史研究所教授，"江南文化研究中心"首席专家，博士后。

四（里）余步百八十八"①。尤其是城市经济十分繁荣，史称其"栋宇峥嵘，舟车傍午"②，经济发展呈现出形态多样、结构完整和市场体系成熟等特点。本文就宋代绍兴城市经济发展的状态与特点、原因及影响等方面略作探析，以资江南社会状态与农村城镇化研究的参考。

一 宋代绍兴城市经济发展的状态与特点

宋代绍兴城（北宋时称越州城）的传统工商业得到了前所未有的发展，特别是南宋时期，由于城内市场、店铺、民居、官廨等交织分布，形成了综合性的坊巷格局，使工商业活动可以扩散到城市的各个角落。据载，宋宁宗嘉定十七年（1224），知府汪纲对府城街区进行了重新调整，将其划分为5厢96坊，并大规模整治城内道路，将街区泥质路面改为砖石铺设。"浚治其湮塞，整齐其嵚崎，除闤陌之秽污，复河渠之便利，道涂堤岸，以至桥梁，靡不加葺"，由是城内道路"坦夷如砥，井里嘉叹"③。坊巷聚居制④的实施和府城街衢的这种变化，既是城市发展的必然要求，同时也对城市经济的勃兴起到了极大的推动作用。

从城市商业状况看，宋代绍兴城的商业活动十分繁忙。特别是南宋时，绍兴府城已形成了城北和城西南两个繁华的商业集聚区，城内外市场众多，共计达13处。其中城内6处，即照水坊市、古废市、南市、北市、花市、瓦市；城外7处，即清道桥市、大云桥东市、大云桥西市、龙兴寺前市、驿地市、江桥市、斜桥市⑤。这些常设性的商业市场承载着各种形态的商业活

---

① 嘉泰《会稽志》卷1《城郭》，中华书局1990年版。
② （宋）王十朋：《会稽三赋》，民国铅印本。
③ 宝庆《会稽续志》卷1《街衢》《坊巷》，中华书局1990年版。
④ 宋代城市行政管理逐渐采用"厢坊制"（又称"坊巷聚居制"），以替代唐五代以来的"坊市分区制"，使行政区、居民区（坊）和商业区（市）融为一体。
⑤ 宝庆《会稽续志》卷1《街衢》《坊巷》，中华书局1990年版。

动,是城市商业的主要场所。另外还有临时性的灯市、会市等。如从北宋时起,绍兴城东南2里的开元寺前,每年正月十五元宵节都要举办大型集市。"正月既望,为灯市,傍十数郡及海外商贾皆集,玉帛、珠犀、名香、珍药、组绣、髹藤之器,山积云委,眩耀人目;法书、名画、钟鼎、彝器,玩好奇物亦间出焉。"① 绍兴城商业的繁荣,还可以从宋廷征收的商税额变化中得到反映。北宋前期,越州全州的年税额合计为27577贯。熙宁十年(1077),宋政府重新调整各地税额,于是全州商税总额增至66207贯780文,较旧额增加了1.4倍。其中,州城税额为28916贯92文,在同期全国234个州府城市和四京中居第28位。如果按当时通行的5%税率计算,州城的商品交易额接近60万贯。及至南宋嘉泰元年(1201),绍兴府城的商税额达到62256贯959文,相当于熙宁十年税额的2.2倍②。若以当时两浙一带通行的2.5%税率计算,则市场交易额达到250万贯,是熙宁十年的4倍多。商税额的多寡,固然受宋廷赋税政策和征收方式转变的影响,也与南宋政府不断增加纸币发行量引发的通货膨胀现象有关,但商业的发展和商品流通规模的扩大,无疑是城市税额快速增长的重要基础。

再从城市手工业状况看,入宋后,绍兴城内的民营手工业生产得到了迅猛发展,逐渐取代了官营手工业的主导地位。除兵器制作、造船等官营手工工场外,丝织、酿酒、造纸、图书刻印、制扇、铜器制造等民营手工业也十分活跃,其产品"供给四方,无有纪极"③。民营手工业在规模上虽然要比官营小得多,一般都是家庭式作坊和个体经营,但数量众多,行业齐全,且生产或加工的产品面向城市居民,乃至整个社会。

更为主要的是,这一时期绍兴城市经济的发展已深入包含传统工商业、商业性服务业和商业性文化与娱乐业等在内的多个经济领域,并表现出如

---

① 嘉泰《会稽志》卷7《寺院》,中华书局1990年版。
② 嘉泰《会稽志》卷5《课利》,中华书局1990年版。
③ 梁庚尧:《南宋城市的社会结构》,《大陆杂志》1990年第4期。

下特点。

一是工商业形态呈现多样化。宋代绍兴城市工商业仍然有官营与民营之分，其中官营商业凭借着政治特权和资金优势，一般规模较大，利润丰厚，商品也往往实行专卖，如对酒、茶、盐之类的买卖实行严格控制。而各级政府部门也常常直接参与相关商业的经营活动，如"市易务""杂买务""店宅务""垛堆场"和"药局"等。民营商业虽不能与官营商业相比，但它广泛分布于城内外各个角落，各类"店肆"和"铺席"经营着城市居民所需的各种商品，从而构成城市商业网络的主体。从商业活动内部看，这一时期绍兴的城市商业，其经营方式灵活，商品流通环节完整，流通商业（"行商"）、批发商业（"中间商"）和零售商业（"坐商"，时人称"小经纪"）兼备。同样，官营手工业主要服务于政府各个部门，产品很少投放市场。而民营手工业就其性质来说则属于商品生产，其原料来自市场，产品也完全投放市场，且随着城市经济的发展，生产的商品化和专业化程度也越来越高。民营手工业生产的兴盛，在一定程度上意味着绍兴城已不再只是商品的消费地和流通中心，也是商品的生产和供应地了。

二是经济结构趋于完整。这一时期绍兴的城市工商业已突破政府的严格限制，趋向于更深层次的发展。除消费性商业更显发达外，流通性商业、商业性服务业、商业性文化和娱乐业等也广泛兴起，这在很大程度上改变了绍兴城市经济的结构与活动方式。

与消费性商业主要局限于由农村到城市的单向商品流通形式不同，流通性商业更多的是地区之间的商品流通，城市充当了一定地域范围内商品流通中心的角色，从而有力地推动了绍兴城商品生产和市场的专业分工，进而形成不同形式的批发市场。商业性服务业既是城市商业的一种延伸，也是城市手工业的一种补充，是城市工商业发展到一定程度出现的产业分工的结果。其行业种类繁多，分工精细，经营灵活，成为城市经济繁荣不可缺少的一部分。宋代绍兴城内包括餐饮、旅店、租赁、仓储、借贷、娱乐、修补等诸多服务行业已十分兴盛。如南宋时，绍兴酿酒业发达，饮酒之风颇盛。"城中酒垆千百所"①，"激赏酒库在照水坊，都酒务在莲花桥"②，各种官营、私营酒店充斥街头巷尾。旅店业是适应城市流动人口增加和商贸往来需要而兴起的，如府城东北的斜桥，"其下多客邸，四明舟楫往来所集"③。租赁业以房屋、店铺、仓库之类的出租最为活跃。许多工商业者经商或官员携带家属赴任，都要在城内租屋居住。如南宋初，由于绍兴城已成为宋廷陪都和两浙东路的治所，各类政府机构大增，原有的官廨不敷所用，"参议、机宜、抚干，旧无廨舍，皆僦居于市"，甚至连城区驻军也一度"皆僦居于外"④。南宋时，商业性文化和娱乐业在绍兴城也日渐兴起，如绍兴的书籍刻印业相当发达，现北京图书馆还藏有绍兴府刊刻的《春秋左传正义》36卷本。民间藏书也十分流行，绍兴城内就有陆宰、陆游、诸葛行仁等著名藏书家。又如绍兴城内有众多"瓦子""勾栏"之类的固定文化娱乐场所，还有"打野呵"之类的街头巷尾露天演出。可见，宋代绍兴城市经济结构已较为完整，城乡之间也开始形成商品流通和供应的双向互动关系。

三是市场体系日渐成熟。至南宋时，绍兴城市市场不仅数量增加、规模扩大，而且市场体系日趋成熟，表现为由单一性、简单化向多层次、综合性转变，市场活动也由封闭式、单向性向开放式、交互性转变。在绍兴城区和城郊众多市场中，既有以交易各种商品，特别是日用消费品为主的综合性市场，如府城内外的清道桥市、照水坊市、大云桥东市和西市、龙兴寺前市、驿地市、江桥市、北市、斜桥市、东跨湖桥市、西跨湖桥市、虹桥市等。也有专门交易某类商品的专业市场，如府城中的花市、瓦市等。

---

① （南宋）陆游：《剑南诗稿》卷12《上元雨》，文渊阁四库全书本。
② 嘉泰《会稽志》卷1《城郭》，中华书局1990年版。
③ 嘉泰《会稽志》卷11《桥梁》，中华书局1990年版。
④ 宝庆《会稽续志》卷3《安抚司签厅》、卷1《军营》，中华书局1990年版。

专业市场是属于较高层次的市场形态,其数量相对较少。在这些市场中,多数属于零售市场,直接面向消费者,是市场体系的基础。但也有部分批发市场,它们与批发性商业结合在一起,一方面沟通城乡市场和区域市场的联系,另一方面又决定着零售市场的运转,在市场体系中起着主导作用。总之,伴随着州(府)县城市之间、城乡之间市场联系的增强和区域性市场网络的逐步形成,绍兴城市市场的职能也发生了变化,它们向城市居民提供商品的同时,又充当着不同区域范围内商品流通中心的角色。

二 宋代绍兴城市经济发展的主要原因

宋代绍兴城市经济发展和诸多经济形态的出现,其原因是多方面的。但社会经济总量的增长、城市人口的大幅度增加和交通条件的改善等,无疑对城市经济发展起着至关重要的作用。

(一) 社会经济进一步高涨

就宋代整个绍兴地区的社会经济而言,此期的发展已十分高涨。农业依然是社会经济的主体,无论是水利的兴修、农业耕作技术和作物产量的提高,还是经营范围的扩大与专业化生产的出现,这一阶段都十分明显地表现出来。孝宗隆兴元年(1163),绍兴县全面疏浚了壅塞多年的鉴湖,"修治斗门、堰闸十三所",使周围9000余顷民田"时雨虽多,亦无泛滥之患"[1]。高宗绍兴年间(1131—1162),绍兴府下辖各县也进一步开展了陂塘堰渠等小型水利设施的兴修,如上虞县修浚梁湖堰。同时,各地还积极扩大耕地,利用滩涂、河谷、山地等,营造涂田、沙田、梯田,把大量的荒

---

[1] (清)徐松辑:《宋会要辑稿》61之68《食货》,中华书局1990年版。

滩、荒地改造成良田,"闲旷硗确之地,垦成田园,用力甚勤"①。土地有效利用率增加,"有山皆种麦,有水皆种稻"②,粮食生产呈稳步上升态势,"今天下之田称沃者,莫如吴越、闽蜀,其一亩所出,视他州辄倍"③。茶、桑等各类经济作物广泛种植。绍兴府城西郊的梅市,种芡(俗称鸡头)十分普遍,出现了"一户种及十八里"④的专业种植大户。

宋代绍兴的丝织、造纸、酿酒、制盐等手工业生产规模和技术水平在江南具有举足轻重的地位。越州的素绫、茜绯花纱闻名全国。南宋时,绍兴府每年所征丝织品达210910匹,为两浙路各州府之最。造纸业是当地的传统优势产业,北宋时,越州的竹纸、剡纸、敲冰纸、玉叶纸、罗笺、超薄纸等质量都很高,尤其是剡县所产的竹纸,具有"滑""发墨""宜笔锋""卷舒虽久,墨终不渝""性不蠹"等特点,是当时书法家的"独喜"之品⑤。南宋时,绍兴府的蓬莱酒、东浦酒等非常有名,酿酒作坊规模较大,酒的产销量相当可观。绍兴府有大型盐场4个,年产盐11.7万石⑥。此外,制瓷、漆器制作、制扇和各种竹、木日用器具的制作也非常普遍。

绍兴城乡居民被越来越多地卷入商业活动之中,经商之风渐盛。孝宗淳熙(1174—1186)年间,因人地矛盾凸显,众多农民"虽尽力耕种,所收之利,或不足以了纳赋税,须至别作营生"。他们有的"负贩佣工",有的"日取于市"⑦。南宋时,绍兴府会稽、诸暨等县农村,养鱼成风,"会稽、诸暨以南,大多凿池养鱼为业。每初春,江州有贩鱼苗者,买放池中,辄以万计。……明年,卖以输田赋,至数十百缗"。另外,当地农村以生产

---

① (元)脱脱等:《宋史》卷173《食货志》,中华书局1977年版。
② (南宋)陆游:《剑南诗稿》卷32《农家叹》,文渊阁四库全书本。
③ (宋)秦观:《淮海集》卷15《财用下》,文渊阁四库全书本。
④ 嘉泰《会稽志》卷17《草部》,中华书局1990年版。
⑤ 嘉泰《会稽志》卷5《赋税》、卷17《纸》,中华书局1990年版。
⑥ (清)徐松辑:《宋会要辑稿》23之13《食货》,中华书局1990年版。
⑦ (宋)秦观:《淮海集》卷15《财用下》,文渊阁四库全书本。

绫、绢和布著称，其中诸暨县机户所产的绢，"曰花山，曰同山，曰板桥，甚轻匀，最宜春服，邦人珍之"。剡县机户用麻所织的强口布，"商人贩妇，往往竞取，以与吴人为市"。① 社会经济的高涨，对推动城市商品经济繁荣发挥了极大的作用。

(二) 城市人口急剧膨胀

宋代是江南地区人口迅速增长的时期，由于江南社会相对稳定、社会经济持续发展，加上北方人口的大规模南迁，人口的自然增长和外来人口急剧膨胀。北宋时，"中原士民扶携南渡，不知其几千万"②。绍兴府所在的两浙路自然是江南人口增幅较大、总量多、密度高的地区之一。如北宋崇宁元年 (1102)，两浙路的人口密度高达 30.7 口/平方公里，南宋嘉定十六年 (1223)，更是达 32.9 口/平方公里。崇宁元年，绍兴府所辖县的平均户数达 34913.25 户，为两浙路各府州户口居多的地区③。另据《元丰九域志》和嘉泰《会稽志》等资料记载，北宋大中祥符四年 (1011)，越州有户 187180，丁 329348，比唐天宝 (742—755) 年间越州 90279 户增加了一倍以上。嘉泰元年，绍兴府主客户（即永住户与寄居户）总数已高达 273343 户，丁 334020，不成丁 107072，比之北宋初期又有较大幅度的增长。

至于绍兴的城市人口，虽无直接记载，但根据嘉泰《会稽志》卷 5《户口》记载，南宋嘉泰元年 (1201)，绍兴府城所在会稽、山阴两县登记在籍的户口为 35406 户和 36652 户，合计共 72058 户。若按城内外户口各为一半计算，则城内在籍居民有 3.6 万户，20 余万人。嘉泰《会稽志》卷 4《军营》记载绍兴城内驻有禁、厢军 6000 余人，连同家属共计 1.5 万人。同时，作为南宋陪都，绍兴城内政府机构众多，官吏及其家属当不在少数。绍兴

---

① 嘉泰《会稽志》卷 17《鱼部》《布帛》，中华书局 1990 年版。
② （宋）李心传：《建炎以来系年要录》卷 86，上海古集出版社影印本。
③ 梁方仲：《中国历代户口、田地、田赋统计》，中华书局 2008 年版，第 11 页。

又是宋室宗亲聚集地,南宋政府特设有专门机构进行管理,说明其人数也达到一定规模。此外,还有生活于寺院道观的宗教人员,寄居城市的"遥佃户"①,以及外来的工商业人员和士人、文化娱乐演艺人员、无业游民等流动人口,城市人口总计有近30万人,这与同期周边州府城市人口大多在10万人左右相比,规模显然要大得多。城市人口的快速增长,加速了人员分化,使更多的人从事工商业及相关行业。

(三) 水上交通发达

宋代绍兴的内河水运特别发达,众多天然江河湖泊和人工河渠构成了稠密的水道网络,连接附近州府县城市和农村。为保证水上运输的畅通,宋廷与绍兴地方政府十分重视对浙东运河航道的整治和疏浚。由于该运河所穿越的钱塘江、钱清江、曹娥江、余姚江落差较大,又深受潮汐影响,其河水水位全赖沿途堰闸维持,极易淤浅。为此,绍兴地方政府需每隔一段时间对运河进行全面疏浚。如绍兴(1131—1162)初年,对上虞、余姚段水道进行了疏浚。乾道(1165—1173)年间,对连接钱塘江的西兴段又进行了整治。淳熙(1174—1189)初年,还修建了上虞小堰和通明北堰等,从而使浙东运河的通航状况大为改观。及至南宋中期,浙东运河萧山、上虞段可行200石舟,山阴、余姚县段可行500石舟。另外,自剡县至上虞的剡溪,亦可行100石舟。为确保对运河的日常养护,绍兴府厢军还在各堰设有"营"。这些厢军,除都作院、秤斗等少数外,大多数服务于江河的疏浚和管理②。境内小型港口也便于货物进出。如南宋初,高宗驻跸越州,广、闽、温等地的运粮海舶皆由海道运至余姚,再转运到越州③。

---

① 在宋代,乡村地主移居城市的现象十分常见。他们生活于城里,又有乡村田产,并征收地租,被时人称为"遥佃户"。
② 嘉泰《会稽志》卷12《八县》、卷4《军营》,中华书局1990年版。
③ 童隆福主编:《浙江航运史》(古近代部分),人民交通出版社1993年版,第98页。

三 宋代绍兴城市经济发展对地域社会的影响

宋代绍兴城市经济发展对当地社会产生了诸多影响。城市工商业的发展和人口的剧增，极大地改变了城市居民的社会结构，从而引发人们的思想观念、生活方式乃至社会风气的转变。同时，对城市管理的提升和文化教育的发展，以及城郊都市化和农村城镇化现象的产生都有一定的影响。

首先，促使市民阶层形成，引发人们的思想观念、生活方式和社会风气的转变。市民阶层的组成，既有从事各种工商业的人员，如商业经营者、服务业经营者、手工业经营者和各类佣工人员等，也有官吏、士人、地主、农民和从事各种"贱业"的人员、乞丐、无业游民等。这些不同身份和职业的市民，社会等级关系鲜明。官僚贵族和大商富工等构成了上层社会的主体，他们或凭借政治特权，营私舞弊，巧取豪夺；或购置田产，坐收地租；或经营工商业，获取厚利，由此积聚起大量财富，过着奢侈享乐生活。对于一般的工商业者，由于经营规模不大，资产有限，其生活只是较为宽裕，或解决温饱而已。小商贩、工匠、雇佣者、伎艺之人、乞丐、无业游民之类的市民，显然处于城市社会的下层，他们家无积蓄，收入微薄，或者根本没有稳定的收入，常陷于饥寒交迫的境地，成为官府赈济的主要对象。如绍兴元年（1131），绍兴府城赈济乞丐规定"拘籍累及千人已上，至来年三月一日，死不及二分，给度牒一道；及五百人已上，死不及二分，支钱五十贯；二百人已上，死不及二分，支钱二十贯"[1]，可见当时绍兴城内乞丐数量是相当多的。

人们思想观念的转变，突出表现在重商逐利观念的盛行。以工商业及相关行业人员为主体的市民阶层，在观念上并不受传统"重义轻利"思想

---

[1] （清）徐松辑：《宋会要辑稿》68 之 138《食货》，中华书局1997 年版。

的束缚，代之而起的是经商趋利、追求富裕的思想，以至于上至贵族宗亲，下至贫寒小户，都纷纷加入经商逐利之列。逐利求富的观念导致竞奢夸富风气的流行，并在一定程度上成为社会时尚。"今天下之风俗侈矣。宫室高华，僭侈无度……士夫一饮之费，至糜十金之产……妇女饰簪之微，至当十万之直。"① 这种观念也渗透到婚姻领域，引发以财论婚的风气。在议婚过程中，对女方来说，首先考虑的是男方家业富贫和聘礼多寡；对男方来说，也同样注重女方嫁奁的厚薄。

其次，推进城市管理的提升和文化教育的发展。城市人口剧增以及居民社会结构的日趋复杂，给城市管理带来了相当繁重的任务。城市管理者不得不采取新的管理办法，强化管理措施。至南宋后期，绍兴城内已普遍实行"厢坊制"，将若干综合性街区设为一厢，并设厢公事所，由京朝官或大小使臣领厢公事②。厢公事所的职权虽十分有限，主要负责辖区内民间纠纷的调解、一般民事的处理和社会治安的日常维护，但它在性质上属于具有相对独立的行政管理机构，有着一定的行政和司法处置权。另有一定数量的都所由、所由、街子、行官、厢典、书手等官吏。坊是小规模的街区，包括一定数量的街道、民居和工商业店铺，属于城市基层管理单元，设有轮差充任的坊正、队头、保正等管理人员。在户籍管理上，则严格实行"坊郭户制"，将城市户口与乡村户口区分开来，以保证对城市居民的控制，并及时掌握其经营活动，以便赋役调整和征发。在城市治安和消防管理上，则实行与"厢坊制"相结合的军巡制，即在厢一级设置都巡检使或巡检使，下辖若干军巡铺，负责各街区坊巷的日常巡逻和防盗防火。驻守的军队在平时也协助维护社会治安。同时，将城市消防制度化，使防火救火成为城

---

① （宋）王迈：《臞轩集》卷11《丁丑廷对策》，文渊阁四库全书本。
② 按宋制，文官分为京朝官和选人两部分，京朝官又称亦官，系各级政府主事官；选人即幕职州县官，是对低级文臣寄禄官的称呼，因由吏部铨选差遣，故名。选人须经几次磨勘，达到一定资历，并由在职官员推荐，方能升为京朝官。大小使臣，属于武官序列。

市管理的一项重要内容。城市厢坊军巡铺，除了维持治安外，也承担着日常烟火检查和管制的责任。南宋时，绍兴府城还设有专门的消防机构——潜火队。在社会赈济和慈善方面，既有常年惯例救助，也有灾荒年份的特殊救助。救助的主要对象是贫穷流浪者和鳏寡老弱孤幼病疾者，常设的救助机构有"养济院""居养院""安济坊"等。对贫穷无力安葬的死者或无主尸骸，则在绍兴城南郊区设漏泽园，用以收葬；又设义冢，分别位于会稽县镇坞和山阴县洄涌塘旁①。

城市经济的繁荣也极大地推动了文化教育事业的发展。宋代绍兴州（府）县教育发达，"仁宗皇帝天圣初，赐充州学田，又命藩郡皆得立学，其后列郡多亦有。""庆历中……乃下诏，州若县皆立学。""今天下县亦多有学，而会稽诸邑为盛。"② 宁宗嘉定（1208—1224）年间，为修整山阴和萧山县学，当地政府甚至先后各费钱达30万贯③。

至于民间教育，一般以分布于坊里巷间的私塾、家学、族学、舍馆、书会等为多。南宋时，绍兴府城的书籍刻印业、藏书业和娱乐业等，均非常发达。

最后，促进城郊都市化和农村城镇化现象的产生。由于城市市场充当着区域间商品流通中心和连接城乡基础市场纽带的角色，故城郊和广大农村经济不可避免地受到城市经济的影响。对城郊地带而言，城市经济已越出城墙的限制而扩展到了城郊，使城郊经济成为城市经济体系的一个重要组成部分。前已述及山阴、会稽两个附郭县众多城郊市场的出现，就已经很好地说明了城郊经济的勃兴，是城郊都市化的重要表现。

城市工商业的日趋发达和新兴产业的勃兴，不仅将城市经济活动引入农村，而且直接推动了农村经济结构的变动，引发小农家庭生产和经营方

---

① 嘉泰《会稽志》卷13《漏泽园》，中华书局1990年版。
② 嘉泰《会稽志》卷1《城郭》，中华书局1990年版。
③ 同上。

式的重大变革，从而造成了农村在农业、手工业、商业等经济领域的劳动力和资金的重新配置，使自然经济逐渐向以专业化生产和分工为特点的商品经济转变。在城市经济发展的前提下，一些规模较大的市镇开始成为仅次于城市的二级市场，它们介于城市与农村之间，充当连接城市市场与农村草市的纽带，进而使农村以草市为基础的初级市场与城市市场紧密地连接起来，成为区域市场体系的一部分。如绍兴府位于山阴、会稽两县境内的镜湖流域，仅草市就有二三十处，全府的各种市镇更是达到 50 处以上[①]。这些规模不等的镇市或草市的存在，无疑将更多的农民卷入市场活动之中，进而促使农村城镇化的起步。

（原文刊登于《绍兴文理学院学报》2011 年第 4 期）

[①] 傅宗文：《宋代草市镇研究》，福建人民出版社 1989 年版，第 232—236 页。

宋陵布局与堪舆术*

祝炜平** 余建新

摘　要： 堪舆理论在中国起源很早，它是博大精深的中华文化的重要组成部分。堪舆之说深入国人思想，平民百姓、达官贵人信之者众。宋代时期流行五音姓利说，按照此说赵宋王朝属角音，角音属木，木主东方，故相宅卜地以东方为最佳，南方亦可。东南仰高、西北低垂是为吉地。按此思想，北宋七帝八陵选址于巩县的嵩山之北，青龙山之西。宋室南渡，巩洛为金人属地，南宋诸帝只好选陵于绍兴会稽山北缘暂厝。虽仍以五音姓利说为卜地原则，但此说逐渐式微，南宋六陵墓葬之堪舆在小范围内更符合形法派的堪舆理论。

关键词： 堪舆；宋陵；布局

---

* 基金项目：本文系浙江社科规划重点课题"基于有效保护前提下的宋六陵开发利用"（编号：06CGWH01Z）和浙江省科技厅重点攻关项目"宋六陵地下遥感考古研究"（编号：2005C23049）成果。

** 祝炜平（1955—　），男，上海人，浙江教育学院教授，中国科学院、教育部、国家文物局遥感考古联合实验室浙江工作站站长。

一 引 言

　　堪舆的起源，一般认为可以追溯至中国的先秦时期。堪舆一词的本义是指天与地，东汉文字学家许慎的解释是"堪，天道；舆，地道"，"堪舆"实为"天地之道"。堪舆是中国古代人们对居住环境进行选择和处理的一种学问，其范围包括对住宅、宫室、寺观、陵墓、村落、城市等基址的布置形态和自然环境的利用与改造，并将自身和谐地统一于自然之间，从而追求一种在生理和心理上的满足与完善。堪舆策划、中国营造学和中国造园等构成了中国古代建筑理论的三大支柱[①]。台湾学者认为"堪舆策划是地球磁场与人类关系学"。从现代科学理论来看，堪舆策划实际上是地球物理学、水文地质学、环境景观学、生态建筑学、宇宙星体学、地球磁场方位学、气象学和人体信息学合一的综合性科学。近年来国内外对这一学科有了更多的研究和应用。以至于建设部建筑文化研究中心授权南京大学开设建筑堪舆策划师培训班，"首届中国建筑堪舆文化与健康地产发展国际论坛"于 2006 年在中国召开。现在一些房地产企业也在运用这一理论和方法为住宅小区等建设提供依据。

　　堪舆术有多种理论，唐宋时代盛行的既有理气派，又有形法派。形法派主张山龙落脉形势，强调山水之势。将山形分为贪狼、巨门、禄存、文曲、廉贞、武曲、破军、左辅、右弼、九星。受《禹贡》导山思想影响，形法派将全国分为三条四列，即东西向山脉三列，南北向山脉四列。至唐代已经把山脉称为龙脉，从而东西三列山脉就成三龙。这三龙均来自昆仑山脉，因此将昆仑山脉当作祖宗支脉的来龙，寻山必塑"三龙"是谓"认

---

① 左才芳：《现代建筑堪舆策划的经济价值》，《房地产业》2007 年第 2 期。

宗"①。昆仑山脉由西北向东南展开，故将西北方称为"天门"，将东南方称为"地户"。从而就有水自西北来东南去是大势所趋之说，因而符合这一山形水势的谓之吉地。

理气派认为，天地万物皆是气所生成，"山泽水土，气皆人乘之，造化之大宅也"（王廷相）。朱熹认为"气之流行，充塞宇宙"，天地乃万物为一体，他们之中有贯通的东西，这就是"理"。程颢认为"万物只是一个天理"。理是现实存在的，却又是无形的，理与形的结合便是"气"之象。有人认为这里的"气"相当于现代物理学中的"场"。显然理气派是以物为基础的，提出了物与物之间的关系——理，物的来源——气。反过来物又能够形成气。把无形的气与有形的物联系在一起，形成堪舆的理论基础。显见理气派与形法派之间是相通的。正如"葬书"②所说，气者，形之征；形者，气之著。气是形的内在构成，形是气的外在表现。

在历史上堪舆术常与迷信混合在一起，如五行说、五音姓利说等就是。科学和迷信混合是堪舆术的基本特征，可能在很多情况下，今天依然如此。历代帝王都相信迷信，因此对堪舆之术也就情有独钟，往往请风水道士相宅卜地，宋代也不例外。

北宋堪舆理论与实践应该早有定论，20世纪50年代就对此有比较深入的研究③，21世纪以来学术界对宋陵的研究又开始活跃。但是依笔者的观点，其中个别研究结论却有不少值得商榷的地方。例如，"宋陵地北枕黄河支流伊洛河，此水北来，迤逦向西南而去"④与实际地形不符，而认为南宋陵所依之堪舆理论完全继承北宋⑤则与实情相去太远。

为了弄清两宋时期堪舆理论的差异及其运用，笔者在深入了解南宋六

---

① 刘沛林：《风水——中国人的环境观》，生活·读书·新知三联书店1995年版，第68页。
② 黄帝、何溥、郭璞：《宅经·灵城精义·葬书》，时代文艺出版社2008年版。
③ 宿白：《白沙宋墓》，文物出版社1957年版。
④ 陈朝云：《南北宋陵》，中国青年出版社2004年版，第6页。
⑤ 刘毅：《宋代陵寝制度研究》，《故宫博物院院刊》1999年第1期。

陵布局的基础上，在河南省科学院地理所副研究员杨瑞霞博士和巩义市文保局王保仁先生的陪同下，实地考察了北宋的几个陵墓，对宋陵布局与堪舆提出如下观点。

二 "五音姓利"说主导北宋陵选址

唐代帝陵大多分布在关中的渭河北岸，北面均有大山依托，每个陵墓各枕一山，东西南三个方向各有山，相对较低，形成左青龙、右白虎、前朱雀、后玄武的典型的形法派的风水环境。

宋代帝陵布局一反唐代帝陵模式，以理气派五音姓利为基本的堪舆原则。以东南仰高、西北低垂的地势安葬帝、后。

五音姓利以古代音韵学和五行生克理论为基础。将宅主人姓的读音按宫、商、角、徵、羽分为五类，并与五行对应，具体见表1。

表1　　　　　　　　　　五音姓利与五行对应

宅主姓氏发音	牙音 如赵姓	齿音 如蔡姓	喉音 如洪姓	舌音 如来姓	唇音 如潘姓
五音姓	角姓	商姓	宫姓	徵（zǐ）姓	羽姓
对应五行	木	金	土	火	水
对应方位	东方	西方	中央	南方	北方

五音姓利所衍生的"五音相宅法"实际上是汉代盛行的"图宅术"的一种。《后汉书·艺文志》中就有"宅有五音，姓有五声，宅不宜其姓，姓与宅相贼则疾病、死亡、犯罪、遇祸……故商家门不宜南向，徵家门不宜

北向"。五音姓利的相宅法在隋代遭到扬弃，在唐代遭到许多人的批驳①。唐太宗时著名阴阳选择家吕才在《五行禄命葬书论》中认为，姓氏的发音与五行生克扯在一起是很荒唐的事，无法让人心服口服。因此，唐代堪舆用的是以八卦为基础的"游年变爻八宅说"。

然而宋代重又启用五音姓利说。从表1可见，赵宋王朝的赵姓为角音，角音对应的五行为木，木主东方，阳气在东。因此东方是吉利方位。据《地理新书》卷一，阳气在东，则于阴阳地理上应是东高西下为最佳，南高北低亦好，即所谓"东高西下谓之角地，南高北下谓之徵地，角姓亦可居之"②。因此，北宋帝后陵墓均按照这一思想安葬在嵩山之北，青龙山之西，符合东南穹之、西北垂之的要求。

由于所选地势如此，因此河流流向必然不是按照"形法"派的"有水自西北来东南去"的要求。北宋陵旁的伊洛河由西南向东北入黄河，陵区附近伊洛河支流则是由东南向西北汇入伊洛河。一些文献上所称"宋陵地北枕黄河支流伊洛河，此水北来，迤逦向西南而去"是误传。对《宋会要辑稿·礼三一·皇后丧礼》条中"伊洛萦回于封外嵩山"一句理解为此水北来南去也是不符合实际的。当然五音姓利说属于理气派，对形法派的主张并不认同。

由于北宋陵的选址，使各陵区凸显一大特征，陵区内由南而北地势逐渐降低，永定陵、永昭陵的灵台顶面竟不高于鹊台地面。从永昭陵南门进入，一路向北，地势持续下降，从鹊台到乳台，从乳台经神道到神门，都有台阶或缓缓下行的斜坡。所以南高北低的特征也表现在兆域之内。

---

① 刘沛林：《风水——中国人的环境观》，生活·读书·新知三联书店1995年版，第121页。
② （宋）王洙：《五姓所属篇》，《地理新书》卷1，影抄金明昌三年本，集文书局1985年版。

三 南宋陵选址遵循"形法派"理论

南宋六陵位于浙江绍兴东南方向15公里处的牌口村，绍兴县富盛镇以西3公里，绍兴会稽山北缘，北隔攒宫山（莲雾山）与绍兴平原为邻。1126年，金人南下，北宋都城被占，翌年北宋灭亡，赵构在南京应天府（今河南商丘）即皇帝位。在金兵的追赶下，宋高宗颠沛流离，1130年初重又在绍兴建都。1131年哲宗昭慈皇后孟氏崩，遂开始了南宋六陵皇家陵园的选址和建设过程。这一建设过程一直延续到1275年，直到南宋灭亡前夕。

南宋皇家陵园占地面积约2.5平方公里，与北宋七帝八陵占地28平方公里相比要小得多，比秦始皇陵区占地60平方公里更小，可称为历史上布局最紧凑的皇家陵园。

起初，南宋陵布局选址继承北宋陵选址布局的理论，后来逐渐按照形法派理论指导陵墓选址和布局。

南宋初年，南宋皇家陵园依然按照五音姓利的要求选址。宋六陵的地势从大的范围来讲仍然属于东南仰高，西北低垂，会稽山水从东南缓缓向西北流去，其势与嵩少之山伊洛之水无异。又宋六陵位于绍兴东南，杭州东南的方位，也符合五音姓利的要求。北宋皇陵选在洛阳东南的巩县，原因之一是宋太祖曾经想迁都洛阳，都是符合紫气东来愿望的。

按照五音姓利要求，宋六陵区各帝陵的布置应该是以昭慈皇后陵为基点，以后各陵均在其北偏西方向，同样皇后陵墓位于皇帝陵墓的北偏西方向。

但是，实地考察宋六陵各陵的分布以及宋六陵周围的地势，可以发现，南宋六陵的布局已经不完全按照五音相宅法选址和布局。将会稽山的北缘选作南宋陵园，虽然在地形大势上符合五音姓利说，但是已经不同于北宋陵的选址，在微观地形上更符合形法派的堪舆理论。

宋六陵北依莲雾山（后称攒宫山），东邻青龙山，西傍五虎岭，南有紫云山。紫云山相对低矮，莲雾山相对高大，青龙山蜿蜒，五虎岭呈匍匐状，恰好形成左青龙、右白虎、前朱雀、后玄武的风水格局，是典型的形法派风水宝地。

而陵区内的帝陵位次也不是以昭慈皇哲宗后陵为基点逐次向西北依次分布。从目前掌握的信息看，哲宗后陵东偏南为高宗永思陵，永思陵东为孝宗永阜陵、光宗永崇陵、宁宗永茂陵。往北1000余米，由西向东依次为度宗永绍陵、理宗永穆陵和徽宗陵。

北宋陵按照五音姓利的要求，在单个帝陵的兆域内，地形呈南高北低，而南宋六陵则没有这种地势格局。哲宗后陵、高、孝、光、宁宗陵现在已被夷为平地，难以考证建陵时是否符合南高北低的要求，但是度宗、理宗、徽宗各陵则建在莲雾山的南麓，地形北高南低，与五音姓利要求完全相反。

南宋六陵的布局之所以出现这种变化，与当时的理学思想广泛流传息息相关。孝宗驾崩后，为其选择陵地时，当时深得光宗宠爱的理学家朱熹应诏上言曰："自永安迁奉以来已遵用此法，东南地穹，西北地垂。而九世之间，国该再绝（仁宗、哲宗无子嗣），靖康之变，宗社为墟。高宗中兴，匹马南渡，寿皇（即孝宗）复自帝支入继大统，至于思陵亦用其法。而寿皇倦勤之后旋而升遐，太上违豫日久，以至逊位，赤山亦用其法，而庄文魏邸相继薨谢。若曰吉凶由人，不在于地，不有所废，其何以兴？则国音之说自为无用之谈，从之未必有福，不从之未必祸矣！何为信之若是，其笃守之若是，其言哉！若曰其法果验，不可改易，则巩洛诸陵无不坐南而向北，故已合于国音矣，又何吉之少而凶之多也耶！"[①]

同时五音姓利说所主张的相宅法，让一部分姓氏（羽姓和商姓）的宅门只能北开或西开，完全背离了我国的地理环境特征要求。我国处在北半

---

① （清）朱孔阳：《历代陵寝备考》卷40，江苏广陵古籍刻印社1990年影印本，第278页。

球，且大部分国土处在中纬度，太阳光线由南而北照射到地面，向南即为向阳。我国又是季风盛行的地带，冬季偏北风强劲而寒冷。羽姓和商姓的住宅门向西向北开，显然不适合这些居民的实际生活需要，必被他们扬弃。

相反，形法派所主张的相宅法，比较符合中国的地理环境特征，十分有利于生活居住，因而能够被更多的人所接受。实际上，五音相宅法从南宋中期开始就被逐渐遗弃，而理气派的其他堪舆理论如游年变爻八宅法，形法派的相宅法却开始流传。元以后基本上就不再有五音相宅说的市场了。

四 结 语

历代帝王都信奉堪舆之术，各代帝王所信有别。宋代偏信五音姓利说，相宅卜地均使用五音相宅法。但是北宋陵园布局也没能完全按照堪舆理论选到东南仰高西北低垂，流水自西北来东南去的最佳地势。到了南宋五音姓利说逐渐式微，取而代之的是一度低迷的理气派的变爻八宅说等堪舆术，因此我们认为南宋六陵区所选吉地更符合形法派的理论。

（原文刊登于《绍兴文理学院学报》2009年第6期）

南宋时期绍兴私人藏书家述略

舒炎祥[*]

摘　要：该文概述南宋时期绍兴私人藏书家藏书盛况，并分析了该时期藏书繁荣的原因。

关键词：绍兴；私人藏书；南宋

绍兴私家藏书起源甚早，最早可追溯到南朝梁代。时有山阴孔休源（469—522），官为尚书仪曹郎中，他"聚书七千卷，并常自校练"。"每逢帝访及前朝事，休源即以所诵记随机决断，故任昉戏称其为'孔独诵'。"[①] 唐末五代，会稽徐锴（916—974）性爱读书，严寒酷暑亦未少停，供职集贤院，日事校勘，朱黄不离手，人皆钦服其识书之博。他致力收藏，"江南藏书之盛，为天下冠，锴力居多"[②]。而到了南宋时期，则迎来了绍兴私人藏书发展的第一个高峰。这些藏书家不仅自己有丰富的藏书，还对充实南宋国家藏书做出过杰出的贡献。

据嘉泰《会稽志》称，越中藏书家最著名的有三家，即左丞陆氏、尚

---

[*] 舒炎祥（1965— ），男，浙江嵊州人，绍兴文理学院图书馆副研究馆员。
[①] 朱顺佐、何信恩、张能耿：《绍兴名人辞典》，国际文化出版公司1994年版，第215—216页。
[②] 吴晗：《江浙藏书家史略》，中华书局1981年版，第59页。

书石氏、进士诸葛氏。列于首位的左丞陆氏，即山阴陆宰及其子陆游，陆游之子陆子遹也能继承祖业，陆氏祖孙三代都是当时闻名全国的大藏书家。

陆宰（？—1148），字元钧，曾任直秘阁、淮南计度转运副使、京西路转运副使等官职。金兵南侵时，他隐居山阴家乡。陆家原有藏书传统，陆宰性好读书，归隐山阴后，曾筑双清堂、千岩亭，藏书达一万多卷，双清堂是他的藏书之所。南宋高宗赵构于绍兴十三年（1143）下诏征求天下遗书，曾到陆宰家录书一万三千卷，陆宰长子陆淞还参加了校勘工作。

陆游（1125—1210），字务观，号放翁，是南宋最著名的爱国诗人，同时还是南宋的著名藏书家。父亲藏书对他的学业和事业都产生了很大的影响，他在《解嘲》诗中云："我生学语即耽书，万卷纵横眼欲枯。"这是他幼年好学，遍读家中藏书的生动写照。《跋渊明集》中自叙："偶见藤床上有渊明诗，因取读之，欣然会心，日且暮，家人呼食，读诗方乐，至夜，卒不就食。"[①]

由于从小受家庭的熏陶，陆游和他父亲一样酷爱藏书。嘉泰《会稽志》称："陆游尝宦西川，出峡不载一物，尽买蜀书以归，其编目益巨。"[②] 四川是当时全国除杭州、福建以外的又一刻书中心，陆游购置大批蜀版书，更加充实了他家的藏书。以后他又曾在福建建安和江西抚州为官，福建也是南宋的三大刻书地之一，藏书家颇多，江西也是宋朝藏书家集中之地。虽然史书乏载，但我们可以想象，爱书的陆游，也一定会像在四川一样购置大批书籍带回家乡。他宦游各地，购置书籍，在《跋续集验方》中说"予宦游四方，所获亦已百计"，此处虽只是论医方书，其他方面的书亦当不例外。

陆游在宋孝宗淳熙九年（1182）五十八岁时，作过一篇《书巢记》，形

[①] 顾志兴：《浙江藏书家藏书楼》，浙江人民出版社1987年版，第31—32页。
[②] 吴晗：《江浙藏书家史略》，中华书局1981年版，第82页。

像地描摹了他的"书巢"。曰:"吾室之内,或栖于椟,或陈于前,或枕藉于床,俯仰四顾,无非书者,吾饮食起居,疾痛呻吟,悲忧愤叹,未尝不与书俱。宾客不至,妻子不觌,而风雨雷雹之变有不知也。间有意欲起,而乱书围之,如积槁枝,或至不得行。"① 晚年归隐山阴,其书斋名曰"老学庵",亦是他藏书的"书巢"。他有《题老学庵壁》诗:"万卷古今消永日,一窗昏晓送流年。"

作为藏书家的陆游,临终之前也没有忘情于他的藏书事业,在《陆放翁家训》中提及"余庆藏书阁色色已具,不幸中遭扰乱,至今未能建立,吾寝食未尝去心",这是他的终身憾事。

陆游诸子中,能继承父业的,只有最小的儿子陆子遹。《跋子遹所藏国史补》中称:"子遹喜蓄书,至辍衣食,不少吝也。"② 他也和父亲一样是一个刻书家,陆游父子所刻书有二十三种。

尚书石氏指会稽新昌人石公弼,石氏一家自北宋迄南宋世代藏书,绵延不断。石公弼(1061—1115),初名公辅,字国佐。元祐六年进士,官至兵部尚书。嘉泰《会稽志》卷16记载,书"无一不有"。又尝纂集前古器为图记,亦"无一不具"。而后代不能克守,书遂散出。石公弼的从侄石邦哲,一作邦坼,字照明,会稽人,他将石公弼死后散出之书,搜集购置而归,建"博古堂"藏书楼以贮之。据陆游《朝奉大夫石公墓志铭》载,藏书达二万卷以上。石邦哲每抚其子继曾而叹曰:"吾是书以遗尔,无恨矣!"③ 可惜该藏书楼之书不久亦复散出。

宋代藏书多士大夫家,但南宋越中三大藏书家之一的诸葛行仁,却是位"布衣"。他是会稽人,其事迹因缺乏史记,我们只能从嘉泰《会稽志》上窥知一二。南宋高宗赵构绍兴五年(1135)六月建秘书省诏求天下遗书,

---

① 《渭南文集》卷18《书巢记》。
② 《渭南文集》卷29《跋子遹所藏国史补》。
③ 朱顺佐、何信恩、张能耿:《绍兴名人辞典》,国际文化出版公司1994年版,第215—216页。

诸葛行仁率先以所藏之书八千五百四十六卷进献而得赐官，由此可见其所藏书当亦可观。诸葛行仁后代迁四明，其子孙亦能世守其书勿失。

越中除上述三家藏书家以外，上虞李光、李孟传父子也是南宋著名的藏书家。李光（1077—1159），字泰发，自号读易老人。官至参知政事，被贬官回乡时，和陆宰时相往还。据王明清《挥麈后录》载，他家旧藏书万余卷。可惜在秦桧奏请禁"野史"制造的焚书事件中，全部被焚毁。李光之子李孟传（1126—1219），字文授，爱读书。他藏书数万卷，时时翻阅，周而复始，全都读遍。每得异书，必亲自校勘。多识典故及前辈出处，朝中旧事，历历能道本末，犹如目睹。他家藏书，因"子孙不肖，且粗率鄙俗，不能保守"①，在元初散失殆尽。

南宋绍兴藏书空前，著称于世，原因有四。

（一）与当时绍兴的城市地位密切相关

早在东晋到隋唐时期，由于鉴湖水利工程的完成，北部山会平原得到了迅速的开拓，耕地扩大，农业生产大幅度发展，手工业也随获得较大的发展，地区经济实力日渐雄厚。恰在此时，北方发生了战乱，大量中原居民南迁，两晋时期，会稽郡成为当时中原移民的主要聚居地之一，也是文人雅士聚会和隐居之地，当时从北方迁入会稽的有王羲之、谢安、孙绰、李充、许询、支遁等名人学者。于是，城市发展，市场繁荣，各行各业都因骤然增加的大量需要而迅速扩充，出现了"今之会稽，昔之关中"的局面②。贞元三年，越州成为浙江东道的道治所在，后越州为吴越国东府，而宋室南渡时，杭州成为全国的政治、经济、文化中心，与杭州近在咫尺的越州曾两度作为陪都。这一历史机遇促使越州的经济、文化和城市建设在

---

① 吴晗：《江浙藏书家史略》，中华书局1981年版，第30页。
② （唐）房玄龄：《晋书·诸葛恢传》，中华书局1962年版，第2042页。

短期内获得更大的发展，越州也升格为绍兴府。陆游在其嘉泰年间所撰《会稽志·序》中则谓："今天下巨镇，惟金陵与会稽耳。荆、扬、梁、益、潭、广皆莫敢望也。"①

（二）印书业及造纸业的发展，促进了藏书业的发展

绍兴印书业的历史，最早可上溯到中唐时期。唐代著名诗人元稹在唐穆宗长庆四年冬十二月十日（825年1月）任浙东观察史时，为白居易的《白氏长庆集》作序，谈到白居易诗作流传广泛时说："乐天《秦中吟》《贺雨》《讽谕》等篇……至于缮写摹勒，炫卖于市井，或持之以交酒茗者，处处皆是。"文后元稹自注云："杨越间多作书摹勒乐天及予杂诗，卖于市肆之中也。"序中又说："予尝于平水市中（元稹自注：镜湖旁草市名），见村校诸童竞习诗，召而问之，皆对曰：'先生教我乐天微之诗。'"② 可见在中唐时浙东一带就有人刊刻白居易与元稹的诗集，并且乡间村校还以白、元的诗集作教本。南宋时期，驻绍兴府之两浙东路茶盐司、转运使司、庾司、提刑司及绍兴府廨、府学等，纷纷刻印官书。私人刻书也出现繁荣局面，如前已述的陆游父子刻书二十三种，绍兴成为浙江乃至全国的重点刻书地区之一。

造纸在南宋时代的绍兴迅速发展，这和宋代雕板印刷的发展有关，但更为重要的是绍兴从南宋初年以来人文荟萃，临安成为当时全国印书中心之一，对纸张产生了巨大需求，因而有力地促进了这里的造纸工业的发展。当时，政府在南部会稽山地建立了汤浦、新林、枫桥、三界四个纸局，生产姚黄、学士、邵公、常使、展手等著名竹纸。斯波义信曾经统计了当时全国47处产纸地，其中产品种类最多的是越州、徽州和成都③，绍兴成为全国三大造纸中心之一。绍兴所产的纸张，不仅供给本地需要，还输出到

---

① 嘉泰《会稽志》序，《陆游补集》，中华书局1926年版，第2104页。
② 《元氏长庆集》卷51《白氏长庆集序》。
③ 任桂全：《绍兴市志》（第四册），浙江人民出版社1996年版，第2363—2364页。

临安等印刷、出版业发达的地区。

与藏书业密切相关的印书业和造纸业的发展，有力地促进了绍兴藏书业的发展。

（三）教育事业的发达

宋代绍兴藏书事业之所以发展很快，还有一个重要的原因是绍兴历来是文化发达地区之一，是人文荟萃之地。绍兴历来重视教育，春秋时期的越国，在对吴作战中失败，越王勾践"十年生聚，十年教训"，终于灭吴而成为一方的霸主。越王勾践所执行的"十年生聚，十年教训"国策，据《左传》晋杜预注，即"生民聚财富而后教之"。"生聚"主要是指增殖人口，发展经济；"教训"则是训练士卒，教育人民，这是相辅相成的事，是为达到富国强民这个目标的两个方面。汉代，越州除了政府设置的"郡国学""校""庠""序"之外，还出现了私学"书馆"。东汉末年，王充在上虞就读的"书馆"就有小僮百人以上。东晋永和九年（353）王羲之于会稽兰亭宴集一代名贤，"群贤毕至，少长咸集"。隋唐两代，科举兴起，越州及属县开始建立官学，并出现以校书藏书为主的书院。北宋名臣范仲淹被贬至越州创建稽山书院，南宋大儒朱熹任提举浙东常平使驻绍兴府治，常来讲学和议事。南宋时期，稽山书院成为全国二十二所著名书院之一。文化教育事业的发展，无疑也促进了藏书事业的发展。

西晋末年和南宋时期的两次人口大迁移中，不少名门望族和名人雅士、学者专家移居绍兴，这些人在郡内普修学校，聚徒讲学，促使越中文化教育大发展，更好地促进了藏书事业的发展。

（四）封建文人的价值观也是促进藏书繁荣的原因之一

在漫长的封建社会中，儒家思想长期占统治地位，儒家强调修身、养性、齐家、治国、平天下，读书是必经之途。"书中自有颜如玉，书中自有黄金屋"，这是对封建社会士人进身谋官之阶的形象写照。所谓"学而优则仕"，书看得多、读得好可以为官，因而无论做官，还是做学问，都离不开藏书。由此，古代私人藏书家也多以官宦和学者为主。对于读书、藏书，封建文人普遍持"贾竖藏货贝，儒家惟此耳"的观点，而这也是古代私人藏书发达的一个重要原因。

（原文刊登于《绍兴文理学院学报》2002年第4期）

晚清绍兴与上海的经济联系述论

戴鞍钢[*]

摘　要：晚清时期，与上海开埠及江南地区近代经济和交通运输等业的发展同步，绍兴与上海的经济联系空前紧密，从多方面有力地推动了两地间经济的互补互动和长江三角洲地区的近代化进程。

关键词：晚清；绍兴；上海；经济联系

改革开放以来，随着长江三角洲经济一体化进程的逐步推进和相关设施的建设，上海与江浙两省的经济联系更为密切。回顾历史，自 1843 年上海开埠并崛起为长江三角洲乃至中国的经济中心城市后，包括绍兴在内的周边城市，很快与其建立起日益密切的经济联系，由此推进了各自的经济发展和长江三角洲地区的近代化进程。值此绍兴建城 2500 年之际，追溯这段历史，当有助于我们更好地投入加快长江三角洲经济一体化进程的宏伟事业中。本文拟在前人研究的基础上，着重论述晚清绍兴与上海的经济联系。[①]

---

[*] 戴鞍钢（1955— ），男，上海青浦人，复旦大学历史学系教授、博士生导师。
[①] 近年来，上海史和浙江史的研究成果丰硕，较有代表性的如熊月之主编的《上海通史》（上海人民出版社 1999 年版）和《上海城市社会生活史丛书》（上海辞书出版社 2008 年版）、金普森等主编的《浙江通史》（浙江人民出版社 2005 年版）和《民国浙江史研究丛书》（中国社会科学出版社 2007 年版）等。但已有成果多侧重对各自行政区划内的历史研究，对彼此历史上的经济联系的专题研究相对薄弱，本文旨在弥补这方面的缺憾。

一

　　地处杭州湾南侧宁绍平原的绍兴，晚清时段与上海的经济联系通道，主要分别表现为海路经由宁波中转，内河经由杭州中转。上海自1843年开埠后，很快跃升为中国对外贸易第一大港。作为近代中国最大的枢纽港，上海港货物吞吐的主干是海外贸易商品的进出。19世纪70年代始海关较系统的统计数字表明，自上海港超过广州，经由上海港的进出口贸易额始终雄居各港之首。①受不断增长的进出口贸易的牵引，浙沪间的沿海航线颇为活跃，甬沪间的来往尤为密切。

　　宁波是宁绍平原和浙西南丘陵地带主要的出海口，但从港口布局言，它与上海相距不远，又受地理环境限制，自身经济腹地狭小，"所借以销卖洋货者，唯浙东之宁、绍、台、金等府；其内地贩来货物，仅有福建、安徽及浙省之绍属茶斤，并宁、绍、金、衢、严等府土产油蜡、药材、麻、棉、纸、席、杂货等物"②，发展余地有限。开埠不久，其进出口贸易就被吸引到了上海港，"盖宁波密迩上海，上海既日有发展，所有往来腹地之货物，自以出入沪埠较为便利。迨至咸丰初叶，洋商始从事转口货物运输，所用船只初为小号快帆船及划船，继为美国式江轮，但此项洋船仅系运输沪甬两埠之货物，与直接对外贸易有别"③。

　　宁波与外界的航运往来，如英国驻甬领事《1911年度贸易报告》所称："本口岸的航运分两个方面，一是在宁波与上海之间，另外就是在宁波与邻近城镇之间。"④有学者指出："虽然宁波作为一个远洋贸易中心的重要性下

---

①　严中平：《中国近代经济史统计资料选辑》，科学出版社1955年版，第69页。
②　中国第一历史档案馆：《鸦片战争档案史料》（第7册），天津古籍出版社1992年版，第441页。
③　姚贤镐：《中国近代对外贸易史资料》，中华书局1962年版，第618页。
④　陈梅龙等：《宁波英国领事贸易报告选译》，《档案与史学》2001年第4期。

降了，但它又作为一个区域中心而繁荣起来。据说宁波传统的帆船贸易在咸丰和同治年间（1851—1874）是它的全盛期。而且由于宁波慢慢变为经济上依附于上海的一个新的区域性职能的经济中心，它享有一个能支持生气勃勃的区域开发的大量贸易。在19世纪下半叶，诸如编帽、刺绣、织棉制品、织渔网、裁缝等这些农村手工业扩大了。与上海定期班轮的开航和当地运输效率的适当改善，提高了宁波腹地内进口商品的比例和促进了农业的商品化，整个宁波的腹地中新设了好几十个定期集镇。"①

宁波英国领事《1905年度贸易报告》指出："上海充当了宁波所有其他货物的分配中心。这是由于某些商品如丝织品，当地商人更愿意到上海这一较大的市场上去收购，因为在那里他们有更大的选择余地。"它强调，宁波"85%的贸易是在沿海进行的，由两艘轮船每日在宁波与上海之间往返运输"②。

随着中外贸易的增长和沪宁绍等地间经济联系的增强，1903年已有上海锦章商号的"锦和"轮往来上海和舟山、镇海，1909年又添置"可贵"轮，航线延至象山、石浦、海门。沪甬间的航运往来尤为频繁，1909年已有5艘轮船行驶于沪甬航线，除原先的两艘轮船即英国太古公司的"北京"轮和中国轮船招商局的"江天"轮之外，又增法国东方公司的"立大"轮和中国宁绍商轮公司的2艘轮船。"主要是大量的客运使这些轮船能够获利"，因而"新旧船主之间展开了一场相当激烈的竞争"。③

近代上海不仅是长江三角洲乃至中国的第一港城，也是最大的内河轮运中心，凭借其四通八达的航运网络，包括绍兴在内的周边城镇与上海的经济联系更加紧密。《1896—1901年杭州海关报告》载："本地区各方向都有运河支流，主要靠小船运输货物，运输的数量和种类非常多……各种各

---

① ［美］施坚雅：《中华帝国晚期的城市》，陈桥驿等译校，中华书局2000年版，第482页。
② 陈梅龙等：《宁波英国领事贸易报告选译》，《档案与史学》2001年第4期。
③ 同上。

样大小不一的无锡快是附近最主要和最有用的船,几乎都被轮船公司用来运载乘客和货物到上海和苏州。有时几条无锡快被租用几个月,跑一趟运输,偶尔也租用几天,运价2—3元,视船只大小和货运要求而定。这些船由住在船上的船主及其家人驾驶,如果运载的客人增加,他们就再雇用别人,这些雇工工钱是一天一角并提供伙食,船运的利润估计是运费的10%。"[1]

1901年,周作人走水路从绍兴经上海去南京报考江南水师学堂,对沿途各类内河航船有生动的记载:

> 绍兴和江浙一带都是水乡,交通以船为主,城乡各处水路四通八达,人们出门一步,就须靠仗它,而使船与坐船的本领也特别的高明,所谓南人使船如马这句话也正是极为确当的。乡下不分远近,都有公用的交通机关,这便是埠船,以白天开行者为限,若是夜里行船的则称为航船,虽不说夜航船而自包夜航的意思。普通船只,船篷用竹编成梅花眼,中间夹以竹箬,长方的一片,屈两头在船舷定住,都用黑色油漆,所以通称为乌篷船,若是埠船则用白篷,航船自然也是事同一律。此外有戏班所用的"班船",也是如此,因为戏班有行头家伙甚多,需要大量的输送地方,便把船舱做得特别的大,以便存放"班箱",舱面铺板,上盖矮矮的船篷,高低只容得一人的坐卧,所以乘客在内是相当局促的,但若是夜航则正是高卧的时候,也就无所谓了。绍兴主要的水路,西边自西郭门外到杭州去的西兴,东边自都泗门外到宁波去的曹娥,沿路都有石铺的塘路,可以供舟夫拉纤之用,因此夜里航行的船便都以塘路为标准,遇见对面的来船,辄高呼曰"靠塘来",或"靠下去",以相指挥,大抵以轻船让重船,小船让大船为原

---

[1] 陈梅龙:《近代浙江对外贸易及社会变迁——宁波、温州、杭州海关贸易报告译编》,宁波出版社2003年版,第233—235页。

则。旅客的船钱，以那时的价格来说，由城内至西兴至多不过百钱，若要舒服一点，可以"开铺"，即摊开铺盖，要占两个人的地位，也就只要二百文好了。

航船中乘客众多，三教九流无所不有，而且夜长岑寂，大家便以谈天消遣，就是自己不曾插嘴，单是听听也是很有兴趣的。①

而往返于杭沪间的戴生昌和大东两家轮船公司则各有特色，"戴生昌系是旧式，散舱用的是航船式的，舱下放行李，上面住人，大东则是各人一个床铺，好像是分散的房舱，所以旅客多喜欢乘坐大东。价钱则是一样的一元五角，另外还有一种便宜的，号称'烟篷'，系在船顶上面，搭盖帐幕而成，若遇风雨则四面遮住，殊为气闷，但价钱也便宜得多，只要八角钱就好了。普通在下午四时左右开船，次日走一天，经过嘉兴、嘉善等处，至第三天早晨，那就一早到了上海码头了"②。

二

1825年，英国率先建成世界上第一条铁路。因其在运输等方面呈现出的巨大优势，不久铁路在欧美国家纷纷动工兴建。在近代中国，上海及其所在的长江三角洲，因其执中国经济牛耳的地位，成为铁路最先动议和兴建之地。1849年7月，在广州出版的英文《中国丛报》就刊文称："中国国内贸易外国人了解得少，显然它的数量一定很大，它的分支遍及全国，如果有任何办法（从上海）修建两条短短的铁路，一头扩展到杭州，一头扩展到苏州，在那两个城市中如果再允许外国人自由访问和贸易，那么上海

---

① 周作人：《知堂回想录》，安徽教育出版社2008年版，第49—50页。
② 同上书，第53页。

的国际和国内贸易，就会同时在大得多的幅度上进行。"①

第二次鸦片战争后，英美势力接二连三图谋首先在上海和长江三角洲修筑铁路，主要是着眼于这里的巨大商机。事实证明，其擅自修筑、后被清政府赎回拆除的吴淞铁路在运营不到一年的时间里，利润丰厚，"从1876年12月1日至1877年8月25日，共运客16万多人次，平均每英里每周可赚27英镑，与英国国内铁路日利润率相当"。纯粹的客运量就与英国国内的利润相当，如果再加上货运，肯定比英国本土的利润高。丰厚利润的诱惑，驱使英美商人乐此不疲。其次，则是旨在借此稳固并扩大其在华利益，如1876年英国驻沪领事商务报告所称："举办铁路和电报，乃是拯救贫穷和拯救贸易衰微的唯一办法，乃是开发落后国家资源的一个手段。"② 上海和长江三角洲再现铁路兴筑，是在二十余年后的19世纪末20世纪初。

当时受沪宁铁路借款权被英商攫取的刺激，江浙地区一些士绅和实业界人士等决意筹集资本，自主修筑铁路。1905年江浙商民公推汤寿潜为总理，成立浙江商办铁路公司。次年4月，张謇发起成立江苏铁路公司。1906年，浙江方面率先修建杭州至嘉兴段铁路。次年4月在张謇的主持下，上海至嘉兴段也开工兴建③。历时近三年，1909年5月30日沪嘉段（上海至枫泾）举行开车典礼。次月，杭嘉段（杭州至枫泾）通车。

同年8月13日，沪杭铁路全线正式通车。当时的情景，夏衍晚年曾有追忆："艮山门是杭州至上海的第一站。通车的第一天，整个杭州——包括沿路乡村都轰动了，我母亲也很高兴地带了二姐、四姐和我，背了条长板凳，带了干粮（南瓜团子），走了二里多路，到艮山门车站附近沿线的空地，排着队去看火车这个从来没有见过的'怪物'，沿线挤满了人，连快要收割的络麻地也踏平了。在盛夏的烈日下晒了两个多钟头，好容易看到一

---

① 汪敬虞：《十九世纪西方资本主义对中国的经济侵略》，人民出版社1983年版，第435页。
② 马长林、周利敏：《吴淞铁路的拆除及其影响》，《档案与史学》2002年第3期。
③ 丁日初：《上海近代经济史》（第2卷），上海人民出版社1997年版，第339—340页。

列火车从北面开来。隆隆的车轮声和人们的呼喊声融成一片,这个大场面,尽管时隔七十多年,到现在依旧是记忆犹新。"①

沪杭铁路通车后的运营,时人曾有记述:"1910年秋行车次数,每日沪杭间客运列车3对,定期货车1对,杭嘉间客货混合区间车1对,江墅间客货混合列车4对。行车最高时速为80华里。嘉兴杭州间快车行驶(包括停站)共为两个半小时(仅停硖、长、艮三站),各站都停的客车杭嘉间须行3个小时。"②

沪嘉杭铁路的修建,其意义不仅在于唤醒了国民的利权思想,从外人手中争回了路权;而且在于它把实业界的视线引向了铁路,以与列强对中国路权的攫夺相抗衡。沪杭铁路资本以商界为大宗,商界的投资又集中在杭州、嘉兴、湖州、宁波、绍兴五府,皆浙江工商业相对发达地区。③

19世纪80年代后,伴随上海内外贸易网络的扩展,上海与长江三角洲各地及国内各大商埠间的电报线相继架设。1881年,上海经苏州而后沿运河北上至天津的电报线开通。次年,上海循长江至镇江、南京线开通;两年后又延展到汉口。1884年,上海南下至宁波、福州、广州、梧州、南宁、龙州线开通。进入20世纪后,在铁路、轮船等新式交通工具应用的促动下,电报业稳步发展。在浙江,电报线已在宁波、绍兴和台州间架设,其中宁波至宁海长211华里,宁海至台州长180华里,台州至海门长120华里④。

长江三角洲地区,自唐代以来就设置有邮驿传递官方文书。明清时,民间信函往来则有民信局及其信船传递。19世纪初,上海有70余家民信

---

① 夏衍:《懒寻旧梦录》(增补本),生活·读书·新知三联书店2006年版,第10页。
② 陈亦卿:《沪杭甬铁路修筑与营运的追述》,全国政协文史资料委员会《文史资料存稿选编·经济(下)》,中国文史出版社2002年版。原编者注:陈亦卿曾任沪杭甬铁路局副局长。
③ 闵杰:《浙路公司的集资与经营》,《近代史研究》1987年第3期。
④ 陈梅龙:《近代浙江对外贸易及社会变迁——宁波、温州、杭州海关贸易报告译编》,宁波出版社2003年版,第88—89页。

局①。它们与江南各地的民信局,包揽民间信函的传送。1838年狄听在奏陈鸦片走私时,谈及这些民信局的运营:"臣籍隶江苏,深知上海县地方临近海口,向有闽粤奸商雇驾洋船,就广东口外夷船贩卖呢羽杂货并鸦片烟土,由海路运至上海县入口,转贩苏州省城并太仓、通州各路,而太仓则归苏州,由苏州分销全省及邻境之安徽、山东、浙江等处地方。江苏省外州县民间设有信船、带货船各数只,轮日赴苏递送书信并代运货物,凡外县买食鸦片者俱托该船代购。"②

上海开埠后,1866年江海关试办邮政,为中国近代邮政事业的开端。1878年3月,经清朝政府总理各国事务衙门批准,在上海、天津、烟台、牛庄设立海关邮局,开放收寄华洋公众邮件,7月在上海印刷发行中国第一套大龙邮票。这一时期上海邮传机构名目甚多,有官办的驿站、商办的民信局、外国人设立的"客邮"、租界当局的"书信馆"和半官半洋的海关邮局等。

在宁波则有15家邮传行,"传递往来上海和其他地方的信函和包件,服务出色但收费昂贵。寄出信函和包裹,必须到宁波的主要局、店和办事处办理,而寄来的则投递到收信人手中。发往上海或以远地方的邮袋和从上海寄来的,都通过每天的轮船交一位由各邮传行联合出资雇用的信使负责与轮船签约,按固定的每天费用送邮件。发往上海以远的邮件,交给相应的邮传行负责,并转发至目的地。雇用本国的小船运送邮件往本省内地,更容易到达。邮资按照路远近和难易程度而多少不一,往上海的一封信和小包邮资是制钱70文,往杭州100文,往天津200文,往北京400文。小船装邮件,往绍兴收费30文,往杭州40文,一封信最高收400文是远至云南、四川地方的。……这些邮传行的经营都很经济,经理在大的机构每天

---

① 徐之河:《上海经济(1949—1982)》,上海人民出版社1983年版,第454页。
② 北京大学图书馆藏:《筹办夷务始末补遗(道光朝)》第1册,北京大学出版社1988年影印本,第634页。

得制钱 600 文，会计 300 文，小雇员所得还要少，每一机构雇用 10 至 15 人"①。

1896 年 3 月，光绪帝批准张之洞奏议和海关总税务司、英国人赫德所拟章程开办大清邮政，由赫德负责此事。次年 2 月，上海成立大清邮政局，11 月 1 日接收上海工部局书信馆，成为江南乃至全国的邮政通信中心。"上海为各埠往来之枢纽，海路由最南之广州廉州府之北海、沿海各埠直达海路最北之盛京之营口；江路由江口之吴淞沿江各埠直达四川之叙州，查过宜昌至叙州或用轮船或用河船，或由旱路寄带来往邮件；河路可直达苏常等郡。"②

杭州邮局设立后，业务同样发展很快，至光绪二十七年（1901）在绍兴、嘉兴、湖州、南浔等地设有分局，夏季在三桥埠（莫干山下的一个村庄）也设有分局，以方便游客。另外还分布在嘉善、平湖、盛泽、柯桥、萧山和斗门，在杭州城内也有几个。"在杭州、嘉兴、苏州和上海之间的邮件，由戴生昌轮船公司运送，从杭州到嘉兴需 15 小时，而到上海共需 30 个小时。杭州和苏州之间的邮件也由该公司运送，需 20 小时。从杭州到南浔再到苏州，由航船每天运送，分别需要 30 和 20 小时。从南浔到嘉兴经上海需要 40 小时。从绍兴到杭州先由航船运至西兴，再由邮差带来，16 小时后到达杭州。杭州到莫干山由航船运送，需 6 小时。每天从绍兴到宁波的邮件，经过百官和余姚。"③ 上海至宁波及杭州至上海的邮件，已搭轮船运送。

---

① 中华人民共和国杭州海关译编：《浙海关十年报告（1882—1891）》，中华人民共和国杭州海关《浙海关、瓯海关、杭州关贸易报告集成》，浙江人民出版社 2002 年版，第 32—33 页。
② 参见《邮政总分各局绘具全国并拟节略（1902 年 7 月 3 日）》，《对外贸易部海关总署研究室中国海关与邮政（中国近代经济史资料丛刊）》，中华书局 1983 年版，第 107 页。
③ 陈梅龙：《近代浙江对外贸易及社会变迁——宁波、温州、杭州海关贸易报告译编》，宁波出版社 2003 年版，第 237 页。

三

依托近代上海内外贸易枢纽港地位发展起来的上海城市商业，以其门类众多、设施先进、交易灵活、服务配套等优势，扬名中外。1901年2月13日《申报》称："夫论中国商贾云集之地，货物星聚之区，二十余省当以沪上为首屈一指，无论长江上下，南北两岸，以及内地市镇，皆视沪市如高屋之建瓴，东西各邦运物来华亦无不以上海为枢纽。"海关报告亦载："中国商人一年甚于一年地倾向于把上海作为中国北方贸易的商业中心，他们把北方沿海港口和内河港口只是作为货物的上岸地点来使用，而这些货物又是为满足那些地区的直接需求所必需的。现在中国人最大的商业机构几乎都设在这里。"[①]

一些外国商行打消了在外埠设立分支机构的设想，而是着力加强在上海的经营，与外埠的商业往来则交由中国商人们去完成。1895年苏州、杭州开埠，英国驻沪领事认为"这无疑将对上海的贸易产生很大的刺激，到现在为止这些城市都是从上海获得供货的，而且仍将如此"；同时他又断言"在外商方面，不见得会出现任何涌往那里去开设分行的情形，经验表明中国人在所有港口之间的贸易经营上都能比英国人干得更便宜些，因而我们对此已不再进行竞争，甚至也不再为此而埋怨"[②]。1903年，上海外国商行已从1867年的300多家增加到600余家[③]。

如前所述，上海开埠并崛起后，宁波实际上已成为上海在浙东南的一个转运港。通过它的中介，杭嘉湖以外的浙江大部分地区乃至毗邻的江西

[①] 徐雪筠等编译：《上海近代社会经济发展概况（1882—1931）》，《海关十年报告》译编，上海社会科学院出版社1985年版，第34页。

[②] 参见《领事哲美森1895年度上海贸易和商业报告》，李必樟《英国驻沪领事贸易报告汇编》，上海社会科学院出版社1993年版，第897页。

[③] 吴圳义：《清末上海租界社会》，文史哲出版社1978年版，第57页。

广信、安徽徽州等府,都成为上海港间接腹地的一部分。1870年,经由宁波运往内地的洋布共有281187匹,其中运往衢州府33454匹,广信府25429匹,绍兴府22312匹,金华府18208匹,温州府16346匹。①

沪杭宁绍等地间的金融联系也趋密切。19世纪70年代初,浙江富商胡光墉名下的阜康银号,在宁波、上海、杭州、镇江等地都设有分号,经营宁波与各地间的金融往来。80年代后,在宁波开设的22家钱庄,与上海、杭州、绍兴等地都有直接的金融联系。洋货进入宁波后,利用钱庄汇票的便利,循着绍兴、金华、衢州水路销往内地,渐及整个浙西市场,并再向西延伸,进入赣东和皖南②。1891年,"在杭州有20家钱庄,包括5家能熔铸银锭模块。它们仅在本省范围内营业,也包括上海和苏州。主要业务为贷款给信誉好的丝厂或米行,在贷款时需立字据,每年利率为4—7分,与其他省相比较,这一利率超出了平均水平。在钱庄贷款时可以丝绸作抵押,其他的货物则没有这一特权。除了上面提到的钱庄外,还有日升昌、源丰润钱庄,这两家是本省最大的钱庄,他们开展各种业务,并在全国各地设有分行"。当时"杭州不直接进行外国货币的兑换,而是完全依靠上海方面"③。如《浙江新志》所称,晚清浙江金融几乎"全赖钱庄业以为周转"④。

同年,"宁波有22家钱庄,它们与上海、杭州和绍兴都有联系,其中两家还与温州有联系。它们的业务包括按固定利率存款、对可靠的担保贷款、办理汇票等。几家主要钱庄联合组成同业公会,其中的成员都维护彼此的信誉"。当时,"宁波并未与外国有直接的货币兑换,与英国货币兑换

---

① *Trade Reports*,1870年,宁波,第64页。
② 严中平:《中国近代经济史(1840—1894)》,经济管理出版社2002年版,第871页。
③ 陈梅龙:《近代浙江对外贸易及社会变迁——宁波、温州、杭州海关贸易报告译编》,宁波出版社2003年版,第236、225页。
④ 见《浙江新志(上卷)》第8章"浙江省之经济,金融",杭州正中书局1936年版。

是在上海进行"①。

　　进入20世纪，凭借海运、内河和铁路等多途径的交通方式，以及电报邮政和金融等方面的辅助，绍兴与上海间的商业往来更趋密切。1909年5月30日，浙江地方小报《绍兴公报》载有《俞源兴新到各货广告》："汽油纱罩自来火灯，能比十盏灯光。手摇脚踏缝衣新机，家用极其快便。男女飞轮脚踏快车，一时能行百里，尺贰戏片大号机器，声音比前清爽。天字头号照相镜头，远近快慢能照。大中小号照相机器，传教照相方法。新到头等金银各表，坚固走准勿修。异样新式大小钟表，绍河初次运到。修整机器家伙作料，购买自己能修。脚踏车机器戏出赁，价照上海公道。套花胜家缝衣机器，照公司式出租。花色甚多，如蒙光顾，货真价实保用。"②

　　上海所发生的经济变革，也为绍兴的有识之士所关注。如上海开埠后，大量廉价外国机制棉纺织品的涌入，致使农民的家庭手工棉纺织业趋于衰败。"本邑妇女向称朴素，纺织而外亦助农作。自通商而后，土布滞销，乡妇不能得利，往往因此改业者。"③现藏浙江省绍兴县档案馆1909年《上海土布一览表》载："查土布产额近来逐年递减，缘各地工厂林立，乡镇妇女多入厂工作，冀得资较丰。东稀一项产额稍旺，因闽广人士多爱国产，不吝重值，乐为购办。西稀机户因利改织者甚伙，西稀锐减，自无待言。东、北两套，向以浦东及上海北乡产者为著，近自工厂日多，产额猝受影响，且销处银根奇紧，业此者咸有戒心，产额销场互为因果，市面凋敝，远不如前。"④晚清绍兴与上海经济联系之密切，于此亦可见一斑。

（原文刊登于《绍兴文理学院学报》2010年第6期）

---

　　① 陈梅龙：《近代浙江对外贸易及社会变迁——宁波、温州、杭州海关贸易报告译编》，宁波出版社2003年版，第42—43页、第29页。
　　② 章开沅：《章开沅学术论著选》，华中师范大学出版社2000年版，第475页。
　　③ （清）李维青：《上海乡土志·女工》，全国图书馆缩微文献复制中心1992年版。
　　④ 其影印件及由马元泉整理的全文见上海市档案馆主办的《档案与史学》2004年第6期。

明清以来绍兴藏书家和藏书楼研究

赵任飞　蔡　彦[*]

摘　要：文章通过对明清时期绍兴特定的历史文化背景分析，首次较为详尽地胪列并系统地分析了明代、清代以及民国时期绍兴藏书家和藏书楼状况，阐述了其对目录学、地方文献和文化传承的重要贡献。

关键词：明清；绍兴；藏书家；藏书楼

本文研究的对象是绍兴的藏书家和藏书楼，其范围为原绍兴府下属八县，即山阴、会稽、诸暨、萧山、上虞、余姚、嵊县、新昌。时间跨度自明始，讫于民国。这一时间段内，在这方土地上产生了一大批真正意义上的藏书家。他们不仅人数众多，而且影响深远，如钮纬的世学楼、祁承㸁的澹生堂、王宗炎的十万卷楼、卢文弨的抱经堂、沈复粲的鸣野山房、徐树兰的古越藏书楼等，无论当时还是其后，在中国藏书史或藏书文化上，都占有重要的地位。从浩瀚的历史文献中，把这些藏书家和藏书楼逐一检示出来并罗列总结，我们发现，绍兴明清以来藏书家和藏书楼所形成的特定文

---

[*] 赵任飞（1963—　），女，浙江绍兴人，绍兴图书馆馆长，副研究馆员；蔡彦（1975—　），男，浙江绍兴人，绍兴图书馆馆员。

化,确乎蔚为大观。发掘其文化内涵对于中国藏书文化的丰富和完善,对于地方文化的继承和创新,都有着十分重要的价值。

一 绍兴藏书的历史文化背景分析

(一) 繁荣富庶之地是绍兴藏书事业发展的经济基础

但凡一地某一文化现象的产生和发展都离不开该地特定的社会经济土壤,藏书事业发展也是同样道理。从秦汉到明清,绍兴就是中国南方重要的政治、经济和文化中心之一,素有鱼米之乡之称。早在春秋战国时期,越国臣民就开垦荒地,兴修水利,发展农桑,经济得到了极大的发展,也因此成就了越王勾践的春秋霸业。其后历朝历代,随着宁绍平原的持续开发,农业和手工业进一步发达起来。其中农业生产以精耕细作而闻名,绍兴一地"带海傍湖,良畴亦数十万顷,膏腴上地,亩值一金","当时会稽最号富实"[①],为全国著名粮仓。与此同时,以铜器为代表的冶炼业,越窑青瓷为代表的陶瓷业,越绸为代表的丝绸纺织业,黄酒为代表的酿造业等手工业逐步兴起并渐渐繁荣。越地一度成为全国的铜镜制造中心,其他如丝绸、越瓷等手工业品远销日本、东南亚。与之相适应的商品市场、钱庄典当、交通运输等也迅速发展起来。

经济的发展,也带来了人口的集聚,除府城、县城之外,在交通便捷处兴起了一大批工商业市镇,较大的集镇有州山、柯桥、安昌、斗门、三界、枫桥等。以安昌为例,自明弘治二年(1489)开"安昌市"后,安昌市镇逐渐繁荣,到清乾隆十六年(1751)出现了垄断性行会组织"市日盛"。据民国初年绍兴县商业登记处统计,安昌镇有商户933户,资本

---

① 乾隆《绍兴府志》,清乾隆五十七年刻本。

312456元，经营额2453574元，其富裕程度可见一斑。在这些集镇中，一些家族往往长期聚族而居，在宗法社会的背景下为了维持血缘关系，记载先法古训、圣哲思想的图书受到格外重视，"积财与子孙，不若楹书与子孙"①，他们普遍具有很深的世守思想。

经济的发展也为藏书事业发展创造了良好的物质条件，府城、县城以及经济发达的集镇，往往是藏书集中之地，这并不是偶然的现象。

（二）耕读传家的好学之风是绍兴藏书事业发展的文化基础

明清绍兴府下辖八县，都是文风郁盛、读书人多的地区。翻开有关地方志，随处可见对"耕读传家"这4个字的记载。宋人王十朋在《会稽风俗赋》中对古代绍兴的民间风俗作过描述，认为其俗"尚文学而喜功名""尚风流而多翰墨之士""好吟咏而多风骚之才"。明代张岱曾说到家乡情形："后生小子无不读书。及至二十无成，然后习为手艺。故凡百工践业，其性理纲鉴皆全部烂熟。偶问及一事则人名，官爵，年号，地方，枚举而未尝少错，学问之法富，真是两脚书橱。"② 明清时期各地广建书院，这些书院大都由名儒硕师讲学。王守仁、刘宗周、黄宗羲、全祖望、李慈铭、陶濬宣等或辟书院，或设讲坛，从学受业者甚众。书院藏书数量庞大，学术气氛活跃。其中最为著名的当属刘宗周开创的"蕺山书院"。此外还有相当数量的私塾、义学。据统计，明清两代进士总数是51744人③，绍兴有1475人④，占3%，确实是人才辈出。虽然我们并不能简单地以一地进士的数量来说明藏书事业的盛衰，但它的带动作用却是毫无疑问的。

观诸绍兴历史，受发达的教育事业影响，人们普遍把培养子弟读书视

---

① 黄澄量：《姚江黄氏五桂楼书目》，清光绪刻本。
② 张岱：《琅嬛文集》，岳麓书社1985年版。
③ 谢洪维：《论明清时期江西进士的数量变化与地区分布》，《江西师范大学学报》（哲学社会科学版）2000年第4期。
④ 章玉安：《绍兴教育史》，中华书局2008年版。

为修身、齐家第一要紧的事情。有言曰:"学传三代,方称世家。"绍兴文化世家一般都有三代以上的家学传承,有的更是代有薪传,学者辈出。正所谓:"世间几百年旧家,无非积德,天下第一件好事,还是读书。"① 除了血缘关系以外,文化学术的传承是维系家族情谊和关系的一个重要纽带,这些文化世家多喜欢冠以家学渊源或家学传承的称谓,家族成员往往带有很深的家族印记,藏书是其显示家族成就的一个重要方面。此外在文化世家的背后,不仅有学术文化的底蕴,还有杰出学者、文化人个体与其家族群体和时代文化的互相影响。如清代会稽陶氏世居陶堰,明清两代一共产生了进士42人,举人111人。明嘉靖四十四年(1561)乙丑会试,陶大顺与陶允淳父子同登进士榜。明万历十三年(1585)陶奭龄在应天参加乡试,陶望龄在浙江参加乡试,兄弟两人南北同科中举。文化世家保证了科名及第,书香有续,不绝于史。

(三) 生生不息的藏书文化是绍兴藏书事业发展的内生力量

绍兴藏书向来称盛。一般的读书人家里都有常用的经史子集书籍。收藏者中,不仅有大批的文人,也有为官之人、商绅之家,即使家境清寒者,亦多视书籍为财富,苦心收罗、积聚累世者不乏其人,涌现出一批著名藏书家和藏书楼。

绍兴纸张生产较早,宋时绍兴就是全国的造纸中心之一,嘉泰《会稽志》载:"越州贡表纸千张,今独竹纸名天下。上品竹纸有三:曰姚黄曰学士曰邵公。"② 钱存训著《中国纸和印刷文化史》称:"宋代主要的造纸中心在今浙江省会稽及剡溪,安徽省的歙县、徽州及池州,江西省的抚州以及四川省的成都与广德等地。"③

---

① 江庆柏:《明清苏南望族文化研究》,南京师范大学出版社1999年版,第213—222页。
② 嘉泰《会稽志》,嘉庆二十五年采鞠轩刻本。
③ 钱存训:《中国纸和印刷文化史》,广西师范大学出版社2004年版,第143—145页。

绍兴刻书也较早，现存最早的浙刻本吴越国时期《一切如来心秘密全身舍利宝箧印陀罗尼经》，1971年在绍兴城内出土，其扉画线条明朗精美，文字清晰悦目，如宋本佳椠，纸质洁白，墨色精良，千年如新。雕版印刷诗集的出现是雕版印刷迈向成熟的表现。元稹的《白氏长庆集·序》是记载绍兴地区雕版印刷最早的文献，它比历史上唐太和九年（835）东川节度使冯宿奏禁版印时宪书早10年。明清时期绍兴的雕版印刷、活字印刷更是全面发展，新昌还出现了泥活字印刷，乾隆时期吕抚印制的《精订纲鉴二十一史通俗演义》为国内为数不多仅存的泥活字印刷品。

绍兴历代藏书已形成了一种独特的文化现象，他们或为承继家风，几代相传。如山阴陆氏（陆游）、祁氏（祁承㸁）、张氏（张天复），会稽钮氏（钮纬）、陶氏（陶承学），诸暨骆氏（骆问礼）、陈氏（陈洪绶），姚江王氏（王守仁）、孙氏（孙鑛）等。或教化弟子，为学所寄。如越中大儒黄宗羲，一生抄书藏书读书写书不辍，以蕺山高第之学识心寄学术，开坛讲学之余，坐拥书城，写下了《明夷待访录》《明儒学案》《宋元学案》等中国学术史上的皇皇巨著。会稽章学诚，以苦读之勤奋补童蒙之愚钝。藏书万卷，钟情史学，积数十年之力，撰写了《文史通义》这部传世名著。或为论学交游，秘本互抄。如沈复粲鸣野山房、杜煦大吉楼和王望霖天香楼藏书，嘉道年间并峙越中，声振两浙。然三家珍善之本咸相从赏析，三家藏书互为开放，互有借抄，互补遗缺，可谓书林佳话。正因为越地读书藏书代代传承，形成风气，而造就了此地藏书家和藏书楼绵绵不绝的盛况。

二　明清以来绍兴的藏书家藏书楼

明清时期是绍兴传统藏书事业发展的顶峰，出现了以私人藏书为主，名家名楼迭出的局面。据20世纪初吴晗在《江浙藏书家》一书中的统计，全国共有藏书家800余人，浙江200余人，绍兴府包括下属各县共有藏书家

50 余人，而当代范凤书则统计绍兴府共有藏书家 80 余人。顾志兴的《浙江藏书史》、郑伟章的《文献家通考》、杨立诚与金步瀛的《中国藏书家考略》等研究对绍兴的藏书家和藏书楼都有所记载，但记载数量不多。

吴晗《江浙藏书家》所列明清时期绍兴主要藏书家

属县	萧山	诸暨	绍兴（山阴会稽）	上虞	新昌	余姚	嵊县
藏书家数量	9	2	27	5	2	9	0

（一）藏书家与藏书楼分布

经过查阅大量的地方历史文献，我们发现，明清以来绍兴藏书家和藏书楼应远不止上述记录。据本次研究，在前人研究的基础上，我们有了一些新的发现。现将其表列于下。

明　代

藏书家	藏书楼	属地	藏书家	藏书楼	属地	藏书家	藏书楼	属地
陶谐—陶师觉	后乐园	会稽	陶大有	袭芳楼	会稽	陶允嘉	青棘园	会稽
陶崇道	烟萝洞	会稽	骆象贤—骆问礼	万一楼	诸暨	*钮清—钮纬	世学楼	会稽
张天复	镜波馆	山阴	张元忭	不二斋	山阴	张汝霖	砎园	山阴
张联芳	万玉山房	山阴	*张岱	不二斋、快园	山阴	*祁承㸁	澹生堂	山阴
*祁彪佳	八求楼	山阴	*祁理孙	奕庆楼	山阴	董玘—董懋策	御书楼、独石轩	会稽
谢迁	宝纶楼	余姚	高鹤	可也居	山阴	吕㒲	寿宁堂	余姚
商廷试	西施山房	会稽	商为正	质园	会稽	商维浚	半野堂	会稽

续　表

藏书家	藏书楼	属地	藏书家	藏书楼	属地	藏书家	藏书楼	属地
商周祚	质园	会稽	陶望龄	石篑山房	会稽	陶奭龄	赐曲园	会稽
孙燧—孙鑛—孙鑨—孙如洵	采菽圆	余姚	陈性学—陈于朝—陈洪绶	宝纶堂	诸暨	倪元璐—倪会鼎	衣云阁	上虞
诸大绶	竹坞	山阴	罗万化	康家湖园	会稽	陈鹤	千峰阁	会稽
朱公节	东武山房	会稽	朱赓	逍遥楼	山阴	*韩广业	小琅环书屋	上虞
徐渭	青藤书屋	山阴	曾益	紫芝堂	山阴	叶继山	少薇山房	会稽
钱象坤	小隐园	山阴	王业浩	淇园	会稽	王思任	三槐堂十三楼	山阴
陈汝元	函三馆	山阴	朱燮元	鲦游馆	山阴	王泮	王公书舍	山阴
周述学	朝爽斋	山阴	张以宏	亦在山房	山阴			

清　代

藏书家	藏书楼	属地	藏书家	藏书楼	属地	藏书家	藏书楼	属地
*黄宗羲	续钞堂	余姚	周长发—周大枢	赐书堂	山阴	吕抚	逸亭	新昌
胡天游	石笥山庄	山阴	徐缙	大观堂	诸暨	梁国治	敬思堂	山阴
杨宾	铁函馆	会稽	*章镠—章学诚	瀹云山房	会稽	*卢文弨	抱经堂	余姚
汪辉祖—汪继培	双节堂、环碧山庄	萧山	陶元藻—陶廷珍	泊鸥山房	会稽	*王宗炎、王瑞履	十万卷楼	萧山
顾廷纶	玉笥山房	会稽	顾淳庆—顾家相	五馀读书廛	会稽	顾燮光	金佳石好楼	会稽

续　表

藏书家	藏书楼	属地	藏书家	藏书楼	属地	藏书家	藏书楼	属地
胡浚	绿萝山庄	山阴	李宏信	小李山房	山阴	楼卜瀍	联桂堂	诸暨
宗圣垣	九曲山房	会稽	宗稷辰	躬耻斋	会稽	沈复粲	*鸣野山房	山阴
*杜煦—杜春生	大吉楼、知圣教斋	山阴	王望霖	天香楼	上虞	童珏	香雪斋	会稽
汤金钊	寸心知堂	萧山	屠倬	是程堂	诸暨	*黄澄量	五桂楼	余姚
张景焘	寓庐	山阴	陈春	湖海楼	萧山	赵之谦	二金蝶堂	会稽
*李慈铭	越缦堂	会稽	沈宝森	因湖书屋	山阴	陈锦	橘茵轩	山阴
平步青	香雪崦	山阴	章寿康	式训堂	会稽	周星诒—周星誉	书抄阁、传忠阁	山阴
傅以礼	长恩阁	山阴	孙廷璋	亢艺堂	会稽	王诒寿	缦雅阁	山阴
陶芳琦	湘縻阁	会稽	陶浚宣	稷山馆	会稽	陶筒	寒梅馆	会稽
*徐树兰—徐尔谷	古越藏书楼	会稽	*徐友兰—徐维则	八杉斋、铸学斋、述史楼	会稽	范寿铭	循园	山阴
许正绶	重桂堂	上虞	*姚仰云—姚振宗	师石山房	山阴	*陈烈新—陈遹声—陈季侃	畸园、授经堂	诸暨
连仲愚	枕湖楼	上虞	汪琥	随山馆	山阴	鲁燮光	壶隐居	萧山
*杨鼎	重远书楼	山阴	秦树敏	娱园	会稽	孙德祖	寄龛	会稽
董金鉴	取斯堂	会稽	沈以痒	抱遗阁	山阴	朱长庚	啸客堂	诸暨

民　国

藏书家	藏书楼	属地	藏书家	藏书楼	属地	藏书家	藏书楼	属地
汤寿铭	琴石山房	绍兴	杜亚泉	亚泉学馆	绍兴	王绶珊	九峰旧庐	绍兴
王子余	万卷书楼	绍兴	余重耀	函雅庐	诸暨	诸宗元	大至阁	绍兴
沈知方	粹芬阁	绍兴	马一浮	蠲戏斋	绍兴	裘吉生	读有用书楼	绍兴
*罗振玉—罗振常	大云书库、终不忍斋	上虞	吴隐—吴幼潜	遁盦	绍兴	*朱文钧—朱家溍	六唐人斋	萧山
来裕恂	匏园	萧山	刘大白	白屋	绍兴	陶存煦	天放楼	绍兴
朱允中	敉园	绍兴	*鲁迅	俟堂、三味书屋	绍兴	周作人	知堂	绍兴
沈仲涛	研易楼	绍兴	*朱鼎煦	别宥斋	萧山	孙祖同	虚静斋	绍兴
袁梦白	八百里湖荷花词馆	绍兴	樊镇	漱圃	绍兴	鲍亦皆	万卷楼	绍兴

注：以上标*号者，为范凤书《中国私家藏书史》中所列绍兴藏书家，此外还有几位因无藏书楼名，故未列入本表。

（二）藏书的规模

前表所列藏书家所藏均有一定规模，且都拥有自己的藏书楼。明钮纬世学楼之藏书，据商浚说"吾乡黄门钮石溪先生，锐情稽古，广购穷搜，藏书世学楼者，积之数千函百万卷"①。澹生堂藏书最盛时达9000余种10

---

① 商浚：《稗海》，明万历商氏半野堂刻本。

万卷，雄视浙东，为全国藏书大家。王宗炎干脆以十万卷楼命名自己的藏书楼，可见其藏书绝不可小觑。其他如黄澄量的五桂楼聚书6万余卷，章学诚云瀹山房藏书2万余卷，李慈铭越缦堂藏书9000余册，平步青香雪崦藏书2万卷，姚振宗师石山房藏书6万卷，徐树兰古越藏书楼和徐友兰八杉斋、铸学斋所藏都在10万卷以上。

除世家藏书以外，大多数藏书家的藏书过程可以说是筚路蓝缕，充满艰辛。祁承㸁喜藏书，不济时将妻子的嫁奁出售以购书，"十余年来，馆谷之所得，饘粥之所余，无不归之书者"①。当其藏书初具规模时，不期一场大火将其所藏化为灰烬。虽遭此打击，仍不改其聚书之心，"复约同志，相互裒集，广为搜罗"，终成大家。李慈铭在咸丰九年（1859）落魄京师，仍典质以购书，"日来甚贫，今晨命奴子卷絮被质钱十五千，适问月携武进藏玉林《经义杂志》一书来，遂以购之"②。有些版本难得，他们往往又采用抄的办法来富其所藏。世学楼的钮纬，一生抄藏为时人所不取的子杂小说数百种，晚年致仕，与山阴布衣徐渭共同校读，相与酬唱于世学楼。澹生堂祁氏抄本、鸣野山房沈氏抄本、小李山房李氏抄本、八杉斋徐氏抄本等，不仅名重当时，亦为后人所珍。

（三）藏书楼的形制

明清时期藏书楼建筑一般采用木构架结构，有井斡式、重层式、平坐式、通柱式等，青砖砌墙，青瓦盖顶，多为两层。大多数藏书楼阁建筑力求均衡对称，有的组合为庭院式建筑群，院中开凿水池以防火，并种植花草树木，环境清幽。藏书楼还须具备一定防火、防潮、防蛀、防盗等功能。

我们考察了绍兴各地现存的明清时期建造的藏书楼，建筑体量大，用

---

① 祁承㸁：《澹生堂藏书约》，上海古籍出版社2005年版。
② 李慈铭：《越缦堂日记》，广陵书社2004年版。

材考究，多为三至八开间。如清末安昌沈以庠的抱遗阁藏书楼属八开间形制，经实际测量建筑基址在 22 米×8 米。位于绍兴市区的内青藤书屋，占地面积不足两亩，南北西三面高墙围环，园内的主要建筑是青石做柱、粉墙黑瓦的三间平房。步入月门，南檐之下一小池，即徐渭极喜爱的天池。池方不盈丈，水清见底，为天然的地泉汇涌而成。青藤书屋实是园林式藏书楼建筑。明代藏书楼澹生堂位于柯岩梅墅境内。楼主祁承㸁对藏书楼的要求是"须另构一楼，与住房书室不相连接，自为一境方好。……下一层离基地二尺许，用阁栅地板，湿蒸或不能上"①。这是基于绍兴的梅雨天气采取的措施。澹生堂系三开间的两层砖木结构楼房，坐北朝南，前后均有窗户，以通风防潮；楼上为一大统间，中间用书橱隔开，用以藏书；楼下用于阅览。余姚黄澄量的五桂楼是一坐北朝南二层三开间楼房，楼顶成"公"字形状。一楼是楼主会客处。二楼不分间，分列 20 个 2.2 米×1.5 米的书橱，用于藏书。五桂楼四周筑 3 米高风火墙。澹生堂与五桂楼对以后兴建的藏书楼形制产生了很大影响。今绍兴市区胜利西路古越藏书楼，建筑按藏书和阅览需要设计，凡四层，前三层皆系高楼，分藏书籍，以中层之厅事为阅书所，藏书各分地段，以清界限。已具有近代图书馆雏形。

三　明清以来绍兴藏书家和藏书楼的贡献

众多的绍兴藏书家已经形成了一个殊为可观的群体。这个群体本身就是绍兴历史文化的组成部分，每一个藏书家，在其成为藏书家的过程中，都留下了极其宝贵的文化信息，为后人所传颂。不仅如此，其中的一些藏书家因其开创性的成就，为藏书史、目录学、文献学以及文化传承做出了巨大的贡献。

---

① 祁承㸁：《澹生堂藏书约》，上海古籍出版社 2005 年版。

（一）对目录学的贡献

唐以后盛行的经、史、子、集四部法既是一种学术的分类，也是图书的分类法。目录学上绍兴藏书家厥功甚伟的有两大人物。一为澹生堂祁承㸁，二为古越藏书楼徐树兰。

澹生堂祁承㸁全面总结收藏经验的基础上，撰写了《澹生堂藏书约》，包括读书、购书、鉴书、聚书等专章，把收藏学和管理学结合起来。他一生关注和研讨文献典籍的分类编目，先后编撰了《庚申整书小记》《庚申整书略例四则》《澹生堂书目》等专著，比较全面和深入地提出并且运用了"因""益""通""互"四字分类录目原则。"因"就是因袭四部传统分类法；"益"就是增益丛书等似经似子、亦史亦玄无可入类的仿目；"通"就是流通四部之内分裁特注以便简阅；"互"就是难以分类可互入互见以便查阅。祁承㸁或综论或分论或例解或运用，以系列著述专论分类录目的原则、依据和方法，整合了目录学和管理学，被后世广为使用。

徐树兰的古越藏书楼不再简单地把藏书分为经史子集四类，而是先将藏书统分为"学部、政部"二类。"学部"包括原"经部""子部"，在原类名后各加一"学"字。另有理、化、生、法各部。政部包括原史部、集部，加上外交、农政、工商、学制等部类。各部之下再细分为若干类。古越藏书楼书目一改传统四部分类的做法，采用了许多新的类目，力求书、目相符，不仅为读者查考检索提供方便，更包含了作者对传统文献整理的拳拳之心，是近代目录学的一大贡献。

（二）对地方文献的贡献

一些私家藏书楼着重搜求历代特别是当朝地方资料，涉及地方自然、经济、政治、文化、社会各个领域，包括实态性和原始性的文案资料、现场资料、口传资料以及当局封禁清毁的另类资料。

绍兴历代藏书家多兼为刻书家，他们以藏书家的眼光选辑奇秘珍本，付梓梨枣。会稽商濬于钮氏世学楼数百种说部抄本中"撮其记载有体，议论的确者，重加订正"，于明万历年间刻成越中历史上第一部丛书《稗海》。陆游《老学庵笔记》、姚宽《西溪丛语》等越中乡贤文献也入其中，随之传世。商濬后人商盘，有质园藏书，曾选评明清之交越中八邑诗家之作，成《越风》三十卷，每人前列小传，各选代表性诗数首，予以评点，于乾隆年间刊刻印行，为地方艺文留下了宝贵的史料。平步青安越堂刊刻了祁彪佳《寓山注》、戴梓《耕烟草堂诗抄》、章学诚《实斋答记抄》等越中珍稀文集。会稽章寿康式训堂以《式训堂丛书》收录了章大来《后甲集》、邵晋涵《江南札记》、黄宗羲《金石要例》等乡邦文献，皆为乾隆前后的名家之作。赵之谦的二金蝶堂所刻之《鹤斋丛书》，收录8种越中地方文献典籍，以祁骏佳《遯翁随笔》、杨宾《柳边经略》和赵氏自著《勇庐闲诘》《英吉利广东八城始末》最可珍贵。董金鉴取斯堂尤重搜罗董氏家族先人的遗著，于光绪末年校辑刻梓《董氏丛书》，共收录渔渡董氏家族著述16种，时代跨度长达400多年，为有心研究越中氏族文脉的后来者留下了系统的文献典籍标本。徐友兰铸学斋《绍兴先正遗书》的刊刻，代表越中藏书家镂板传承地方文献典籍的极致。该丛书收录越中11位大家的13种著述，堪为绍兴藏书家有功于地方文献典籍传承的精美见证。

历代藏书家饱读所藏，勤于笔耕，善于辑校，在他们履行保存地方文献使命的同时，又不断丰富着地方文献典籍。山阴张岱生于名门，擅文学通史部。其史寓遗民之痛，以一家之力，执秉直之笔，独修有明一代之史和越中一代人物不朽之传，成《石匮书》《石匮书后集》和《有明于越三不朽图赞》。既为文章作手，又为史家绝唱。鲁迅和周作人兄弟，是近代越中为文学盛名所淹的两大藏书家，尤于越中地方文献典籍最为热衷。鲁迅先生辑校的《会稽郡故书杂集》，正是他利用其所藏丰富的越中地方文献典籍的最好例证。其他如王守仁的《阳明先生文录》、陈洪绶的《宝纶堂集》、毛奇龄的《西河合集》、卢文弨的《群书拾补》、汪辉祖的《佐治药言》《学治臆说》、李慈铭的《越缦堂日记》等，既是中国学术的津梁，又是越中文献的宝藏。

（三）对文化传承的贡献

藏书家在利用藏书读书治学、发展学术方面成就更加卓著。许多藏书家本身就是学术大家，如明代祁承爜撰《澹生堂藏书约》，总结图书分类整理的一整套方法。明代黄宗羲就是著名思想家、史学家，所著《宋元学案》《明儒学案》《明夷待访录》广播后世。黄氏门人史学家、藏书家章学诚著《文史通义》为版本、校勘学研究方面开一代先河，称为"浙东史学"殿军。明代浙江首现省志统编和县修志的局面，清代编撰地方志书和各类专志高潮迭起，县均数量和质量档次均为全国之冠，这与浙江私家藏书楼既推波助澜，又牵头主持有极大的关系。不少府县志书名义上官修，实为私家藏书楼总纂，乃至筹资、组织和校刻。明代《万历会稽县志》由绍兴青藤书屋徐渭参与总纂并且主撰分论。他竭力扩充分论篇幅，大量辑录地方文献和实证资料，并且畅述地方发展和治理的特色。清代章学诚继承和发展了以志为史、资治通鉴的志书编修传统，在编撰地方志书和总结实践经验过程中，创立了地方志书"三书""六体"的框架体系和学理体系。他在《修志十议》《方志立三书议》《方志略例》《方志辨体》等一系列著述中，全面、深入、具体地探讨和论辩了方志的起源、发展、演变，方志的性质、特征、作用，方志的体裁、结构以及编撰的方式、方法等，促成了方志学的确立。需要强调的是，明清两代绍兴不少藏书家参与了许多地方的志书编修和校刻，既学习和吸收了他人的经验，又传播和弘扬了自己的经验，为祖国文化传承做出了巨大并且特殊的贡献。

四　创设绍兴历代藏书楼文化园的建议

　　与历史上绍兴藏书家和藏书楼盛极一时绝不相称的现象是，这些藏书楼没有一个完整地保留下来，楼中的藏书除散见于各大图书馆中极少量之外，大部分都已不见踪影。明清以来绍兴100多位藏书家的藏书楼中任何一个楼，要想恢复当年的盛况，都是不可能的了。这不仅是藏书史的遗憾，也是绍兴文化之痛。在本研究即将结束之时，我们提出一个设想，即建立一个规模适度的绍兴历代藏书楼文化园。

　　其核心是选择部分较具代表性的藏书楼，如澹生堂、世学楼、瀹云山房、鸣野山房、长恩阁、天香楼、九峰旧庐等，仿其当时形制，建旧如旧。楼内藏书一是用现代技术复制部分原藏古籍入藏，二是购置地方文献书籍，三是从民间或古籍市场择机收购等途径充实藏书。其功能，一可作为研究地方文献的场所，二可陈列历代藏书家、藏书楼史迹，并作为景点向游人开放。其运作方式既可政府主导，亦可吸收民营资本，目标是打造一个雅俗共赏的文化产业园。通过这样的方式，使历代藏书家和藏书楼成为新的文化坐标，意在引导人们崇尚文化、崇尚读书，提升人们的精神境界。

（原文刊登于《绍兴文理学院学报》2009年第4期）

古越藏书楼藏书聚散考*

王以俭** 唐微

摘 要：1902年，徐树兰先生独资创建的古越藏书楼，对公众开放，在中国藏书史上留下了浓墨重彩的一笔。本文通过论述古越藏书楼藏书之积聚与散佚，分析其原因及对当代的启示。

关键词：古越藏书楼；藏书聚散；启示

1900年，浙江绍兴徐树兰（1837—1902）"集议"筹建古越藏书楼；1902年，古越藏书楼建成，并对公众开放。古越藏书楼的创建，实现了由旧式封闭式私家藏书楼向近代公共图书馆过渡的重大文化创新，在中国藏书史上，具有十分重要的地位。古越藏书楼开放之始，有藏书"七万余千卷"[①]；现存于与其一脉相承的绍兴图书馆的仅650种，5499册。古越藏书楼藏书是怎么积聚的？又是如何散佚的？原因何在？古越藏书楼藏书聚散对今天又有哪些启示？围绕这些问题，本文进行了一系列探究。

---

* 基金项目：浙江省图书馆学会2009年度立项科研课题（编号：Zts2009B-2）。
** 王以俭（1966— ），男，浙江临海人，绍兴图书馆副研究馆员。
① 冯一梅：《古越藏书楼书目（首卷）》，清光绪三十年上海崇实书局石印本。

一　古越藏书楼藏书之积聚

1900 年，徐树兰斥资 8600 余两白银，在绍兴城西鲤鱼桥附近的古贡院购地 1.6 亩，"鸠工营造，名曰古越藏书楼，以为藏书之所"①。1902 年，古越藏书楼建成后，徐树兰起草《为呈明捐建绍郡古越藏书楼恳请奏咨立案事》，呈明绍兴府县核转备案。呈文称："大凡藏书七万余千卷，编目三十五卷。"② 根据呈文，并通过现存藏书及有关史料综合分析，古越藏书楼的藏书来源盖有以下五部分。

（一）徐氏捐入家族藏书

古越藏书楼建成后，徐树兰"以家藏经史大部及一切有用之书，悉数捐入"③。古越藏书楼开办之初所捐藏书，不仅有徐树兰个人所藏，也包括家族其他成员的藏书，系徐氏捐入家族藏书，这一判断，基于以下两点。

一是徐氏家族状况。徐氏家族世居绍兴城南之栖凫村，"世业儒，而贫益甚"。徐树兰之父徐庆湛（云泉公）系徐氏第廿四世，其人"敏练、善商战，赢得过当"④，家境渐臻殷实。咸丰辛酉，时值乱世，清地方政府专门搜刮商人以筹饷，徐庆湛不堪其扰，"以科举望子，思借以护家"⑤。于是，在咸丰八年（1858）率家族自栖凫迁居郡城大方口，同治七年（1868），再迁水澄巷。十一年（1872），徐树兰遵父命，"筑徐氏义塾于郡城古贡院，名曰'诵芬堂'，延师以教族之无力者。复于其右别构精舍，面山凿池，莳花养草"⑥，树

---

① 冯一梅：《古越藏书楼书目（首卷）》，清光绪三十年上海崇实书局石印本。
② 同上。
③ 同上。
④ 《绍兴县志采访稿》，《绍兴丛书第一辑（9）》，中华书局 2008 年版，第 186 页。
⑤ 同上。
⑥ 徐维则：《先考培之府君年谱》，清铅印本，第 6—10 页。

兰偕胞弟友兰在此"共读",和睦共栖,自谓:"自戊辰以来同居三十年,门庭肃雍,长幼秩序,水澄之徐最所称道。"① 光绪二十八年(1902)五月树兰卒,其后友兰乃命其子维则偕弟滋霖别赁老虎桥②,至此,昆弟始分家。一直以来,考察古越藏书楼藏书来源,后人鲜提徐友兰,但我们认为,若视为徐氏家族捐书,更符合事实。

二是现存藏书情况。徐氏兄弟自幼好学,遍读古书,能诗善文,且皆喜藏书。特别是友兰(1842—1905),耽于收藏,无书不窥。时人咏其"华屋登登崇版筑,茂才先生耽卷轴"③,仅书斋号可考者即有八杉斋、融经馆、铸学斋、述史楼等,之后又开设"墨润堂"书苑。从事校书、刻书,厥功甚伟,蔡元培、薛炳、马用锡等皆为其校过书④。检阅现存古越藏书楼藏书,亦清晰可见友兰旧刻及旧藏。如郡邑类汇编丛书《绍兴先正遗书》,是书为友兰搜辑绍兴清人著述,或世所罕传或未刊稿本,刻印而成,雕刻精湛,纸墨俱佳,是为晚清本地刻书之代表。友兰旧藏另有藏书印为鉴,如《十三经注疏》,清阮元辑,卢宣旬校,清嘉庆二十年(1815)南昌府学刻本,卷末钤"会稽徐氏铸学斋藏书印"。此外,藏书中钤有"朴堂"印之藏本,亦为友兰旧本。据徐维则《先考培之府君年谱》见载,友兰藏书颇丰,"有所见辄庋于书斋,沈映钤之所藏,同郡李柯溪、薛朴堂、孙古徐等四家之物,先后归之"⑤。薛朴堂,名无考,幕僚出身,藏书颇丰。现存古越藏书楼藏书中钤有"朴堂"印计23种,书衣经墨笔题签,多为道光之前刻本,不乏初印佳本。如清康熙间吕氏宝诰堂刻《仪礼经传通解》、清雍正二年(1724)内府刻《御制历象考成上下编》、清乾隆四十九年(1784)绵州李鼎元刻《六书故》等。

---

① 徐维则:《先考培之府君年谱》,清铅印本,第6—10页。
② 同上。
③ (清)胡寿颐:《洗斋病学草二卷》,清光绪十年刻本,第14页。
④ 郑伟章:《文献家通考》,中华书局1999年版,第1118页。
⑤ 徐维则:《先考培之府君年谱》,清铅印本,第6—10页。

（二）徐树兰及后人所购新学新书

古越藏书楼既以宣传维新改良为己任，同时为配合绍兴府中西学堂的教学之需，凡属"西学"书籍均刻意搜罗。古越藏书楼筹办之初，徐树兰出资 23560 两在上海、北京购进"所有近来译本新书，以及图画、标本、雅驯报章，亦复捐资购备"[1]。从而形成古越藏书楼最大的藏书特色，实现了文献收藏类别上新的跨越。

新学类藏书绝大多数为丛书本，如清末中国官办的西书翻译和出版机构江南制造局出版的系列丛书：《译书汇刻》《西国近事汇编》《格致汇编》等；另有上海美华书馆、南洋公学译书院，以及各地务农学堂所翻译的出版物。其来源一为徐树兰生前购置，二为书楼开放后其子徐尔谷陆续零添。至今保留下来近 50 种，涉及化学、汽学、声学、光学、重学、电学、生物等，卷端钤"古越藏书楼图记""会稽徐树兰捐"二印记。其中还可觅大量的教会出版物，如宣扬西洋生理学、医学书籍《泰西人身说概》《人身图说》等，堪称晚清最早的生理读本，给当时国人提供了西方医学关于身体、生理方面的认知。

（三）学堂旧物汇入

所谓的学堂旧物，指钤有"养新书藏"的藏本。养新书藏，系徐树兰创办的绍兴府中西学堂的图书馆，创设于光绪二十五年（1899，蔡元培时任学堂总理兼总校），馆名取意于清阮元《灵隐书藏记》和学堂已有的刻书之所"养新精舍"[2]。养新书藏的藏书，主要源于府学堂教职员和社会人士的赠书，也有部分为捐资购置[3]。养新书藏的创建及"略例"的制订，为古

---

[1] 龚天力主编：《从古越藏书楼到绍兴图书馆》，浙江人民出版社 2002 年版，第 13 页。
[2] 同上书，第 8 页。
[3] 同上。

越藏书楼的创立,提供了可资借鉴的经验,而其所藏的部分书籍,后来汇入了古越藏书楼,其特征是书衣钤"养新书藏图籍"阳文印鉴一枚。现存旧藏十余种,其中由浙江书局自光绪元年(1875)始,费时三年校订刊刻而成的《二十二子全书》,颇可称道。

(四)有识之士寄存、转赠

古越藏书楼鉴于自身的藏书设备和管理条件比较优越,特别推出"存书之例",欢迎别人把闲置书籍送到藏书楼寄存托管,存取自便。在徐树兰的积极倡导下,当时有一大批开明乡绅将私家藏书寄存于古越藏书楼。这部分书籍虽在后来部分发还原主,但仍有不少转赠给了书楼。

如寄寓人士唐风的旧藏。唐风(1867—1936),字咏裳、健伯,号养庐、健堂老人,钱塘人,流寓绍兴。民国期间任浙江大学堂监学官。其人好吟咏,喜收藏[①]。绍兴图书馆至今收藏钤有"健伯捐"章的唐氏旧藏百余种,除书籍、个人稿抄本外,还包括碑拓和信札,价值不菲。唐氏旧藏均经墨笔题签,内封钤"唐健伯存"印,后"存"字被圈去,以墨笔改"捐"字;另有一印,为交付书楼时所钤"本楼新设存书之例,如欲取还此书,缴回本楼收据,即可发还";封底钤"散"字印,盖因书籍特殊,插架位置之印记。如《陈澹然著作四种》,书衣墨题"桐城陈澹然所著四种都一十七册,钱唐唐氏移赠古越藏书楼,甲辰正月记",当为光绪三十年(1904)所赠。《裨农最要》三卷,书衣墨题"钱唐唐氏迻寘古越藏书楼"。《感应类钞》十卷,无钤章,但见墨题"唐恭安捐",当属捐物。

---

① 赵任飞:《绍兴图书馆馆藏古籍地方文献书目提要》,广陵书社2009年版,第61页。

（五）社会各界捐资、惠赠

为取得社会各界对古越藏书楼的支持和赞助，《古越藏书楼章程》特地申明："以限于资力，未能完备，有愿出资助益及助益书籍者，均拜嘉惠。"[1] 在捐资购买和赠送的书籍上，均书"某某惠赠"字样。

徐树兰祖孙三代曾先后掌管古越藏书楼，后报经批准，改组为公办。这期间，"助益书籍者"络绎不绝，社会各界友情惠赠，长期不歇。现存书目中，可考见的多为改组"绍兴县立图书馆"之前的惠赠。这部分书籍没有收入冯氏所编《古越藏书楼书目》，但同样是古越藏书楼书籍的重要组成部分。如《见斋文稿》，清秦锡圭撰，民国十七年（1928）铅印本，卷端墨题"上海秦砚畦先生捐"。蓝戳"中华民国廿年（1931）四月廿日壹日收到"。秦氏为上海城隍庙原主秦氏族人后裔。《达庐诗录》，清冯善徵撰，民国十六年（1927）铅印本。目录页墨题"此书由冯翰飞先生惠赠"。这是江苏南通知名藏书家冯氏景岫楼赠送的。

二　古越藏书楼藏书的散佚

（一）各历史时期藏书数量

1902 年，古越藏书楼创办之初，藏书"大凡七万余千卷"，入编 35 卷，无具体册次；1932 年，改组为绍兴县立图书馆，藏书 23450 册[2]。1947 年 7 月 14 日，绍兴县立图书馆整理图书工作结束，藏书 16651 册，其中古籍 11475 册[3]。1949 年，根据绍兴市军事管制委员会编制的《绍兴县立图书馆

---

[1] 冯一梅：《古越藏书楼书目》，清光绪三十年上海崇实书局石印本，《首卷》。
[2] 绍兴市军事管制委员会编：《绍兴概况调查》，1949 年，第 132 页。
[3] 龚天力主编：《从古越藏书楼到绍兴图书馆》，浙江人民出版社 2002 年版，第 111 页。

概况表》，绍兴县立图书馆藏书29440册[①]，此数据包括流通类书籍及古籍。2010年，绍兴图书馆对分编各处的现存古越藏书楼古籍进行编目整理，完成《现存古越藏书楼古籍书目》，共计650种、5499册。其中经部141种；史部88种；子部255种；集部129种；丛部37种。

（二）藏书散佚原因分析

陈登原（1900—1974）先生在《古今典籍聚散考》一书中，深入探究历代藏书聚散之由，归纳为政治、兵燹、藏弆、人事四厄。细究古越藏书楼发展历程，其藏书之散佚，亦不外乎此四者。

1. 时停时开，难以为继，藏弆之厄

古越藏书楼开办之初，徐树兰终因劳累过度，溘然长逝，由其子陆尔谷接手藏书楼事业。至辛亥革命前，儿辈元钊、尔谷等能谨遵树兰生前嘱托，每年自家族开支中照捐千两作为古越藏书楼运作经费。据徐树兰曾孙女徐明浩女士回忆，这笔经费实行由家族人员轮流认捐出资的办法。有了资金保证，之后六七年间，古越藏书楼处于正常发展状态，藏书亦有少量增加。

1911年，辛亥革命爆发，藏书楼暂时停办；1916年，徐尔谷报经民国政府教育部批准，得以续办；1924年，徐尔谷游宦离乡，复停办；1926年，徐世南接管藏书楼，重新开放；1930年，徐世南游皖，书楼再遭停办；1932年，改组为"绍兴县立图书馆"[②]。这样的时停时开，致使图书有损无添，特别是北伐战争以后，徐氏家道中落，徐氏后人难以保证书楼运作经费，处于无从支付状态，困难重重。书楼藏书常年处于无人检视状态，散乱蒙尘，渐有散佚。据说藏书楼原有四五部宋版书，后来仅余一部，至县

[①] 朱允坚：《古越藏书楼与县立图书馆》，绍兴县政协文史资料工作委员会编《绍兴文史资料选辑（3）》，1985年，第134—142页。

[②] 冯一梅：《古越藏书楼书目》，清光绪三十年上海崇实书局石印本，《首卷》。

立图书馆接收时，已一部无存。是否为徐氏族人或家僮变卖截留，不得而知①。

2. 人才匮乏，管理失当，人事之厄

1932年，绍兴县教育局报经教育部批准，将古越藏书楼收为公办，改组为"绍兴县立图书馆"。在其藏书章中，仍保留古越楼称号，这时期购本钤章为"绍兴县立图书馆古越楼藏书"。

在改组后的十年间（1932—1941），即傅召沛任馆长期间，绍兴县立图书馆先后得到学谷会及旅沪同乡会的捐募，购入大批新书及古籍，藏书总量增长较快，增至79000册，并印行了《绍兴县立图书馆通常类书目》。然好景不长，图书馆虽为文化学术机构，旧时馆长职比翰林，任同校书，地位清高，按理应该由学者来担任，但当时的绍兴县立图书馆却成为官员的退闲之地、谪居之所。县立图书馆开办不足廿年，馆长走马灯似轮换，前后八任，且个人素质良莠不齐，甚至发生借口所藏之书无用，将馆藏报纸、书籍尽数以废纸变卖抵作酒钱的情况。同时，工作人员奇缺，难以保证书楼正常运转，且多属家属，无一人掌握分类编目专业，致使大批旧藏及新增书目，未能及时登记，给盗窃及顺手牵羊者变卖图书提供了方便之门。特别是绍兴沦陷后，兵荒马乱，工作人员作鸟兽散，藏书损失更是难计②。

3. 抗战爆发，被迫转移，兵燹之厄

1941年4月17日，日军侵占绍兴，举城沦陷。为躲避战乱，考虑到藏书安全，县立图书馆将馆藏部分古籍打包、装箱后，有计划地分批、分散转移各地。

第一批送运共装十五六箱，由当时的图书管理员朱允坚负责押运，先运至城北郊外的袍渎敬敷小学，又转至汤浦小学，后又辗转藏至绍兴县上

---

① 绍兴市军事管制委员会编：《绍兴概况调查》1949年版，第132页。
② 同上。

灶。可惜的是，这批抢救出来的书籍，却被后来国民党军队在过境驻扎时，因天寒用作取暖烧毁了。这批藏书，因是首批装箱之物，均为精挑细选的上好本子。据朱允坚先生回忆："其中不乏善本，明版累累，《册府元龟》即为其中。其他或是高丽纸朝鲜的、日本版的，或是官书局版的，纸质、印刷都很精美。"①

第二批、第三批装箱书籍，分藏在小皋埠、上灶等地的民家大屋，除古籍善本外，另有新版《古今图书集成》等大部丛书，计十余箱。抗战胜利后，因当局不予重视，这部分古籍片纸不归，连同优质书柜也一去未返②。而滞留馆内的藏书也难逃一劫。当时的藏书楼被日寇强行征用，开办起了所谓"日语训练班"。日军占领南京后，成立了由15人组成的"中支（华中）占领地区图书文献接受委员会"，要求各入城部队与该委员会合作，疯狂搜掠古籍，并特设"图书整理委员会"负责整理。绍兴沦陷后，古越藏书楼因此被日本侵略者掠走的珍藏也不在少数③。

兵燹之厄，是古越楼藏书有史以来所遭受的最大重创，藏书被烧毁、丢失的、被盗，加之被日军抢掠，使古越楼藏书锐减。抗战胜利后绍兴县参议会的一个公报指出："查县立图书馆自经战乱，损失惨重，所藏图书多遭敌伪摧毁，即移藏在山乡的书籍亦均荡然无存，现有流通者仅及战前十分之三。"④

4. 机构频变，经历浩劫，政治之厄

新中国成立后，由于机构频繁调整，馆址多次变更，加上"文化大革命"浩劫，古越楼藏书再遭书厄。

---

① 龚天力主编：《从古越藏书楼到绍兴图书馆》，浙江人民出版社2002年版，第111页。
② 朱允坚：《古越藏书楼与县立图书馆》，绍兴县政协文史资料工作委员编《绍兴文史资料选辑（3）》，1985年，第134—142页。
③ 参见《日军从中国掳走多少图书》，《报刊文摘》2010年7月10日。
④ 龚天力主编：《从古越藏书楼到绍兴图书馆》，浙江人民出版社2002年版，第8页。

1949年5月7日，绍兴解放。1949年6月11日，绍兴军事管制委员会接管绍兴县立图书馆，制成《绍兴县立图书馆概况表》，馆址改迁新建路47号，藏书楼原址用作驻军营房，包括旧藏在内的书籍，受命迁出该楼。据原文化馆馆长寿静涛先生回忆，当时图书搬运，雇用的是手拉车，不少书籍沿途散落。因找不到合适场所，藏书被安排在鲁迅纪念馆的阁楼，胡乱堆放；1949年9月，绍兴市人民文化馆图书室成立，这批藏书受命移交。现著名书法家沈定庵先生当时曾在文化馆工作，眼看着大批古籍无人管理，很是心痛，主动加班加点，花费一年多时间，进行了初步整理和清点；1950年，文化馆改称省立鲁迅文化馆；1956年12月绍兴县图书馆成立，馆址调整到新建路93号土谷寺对面；1958年4月，绍兴市县合并，绍兴文化馆并入绍兴县文化馆；1958年6月，绍兴县鲁迅图书馆成立，馆址先后设在前街、后观巷；1960年移至都昌坊口周家老台门；1961年迁至百岁堂；1964年又回迁周家老台门[1]。短短二十年间，古越藏书楼所属管理机构有6次调整，大规模地转移搬迁达8次。数以千万的古籍被迫一次次地流离转徙，由此造成的各种散佚，可想而知。

"文化大革命"期间，刚刚复苏的图书馆事业又被迫停顿。1969年4月，浙江省革委会从鲁迅图书馆一次性调走古籍4568册，其中包括古越楼旧藏。这部分古籍既无档案又无书目留存，至今下落不明[2]。

20世纪70年代末，古籍事业渐始复苏。1979年，鲁迅图书馆专门成立古旧书整理工作小组，采用《中国古籍善本书目分类表》，将包括古越藏书楼旧藏在内的16万册古籍，以经、史、子、集、丛五部分编，按书品大小上架，编制索书号，古籍管理工作逐步规范。

---

[1] 龚天力主编：《从古越藏书楼到绍兴图书馆》，浙江人民出版社2002年版，第111页。

[2] 同上。

（三）目前所掌握的古越藏书楼藏物其他散佚情况

古越藏书楼原有藏书"七万余千卷"，几经变迁和流散，目前存世藏书，绝大部分收藏于绍兴图书馆，共计650种，5499册；其他的公（私）藏机构甚至海外也有发现。因种种原因，无法全面了解。据原杭州古旧书店经理，从事古旧书业达四十余年的王松泉先生（1913—2006）生前回忆，早年他亲手收购过不少钤有古越藏书楼印鉴的书籍[1]，这部分书籍部分归入当地图书馆，部分存入新华书店。著名地理学家、浙江大学终身教授陈桥驿先生在赴日本、美国做访问学者时，曾在日本东亚研究所、美国国会图书馆等发现不少钤有"古越藏书楼图记的书籍"[2]，当属海外遗珠。另外，大连图书馆所藏《金声玉振集》六十三卷，明袁褧编，明嘉靖二十九年至三十年（1550—1551）袁氏嘉趣堂刻本，现存56卷，亦为古越藏书楼旧物，是书已收入首批《国家珍贵古籍名录》（编号01996）[3]。

绍兴民间私家藏书中亦有零星收获。据本地收藏家汪先生、方先生提供的信息，他们曾于20世纪90年代初向绍兴本地藏家购得部分古越楼旧藏，例如，《杜工部草堂诗笺》，清黎庶昌、杨守敬辑，古逸丛书本，据宋麻沙本景刊，日本美浓纸初印本；《玉髓真经》，明嘉靖间福州刻本；《钦定全唐文》，清嘉庆内府刻本，均为残本。两位藏家还曾在古籍拍卖会上拍得《古越楼藏书简目》一部，清朱丝栏抄本，上下二册。与冯氏《古越楼书目》不同，是目以经史子集四库分类，是否据徐树兰手编书目所抄，有待考证。

除藏书外，历史上古越藏书楼曾保管并陈列过不少文物，如罗振玉、

---

[1] 徐明浩：《古越藏书楼创办人徐树兰先生》，《绍兴文史资料（3）》，浙江人民出版社1987年版，第56页。

[2] 陈桥驿：《绍兴地方文献考录》，浙江人民出版社1983年版。

[3] 《第一批国家珍贵名录图录（7）》，国家图书馆出版社2008年版，第162页。

俞樾等名家书写的楹联，抗英名将葛云飞的战盔征袍、陶七彪的陶公柜、陶公床等，还有漓渚、谢墅盗墓风盛时发掘出来的六朝砖罂等陶土冥器，虽为缺损，极具考古价值……但这些文物早已不知流向，无从查考。至今，绍兴民间尚有古越藏书楼旧物遗存。本地收藏家王德轩先生，收藏有古越藏书楼老式唱机一台，自述乃20世纪80年代其大舅自徐家购得；位于历史文化名镇安昌镇内的绍兴师爷馆亦收有古越藏书楼旧书架一只，据说为娄春蕃（1850—1912，字椒生，曾为李鸿章幕僚）后人自民间访得。

绍兴图书馆至今藏有古越藏书楼书箱95只，其中对拉式书箱52只，直拉式书箱43只，配制铜质把手，上镌"古越藏书楼"绿色隶书字样。皆为樟木精制，做工细密，保存完好。2010年10月，绍兴图书馆将整编完成的5499册古越藏书楼旧藏全部移装书箱，以当年的原柜庋藏，实现真正意义的"书箱合一，历史圆满"。

三　古越藏书楼藏书聚散的启示

古越藏书楼在我国藏书史上具有十分重要的地位。今天，我们在探究古越藏书楼藏书聚散情况及其原因的同时，也得到了不少的启示。

启示之一，政通人和的社会环境，是藏书事业、公共图书馆事业发展的前提。

古越藏书楼自1902年开始创办，历经辛亥革命、北伐战争等历史事件，动荡的社会环境，使古越藏书楼被迫处于时开时停状态。1932年，古越藏书楼改组为绍兴县立图书馆后，乃至新中国成立初期，仍因政局动荡不稳等原因，不仅没有得到多大发展，反遭重创，致使不少藏书流落街巷书肆，蒙受不可挽回的重大损失。直至改革开放之后，与古越藏书楼一脉相承的绍兴图书馆有了较快的发展，包括古越藏书楼在内的各类藏书才得到有效保护和利用。从古越藏书楼到绍兴图书馆近110年的发展历程表明，政通人和的社会环境，是中国藏书事业、公共图书馆事业发展的首要前提。

启示之二，民间藏书转由政府机构保存，是藏书得以保存、延续的有效保证。

古越藏书楼在创办之始，徐树兰就申明"各类经费均系自行捐备"，但因是私人捐办，困难重重，最后难以为继，改为公办。其实，古越藏书楼改为公办，这是徐树兰后人的明智之举。古越藏书楼的藏书虽因种种原因，散失严重，但毕竟有不少留存了下来。历史上，各个时期各地都曾出现了一些有名的藏书家，也兴建了一批藏书楼，但到现在大多难寻踪迹，藏书或化为灰烬，或流散殆尽。如徐树兰胞弟徐友兰，系典型的学者型藏家，藏书总数不下十万余卷，不仅数量多，且质量更胜，但流传下来的甚少。如果徐树兰的后人当时不将书楼捐为国有，古越藏书楼及其藏书或许也同其他藏家藏书的命运一样，终被岁月淹埋，烟消云散。古越藏书楼的发展历程表明，民间藏书转由政府机构保存、管理，是藏书得以保存、延续的有效保证。

启示之三，政府机构、公共图书馆应成为古籍保护、藏书保存的中坚力量。

徐树兰创办古越藏书楼及其发展历程表明，以一人之力或家族之力，实现"变一人书为万人书"，以启发民智，毕竟困难重重。政府机构、公共图书馆应成为古籍保护、藏书保存的中坚力量。为此。在这方面，政府机构、公共图书馆应做好以下三项工作。一是要重视古籍保护工作。二是要制订、落实古籍保护工作的各项措施，成立古籍保护机构，落实人员编制和保护经费。目前绝大多数公共图书馆的古籍保护经费不足，日常保护经费长年捉襟见肘，更谈不上回购相关古籍。民间收藏家倾力购买各类古籍，并自建藏书楼，从某种意义上而言，这是政通人和、太平盛世的体现，但从另一层面来讲，政府在这方面的不作为，也是政府的悲哀。三是要大力弘扬徐树兰古越藏书楼之遗风，通过媒体引导、政策支持、成立藏书家协会等形式，积极倡导社会各界捐助、资助图书馆，并创造条件，推行藏书特别是珍贵古籍的寄存制度。

（原文刊登于《绍兴文理学院学报》2011年第3期）

城市人口发展、水城文化研究

越文化中心地的民族变迁与人口发展（上）*

叶　岗　陈民镇**

摘　要：在新石器时代，越地的人群经历了多次的整合与嬗替。于越民族至迟在马桥文化时期在越地形成，他们是越国文化的创造者。秦始皇用兵东南之后迁徙越文化中心地的人群，此事当有一定事实根据。而说越文化中心地的于越民族自此绝迹，却与事实不符，越人的特征性遗传因素在今天的江浙一带仍有不小的比重，只不过已经完全融入汉族。越地的人口发展，总体来说是逐步上升的，其波动的趋势又与越文化的发展趋势大致同步。越地历史上各时期的人口发展并不平衡，初唐至天宝年间等阶段的人口增长引人注目，在清朝更臻于盛。

关键词：越文化；民族；人口；变化

民族变迁与人口流动是越文化发生及发展进程中的一个直接作用于宏观的历史进程的历史地理因素。从民族结构与人口发展的角度看，越文

---

* 基金项目：本文为国家社科基金后期资助项目"越文化发展论"（编号：13FZS037）阶段性成果。

** 叶岗（1965— ），男，浙江绍兴人，绍兴文理学院人文学院教授；陈民镇（1988— ），男，浙江苍南人，中国社会科学院研究生院文学系博士研究生。

中心地①的民族变迁和人口流动实现了本区域的民族大换血与人口大输血。首先是民族大换血。在先越文化阶段②，考古学文化的融合在一定程度上反映了民族的融合。此后，以于越民族为国民主体的越国创造出了灿烂的越国文化。而秦始皇统一越地之后将土著居民强迫迁移到今浙西和皖南地区，然后从北方移入汉族，越文化中心地的民族经历了一次大换血，越人逐渐淡出世代居住的土地，剩下的居民又为汉文化所同化。自此之后，越文化进入越地文化阶段，本阶段的人口变化主要表现为人口大输血。经过几次北人南迁高潮，越地输入了大量人口。明清时期，无论是人口数量还是人口密度，越地均居全国前列，由人口稀薄之地一跃成为人口巨邑。明清至近代，越地人口又表现出不断向外流出的态势，越地人士更为广泛地参与全国的政治、经济、文化建设。上述民族变迁与人口波动的具体过程，仍存在诸多问题有待进一步探讨，本文试作阐论。

一　轮替与整合：民族的历史变迁

秦汉以降，越文化中心地的人群逐步形成汉族为主体的民族结构。而这一格局的形成，基于越文化中心地的历次民族变迁。即便是在越地文化阶段，民族构成仍不乏于越遗裔（虽然已经被汉族所同化）。由于史料阙

---

① 我们所说的"越文化中心地"，即确立于越国时期、定型于五代以后的区域范围，实际上也是南宋以来绍兴府的范围，包括山阴、会稽、萧山、诸暨、余姚、上虞、嵊、新昌八县，相当于今天绍兴市的越城区、柯桥区、上虞区、诸暨市、嵊州市、新昌县以及杭州市的萧山区、宁波市的余姚市。虽然经历多次变迁，但以上区域始终作为越文化的基本范围存在。本文所说的越地主要指这一范围，这也是本文所讨论的基本空间背景。同时，在具体讨论时我们也考虑到不同历史时期越地的盈缩变迁情况。

② 我们在尊重文化发展连续性的前提之下，将越文化分为先越文化、越国文化和越地文化三个阶段。先越文化指的是越国创立之前的越文化阶段。这要上溯至近万年前的上山文化，经过跨湖桥文化、河姆渡文化、马家浜文化、崧泽文化、良渚文化、钱山漾文化、广富林文化的发展，孕育了越文化的一些基本特质。结合古史传说，越国文化可上溯至距今3900年左右，这也是马桥文化出现的时期，下限为公元前222年秦并越地。这一阶段，于越已经形成并成为越文化的创造主体。越地文化阶段自秦并越地至今，于越文化或者说越族文化，已经逐步向汉族文化转变。

如，历史上民族变迁的具体历程已难详考，但我们仍可以结合考古学、分子人类学等学科的认识寻绎大致的线索。

关于越文化中心地早期的人群流动，陈桥驿先生曾结合海侵理论对远古时期越族的迁徙进行了如下推论。

> 越族的迁移，显然是从对于卷转虫海侵首当其冲的东海大陆架开始的。这个地区居民的迁移路线，一条当然是越过舟山丘陵内迁到今宁绍平原。另一条可能是外流，利用原始的独木舟漂向琉球、南日本、南洋群岛、中南半岛和今中国南部各省沿海等地。其间也有一部分利用舟山丘陵的地形安土重迁。这是这一次迁移的第一阶段……在距今1万年以前，今宁绍平原的环境恶化尚不十分严重。这一时期，或许是海侵波及以前古代越族在宁绍平原繁衍生息最重要的时期。距今1万年以后，由于环境恶化开始发展，古代越族就进入了他们迁移中的第二阶段。越族居民在这次迁移中的主要路线，估计也有三条，他们中的一部分，越过钱塘江进入今浙西和苏南的丘陵区，另一部分随着宁绍平原自然环境自北向南的恶化过程，逐渐向南部丘陵区转移。还有一部分利用平原上的许多孤丘特别是今三北半岛南缘和南沙半岛南缘的连绵丘陵而安土重迁。海侵扩大以后，这些丘陵和舟山群岛一样地成为崛起于浅海中的岛屿，这些越族居民也和舟山群岛的越族居民一样成为岛民。[①]

以上推论影响较大，许多研究越文化的论著都沿承此说。论者多未加辨别而全盘吸收，事实上，以上说法大多未被证实，而且一些新的材料对上述观点是相对不利的。

过去学者普遍认为越文化中心地是"越族"的发源地，百越诸族是其

---

① 陈桥驿：《越族的发展与流散》，《东南文化》1989年第6期。

扩散的结果①。至于扩散的时间，或系之于远古或系之于越国衰亡。但此说现在看来并不符合实际。分子人类学的研究成果表明，百越集团是在两广地区产生的，东亚现代人群的祖先来自非洲，有一部分人群在广东、广西地区驻留并逐渐形成一个体质、文化特征相近的群体，是为百越的渊薮②。百越集团的遗传特征具有共性，东南越人是后来分化出来的一支。从考古学角度看，长江下游的新石器时代考古学文化要追溯到上山文化，年代最早要上溯到一万年前。此后宁绍平原与环太湖流域的文化逐渐繁兴，在崧泽文化、良渚文化时期达到极盛。而浙江旧石器时代考古的工作相对薄弱，一些遗存的年代尚存争议③，上山文化之前的情况难以确知。至少在新石器时代之前，越地并没有越人的祖先居住。如此一来，说卷转虫海侵造成越人流散本身便缺乏基本前提。

目前学者对河姆渡文化、崧泽文化、良渚文化的先民做过体质人类学的分析，上山文化、跨湖桥文化的人群尚无研究成果，故不能判断其与后来文化的人群有无直接联系④。河姆渡文化的头骨存在一系列明显的蒙古人种性质，另外又有一些类似澳大利亚—尼格罗人种的特征，尤其是在颅形上，与福建闽侯昙石山、广东佛山河宕、广西桂林甑皮岩等遗址的头骨相似⑤。崧泽文化的人群据研究属蒙古人种，带有南亚类型的特征⑥。针对良渚文化先民的研究也得出类似的结论⑦。总体而言，广东、广西、福建、浙江等地的新石器时代人群（相当于百越集团），普遍带有蒙古人种南亚类型

---

① 如法国学者鄂卢梭（L. Aurousseau）《安南民族之起源》的论断，参见冯承钧译《西域南海史地考证译丛九编》，中华书局1958年版，第104—119页。
② 李辉：《百越遗传结构的一元二分迹象》，《广西民族研究》2002年第4期。
③ 徐新民：《浙江旧石器考古综述》，《东南文化》2008年第2期。
④ 长江下游的酸性土壤使人骨保存殊为不易，目前有关材料尚属稀缺，对长江下游史前人群体质特征的研究并不充分。
⑤ 韩康信、潘其风：《浙江余姚河姆渡新石器时代人类头骨》，《人类学学报》1983年第2期。
⑥ 上海市文物保管委员会：《崧泽——新石器时代遗址发掘报告》，文物出版社1987年版，第111页。
⑦ 汪洋：《广富林良渚先民体质及文化适应研究》，博士学位论文，复旦大学，2008年。

的特点，与当时中国北方先民的体质特征形成鲜明对比。

无论是分子人类学还是体质人类学，都表明百越集团人群的生理特征趋同。我们也可以基本肯定，先秦时期越文化中心地的人群主体属于百越集团，但我们并不能说本地区的人群性质保持绝对的连续性。宁绍平原的河姆渡文化与环太湖流域的马家浜文化本是并行发展，在良渚文化时期环太湖流域与宁绍平原逐步统一；良渚文化最终消亡，其后的钱山漾文化既有土著因素，也受北方文化以及浙南地区文化的渗透；再后来的广富林文化则直接受北方王油坊类型文化遗存的影响，马桥文化也受到中原地区文化的影响，同时广富林文化与马桥文化也有许多浙南闽北地区的文化因素。以上一系列考古学文化的整合很可能伴随人群的变动。马桥文化有不少来自南面的因素，如果当时有一批浙南闽北的人群涌入越地，而这群人又是属于百越尤其是东南越人的话，则同样会造成良渚文化、马桥文化之间没有直接延续关系但主体人群的遗传特征却相近的情况。

同时，我们也可以找到越地人群扩散的线索。从文化传播的迹象看，河姆渡文化在宁绍平原消亡之后，河姆渡文化先民可能向周边（主要是南方）扩散。良渚文化作为一种强势文化，其文化因素更是不断向周边扩张。向南到珠江流域，西北至甘青地区，乃至中原地区、海岱地区，都可以发现带有良渚文化特征的器物。但良渚文化因素的扩散，是初步的文化交流，还是深层的文化传播乃至人群扩散，尚有待进一步探讨。最典型的是主要分布在粤北北江中上游地区的石峡文化，其与珠江三角洲史前文化存在较大差异，而与良渚文化有千丝万缕的联系，有可能是良渚文化先民南下的产物。

我们可以基本肯定的是，于越民族至迟在马桥文化时期在越地形成，他们是越国文化的创造者。而据《史记》《越绝书》《吴越春秋》等文献，越国的统治者是夏人的后裔。这种民族结构伴随越国的崛起、称霸与衰亡。随着秦始皇二十五年（前222）秦将王翦破越国并在越地设会稽郡，越文化中心地的人群经历了一次较大的变动。《越绝书·外传记地传》载："是时，徙大越民置余杭、伊攻、□故鄣，因徙天下有罪谪吏民，置海南故大越处，以备东海外越。乃更名大越曰山阴。"《越绝书·外传记吴地传》云："乌程、余杭、黝、歙、无湖、石城县以南，皆故大越徙民也。秦始皇帝刻石徙之。"《太平寰宇记》卷九三引《吴越春秋》："秦徙大越鸟语之人置。"秦始皇此举的背后动因，根据《宋书·符瑞上》，因"秦始皇帝曰：'东南有天子气。'于是东游以厌之"。准此，秦始皇因惮于越地人民的斗争精神，调整了越地的民族结构。陈桥驿先生因而指出当时秦始皇"把聚集在部族中心，即今绍兴一带的部族居民强迫迁移到今浙西和皖南地区，然后从北方移入汉族，以改变这个地区居民的民族结构"[1]，这也是第一次北人成批南迁[2]。此说亦为大多数学者所接受，有学者便明确指出秦始皇之后越文化中心地便不再有越人留下来安居了[3]，强调"换了人间"[4]。潘承玉先生则强调秦以后越国故地、今浙江省全境的居民成分并没有发生根本性的变化，秦始皇下令迁徙移出的居民范围就今浙江省全境而言极为狭小，而移民所往之地本来就是春秋越国的统治范围；《史记》未载此次移民，要么是根本不存在，要么是规模太小；当时一批戍卒的入驻并不能说是大规模的移民，所谓"中原人民首次大规模地徙居越地"纯粹是论者的想象；受冲击的主要是越国上层，广大百姓受影响较小；历代移民没有一次属于根本的对越地人口结构的改造。[5] 潘先生的质疑是有道理的，但受到质疑的王志邦等先生，事实上是认为越文化中心地的人群发生了根本性变化，而不是说浙江全境发生变化；而且这批越人被迁往浙西、皖北也是大家所承认的。何况，

---

[1] 陈桥驿：《于越历史概论》，《浙江学刊》1984年第2期。
[2] 陈桥驿、颜越虎：《绍兴简史》，中华书局2004年版，第36页。
[3] 邹身城：《越国都邑、疆域考释》，《杭州师范学院学报》（社会科学版）1990年第4期。
[4] 王志邦：《浙江通史·秦汉六朝卷》，浙江人民出版社2005年版，第16—17页。
[5] 潘承玉：《秦末浙地"换了人间"说献疑》，《浙江社会科学》2009年第3期；潘承玉：《中华文化格局中的越文化》，人民出版社2010年版，第39—47页。

我们也实在不能因为《史记》没有相关记述而断然否定《越绝书》诸书的记载。当然，说越地的人群发生"置换"的确是有问题的。今天的浙江汉族 O1-M119（系越人的典型 Y 染色体单倍型）有 26.0%，上海汉族也有 26.7%，是汉族群体中最高的，江苏汉族也有 16.4%[①]。可见，这种越人的特征性遗传因素在今天的江浙一带仍有不小的比重。在越国故地，仍生活着当年的于越遗裔，而他们是被当作汉族看待的。

秦始皇用兵东南之后迁徙越文化中心地的人群，此事当有一定事实根据；说越文化中心地的于越民族自此绝迹，却与事实不符，至少此次迁移不如汉武帝迁瓯越、闽越之民彻底[②]；百越以外的人群向越地渗透至迟在战国时期已经开始，如马桥地区在战国时期出现了 M122T 突变，M122T 可能原先并不存在于马桥地区，是春秋战国时期从西部传入的[③]，此时已经出现一定程度的民族融合；秦始皇平定越地之后的两千多年，多次移民潮逐步改变了越地的民族构成，并使越地逐步纳入中原王朝的政治版图与文化版图，这一过程在西汉时期基本完成。

《史记·越王勾践世家》载："楚威王兴兵而伐之，大败越，杀王无彊，尽取故吴地至浙江，北破齐于徐州。而越以此散，诸族子争立，或为王，或为君，滨于江南海上，服朝于楚。"一些学者据"越以此散"认为于越因

---

① Su B., Xiao J. H., Underhill P., et. al., *Y-chromosome Evidence for a Northward Migration of Modern Humans into Eastern Asia During the Last Ice Age*, Am J Hum Genet, 1999, 65 (6), pp. 1718–1724；上海文物管理委员会编：《马桥：1993—1997 年发掘报告》，上海书画出版社 2002 年版，第 66 页。

② 《史记·东越列传》："是天子曰东越狭多阻，闽越悍，数反覆，诏军吏皆将其民徙处江淮间。东越地遂虚。"《吴越春秋·勾践伐吴外传》："从无余越国始封，至余善返越国空灭，凡一千九百二十二年。""虚""空灭"可见其彻底。今福建一带 O1-M119 的分布几近于无，汉族的主要 Y 染色体单倍型则极为集中，形成鲜明的对比。据李辉先生研究，闽越曾经是福建的主体民族，通过对现代福建和其他闽语人群的分子人类学研究，结果并没有看到闽越的结构，闽语人群基本都是来源于北方的汉族移民，所以可以确定历史上的闽越族在福建地区基本上已经消失。参见氏著《分子人类学所见历史上闽越族群的消失》，《广西民族大学学报》（哲学社会科学版）2007 年第 2 期。

③ 杨俊等：《上海原住民的 Y 染色体遗传分析》，《中央民族大学学报》（自然科学版）2004 年第 1 期。

败于楚而四散，乃至于将百越诸族视作此次流散的结果。现在已经究明，百越集团形成于两广地区，福建、广东、广西等地的越人并非于越的支流。但我们也应该承认越国后期于越民族确有流散的迹象，集中于楚败越和秦灭越两个时期①。尤其是秦灭越之后，除了越人自发的溃散，还有政治力量的强迫迁移。秦代虽然国祚短暂，却是越地民族交融、整合的重要时期，是一个重要的转折点。蒙文通先生指出秦汉之世越人之大批迁徙皆为北迁而无南走之迹②，说法不免绝对。东越败后汉武帝确实向北迁了大批越人，而秦始皇对越地土著的处理，主要是就近移出，而非长途迁徙。

汉代继续秦代对越地的人口填充策略，汉人进一步南迁越地。汉人在越地的比重上升，而越地土著又逐渐被汉化。到了东汉、三国时期，越地尚有山越。山越主要是越人遗裔，其分布不仅限于越地，在记载六朝史事的史书中多有出现。随着东吴多次征山越为兵，并使之成为郡县编户，逐步被汉化。随着"永嘉南渡""安史之乱""靖康之难"所带来的数次北人南迁移民潮，越地的北方汉人比重越来越大。不过直至今天，越地的于越遗裔仍有一定的数量，只不过已经完全融入汉族。

北宋灭亡后，金兵一度南下，攻占越地。迨至蒙古灭宋，一部分蒙古人随元军进入越地③。在明清时期，从福建、浙南山区尚有部分少数民族迁入浙中、浙东等平原地带。清军占领浙江后，各地旗兵驻扎，据雍正《浙江通志·兵制》所载，当时浙江省旗兵（满族人）5万余人，绍兴达千余。不过元代以来的少数民族的迁入影响较小，并不足以改变越文化中心地的民族结构。

---

① 根据郑小炉先生的研究，春秋后期开始，吴越地区的青铜文化对广东和广西东北部地区产生了巨大的影响，战国中期以后更加广泛而深入。吴越人向岭南的迁徙过程至少从春秋晚期就已开始，战国前期迁徙的规模更大。参见氏著《吴越和百越地区周代青铜器研究》（科学出版社2007年版）一书的研究。但这种文化因素的渗透并不一定与人群的大范围迁移等同。
② 蒙文通：《越史丛考》，人民出版社1983年版，第43页。
③ 《元史》卷99《兵志二·镇戍》。

二 人口的增长与波动

　　越地人口的确切记载只能追溯到西汉，但我们还是可以通过文献与考古材料一窥先秦越地人口的概貌。在新石器时代，人口繁衍较为缓慢，我们无法确知当时的人口数量，只能通过遗址数量的变化、农业生产的起伏以及文化的兴衰来推论人口变化。经过数千年的发展，越地在良渚文化时期进入一个文化高峰，地域范围与遗址数目增长，人口也必然随之膨胀。良渚古城是良渚文化的政治中心，其面积约为300万平方米。我们可以看一下其他面积小得多的新石器时代城址的推测性数据：城子崖古城面积约20万平方米，当时城内居民约为5161—6451人；此外孟庄古城内居民为4129—6161人，边线王古城内居民为1471—1839人，丁公古城内居民数为2580—3226人，田旺古城内居民为3871—4839人[①]。良渚古城的人口数量无疑要远大于这些数字。据刘斌先生估算，使用简单工具兴建良渚古城的大型平台和城墙，需要一万人花费2年以上才能完成[②]。而要建造良渚文化早期的反山大墓的土台，若以当时每人每日运土堆土量为一立方米计算，耗费的劳动日则超过210万个。可以想见当时良渚文化的人口已有相当规模。此后的广富林文化、马桥文化陷入了相对的文化低潮期，遗址数目也大不如前，此时应当面临人口锐减的境地。

　　越国时期，尤其是允常、勾践在位的阶段，越地的人口随着社会的发展而递增。为了与吴国抗争，越国制定了鼓励生育的措施："令壮者无取老妇，令老者无取壮妻。女子十七不嫁，其父母有罪；丈夫二十不娶，其父母有罪。将免者以告，公医守之。生丈夫，二壶酒，一犬；生女子，二壶

---

① 江林昌：《摒弃中国古文明研究中的两种误解》，《东岳论丛》2006年第3期。
② Andrew Lawler, "Beyond the Yellow River: How China Became China". Science, 2009, 325, pp. 930 – 935.

酒，一豚。生三人，公之与母；生二人，公之与饩。"① 在政府鼓励之下，越地人口逐步上升，据陈桥驿先生推测，当时于越部族的人口总数约为三十万人②，林正秋先生估计为二十万左右③。此后，依次发生了越灭吴、迁都琅琊、退据越地等事件，越国尤其是越文化中心地的人口一直存在波动。孟文镛先生认为越国灭吴后人口总数已达100万以上④。在秦灭越国之后，随着土著的迁出与北方人口的迁入，越地不但经历了人口的波动，还经历了民族的整合。西汉时期外来人口进一步向越地渗透。《汉书·武帝纪》载："（元狩）四年（前119）冬，有司言关东贫民徙陇西、北地、西河、上郡、会稽凡七十二万五千口。"清人王鸣盛估计迁入会稽郡的为数约十四万五千人⑤。经过西汉的休养生息，西汉元始二年（2）会稽郡领县26，户223038，口1032604⑥。此后越地的人口基本保持增长势头，如东汉永和五年（140），会稽郡领县14，户123090，口481196⑦；西晋太康初年（280—289），会稽郡领县10，户3万⑧；南朝宋大明八年（464），会稽郡领县10，户52228，口348014⑨；隋大业五年（609），会稽郡领县4，户20271⑩；唐天宝元年（742），越州领县7，户90279，口529589⑪。

越文化中心地的政区在五代以后定型，而只有在一定的地域与政区范围内作历时比较才有意义。以下根据万历《绍兴府志·户口》、乾隆《绍兴府志·户口》所总结的材料，列表如次（单位：户）。

---

① 《国语》卷20《越语上》。
② 陈桥驿：《古代於越研究》，《民族研究》1982年第1期。
③ 林正秋：《浙江经济文化史研究》，浙江古籍出版社1989年版，第101页。
④ 孟文镛：《越国史稿》，中国社会科学出版社2010年版，第563页。
⑤ 《十七史商榷》卷9。
⑥ 《汉书》卷28《地理志》。
⑦ 《后汉书》卷22《郡国志四》。
⑧ 《晋书》卷15《地理志下》。
⑨ 《宋书》卷35《州郡志一》。
⑩ 《隋书》卷31《地理志下》。
⑪ 《新唐书》卷41《地理志五》。

时间＼地点	越州（绍兴府）总	会稽县	山阴县	剡（嵊）县	诸暨县	萧山县	余姚县	上虞县	新昌县
北宋大中祥符四年	187180	34076	2171	32578	49062	23086	21063	5141	20003
南宋嘉泰元年	273343	35406	36652	39792	42424	29063	30883	30883	28820
元至元	300248								
泰定	222657								
明洪武	267074	39879	53946	28765	31037	21548	51188	30037	7363
明永乐	272707	39872	53946	22385	40104	21548	44000	34119	7863
明天顺	179887	23418	30364	10805		18219		34119	4100
明万历	165678	18608	29142	11605	18410	19430	41847	19311	7345
清康熙五十六年	609527	61949	122119	55324	118358	71672	101384	57035	21731

可见，越地历史上各时期的人口发展并不平衡，其中南宋至元代为一高峰，此后的清朝更臻于盛。各县发展也不平衡，如新昌县在明代人口急剧减少。需要注意的是，由于历史上某些朝代隐匿人口的情况特别严重，不同的材料数据来源也不同，个别数据会存在较大误差。

由于越地政区改易频繁，所领县市不一，也造成了纵向比较的难度。

从人口密度的角度或许可以更直观地考察越地的人口变迁。陈桥驿先生指出，《国语·越语上》所说的越国"南至于句无，北至于御儿，东至于鄞，西至于姑蔑"的范围，大体以五万平方公里的面积计算，则人口密度约为每平方公里6人①。西汉时会稽郡南部每平方公里人口密度为0.32人，北部为14.28人②，若以平均数算，人口密度还是要大过越国时期。东汉时会稽郡以平均数算，每城不到8700户，口34000多，与西汉相比，基本相当。从初唐至天宝年间，越州人口密度由每平方公里8人发展到57人③，增长明显。明洪武年间（1368—1398），绍兴府每平方公里95.06人。清乾隆五十六年（1791），绍兴府每平方公里368.49人。清代"盛世滋丁"，人口繁盛，嘉庆二十五年（1820），绍兴府人口达500多万，每平方公里已达579.55人。其中初唐至天宝年间的人口增长无疑是引人注目的。据隋代的数据，会稽郡有20271户，较《宋书·州郡志》所载会稽郡的52228户相比缩减迅速。有学者怀疑隋代户口统计的可信度，认为数值偏小④。隋代黄河中下游人口密度很高，南方的著籍户口较之六朝虽有所增长，却十分有限，有学者认为江东士族豪强"挟藏户口，以为私附"的现象未能改变⑤。会稽郡相比江南其他地方，不但没有增加反而减少，这就更加令人疑惑了。这里的原因可能比较复杂，既有改朝换代的战乱因素——这一点不可低估，毕竟隋朝进入浙东还是颇费周折的；也有挟藏户口、民户逃亡等原因。不过若论隐匿户口的现象，南朝更甚；若说户籍管理制度，隋朝时期"大索貌阅"当更为严格。更为重要的原因是，经过南梁时期的"侯景之乱"，包括越地在内的江南生灵涂炭，元气大伤，长期未得恢复，进入一个文化发展的低潮期。从全国来看，"侯景之乱"前后南朝的人口下降近乎一

---

① 陈桥驿：《古代於越研究》，《民族研究》1982年第1期。
② 葛剑雄：《西汉人口地理》，人民出版社1986年版，第98页。
③ 翁俊雄：《唐鼎盛时政区与人口》，首都师范大学出版社1995年版，第50页。
④ 同上书，第86页。
⑤ 冻国栋：《唐代人口问题研究》，武汉大学出版社1993年版，第83页。

半，这是与越地的下降比率一致的。事实上《隋书·地理志》所载宣城郡、吴郡、东阳郡等郡数据与会稽郡相近，会稽郡贞观十三年的数据亦与大业五年相近①，我们实在难以轻易质疑大业五年的会稽郡人口数据。

  随着户籍管理的加强以及社会经济的发展，盛唐时期越地人口增长迅速。"贞观之治"以至"开元盛世"，越州人口的增长速度可以说是十分惊人的，达5倍之巨，绝对数居浙东之首——这与盛唐气象是相应的。萧山县"唐开元户部账，户凡二万五千八十有六"②，这尚是一县的户数。贞观十三年至天宝年间户数增长248.7%，口数增长327%。全国范围看，从初唐至天宝年间，户数增长200%，人口增长312%③。越州的增幅高于全国平均水平，但却不及河南道诸道增长迅速。在此期间，越州人口密度由每平方公里8人发展到57人，为全国领先的人口密集州④。越州人口繁盛，可见一斑。这与本时期越地的社会经济发展密不可分。这一阶段越文化中心地的人口高速增长并非孤例，诸如东阳郡、永嘉郡增幅甚至在10倍以上。至于北方地区，经过盛唐的发展只是恢复到隋代的水平。与此形成鲜明对比的是，"安史之乱"之后越州的人口急剧下降，甚至倒退到隋朝的水平。"安史之乱"前越地人口的高速增长，实际上为此后中国人口重心的转移奠定了基础。

---

  ① 唐初黄河中下游的户口与大业五年相比急速下降，关内道贞观十三年户数为大业五年的44%，河南道为11%，河北道为16%，河东道为30%，陇右道为34%，南方地区则基本平稳或大有增加，江南道为128%。参见翁俊雄《唐初政区与人口》，北京师范大学出版社1990年版，第59页。唐初人口数量的下降，与隋末暴政以及隋唐之交的战乱有直接关系，北方人口锐减，一大批人口南移。而江南相对稳定，会稽郡的数据是合乎实际的。不过江南其他地方唐初人口增长迅速，这与移民潮、隐匿户口现象减少以及赋敛相对较轻有关。总之，从全国人口变化趋势看，会稽郡大业五年与贞观十三年的人口数据均是基本可信的。

  ② 嘉靖《萧山县志》卷3《户口》。

  ③ 翁俊雄：《唐鼎盛时政区与人口》，首都师范大学出版社1995年版，第38页。

  ④ 同上书，第50页。

隋唐越州（会稽郡）户口变化一览

时期	大业五年（609）①	贞观十三年（639）②	约开元二十年（732）③	约开元二十九年（741）④	约天宝十一载（752）⑤	元和年间（806—820）⑥
户数	20271	25890	107645	88337	90279	20685⑦
口数		124010		529674	529589	

还需要注意的是，明初以降，社会经济得到发展，而浙江省人口不增反降，150年间减少一半。这一现象令人费解，人口学家多归于当时户口隐漏之严重。陈剩勇先生则一针见血地指出溺杀女婴及男女性别失调对明代

---

① 《隋书》卷31《地理志》。

② 见《旧唐书》卷40《地理志》"旧领"。参见岑仲勉《旧唐书地理志"旧领县"之表解》，《历史语言研究所集刊》1948年第20册上册，第131—157页。

③ 《元和郡县图志》卷26《江南道二》"开元户"。该书所载数据年份的考证参见翁俊雄《各地志所载唐开元、天宝户口数字的源流、系年和校勘》，《北京师院学报》（社会科学版）1987年第3期。或定于开元十八年（730）。有学者据唐写本《沙州、伊州地志》得出《元和郡县图志》"开元户"据开元二十八年（740）的计账，参见[日]羽田亨《唐光启元年写本沙州伊州地志残卷考》，《唐代文献丛考》，商务印书馆1957年版，第84页。冻国栋先生推测所据为开元十七年或十八年的数据，参见氏著《唐代人口问题研究》，武汉大学出版社1993年版，第12页。

④ 据《通典·州郡门》"开元户"的数据，该书所载数据年份的考证参见翁俊雄《〈通典·州郡〉所载唐代州县建置与户口数字系年考》，《历史研究》1986年第4期。刘海峰先生则认为数据采自天宝元年（742）的计账，参见氏著《两〈唐书·地理志〉户口资料系年——兼考〈通典·州郡典〉户口之年代》，《厦门大学学报》（哲学社会科学版）1987年第3期。

⑤ 见《旧唐书》卷40《地理志》"天宝领"，《新唐书》卷41《地理志》撮录旧志，系年于天宝元年。梁方仲、胡道静、青山定雄等先生均认为是天宝元年。或定于天宝十一载（752），王鸣盛《十七史商榷》倡此说，平冈武夫、刘海峰、冻国栋等先生从此说。或系之于开元二十八年（740），严耕望等先生持此说。翁俊雄先生定于天宝十二载，参见氏著《各地志所载唐开元、天宝户口数字的源流、系年和校勘》，《北京师院学报》（社会科学版）1987年第3期。按天宝三年正月朔改"年"作"载"。

⑥ 《元和郡县图志》卷26《江南道二》"元和户"。或定于元和八年（813）。

⑦ 朱祖德先生指出越州有4个望县，紧县2个，上县仅1个，如望县、紧县均以上县的标准六千户计（实际上应不止此数），则越州至少应有42000户以上的人口，参见氏著《唐代越州经济发展探析》，台湾《淡江史学》2007年第18期。当时人口统计数值偏小的情况的确存在。

人口出生率的影响是非常大的①。明代越地向外流出的人口也不在少数,即王士性所言"宁、绍人什七在外,不知何以生齿繁多如此"②,在外人口多从事师爷职业或经商。清代人口激增,这固然有利于越地社会经济的进一步发展,但由于可耕地不多以及土地兼并加剧等原因,无节制的人口增长也逐渐使人口由原先的可再生资源转变为社会再发展的包袱。

(原文刊登于《绍兴文理学院学报》2015年第2期)

---

① 陈剩勇:《明代人口"北增南减"现象研究》,《史林》2000年第3期,第57—67页;《浙江通史·明代卷》,浙江人民出版社2005年版,第65—75页。据万历《会稽县志》,当时绍兴府诸县"婚论财,嫁率破家,乃至生女辄溺之"。举例而言,在万历年间,山阴县男子数为82299,女子数为33110,男女性别比达到2.49:1,简直不可思议。

② 王士性:《广志绎》卷4《江南诸省·浙江》。

越文化中心地的民族变迁与人口发展（下）

叶　岗　陈民镇[*]

摘　要：在新石器时代，越地的人群经历了多次的整合与嬗替。于越民族至迟在马桥文化时期在越地形成，他们是越国文化的创造者。秦始皇用兵东南之后，迁徙越文化中心地的人群，此事当有一定事实根据。而说越文化中心地的于越民族自此绝迹，却与事实不符，越人的特征性遗传因素在今天的江浙一带仍有不小的比重，只不过已经完全融入汉族。越地的人口发展，总体来说是逐步上升的，其波动的趋势又与越文化的发展趋势大致同步。越地历史上各时期的人口发展并不平衡，初唐至天宝年间等阶段的人口增长引人注目，在清朝更臻于大盛。秦并会稽、西汉末年动乱、"永嘉南渡""安史之乱""靖康之难"所引发的历次移民潮，深刻影响了越文化发展的进程以及中国政治、经济、文化格局的调整，是越文化"点状突进"发展模式的重要外部机遇。

关键词：越文化；于越；人口；移民潮

---

[*] 叶岗（1965—　），男，浙江绍兴人，绍兴文理学院人文学院教授；陈民镇（1988—　），男，浙江苍南人，中国社会科学院研究生院文学系博士研究生。

三 移民潮与人口波动问题辨正

根据主流移民特征的变化,中国移民史可分为四个时期:先秦黄河中下游多向移民期、秦统一到两宋从黄河中下游向长江中下游的由北向南移民期、元明清长江流域由东向西移民期、近代沿边多方向移民期[①]。其中第二个时期中国汉族由北往南的五次迁移高潮,或者说中国历史上的五次北人南迁事件,给越文化的发展带来了深远的影响。

(一) 秦并会稽后的移民

一方面秦始皇将越人迁出越地,另一方面将戍卒迁往越地。西汉时期的行政移民,亦为这一举措的延续。这一系列移民活动,促使越文化完成了一次转型。秦并会稽后的移民举措已如前述,民族换血的意义更为深远。此外,外来人口的输入一方面迁出当地居民,社会生产自然遭遇破坏;一方面以素质相对较差的移民填入,越文化中心地的政治地位一落千丈,会稽郡的治所实际上在吴地。事实上,以戍卒作为填充边裔的主力军,可以说是秦人的一贯政策——他们甚至可以说是"汉族"扩张的主力军。

(二) 西汉末年的移民潮

西汉末年的动荡使北方人口锐减,一些北方人士南迁越地,尤其是一些士族的到来,极大优化了越地的人口结构,促成了越文化在东汉时期的突进。

西汉末年黄河流域出现了长达数十年的混乱,"战斗死亡,缘边四夷所系虏,陷罪,饥疫,人相食,及莽未诛,而天下户口减半矣"[②]。到东汉,

---

[①] 张国雄:《中国历史上移民的主要流向和分期》,《北京大学学报》(哲学社会科学版)1996年第2期。

[②] 《汉书》卷24《食货志》。

长江流域的人口已经增长了50%，在中国总人口中的比重翻了一倍。西汉末年的乱局，令黄河中下游的社会经济遭受破坏，并引发了移民潮。其中，越地也是移民潮的目的地之一。《后汉书·任延传》载："更始元年，以延为大司马属，拜会稽都尉。……时天下新定，道路未通，避乱江南者皆未还中土，会稽颇称多士。"① 此次移民潮，不同于秦、西汉时期的政府强制移民，而是因战乱引起的自发移民，可以说是中国人口重心南移的开端。更为重要的是，记载中的移民是"士"，我们不知道当时移民潮中平民的比例，但上层精英的到来显然改变了越地的人口结构，非秦代"有罪适吏民"所可比拟。据记载，这些在乱世移居越地的士人大多没有迁回中原，在任延上任后"皆聘请"。新上任的会稽都尉提拔这些避居越地的中原士人，使他们自此在越地安居，这一举措无疑影响深远。《任延传》又云："延到，皆聘请高行如董子仪、严子陵等，敬待以师友之礼。"严子陵名严遵，又名严光，东汉初会稽余姚人。其少有高名，与刘秀同游学。刘秀（光武帝）即位后，严子陵隐居富春山，其"先生之风"② 为后人所重。鲁迅先生《会稽先贤传》辑本注云："沈钦韩《疏证》云：董斯张曰：'光本新野人，避乱会稽。'《任延传》云：'天下新定，道路未通，避乱江南者皆未还中土，会稽颇称多士。延为会稽都尉，如董子仪、严子陵皆待以师友之礼。'以此证之，子陵非会稽人明矣。"③ 不过也有学者指出从《任延传》看，"似难证明严遵是在西汉末迁入会稽的"④。此外，会稽乌伤杨氏也是在东汉初才来到越地的。杨璇"高祖父茂，本河东人，从光武征伐，为威寇将军，封乌伤新阳乡侯。建武中就国，传封三世，有罪国除，因而家焉"⑤。东汉一代，越地的人口结构得到空前的优化。外来人口的作用至关重要，主要包

---

① 《后汉书》卷《任延传》。
② 范仲淹：《桐庐郡严先生祠堂记》，《范文正公文集》卷3。
③ 鲁迅：《鲁迅全集》（第8卷），人民文学出版社1973年版，第13页。
④ 傅振照等辑注：《会稽方志集成》，团结出版社1992年版，第19页。
⑤ 《后汉书》卷38《杨璇传》。

括南迁士族、南迁平民、所封王侯与所封循吏。循吏对越地移风易俗做了巨大贡献，如第五伦、刘宠、马臻等。

（三）"永嘉南渡"的移民潮

"永嘉南渡"后，北方陷于丧乱①，北人大量南迁，这是中国人口迁移史上罕有的大流动。首先是统治阶级的南迁，主要是贵族、官僚、地主，包括琅琊王氏、颍川庾氏、范阳祖氏、高平郗氏、谯国桓氏、陈郡谢氏在内的士族，为了维持自己的地位和利益，纷纷南下避难。由此也伴随着大量的宗族、部曲、附庸、奴仆人口的南下，普通民众也迫于战乱的压力，往南迁徙。这次北人南迁，以统治阶级为先导，以由统治阶级携带的附属人口为主体，并有大批普通民众参与。《晋书·王导传》云："洛京倾覆，中州士女，避乱江左者十六七。"谭其骧先生在《晋永嘉乱后之民族迁徙》中指出："若即以侨州、郡、县之户口数当南渡人口之约数，则截至宋世止，南渡人口约共有九十万，占当时全国人口约共五百四十万之六分之一。"②葛剑雄先生则进一步推测在200万人左右③。当时移民人数占当时北方移民输出区总人数的八分之一左右，意味着当时北方平均每8个人中就有1个人迁往南方。大量移民的南下使南北地区之间的人口比例发生了较大变化，由西汉时期的8∶2转变为隋朝的6∶4。隋末，全国人口总数为5000万左右，其中北方地区约3000万，南方地区则上升到2000万④。尤其是东

---

① 《晋书·食货志》："至于永嘉，丧乱弥甚。雍州以东，人多饥乏，更相鬻卖，奔迸流移，不可胜数。幽、并、司、冀、秦、雍六州大蝗，草木及牛马毛皆尽。又大疾疫，兼以饥馑。百姓又为寇贼所杀，流尸满河，白骨蔽野。刘曜之逼，朝廷议欲迁都仓垣。人多相食，饥疫总至，百官流亡者十八九。"《晋书·孙绰传》："自丧乱已来，六十余年，苍生殄灭，百不遗一；河洛丘虚，函夏萧条；井堙木刊，阡陌夷灭；生理茫茫，永无依归。播流江表，已经数世。存者长子老孙，亡者丘陇成行。"

② 谭其骧：《晋永嘉乱后之民族迁徙》，《长水集》（上册），人民出版社1987年版，第219页。

③ 葛剑雄：《中国移民史》（第2卷），福建人民出版社1997年版，第410—412页。

④ 范玉春：《移民与中国文化》，广西师范大学出版社2005年版，第32页。

晋创立并定都建康之后，南下者弥多。因其主要发生在西晋怀帝永嘉年间（307—311），故称"永嘉南渡"。其肇端于永嘉年间，而终于南朝宋元嘉年间（424—453），达150年之久。其中，会稽是北人南迁尤其是北方士族迁徙的重要目的地。北人南迁，为越地带来了丰富的劳动力和先进的生产技术，同时也带来了中原王朝的核心文化，这为越地物质文化与精神文化的加速度发展奠定了基础。《通典》载："永嘉之后，帝室东迁，衣冠避难，多所萃止。艺文儒术，斯之为盛。"①中原士族的南迁为江南带来了繁盛的文化，会稽为众多名士所青睐，当时聚居会稽的名士有王羲之、谢安、孙绰、李充、许询、支遁等人，可谓群贤毕至。如果说西汉末年中原的世家大族为越地带来了中原核心文化的火种，那么"永嘉南渡"后已在越地形成燎原之势。六朝时期，也是汉族与越地土著进一步融合的时期。在此期间的少数民族主要有山越，他们主要是越人遗裔。《资治通鉴》载："丹杨山越围太守陈夤，夤击破之。"②胡三省注云："山越本亦越人，依山阻险，不纳王租，故曰山越。"六朝尤其是东吴时期，东南政权与山越之关系错综复杂，山越时附时叛。作为东吴的心腹之患，山越一度成为牵制东吴扩张的掣肘。东吴多次征山越为兵，见于记载者前后达40余万之众，其余则成为郡县编户。山越遗裔大多为汉人所同化，直到今天，浙江地区带有越人血统的汉族尚有26%的比例，其中一部分当是在六朝时期融入汉族主体的。

（四）"安史之乱"的移民潮

"安史之乱"的一个重要结果是引发了新一轮的移民潮。当时除了永王璘、刘展两次叛乱产生过时间较短的局部战争，江南大体保持着和平的局面。此外，自六朝以来江南有较好的经济基础与居住环境，能够吸引一部

---

① 《通典》卷182《州郡》。
② 《资治通鉴》卷56《汉纪》。

分移民前来定居。基于这两种原因,安史乱后玄宗率部分臣僚逃入蜀中,士大夫则多奔东南①。"当是时,中国新去乱,士多避处江淮间。尝为显官得名声以老故自任者,以千百数"②,"两京蹀于胡骑,士君子多以家渡江东"③,故肃宗诏云:"又缘顷经逆乱,中夏不宁,士子之流,多投江外。"④顾况谓"天宝末,安禄山反,天子去蜀,多士奔吴为人海"⑤,李白亦云"天下衣冠士庶,避地东吴,永嘉南迁,未盛于此"⑥;"三川北虏乱如麻,四海南奔似永嘉"⑦。在离乱中,当时的一些士大夫,如独孤及"避地于越"⑧,齐抗"违难于越"⑨,梁肃"族于吴越"⑩,"鲁中儒士"⑪吴筠"登会稽,浮浙河,息天柱"⑫,陆羽曾辗转至越中⑬,白居易曾避难越中,便有"旅愁春入越,乡梦夜归秦"⑭的诗句,此外尚有李聿、包佶、张继、朱放等人——所谓"自中原多故,贤士大夫以三江五湖为家,登会稽者如鳞介之集渊薮"⑮。越地正是移民潮的主要目的地之一。据《唐国史补》卷下,"薛兼训为江东节制,乃募军中未有室者,厚给货币,密令北地娶织妇以归,岁得数百人",这批军人和织妇便是其中一批移民。武装移民与平民在量上无疑占优势,而士大夫阶层的移民则在质的方面提升了越地的人口结构。我们也应该认识到,移民潮是连续的,直至唐末五代,进入东南的移

---

① 吴松弟:《唐后期五代江南地区的北方移民》,《中国历史地理论丛》1996年第3期。
② 韩愈:《考功员外卢君墓铭》,《全唐文》卷566。
③ 《旧唐书》卷148《权德舆传》。
④ 唐肃宗:《加恩处分流贬官员诏》,《全唐文》卷43。
⑤ 顾况:《送宣歙李衙推八郎使东都序》,《全唐文》卷529。
⑥ 李白:《为宋中丞请都金陵表》,《全唐文》卷348。
⑦ 李白:《永王东巡歌》,《全唐诗》卷167。
⑧ 崔祐甫:《独孤公神道碑铭》,《全唐文》卷409。
⑨ 权德舆:《齐成公神道碑铭》,《全唐文》卷409;《新唐书》卷128《齐抗传》。
⑩ 梁肃:《过旧园赋序》,《全唐文》卷517。
⑪ 权德舆:《吴尊师传》,《全唐文》卷507。
⑫ 权德舆:《中岳宗元先生吴尊师集序》,《全唐文》卷489。
⑬ 陆羽:《陆文学自传》,《全唐文》卷433。
⑭ 白居易:《江楼望归》,《全唐诗》卷436。
⑮ 穆员:《鲍防碑》,《全唐文》卷783。

民仍有不少。如唐宗室李洧孙唐末避居上虞、嵊、会稽三县交界山区①，杜氏"南渡至会稽，乐其风土，因居焉"②，韦庄曾"避世移家远"，避地越中③，襄阳人皮日休和其子光业也是在此期间迁入越州的。

　　这股移民潮对越文化的影响如何，实际上并不能做过度乐观的估计。董楚平先生强调"安史之乱"是吴越文化发展的机遇④。我们应当承认，"安史之乱"后的移民潮作为一剂强心针，的确刺激了越地的发展。贞元年间（785—804），越州增置上虞县，会昌五年（845）越州升为望州，有学者据此认为越地人口激增。唐代越州的水利建设除部分兴建时间不详外，大部分在"安史之乱"后兴建，江南其他地区也有此种情形⑤。"安史之乱"后中央显然加大了对越地社会生产的投入。但我们也应该认识到，目前的材料并不能说明此次移民潮使越地发生了如"永嘉之乱""靖康之难"后的突进。"安史之乱"给越地带来的利好有限，甚至令越文化走向了低谷。

　　根据《旧唐书》与《新唐书》的《地理志》，天宝年间（742—756）会稽郡有90279户，529589口。根据《元和郡县图志》的数据，元和年间（806—820）越州有20685户⑥，越文化中心地户口下降的速度是惊人的。不独越州，就全浙江省境内而言，天宝元年全省有754661户，元和年间有250018户，可见当时两浙的人口下降是普遍现象。就下降比率而言，两浙以越州、睦州人口下降最为迅速，达到80%以上，杭州下降较少，在40%左右，其他诸州除了湖州等个别例子，均在40%以上。需要注意的是，这里指的是政府所掌握的户口，实际户口与登记户口尚存差距。唐末对户籍

---

① 黄缙：《李先生铭》，《文献集》卷8上。
② 李光：《杜府君墓志铭》，《庄简集》卷18。
③ 韦庄：《避地越中作》，《全唐诗》卷698。
④ 董楚平：《吴越文化的三次发展机遇》，《浙江社会科学》2001年第5期。
⑤ 朱祖德：《唐代越州经济发展探析》，《淡江史学》2007年，第18页。
⑥ 《元和郡县图志》卷26《江南道二》。

的控制力减弱，一些州县不呈报户口，一些州县存在隐漏情况。所隐漏的户口，在著籍户口的一半以上。尽管如此，上述数据仍有参考价值。"安史之乱"前后的越地著籍户口下降显著，乃至经过吴越国的经营都未能恢复元气。只不过由于北方人口削减更甚，越地人口在全国人口中的比重不降反升。

（五）"靖康之难"的移民潮

"靖康南渡"之后，"中原士民，扶携南渡，不知其几千万人"[1]。赵构率内侍及亲军渡过长江时，"渡江之民，溢于道路"[2]，"是时西北衣冠与百姓奔赴东南者，络绎道路"[3]。百官、百姓从而渡江者数万人，所谓"高宗南渡，民之从者如归市"[4]，"四方之民云集二浙，百倍常时"[5]。移民遍及南宋各路，人满为患。"建炎之后，江、浙、湖、湘、闽、广，西北流寓之人遍满"[6]，江南、江西、福建是移民主要分布区，其中以江南最为集中。在北宋时期，南方人口已经占全国一半以上，而源源不断的移民更给南方注入了新的活力。另外，南宋政府也积极招徕与安抚北方移民。此后，南宋朝廷与金、蒙古对峙期间，北人续有南渡。对于两浙路而言，以高宗南渡至绍兴议和这段时期为高峰[7]。入浙的移民，以临安府为最多。绍兴府一度作为南宋政治中心，且正值高宗东逃，故吸引了一部分来自河南和北方其他地区的移民。陆游尝言"予少时犹见赵、魏、秦、晋、齐、鲁士大夫

---

[1] 《建炎以来系年要录》卷86。
[2] 《宋会要辑稿》第150册《食货五九》。
[3] 《三朝北盟会编》卷134《炎兴下帙三四》。
[4] 《宋史》卷178《食货志》。
[5] 《建炎以来系年要录》卷158。
[6] 庄绰：《鸡肋编》卷上。
[7] 参见张家驹《靖康之乱与北方人口的南迁》，《文史杂志》1942年第2卷3期；张家驹：《两宋经济重心的转移》，湖北人民出版社1957年版；吴松弟：《宋代靖康之乱以后北方人民的南迁》，《中华文史论丛》第51辑，上海古籍出版社1993年版；吴松弟：《北方移民与南宋社会变迁》，台湾文津出版社1993年版。

渡江者"①，足见移民来源之广、持续时间之长。除了"士大夫"，尚有军人以及平民，建炎四年（1130）四月下诏"诸处流移百姓所在孤苦无依者，并仰越州安泊赈济，务在生活"②。

然而，我们不能过度夸大移民潮对越地人口数量的影响。根据嘉泰元年（1201）的记载，绍兴府共有主客户273343户，计成丁人口334012人，老幼残废及不成丁人口107072人③。而徽宗崇宁前后越州的户数增加到270306户，人口计367390人④。在人口统计上，两宋均存在较大的误差⑤。而从户数看，崇宁年间至嘉泰年间变化并不是很大，增长有限。从绝对数看，越文化中心地在经历"靖康之难"后人口没有太大变化。这一点，可能与过去的认识不同⑥。事实上，从整个南宋统治区来看，"靖康之难"之前凡1146万户，之后的1187年只达到1248万户，这已经是接纳北方移民情况下的数据，人口增长基本上处于停滞状态⑦。从两浙范围看，若以南宋嘉定十六年与北宋崇宁元年各路人口密度作一对比，北宋为100%，则南宋时两浙路为107%，既不像北方地区大幅降低，也不像江南西路、福建路等处人口激增。这些现象，都是与越文化中心地的人口变化基本相应的。战争、自然灾害对人口的消耗是很重要的原因，"民人死于兵革水火疾饥坠压

---

① （宋）陆游：《杨夫人墓志铭》，《陆游集·渭南文集》卷34。
② 《宋会要辑稿》第160册《食货六八》。
③ 嘉泰《会稽志》卷5《户口》。
④ 陈桥驿等编：《浙江地理简志》，浙江人民出版社1985年版，第367页。
⑤ 有宋一代赋役甚烦，逃避赋役是造成宋代户口比例失调的重要原因。参见［日］加藤繁《中国经济史考证》下册，商务印书馆1963年版，第261页。
⑥ 不少学者在讨论越地"靖康之难"之后人口变化时认为移民潮之后人口激增，如《绍兴简史》认为绍兴城的户口在这段时期有了迅速的增加，参见陈桥驿、颜逸虎《绍兴简史》，中华书局2004年版，第88页。我们在分析越地人口变化情况后发现，"靖康之难"之后越地人口并无过多增长，基本维持之前的状态。吴松弟先生之前便批判过认为"靖康之难"后长江以南各类城市骤然膨胀的笼统看法，指出靖康和绍兴初年长江以南的城市人口不是膨胀而是因战争骤减，至绍兴中后期一些城市的人口才有所增加，北方移民的进入不是使当地人口激增而是弥补了当地损失的部分人口，参见吴松弟著《北方移民与南宋社会变迁》，台湾文津出版社1993年版，第4页。我们对越地人口变化的考察验证了这一点。对于过去认识的误区，有必要引起重视。
⑦ 胡焕庸、张善余：《中国人口地理（上）》，华东师范大学出版社1984年版，第48页。

寒暑力役者,盖已不可胜计"①。此外,较北宋更甚的赋敛与土地兼并也在一定程度上抑制了人口的增长②。我们还需要注意,"移民"与"流民"的概念不同,当时北方涌入南方的流民很多,但与真正在越地扎根落脚的移民需要区别对待。

既然"靖康之难"之后越文化中心地人口数量变化不大,那么此次移民潮果真对越文化没有产生影响吗?答案是否定的。一方面,北方的移民带来了劳动力以及生产技术,开垦荒地,扩大种植面积,优化种植结构(如麦作农业的扩展),有利于越地的农业生产与经济发展;另一方面,移民中的精英阶层进一步优化了越地的人才结构,有利于教育、文艺等事业的开展。此次移民潮带来的影响,后一点显然更为重要。因为"靖康之难"之前,东南地区已经成为中国的经济重心所在。南宋越地经济的发展,是在之前基础上的继续发展。"靖康之难"之后的战乱与土地政策,在某种程度上制约了越地的经济增长。相对于"永嘉南渡""安史之乱"等移民潮对越地的开发,此次移民潮对越地经济的发展并不能夸大。但此次移民潮的精英阶层对越文化的影响不能忽视,这种影响,一直延续到明清两代。由于越文化中心地一度成为南宋政治中心,故在移民潮发生之初,便吸引了大批上层人物定居绍兴府。"建炎末,士大夫皆避地……衣冠奔踏于道者相继"③,"士君子多以家渡江东"④,"平江、常、润、湖、杭、明、越号为士大夫薮,天下贤俊多避地于此"⑤,其中便包括越文化中心地。如著名的女

---

① 庄绰:《鸡肋编》卷中。
② 据吴松弟先生估算,建炎四年两浙路户数减少约45万,乱后土著约有167万户,绍兴末土著人口约174万户,该年总人口224.3万户,扣除此数约余50.3万户当是北方移民极其后裔。参见吴松弟著《北方移民与南宋社会变迁》,台湾文津出版社1993年版,第135页。可见,两浙路人口的消耗与补充大体相当。这也造成了在越文化中心地"靖康之难"前后的人口总数变化不大。当时包括绍兴府在内的府州移民都在一万至数万,参见吴松弟《宋代靖康之乱以后北方人民的南迁》,《中华文史论丛》第51辑,上海古籍出版社1993年版,第54页。
③ 《宋史》卷453《赵浚传》。
④ 《旧唐书》卷148《权德舆传》。
⑤ 《建炎以来系年要录》卷20。

词人李清照，便南渡流寓于越州等地。上文所引陆游之语，说明渡江的大多是"士大夫"。当时"凡空第皆给百官寓止"①，诸如能仁寺、禹迹寺等寺庙亦为之占用②。不少皇亲贵胄和士大夫寓居于绍兴府，提高了当地的精英阶层比重。高宗东逃时由于随行的"皇族百司官吏兵卫家小甚众"，接受吕颐浩的建议，"于是郎官以下，或留越，或径归者多矣"③。此后一部分宗室更是居住于此，并置绍兴府宗正司辖之，直到乾道七年（1171）以后才撤销④。朝廷也优待南来的王公贵族与官僚地主，加官进秩，如绍兴五年（1136）二月"帝至临安，进扈从官吏秩一等"⑤。有学者据吴松弟先生《移民档案》临安府的材料指出，迟至绍兴年间流入的移民，绝大多数是皇亲国戚和文武百官，即所谓士大夫阶层⑥。但由于古代典籍叙写的具名人物主要属于士大夫阶层，我们不能因为没有掌握太多平民移民的信息而忽略他们的存在。无论如何，士大夫阶层的移民是"靖康之难"后移民潮的重要组成部分。精英的涌入，带来的重要结果是主流文化继续向东南地区汇聚。越文化也得益于文化重心的转移，经历了一次突进。

上述几次北人南迁事件，尤其是后面四次，按葛剑雄先生的话说，是一种自北向南的离心型迁移，与政府强制性的内聚型移民、东西向的渗透型移民、由内地向边疆的开发型移民、东南沿海地区向海外移民、北方少数民族的内徙和西迁、南方非汉族的退却性迁徙等移民方式相区分⑦。在上述几次北人南迁事件的推动下，中国不但完成了人口重心的转移，还完成了经济、文化重心的转移。对于越文化而言，更是其历次突进的重要动因。

---

① 宝庆《会稽续志》卷7《杂纪》。
② 周密：《癸辛杂识》后集。
③ 《建炎以来系年要录》卷29。
④ 《宋史》卷164《职官志》。
⑤ 《宋史》卷28《高宗纪》。
⑥ 沈东梅、范立舟：《浙江通史·宋代卷》，浙江人民出版社2005年版，第233页。
⑦ 葛剑雄：《中国人口发展史》，福建人民出版社1991年版，第368页。

移民潮的影响主要体现在两方面：一是外来人口的迁入有利于人口数量的提高；二是有利于人口质量的提高。由于越地的社会经济主要是建立在农业生产的基础之上的，劳动力数量的优势自然有助于越地的开发，而由外来人口带来的先进技术更是社会经济的助推力。中国经济重心向东南转移的过程，实际上与移民潮刺激下的江南大开发是相伴随的。相比之下，人口质量的提高，尤其是"永嘉南渡""靖康之难"后进入越地的统治阶层与文化精英，在很大程度上刺激了越地人文的繁兴。故从中国文化发展的视角看，越地的人口流动在一定意义上反映了中国文化重心的转移。而从越文化发展的总体进程看，移民潮实际上带来了越文化"点状突进"的关键外部机遇。

（原文刊登于《绍兴文理学院学报》2015年第3期）

略论古代绍兴人口发展的几个重要阶段^{*}

寿　洪　魏春初[**]

摘　要：影响人口发展的诸多因素中，人口流动与经济发展的相互作用表现得更明显一点，并且呈现出阶段性的特征；历朝政权的变动，直接影响人口流动和人口数量；这些人类本身的意志行为，也同样影响着社会经济、文化等方面。因此，在研究古代绍兴经济发展过程中，必然会涉及古代绍兴人口发展的几个重要阶段，而鉴于影响绍兴人口发展的主要因素，我们必须把绍兴人口的发展置于全国的背景中展开。

关键词：古代；绍兴；人口发展；重要阶段

历史是在一定的地域空间中展开的，时间、空间、人三者构成为历史的三根支柱。就"人"而言，"人"既是历史的创造者与承载者，理解与研究历史，离不开"人"。我们发现影响人口发展的诸多因素中，人口流动与经济发展的相互作用表现得更明显一点，并且呈现出阶段性的特征。历朝政

---

[*] 基金项目：本文系浙江哲学社会科学课题（编号：NX03LS17）和绍兴市哲学社会科学课题的阶段性成果。

[**] 寿洪（1970— ），男，浙江诸暨人，绍兴文理学院上虞分院讲师；魏春初（1963— ），男，浙江上虞人，绍兴文理学院上虞分院副教授。

权的变动，直接地影响人口流动人口数量。因此，在研究古代绍兴经济发展的过程中，必然会涉及古代绍兴人口发展的几个重要阶段，而鉴于影响绍兴人口发展的主要因素，我们必须把绍兴人口的发展置于全国的背景中展开。

一　古越国时期以于越族为主的人口发展状况

绍兴有文字记载的历史，可追溯到距今约3000年前的于越族。于越为我国古代活动在东南地区的一个部族，是南方百越族中最先进的一部分，其先民创造了河姆渡文化等。从春秋时期到战国早期，他们以现在的绍兴为中心，建立了强大的越国，成为浙江地区的主人，在我国历史上占有一定的地位。秦汉以后，于越族逐渐与南下的汉族融为一体。从此，绍兴一直以汉族居民为主，少数民族居民数量较少。

于越在原始社会后期逐渐形成为地方民族。他们以会稽山地为中心，慢慢发展自己的生产和文化，与中原王朝有着密切的联系和往来。早在商初，伊尹受汤命，下令周围少数民族以土特产朝贡，其中提到的"沤（瓯）深""沤（瓯）越"，指的是江浙一带的越人。西周初期，据今本《竹书纪年》记载："周成王二十四年（约前1001），于越来宾。"[①] 东周定王六年（前601），楚与吴、越结盟。这时，于越已建立政权，并成为春秋列国之一。后吴、越间多次发生战争。周敬王二十四年（前496）越王允常死，子勾践即越王位。勾践立国时，于越族人活动的主要区域是以绍兴为中心的浙江地区。《国语·越语》载："勾践之地，南至于句吴（今诸暨），北至御儿（今嘉兴），东至于鄞（今鄞县），西至于姑蔑（今衢县附近）。"[②]

[①] 王国维：《古本竹书纪年辑校·今本竹书纪年疏证》，黄永年点校，辽宁教育出版社1997年版。

[②] 邬国义、胡果文、李晓路：《国语译注·越语（上）》，上海古籍出版社1994年版。

勾践三年（前494），在今宁绍平原、杭嘉湖平原、金衢丘陵地一带。越为吴所败。勾践卧薪尝胆，发愤图强，采取了一系列的振兴越国的措施，鼓励垦荒，兴修水利，奖励生育，以繁殖人口，积聚力量，兴建大越城，以图霸业；重用人才，艰苦奋斗，加强战备，提升军力，经过"十年生聚，十年教训"，终于在勾践二十四年（前473）兴兵灭吴。后迁都琅琊，跻身中原霸主之列。当时，于越的军队和居民也大量随之北迁，人口分布发生较大变化，地域扩大到江苏、山东等地。

《史记·越王勾践世家》载："楚威王兴兵而伐之，大败越，杀王无强，尽取故吴地至浙江，北破齐于徐州。而越以此散，诸族子争立，或为王，或为君，滨于江南海上，服朝于楚。"[1] 但后来的学者对这条记载提出了异议。蒙文通在《越史丛考》中云："自楚威王七年败越，至秦始皇统一六国，百余年间，越人活动之迹犹史不绝书。越、楚战争亦时有发生。越且常与齐、楚诸国平列并举。至楚顷襄王时，越犹北有琅琊，西有吴地。至始皇之时，犹能与楚、燕诸国合而谋秦。"[2] 越王勾践死后，越国仍是一个强大的国家，其势力之盛，与勾践时代"横行于江淮之上"一样。越之所以衰落，从当时的外部形势来说，当然是因为有一些领土比它广大、自然条件比它优越的国家，在力量上超过了它。但主要的原因，还是因为宫廷的内讧。三代君王被杀，国势衰弱，士气不振，民心离散，不堪一击。楚征服于越，客观上促使越人与北方民族进一步接触。越王无强被杀以后，于越作为一个部族，分裂成为若干支族，由各支族领袖统率——尽管我们依据现有的资料无法统计古越国时期确切的人口数量，但这一时期的历史表明，当时绍兴的统治者已经认识到人口是重要的国家资源，增加人口是国力增强、经济发展的象征，也是取得战争胜利的资本。

---

[1] （汉）司马迁：《史记·越王勾践世家》，中华书局1959年版，第1739—1751页。
[2] 蒙文通：《越史丛考》，中华书局1984年版。

秦王政二十五年（前222），据《史记·秦始皇本纪》记载，"王翦遂定荆江南地，降越君，置会稽郡"①。《秦会要订补》卷六载，"始皇尝曰：东南有天子气"②。说明强悍好斗的于越部族，到那时还不服秦的统治，因而造成这个地区的动荡局面。秦始皇除了武力镇压、强迫移民等严峻办法外，又采取"上会稽，祭大禹，望于南海，而立石刻颂秦德"的怀柔措施，以调和民族矛盾。《越绝书》记载，秦始皇为了加强对越族的管理，"徙大越民置余杭、伊攻。因徙天下有罪谪吏民，置海南故大越处，以备东海外越，乃更名大越曰山阴"③。从此，于越和其他越族，进一步与中原民族杂居，越族地区也直接加入全国版图，有了和中原一样的郡县建制。汉武帝时，并效法秦始皇的办法，将越人迁到中原地区以便管理。至此，于越除大部分还留在原住地区外，部分北迁或南下，甚至有一部分经台湾迁到东南亚去。汉族也是长时期内许多民族融合形成的。于越对汉族的形成和发展，以及后来南方一些少数民族的形成都做出了贡献。在汉以后，于越居民基本上与各族居民，特别是汉族居民融为一体了，而于越的名称，就在历史记载中消失了。随着于越民族的发展壮大，其活动范围不断扩大，相应的族姓不断增多，同时人口出现了时增时减的状况。显然，国家政策、战争等因素直接影响了人口的发展。

二　两汉时期绍兴人口的初步发展

这一时期记载人口古籍甚少，主要是《汉书》和《帝王世纪》，后者成书在《汉书》之后，其户口数显系抄自《汉书·地理志》，且两者数据不符。户口数字的取得是有政治经济条件的。只有政权强制力能够到达的行

---

① （汉）司马迁：《史记·秦始皇本纪》，中华书局1959年版，第223—295页。
② 孙楷：《秦会要订补》（修订本），徐复订补，中华书局1959年版。
③ 袁康、吴平：《越绝书》，上海古籍出版社1985年版。

政辖区，才能编户立籍敛赋征役；只有能够编户立籍敛赋征役的地方才能得到户口数字。

西汉平帝二年（2）时浙江省的人口为736604，人口密度为7.2，占全国总人口的1.27%，会稽（共16县）有712604人，占全省人口的96.74%。新莽始建国五年（13）浙江人口为760000人，人口略有增加[①]。

东汉以后，户口资料就渐渐多起来了。《后汉书·郡国志》上载有顺帝永和五年（140）各郡国户口数，大体上可以反映东汉中、后期人口分布情况。当时会稽郡的户数为123090，口数为481196，口户比为3.19（订正后的口数为581196，口户比为4.72)[②]。经考证，当时浙江省包括会稽、丹阳（于潜）、吴（余杭、海盐、乌程、由拳、富春）的人口总数为809687，占全国人口的1.6%，人口密度只有7.95，其中会稽有528360，占全浙江人口总数的65.25%。

从2年到140年，一百多年间，北方人口呈现下降趋势，而南方略有增加。为什么出现差异？从整个东汉时代来看，社会再生产的所需要的秩序没有西汉那么稳定，而北方动乱尤甚。包括会稽在内的南方广大地区，无论人口总数、密度，还是在总人口中的比重都有显著增长，尽管这一时期南方经济在绝对水平上还落后于北方，但开发和提高的相对速度快于北方，这一时期的绍兴经济和人口发展，也符合同样趋势。

在不发达的古代社会中，政治因素特别是改朝换代之际的政治、军事斗争，通过对经济的影响，首先是通过对人们基本生存条件的影响，从而给人口升降以极大的影响，以致人口的波段就是朝代的波段、政治的波段。如东汉末年，政治越来越腐败，民不聊生。189年发生了黄巾起义，然后是群雄割据，外戚与宦官争权，引来了董卓专政。随后天下大乱，人口急剧

---

① 赵文林、谢淑君：《中国人口史》，人民出版社1988年版，第592页。
② 范晔：《后汉书》卷122《郡国志》，中华书局1965年版。

下降。人口的增减是多种因素综合作用的结果。而其中，经济因素是最直接的，因为它构成人类的基本生存条件。农牧业生产如遭到破坏，衣食之源成了问题，就威胁到人的生命。其他如政治、文化和自然条件也能产生直接的影响。例如，古代战场两军对垒，刺杀肉搏非常残酷。昆阳之战，伏尸百里。赤壁鏖战，死者大半。这是政治军事直接影响人口的事。又如东汉大批孝子节妇的自殉行为，是精神文化直接影响人口的事例。特别是政治因素，通过影响经济生产而给人口增减的间接影响则是很大的。因为粟、麦、桑、麻等农作物是长期日夜露立在生产者无法控制的野外，它既要受自然环境的影响，也易受社会政治势力的控制。

因此，人口的增与减，条件不是绝对的。作为一个杀人工具的酷吏，张汤也好、杜周也好，要想马上消灭一批成年人，刀笔一挥就行了。但是若要马上增加一批劳动力，秦孝公也好，越王勾践也好，还得依从自然规律，要有所谓"十年生聚"。所以人口可以骤减，不能骤增，人口恢复和增长的平均速度往往比下降速度要慢得多。所以，就不难理解范文澜先生总是用人口的增减去说明古时一个朝代的盛衰。同理，古代绍兴经济的发展水平如何，与人口增减、人口密度变化密切相关。

三　三国两晋时代绍兴人口增长停滞了近两百年

3世纪是中国历史上的动乱时期，群雄蜂起，三国鼎立，到280年才暂告统一。这段时期户口资料极不完整。当时在人口分布上还有一个引人注目的特点，就是汉族农业人口不仅数量上大大减少，而且在全国人口中的比重也大大下降。西晋人口分布的这些特点显然与东汉末年到三国时期的大动乱有关。

可见，人口总数的增减与当时政治的治乱有着密切的联系。我们由此发现一条古代人口规律：一定规模的战乱与暴政破坏农业简单再生产，会引起人口总数的下降；同样政治社会秩序稳定会导致农业简单再生产的恢复或扩大再生产的正常进行，从而引起人口的恢复和发展。

就绍兴而言，东晋南朝时期人口迁移，对当时绍兴人口发展至关重要。其时，无论北中国的十六国北朝还是南中国的东晋南朝，人口迁移的规模之大、范围之广、历时之久、影响之深，均超过以前任何一个历史时期，个别政权与个别地域"人"的成分与分布因此发生了迅速而剧烈的变化，这种变化给予历史的影响是广泛而深刻的。东晋十六国南北朝的历史错综复杂，在十六国北朝为"五胡乱华"即非汉民族进入黄河流域引致的胡汉问题，在东晋南朝则是以汉族为主的北方官民不断南迁所造成的侨旧问题（"旧"主要指南方土著），侨旧之间既颇多矛盾，又有各种形式的合作。因有矛盾，促成了东晋南朝侨州郡县的大量设置；因有合作，东晋南朝得以长久立国于南方，且南方之政治趋向稳定。

我们看以下数据：282年的浙江省的郡国（包括吴兴、会稽、东阳、临海、吴、新安）户口数为106600，人口合计为703560，占全国人口的3.32%，密度为6019，其中会稽郡的户口数为30000，占全省户口数的28.14%。《宋书·州郡志》上载有宋孝武帝大明八年（464）刘宋统治区内各州郡的户口数，但其资料来源不一，反映的时间不同，当时浙江省的人口数合计为1188526，占全国人口的4.46%，人口密度为13.14，其中会稽郡为348014，占29.28%[①]。跨度近二百年，人口变化幅度极小，我们由此得出的结论是：464年南方各地人口除江苏、浙江、广东外，较之西晋时普遍下降。江浙人口增加主要是东晋初北方逃难人口聚集在长江三角洲和杭州湾附近的结果。由于战乱和迁移，导致了古代绍兴人口增长停滞近两百年，并且其下降趋势一直延续到隋唐初期。《隋书·地理志》上载有炀帝大业五年（609）各州郡户数，浙江包括会稽、余杭、东阳、永嘉、遂安、吴

[①] （南朝梁）沈约：《宋书》卷38《州郡志》，中华书局1974年版。

等郡，总户数为80718，其中会稽为20271[①]，全省推算人口数为416989，漏口补记100000，合计人口数为516989，占全国人口的1.01%，人口密度仅为5.08（全国人口密度为5.35）。不仅如此，整个江南人口比重也普遍下降，如浙江由3.32%下降到1.01%，江西由2.36%下降到0.84%，湖北由6.7%下降到5.26%。

四　唐代绍兴人口的缓慢增加

绍兴从武德到天宝一百二十八年的和平发展，加上自然条件也不亚于汉代，但人口仍只能刚刚超过两汉极盛时期的水平。贞观六年（632），魏征还对唐太宗说："今自伊揩以东至于海隅，烟火尚希，灌莽极目。"贞观十一年（637），马周还说："今之户口不及隋之什一。"所以隋唐之际全国总人口又跌到二千万以下是可信的。有几个情况需要考虑：（一）隐瞒户口极为常见。按照唐代的税制，租庸调是按户丁计算，后来实行的两税法，也只不过是对户的主、客区划和人的丁、户界限有所简化，交税时间一年两次。总的来说都是按照在籍户口进行征收的。这就必然会遇到税户的反抗，隐瞒户口就是一种常见的现象。（二）奴婢制度极为流行。这在《唐律疏议》中就有大量的反映。律文涉及奴婢的有百多处，而疏议论及奴婢的有二百多处。武宗时从佛寺中清出的奴婢就有十五万，天宝时全国奴婢合计至少有五六十万人[②]。（三）唐代宗教盛行。佛道竞争，全国寺观林立。会昌五年，武宗灭佛，清查和尚、尼姑二十六万人，祆教僧侣二万多人。估计天宝时代全国僧道不下四十万人。

我们知道，隋末唐初的大动乱使全国的总人口减少了70%，其中下降

[①] （唐）魏征：《隋书》卷31，中华书局1973年版，第869—930页。
[②] （唐）长孙无忌撰，曹漫之译注：《唐律疏议译注》卷4，吉林人民出版社1989年版。

最厉害的是今山东、湖北、安徽、河北、甘肃、河南、山西等华北地区，都减少70%以上。然而南方有些省份则有缓慢增加，浙江就在增加之列，其中的越州（绍兴）的人口也呈现这一态势，只不过晚唐由于战乱又略有下降。尽管如此，人口的绝对值比前朝是增加了，从而为两宋时期绍兴人口增长奠定了坚实的基础，也为两宋时期绍兴经济的快速发展提供了人口资源上的保证，其作用不可忽视，以下数据足以说明这些问题。

贞观十四年（640），浙江户数为152861，口数为792207，密度为7.78，人口占全国的3.84%，越州户数为25890，口数为124010；开元元年（713），浙江户数为570134，口数为2266319，密度为22.26，人口占全国的4.94%，越州户数为64100；天宝十一年（752），浙江户数为763962，口数为4529315，密度为44.49，人口占全国的7.54%，越州户数为90279，口数为529589；元和八年（813），浙江的户数为339277，口数为1722413，密度为16.92，人口占全国的4.48%；越州户数20685[①]。

五　两宋时期的绍兴人口状况的梯级增长

传世的宋代户口数据，主要有保存在《宋会要辑稿》《续资治通鉴长编》和《文献通考》等书中的全国及路织户口数，保存在《太平寰宇记》《元丰九域志》《宋史·地理志》以及宋元地方志中的分府州户口数。统计对象一般都是主客户的户数和口数，每户平均口数大都在2人上下，甚至不到2人。而在中国历史上，每户平均人口尽管有所变化，一般都在5口左右，绝不会少到只有2人。即使宋代人谈到每户平均数时，一般也是按传统的"五口之家"的说法。此外，在地方志等文献中，有时又以"丁"而不是"口"和"户"相对，更给理解宋代户口数增添了困难。

[①]　赵文林、谢淑君：《中国人口史》，人民出版社1988年版，第198页。

在已有的有关各朝人口发展的研究中，无疑以宋朝最为薄弱，尽管宋朝占有当时中国最多数量的人口并持续最长的时间。然而大多学者著述均以北宋为主，南宋着墨不多，且不提南宋后期。

南宋人口研究的薄弱，可以说是有关户口数据和文献资料较少造成的。宋代人口增长可作如下描述：宋初人口起步的水平还是很低的，只有二千四百七十九万多人口。但在11世纪初很快就由三千多万增到四千多万，到11世纪20年代末就达到了五千万。随后在五千多万的高度上徘徊了40个年头。从11世纪60年代开始又产生了新的飞跃，到11世纪末爬上了九千多万的台阶。后经过12世纪前25年的时间，升到了九千八百多万的顶峰。然后随着金兵入侵和北宋帝国的溃败，十多年时间减少了二千五百多万。12世纪40年代初宋金议和之后，南宋境内人口又从七千万开始逐步上升，到了12世纪90年代初攀上了1亿人口的高峰。13世纪最初十年，中国境内的人口经常保持在1亿左右，这是中国人口史上的一个重要里程碑。蒙古兴起后，残酷的战争，使中国人口又跌入低谷。直到南宋灭亡全国人口才又从五千多万的基础上重新上升。

宋代人口从11世纪60年代开始，如脱缰之马迅速超越了历史上的最高限度，甚至连北宋末年大规模的战乱也未能阻止这一进程（只是稍加延缓而已），以致在13世纪初达到1亿以上。这是为什么？

宋代人口之所以摆脱西汉以来的千载轮回，升上新的梯级，这是宋代生产力水平大幅度提高的结果。

《宋史·食货志》中记载了一些全国垦田数字，其中最大值在真宗天禧五年（1021），有5247584顷32亩，折现代田亩制有453391285亩（按宋代一亩折今0.684市亩）[1]，耕地面积并没有超过隋唐的规模。但这些数字并不是源于真实的调查统计，只是凭赋税收入推算出来的。当时就有人慨叹

---

[1] （元）脱脱：《宋史》卷174，中华书局1985年版。

"天下隐田多矣"。而且全国还有不纳税的田地。宋代大量开辟耕地，特别是南方，在当时开垦种植技术条件下，什么可耕地都开辟出来了，还是不够，人们就向湖泊、江海、沙滩。南宋时期，绍兴海边修筑捍海堰是十分普遍的现象，江河之间的沙田芦场也被抢占，可见，土地的利用达到了当时可能达到的最大限度。

由于宋代普遍实行了淤田（用混浊的河水漫渍河边田土等先进办法），单位面积产量显著提高，原来一亩收五、七斗，实行灌淤之后，一亩要收两三石。用今天的度量衡制折算，就是由亩产六七十斤增到亩产三百斤左右了。另一方面，水稻这种高产作物的种植面积不断扩大，水稻栽种区域向北扩展。虽然宋代耕地和粮食总产没有全面的真实数字，但可以肯定粮食生产一定比隋唐发达得多，这是养活上亿人口的物质基础。

金人入侵内地，从华北到华中一片大乱，生产遭到严重破坏，江南的社会生产秩序稍好一点，虽也乱了一下，但张浚等将领很快就恢复了南宋王朝的统治秩序，所以全国人口只跌到七千万的高度又回升了。

气候对人口也有一定影响。据竺可桢研究，11 世纪中国气候变冷，华北已不知有梅树。十二世纪初气候加剧转寒，公元 1111 年太湖全部结冰。杭州降雪有延至 4 月 9 日者。1170 年的重阳节（阳历 10 月 20 日）北京西山遍地皆雪。竺可桢研究认为，12 世纪刚结束，气候回升，温暖气候一直持续到 13 世纪的后半叶。气候对农业生产的影响作用随着农业生产技术的发展而愈来愈小。到了宋代，由于水利灌溉事业的发展，抗御旱涝灾害的能力已较前大大增强，所以气候对生产的影响比隋唐以前要小得多了。而在经济和人口重心南移以后，11 世纪、12 世纪的气候转冷只使北方生产和人口受到影响，这对全国总人口的影响并不太大。因南方增加的人口弥补了北方的减损数之后还要多出两三千万。所以未能改变全国人口的增长趋势，这是北宋人口继续上升的原因，而这一点反证了江南一带包括绍兴的人口增长正是以梯级速度在递增。

我们看主要年份的人口数据（如下表所示），可以发现：从980年到1102年绍兴府的户数增加了222887户，是原来的4.49倍。当时两浙路和江南西路的元丰户数共有3195629户，崇宁户数共有3442208户，平均增长77.2%[①]。

	户数			浙江口数	密度		占全国比重
	浙江（共12府、州）	绍兴府（越州）	浙江占全国的比例		浙江	全国	
北宋太宗太平兴国五年（980）	344043	56491	16.41	1410576	13.86	3.76	4
北宋神宗元丰二年（1079）	1339689	152922	11.41	5492725	53.96	8.23	6.96
北宋徽宗崇宁元年（1102）	1525634	279306	18.31	6255099	61.44	9.54	7.63
南宋宁宗嘉定三年（1210）				6703865	65.85	11.27	6.2
元世祖至元二十七年（1290）				11615000			15.42

在唐代没有一个省区的人口密度达到每平方公里50人以上，而在北宋时代就出现了浙江和江西两个这样人口密集的省，南宋出现了从四川到江苏的长江南岸密集人口带。到了南宋时期，南北生产和人口都在迅速恢复，长江流域以内人口一下增加到五千万以上，同时，华北四省总人口也增到五千万以上。从此以后，我国人口发展迈上了新的增长梯级，绍兴的人口达到了历史的新高。

---

① 赵文林、谢淑君：《中国人口史》，人民出版社1988年版，第238页。

六 江南人口优势确立的元代绍兴人口发展状况

元代人口呈现北减南增的发展趋势，主要有两个原因：一是战争屠杀；二是继宋以后大量人口南迁的延续。南宋时代有两次大规模的人口南下浪潮，第一次是南宋初期，北方人民不愿忍受金人迫害而南流；第二次是南宋末期，元军打来了，不少汉人逃到浙、闽、赣、湘。蒙古贵族最恨的就是南方汉人（包括这一部分北人南逃的），所以把汉人和南人区别对待。等到南宋灭亡就无处可逃了，于是便挤在浙、闽、赣、湘一条线上。结果是这么多人挤到一块，生存和繁衍就成了大问题。尽管如此，江南人口的优势得以确立，我国人口分布产生了新的情况。

一般来说，农牧业经济产生的人口中心总是在一片耕地、一片草原的中心地区，或在几条河流的汇合口，便于人们从事交换活动和由此而生的政治、经济、文化活动。而今江南海边的杭、绍、宁、台、闽、粤等地都聚集了百万以上的人口并能繁衍生息不断创造富庶生活，这又是什么原因呢？何况这些地方虽然位于钱塘江、闽江、珠江流域的农业中心区，特别是松江府（今上海市）、绍兴、庆元路（今宁波一带）和台州（今临海一带）农业腹地并不宽厚，但人口为何能飞速增长？

究其原因，第一是传统重农政策和农业多种经营的影响。与前朝一样，元朝入主中原以后，也比较重视农业，设置都水监和河渠司掌管水利，恢复因战乱荒芜的田地。据《元史·食货志》记载，元朝江浙行省垦得官田、民田共995.081顷，农业生产比以前有一定的恢复和发展。而且，元代绍兴的农业进入了继勾践草创时代后多种经营的重大发展时期。各项种养业传统技术渐趋完善，多种经营区域性自然布局基本完成，几与今天接近。生产的集体化、商品化都有较大规模，出现了专门生产某项农副产品的农户，如橘农、花农、药农等，专业生产区域也已形成，农业人口的分工日益明显，农业发展所能承载的人口数量越来越大。

第二，兴旺发达的手工业对人口的数量增长和成分复杂化起到了促进作用。元代重要的手工业作坊仍为官营，继宋以后元代手工业工人的人身依附关系有明显的减弱，劳动兴趣有所提高。绍兴众多的手工业中如制酒、丝绸、棉纺、造纸、瓷器、刻板印刷等，其技术水平接近封建社会的高峰，制茶、制盐等也有很大的发展。商业比隋、唐、五代更为繁荣，坊、市界限打破，集、墟遍及城乡，随着中国经济重心南移的完成，城镇人口的数量增长迅速。

第三，是一个新的原因，从南宋以后初步发展起来的海运，至元代已具一定规模。元代大运河的开凿对南端的绍兴、宁波影响巨大，不仅贯通南北河运，更为重要的是由于造船技术的提高加上元朝又海禁，东南大海的天然封锁终于被逐步突破了，对外贸易发展起来了。我们分析元代人口分布还可看出一个与之相关的新特点：沿海人口迅速增加。1290年绍兴路的人口数达到52118人，将宋元沿海诸路府州的人口数对比如下：1079年，绍兴的户数为152922，人口数为626980；到1290年人口数达到了521188。而浙江的人口数达到了11615260，占全国总人口的15.42%，人口密度为114.1[①]。

从元开始，江南人口数量的优势得以确立，人口成分日益复杂，城镇人口数量快速增长，尤其值得注意的是从事河运、海运的人口数量成为新的增长亮点，并且为明朝江南经济的资本主义萌芽奠定了人力资源，绍兴人口的发展更为显著地呈现出以上特点。

（原文刊登于《绍兴文理学院学报》2007年第1期）

[①] （明）宋濂：《元史》卷62，中华书局1976年版。

人文绍兴：一个地域性与时代性的课题

钱 明[*]

摘 要：浙江向来以越自称，以为越才是浙江的灵魂，而包括杭州在内的"浙西"倒成了文化的边缘区域。在吴文化的强势渗透下，"浙学"表现出了"东"强"西"弱的特点，在一定意义上，"越学"甚至可以来代指"浙学"。绍兴人的文化性格主要源于阳明心学与浙东经史学，杭州人的文化性格主要源于浙西词学和程朱理学。因此，绍兴可以说是志士豪杰实行实用的豪迈之乡，其所代表的可以说是一种心性文化，杭州则是文人墨客行吟诵赞的温柔之乡，其所代表的可以说是一种诗性文化。以绍兴为中心的"王学"传播区域几乎囊括了大半个中国，并且还从南北两个方向分别向周边国家辐射，最终形成了日本阳明学派和韩国阳明学派，使"王学"最终成为近世东亚地区的亚主流思潮。中国儒学历来给人以温文尔雅、谦谦君子之印象，王阳明的出现，曾给东亚诸国以耳目一新的感觉。这不仅在于其打破思想禁锢的精神力量，更在于其"儒者之功，仁人之勇"的政治气魄。这种儒者形象的出现，对儒学东亚不啻一场地震！构筑人文绍兴，这样的精神遗产当倍加珍视。

---

[*] 钱明（1956— ），男，浙江杭州人，浙江省社会科学院哲学所研究员，日本九州大学文学博士。

关键词：人文绍兴；阳明学；地域性；时代性

从一定意义上说，无论在经济上还是在文化上，中国的地区差别都要超过欧洲各国间的差别。同一个湖南，湘北、湘南与湘西，相互之间的文化差别之大，不啻两个省份。同一个浙江，浙西、浙东、浙南之间的差别亦显而易见。民国时期的省，是从元代的行省演化而来，虽规模比元代的行省要小，但基本承袭了行省的架构。元代的行省，其设置主要着眼中央政府对地方的控制，一个行省性质上等于中央政府的一个分部，其区域划分，不仅不考虑同单元内的经济文化联系，反而要割裂之，甚至还有意将一些根本不同的经济文化单元，人为地捏在一起。这种缺陷，民国时期依然存在。比如，长三角地区，分属浙江、江苏、安徽三省和一个特别市，而江苏南北，视同水火，安徽则被江、淮分成三个部分，差距甚大，浙江的两边，亦被合在一块，并把近于闽文化圈的瓯越地区与宁绍地区同视为"浙东"。类似的问题，几乎在每个省份都不同程度存在，这是当下地域文化研究中必须首先厘清的问题。反倒是秦汉时期所设的郡，相对来说是一个比较合适自治的单位，它相对于后来的省不仅小，而且同属一个经济文化单元，内部的沟通要方便许多①。梁启超曾写过《中国学术地理之分布》《近代学风之地理分布》等文，著名美籍华裔学者陈荣捷亦曾对朱熹门下弟子的地域分布作过详细考证，说明在中国古代和近代，文化的地域性与其时代性一样，都是思想学风、学术流派形成发展的重要因子。正因为此，近世史家一般都用地域名来称呼学派，如朱子学被称为"闽学"，阳明学被称为"姚江学"，其学派亦被称为"姚江学案"，且一直到清末仍延续这一称呼②；而王阳明与陈白沙的关系，则被称为"会稽、江门之辩"。对于阳

---

① 张鸣：《失败的自治和必须正视的难题》，《读书》2007年第11期。
② 比如，彭定求的《姚江释毁录》、罗泽南的《姚江学辨》等。

明学说究竟创设于"姚江"(即余姚)还是"会稽"(即绍兴)的问题,笔者已在《王阳明迁居山阴辨考——兼论阳明学之发端》(《浙江学刊》2005年第1期)阐明了自己的看法,兹不赘述。本文拟以绍兴的历史人文地理为着眼点,说明它的地域性特征及其未来的文化抉择。

一 绍兴文化的广域辐射

浙省自古就有"两浙"之称。"两浙"即以钱塘江为界的浙东(包括今天浙省的南部、西部、中部和东部部分地区)与浙西(即今浙省的北部及东部部分沿海地区[①]),而浙东的绍兴则可谓浙省之灵魂,这与浙江的地域分界有很大关系。在浙江的地域分界中,钱塘江的地位非常特殊。王充《论衡·书虚篇》:"余暨以南属越,钱唐以北属于吴,钱唐之江,两国界也。"秦统一后在南边置会稽郡,而"吾浙之台、温、处三州,则实秦闽中郡之北土"[②],故古时闽中又有"闽越""东越"之称。到了东汉永建四年(129),实行吴、会分治,以钱塘江为界而设吴郡与会稽郡。吴、会二郡的建置,一直延续到南朝刘宋,至唐代始置浙江西道和东道,宋代改称浙江西路和东路,元代置浙江行中书省,领两浙九府,明初改为浙江承宣布政使司,领两浙十一府,浙西的嘉兴、湖州二府始自直隶来属浙江。

可见,钱塘江以北的浙西地区,自古以来就与苏南地区在行政区划上难分你我,故后世遂以吴、会(稽)或吴、越分称浙西与浙东。尽管明以后中央政府为便于控制而人为地划分行政区域,于是"合河南河北为一,而黄河之险失;合江南江北为一,而长江之险失;合湖南湖北为一,而洞

[①] 在文献中,亦有把浙东的宁波地区称为"浙西"的有关记载,如明儒袁炜(1507—1565,号元峰,嘉靖十七年进士,慈城人)为慈城县所撰的《建邑城记》云:"吾邑旧无城池,亦鲜识兵革,故浙西多事当道者,屡檄筑城。"即为明证。

[②] 全祖望:《全祖望集汇校集注(中册)》,上海古籍出版社2000年版,第1822页。

庭之险失；合浙东浙西为一，而钱塘之险失"①。但从总体上看，被称为"吴下"的浙西地区与被称为"吴中"的苏南地区，无论在自然地理上还是在人文地理上都存在着千丝万缕的地缘文化联系，而与以"会稽"为代表的浙东地区存在着超越省界的文化地理隔膜。换言之，近世以来"浙西"在行政区划上属于浙省的历史事实，丝毫不影响其在学术风格和文化形态上接近于"吴中"而远离以"会稽"为代表的浙东文化的趋向和特质。是故浙东的绍兴地区与浙西的杭嘉湖地区常被世人分而视之，亦在情理之中。

从人文地理的眼光看，明清时期的吴地核心区域就是狭义的江浙，而这必然包括浙江的湖州、嘉兴甚至杭州。浙省的吴地自古就有"吴根越角"之说，并且表现出与苏省的吴地天然亲近，而与越地则因钱塘江和杭州湾的阻隔而相对疏远的特征。由于吴地属于浙江的太少，更由于江苏的吴地太过显耀，于是浙江向来以越自称。这不仅促成了江苏以吴自居而把吴、越等同于广义的江、浙，而且也影响了浙江人的地域观念：因为苏南的吴地太正宗，因而不管从文化血脉上还是情感血缘上，越才是浙江的灵魂，而包括杭州在内的"浙西"倒成了文化的边缘区域②。也就是说，浙西不仅"缩"于地域③，而且"缩"于文化与观念。在吴文化的强势渗透下，"浙学"表现出了"东"强"西"弱的特点，在一定意义上甚至可以用"越学"来代指"浙学"。比如，徐象梅所撰的《两浙名贤录》，在《硕儒》《理学》之章节中，宋、元、明三代共录有330人，其中出身浙东的有279人，而出身浙西的仅为51人，接近六比一。如果考虑到编撰者徐象梅是钱

---

① 魏源：《圣武记》；李孝聪：《中国区域历史地理》，北京大学出版社2004年版，第245页。

② 学术界过去一般都认为，吴、越两地民族同根、文化同源、语言相通、民俗相近，但最近的DNA调查却表明，吴人与越人原本分属完全不同的两个民族，"越人各民族的身上有大量的M119突变，吴人则很少有，他们更多的是M7突变，那是从苗瑶语系分化出来的"。《钱江晚报》2005年5月11日。

③ 据全祖望云："浙江十一府，以秦置会稽郡之封计之，西虽缩而东则嬴。"参看全祖望《全祖望集汇校集注》（中册），上海古籍出版社2000年版，第1822页。

塘人氏，而传主绝大多数系海盐、嘉兴人的乡土文化背景①，那么以上这组数字便更能说明浙省在文化上"东"强"西"弱之特征了。而且从《两浙名贤录》的大量记载中，亦的确使我们看到了章学诚所总结的浙西人士以"雅好文学""经学世家""究心理学"者为多而浙东人士以"博综子史百家""不徒事章句"者居多的奇特的人文景观。

具体化到明中叶以后以王阳明为代表的"王学"传播史，称绍兴为"浙学"乃至整个江南文化的辐射中心，亦为笔者的研究所证实。②"王学"传播史，就其过程来说，首先与王阳明的讲学历程和讲学方式有非常密切的关系，其次又与阳明门人后学的传承力度和汇聚强度密切相关，最后还与各地的文化传统、生活习俗有深层联系③。据笔者粗略统计，王阳明一生至少到过15个省份，即浙江、江西、上海、江苏、安徽、湖南、贵州、福建、广东、广西、云南、北京、山东、河南和河北，其中云南、河南、河北只是经过而未讲学，福建、山东是否讲过学还有待考证，其余省份都或深或浅地留下了阳明讲学的足迹。至于阳明门人后学的分布情况，除以上所列省份外，还要加上湖北、海南、陕西、山西、四川等省。可以说，王学的传播区域几乎囊括了大半个中国，并且还从南、北两个方向分别向周边国家传播，最终形成了日本阳明学派和韩国阳明学派④，使王学最终成为近世东亚地区的亚主流思潮，这是"王学"传播的最大收获，也是儒家文化与周边国家传播链中的成功范例之一⑤，更是绍兴文化对东亚文化圈所做

---

① 所以在该书所收录的51个浙西人中，大部分为海盐、嘉兴人，因此为该书作序的朱国祚亦发出了"徐君自表两浙士重于今天下，余更表嘉（兴）所产且以重两浙"的惊叹，而四库馆臣则干脆指斥该书是"以乡间粉饰之语依据成书"，参看《四库全书总目》，中华书局1965年版，第562页。
② 参见钱明《浙中王学研究》，中国人民大学出版社2009年版。
③ 罗洪先说的"今（阳明）先生之言遍天下，天下之人多易其言"，参看徐儒宗编校整理《罗洪先集》，凤凰出版社2007年版，第139页。可谓道出了不同地域承载阳明学说的差异性。
④ 连"阳明学"一词也是日本人最早提出的，后才被中、韩等国普遍采用。
⑤ 钱明：《朝鲜阳明学派的形成与当代韩国的阳明学研究》，吴光主编《阳明学综论》，中国人民大学出版社2009年版。

的最大贡献。

尤其值得一提的是，王阳明及其高足王畿（山阴人）等人，对在浙江的杭嘉湖地区以及安徽的滁州、宣城地区传播"王学"，有过异常的兴趣和积极的举措。这是因为，南京是当时的政治中心之一，杭嘉湖及滁州、宣城地区，皆环绕南京而形成了"夹攻"政治中心的思想文化场域。要想在政治中心随心所欲地开展讲学活动，有很大阻力和风险。于是不得已，那些在野甚至在朝的阳明学者，只好在其周边地区下手，从外部对政治中心区域形成舆论压力，以影响政治运作的走向和学术政策的制定。除此之外，他们的目的还包括在科举考试的命题、改卷、录取等环节中争取话语权。这就与南宋时期的学术精英大都集中于金华地区而非政治中心的临安的情形相似。政治中心非学术中心的现象，在历朝历代都有，尤其是中原文化南移后，在经济、文化上较为发达的地区，都会逐渐形成这样的学术文化圈，以对政治中心形成舆论压力和"夹攻"之势。尽管阳明学在杭嘉湖地区传播的效果与其辐射中心绍兴地区不可同日而语，但能尝试在政治中心的周边区域和思想控制的核心区域传播阳明学，倒也彰显了传播者的勇气和自信。

如果以绍兴为中心就"王学"传播过程画一幅路线图，则大体上可描绘出以下四条线路：一条是从浙东经过江西、湖南进入贵州，并逐渐扩散到云南、四川等地；一条是从浙东经过浙西北进入江苏、安徽而传播到皖南的宣城、池州、徽州等地；一条是从浙东经过浙中进入赣南而传播到粤东北的河源、揭阳、潮州以及闽西的汀州等地，然后又从粤东进入闽中的泉州、福州地区；一条是从浙东经过浙西吴地而传播到北方的山东、河南、陕西等地（其中还应包括阳明在北京讲学后向四周辐射的辅助效应）。这四条传播路线图，可以说是引导我们深入探究王学传播史和王门流变史的便捷通道，其中无疑应当以浙东—浙中—赣南—潮州线与浙东—浙西—苏中—皖南线为主线。

以往的研究还表明，上述所有传播过王学的区域，因王阳明的讲学背景、传道心境尤其是各地文化资源、吸收消化程度的不同，而无不显示出各自的区域特色，因而无论在致思取向上还是在学派阵势上，都存在着不小的差异，对后世产生的影响也有明显区别。总的来说，"王学"的核心区域有四处，即浙江绍兴、江西吉安、江苏泰州和广东潮州。绍兴地区是"王学"的发祥地和阳明学说的成熟地，吉安地区是"王学"的扩散地和极盛地，泰州地区是"王学"的创新地和变异地，潮州地区则是"王学"的跨文化交融的互动地。绍兴地区因靠近政治中心和经济繁荣地，受到的禁学术、毁书院的压力最大，迫害最深，衰微也较快；吉安地区在朝的王门弟子最多，官也做得最大，拥有层层保护伞，故而传承最久，辐射最广，影响最大，对宗法社会的渗透也最深，在晚明又与东林党人有重合互动的趋势；泰州地区也靠近政治中心，但偏离经济繁华区域，该分支较为杂乱，师承关系混乱，学术宗旨各异，是南北思想交会、草根文化崛起的重要区域，故而思想系统也别具一格，大有与绍兴地区分庭抗礼之势；潮州地区是粤中心学、江西理学、楚中理学、浙中心学等几大学术力量的交会处，因而也有勇气超越不同地域文化，融合各路思想流派，尤其是阳明心学，使之与本土的学术资源相交融，把阳明学与白沙学、甘泉学有机地结合在一起，开创了颇具特色的粤中王门流派。

王阳明以讲学为首务，足迹遍布十余省份，然而比较而言，浙中、江右、南中可以说是他的苦心经营之地，其一生大部分的讲学时间集中于此，其较为成熟的学术思想亦发源于此，故而是"王学"传播的重点区域。黔中、粤中可以说是由阳明播撒种子而由其门人精心耕耘之地，阳明早年的个人"悟道"发生在黔中，而晚年的两广之行则使其最后心迹留在了粤中，故而两地亦可谓"王学"传播的主要区域。楚中、闽中、北方均属于阳明过路讲学、临时传道之地，故而是王学传播的边缘地区。唯有江苏泰州是个特例。阳明并未在泰州讲过学，然泰州"王学"的热烈程度却丝毫不亚于其他地区，这无疑应首先归功于他的大弟子王艮，但阳明的人格魅力及其学说在该地区的巨大感染力，也是不可忽视的重要前提。正因为此，才使得泰州王门产生了其他区域王门所没有的鲜明个性。

而作为"王学"传播的重点区域和主要区域，浙中又集中于绍兴，江右又集中于吉安、赣州，南中又集中于宣城、池州，粤中又集中于潮州等地，黔中又集中于贵阳等地。黄宗羲的《明儒学案》用浙中、江右、南中、粤中来概括前五个省份，而对黔中王门却只字不提，这一"疏忽"，与钱德洪的阳明学观不无关系，它给后世的"王学"研究带来了诸多不便，造成了许多误判。泰州学派本应包括在南中王门中，但因其主要缔造者王艮思想的相对独创性（如淮南格物论、大成学等，皆与阳明有异），所以黄宗羲将其单列，只称"泰州学案"而不称"王门学案"。除了北京，阳明在北方地区几乎未讲过学，而且阳明在北京地区授徒讲学，也是在龙场悟道之前，所以北方人士主要是通过到南方为官或直接到南方从学于阳明的方式才成为王门弟子的。《明儒学案》中虽有"北方王门学案"一章，然所列对象除主试山东时的穆孔晖外，皆为阳明中晚期弟子，且北方"阳明门下亲炙子弟，已往往背其师说，亦以其言之过高也"[①]，究其原因，与"王学"在北方的传播特点不无关系。西南地区，除贵州外，阳明都未讲过学，但巴蜀地区因为有阳明学者赵贞吉父子及邓豁渠、何祥等人的存在，而在内江地区形成了一个崇拜和传播"王学"的学术圈。云南则因有李元阳这样的学者存在，亦使之成为王学研究中不可忽略的地区。唯独广西，阳明晚年虽在那里讲过学，但并形成桂中王门[②]，更未使"王学"

---

① 黄宗羲：《黄宗羲全集》（第 7 册），浙江古籍出版社 1995 年版，第 117 页。
② 徐渭为季本写的《师长沙公行状》称："新建伯始建敷文书院于南宁，至是遂留先生（指季本）使主教事，至者日以百计。先生为发明新建旨，提关启钥，中人心随，而言论气象，精深摆脱，士翕然宗之，南宁至今传新建学，大抵先生功也。"参见《徐渭集》第 2 册，中华书局 1983 年版，第 645 页。说南宁至今传新建学，实为徐渭的臆测之辞。因为王学在南宁地区的传播，既未汇聚人气，更未形成流派，声音之微弱，甚至还不如一些阳明从未到过的地区。

传播到越南①,这是王学传播史上的一个例外②。对王学颇有好感的浙南硕学王叔杲认为:"夫广西故百粤地,秦汉虽郡县之,而终属羁縻,奈何重支末而轻根本,夺腹心以事四体也。"③把王学在广西不振的原因归咎于"重支末而轻根本",这的确值得我们深思。

二 绍兴文化的时代命题

众所周知,文化是一种生长在骨子里的、精神性的基因。由于较为特殊的自然地理条件,自古以来绍兴文化就处于一个相对隔绝又互动交融的人文生态环境里,使之形成了既具有内陆省份的敢闯敢干、吃苦耐劳、诚信踏实的农业文明之性格,又具有沿海省份的勇于冒险、富有想象、不安于现状的海洋文明之性格。绍兴文化可以说是农业文明与海洋文明或者说是山的文化与水的文化的有机组合。这种绝妙组合,无疑得益于亘古以来浙江大地上平野与山区、沿海与内陆两种文化的不断碰撞与融合。

---

① 王阳明在嘉靖六至七年征广西思、田期间,曾兴学校于梧州、思恩、田州、南宁等地,"与各学师生朝夕开讲",又派合浦县丞陈逅"主教灵山诸县",弟子揭阳县主簿季本"主教敷文书院",并牌谕曰:"照得安上治民,莫善于礼……若教之以礼,庶几人所谓小人学道则易使矣。福建莆田生员陈大章前来南宁游学,叩以冠婚乡射诸仪,颇能通晓。近来各学诸生,颇多束之高阁,饱食嬉游,散漫度日。岂若使与此生朝夕讲习于仪文节度之间,亦足以收其放心……抑南宁府官吏即便馆谷陈生于学舍,于各学诸生之中,选取有志习礼及年少质美者,相与讲学演习。自此诸生得于观感兴起,砥砺切磋,修之于其家,而被于里巷,达于乡村,则边徼之地,遂化为邹鲁之乡,亦不难矣。"参看《王阳明全集》,上海古籍出版社1992年版,第1317页。可以说为振兴广西教育尽了很大努力。但也许是时间太短,也许是疾病缠身,从而影响了阳明在广西的讲学效果,致使其广西籍弟子最少,且去世后,江、浙、赣、皖、黔、粤、湘、鄂甚至北方地区都建立书院以祀阳明,而唯独广西地区无祭祀活动的记载。因此,笔者认为,阳明虽在广西活动一年余,但王学并未在广西地区得到广泛传播,这恐怕也是王学对越南未产生影响的原因之一。

② 个中原委,有学者认为主要是由于朱子学对越南的影响太大,作为异端学说的阳明学很难渗透进去。然笔者认为,主要原因恐怕还在于广西在传播、发展阳明学方面的不作为。要不然就很难解释阳明学在正统朱子学、退溪学的全力阻击下仍能在韩国立住脚,而在越南为什么就偏偏无立足之地呢?

③ 张宪文校注:《王叔杲集》,上海社会科学院出版社2005年版,第201页。

一般来说，浙西地区多平原、水网，农业发达，交通便利，后来成了中国的鱼米丝绸之乡和天下粮仓，因而该地区的生活一直较为富庶①，生活在这里的人也比较有安定感，心气平和，温柔敦厚，知足常乐，安土恋家，具有六朝时期吴会地区豪门士族的某些特性，体现在文化性格和价值观念上，便是典雅柔美、闲适安逸。而浙东是多山地区，人多地少，生存环境较为恶劣，因而生活在这里的人比较有冒险性，敬事鬼神②，骁勇坚韧，吃苦耐劳，敢闯敢拼，表现在文化性格和价值观念上，便是刚健务实、重利超远。从古代越国人的奋发图强，到明清龙游商帮的称雄全国，再到近代宁波商帮在海内外的崛起，直到当代温州人的独创天下；从明代以义乌人为主的戚家军驰骋抗倭沙场，到清末民初一批批绍兴出身的志士仁人出生入死，敢为人杰，都是这种文化性格和价值观念的极好诠释。即使从今天生活在杭州湾两岸的人们来看，其价值观念的差异也是有目共睹的。就因为隔了一条江，刚健务实的萧山人可以向波涛汹涌的钱塘江讨生活，而闲适安逸的杭州人则缺乏那种不怕凶险、勤俭刻苦的"围垦"精神或"弄潮"激情。尽管萧山现已成为杭州的一个区，但在近代以前，它始终归属于绍兴的文化生态环境，这在短时期内却是难以改变的，而这只不过是钱江两岸文化性格与价值观念存有差异的例证之一。

从比较文化论的视角看，绍兴人的文化性格和价值取向的深层基因主要源于阳明心学与浙东经史学，而杭州人的文化性格和价值观念的深层基因则主要来源于浙西词派（还有浙西画派）和程朱理学。因此，绍兴可以

---

① 关于两浙在经济发展上的差距，黄宗羲曾做过这样的比较："我东浙之田，斥卤下下，一亩所收，上者不过米八斗，米价八钱，其征银米火耗二钱有奇，则十而取三矣。三吴之田稍优，其漕粮银米，大略十取五六，而力役不与焉。"参见《黄宗羲全集》第1册，浙江古籍出版社1985年版，第80页。

② 《史记·封禅书》："越人俗鬼。"《越绝书·外传记地传》："夫越性脆而愚，水行而山处。……锐兵任死，越之常性也。"

说是志士豪杰实行实用的豪迈之乡，其所代表的是一种心性文化；而杭州则可以说是文人墨客行吟诵赞的温柔之乡，其所代表的可以说是一种诗性文化。当越中诸子在努力创造心学实学文化的同时，江对岸的浙西"才子"却大都沉醉在一种"才子文化"中。绍兴文化的"求心""求实"精神，似可以用"酒剑精神"来作比喻，而杭州文化的"求真""求美"精神，则似可比喻为一种"蚕丝精神"，后者的"柔"和"软"，正好可衬托出前者的"刚"和"烈"。从古代的王充、王阳明、黄宗羲到现代的鲁迅、蔡元培等，越中士子可以为求心求实、经世济民而秉笔直书、奔走呼号；而杭州的李叔同、嘉兴的王国维等则可以为求真求美的完美境界而在自己事业的巅峰期或者出家修行，或者投湖自尽。从一定意义上说，绍兴文化是把学问融化为实在的心，而杭州文化是把学问融化为内在的美。一个是唯实、唯心，一个是唯美、唯理。因此，可以说，绍兴文化主要表现为一种"刚性的美"，而杭州文化则主要表现为一种"柔性的美"。

从地理位置上说，两浙地区皆非政治中心，更非军事重镇，相对而言比较自由，远离纷争，发展空间较为自主，故而宋代以后其经济发展水平就比较高。但浙西经济的发达，可以说主要得益于吴文化背景下的浙西人的精致、唯美、勤劳、忍耐、懂世故、守秩序，这种价值观念是十分适合工业化发展的，尤其是当近代资本主义生产方式刚刚进入中国时，由于浙西地处中国资本主义发展的前沿地带，所以该地区涌现出了众多的富商大亨。在21世纪初，仅几千人口的湖州南浔，居然成了中国最富有的地方，创造了中国近代史上的商业神话。这其中，机遇和优越的地域条件应是主要原因。相比之下，近代以来闯荡上海滩的绍兴人，更多靠的是吃苦耐劳、冒险拼搏的创业精神，所以其在价值层面上的优势或许更大，从而也就决定了绍兴在发展上的后发性与耐久力。

浙江是资源小省，但却创造了经济上的浙江奇迹，这样的事例在国际上已早有先例。经济学上有个术语，叫"资源诅咒"，其核心含义是指当某个国家或地区过分依赖某种资源时，久而久之便会失去创新能力，以至在该资源枯竭时，使得该国家或地区处于不可持续发展的境地。这是因为，资源是个双刃剑，资源丰富的地区，并非是创造力最强的地区，甚至还会成为阻碍创造的惰性力量。创造的决定因素是人，创造力更多地源于文化软实力。绍兴发展要有新的突破，就必须在思想文化上有所突破和创新，这无疑是今后以经济发展为依托的绍兴文化建设所面临的新课题。如果说20世纪80年代的绍兴人创业靠的是"勤奋+胆量"，90年代绍兴人创业靠的是"机遇+投机"，21世纪前10年绍兴人创业靠的是"知性+德性"，那么今后10年或者20年，绍兴要全面发展，除了"知性+德性"，主要得依靠"创新+良知"。然而，创新首先是制度创新，还有文化创新和观念创新；"良知"即自然与人类协调发展、共生共存之理念，人伦文化之重建是其基石。因此可以说，文化建设与观念创新，乃是今后数十年绍兴社会经济发展从经验型转向理智型、从实惠型转向超越型、从本土型转向国际型、从富家型转向富国型、从物质型转向精神型、从自我型转向社会型、从局部型转向整体型的重要保证和基本前提。这是各级政府的职责，也是所有文化人的使命。

一般来说，思想意识具有私密性、精神性和历史性，而文化话语具有更多的公共性、实践性和时代性。绍兴在历史上曾发挥过思想辐射和文化传播中心的作用，那么在当下又该如何在公共性、实践性和时代性上发挥自己的作用，以获得更大的文化话语权呢？这其实是个与绍兴的文化强市建设密切相关的课题。

要建设文化强市，就不能没有思想根基，这是再浅显不过的道理。然依笔者之见，浙江要建文化大省，中国要向外显示软实力，东亚要走向合作共赢，海峡两岸要和平统一，发端于绍兴的阳明学，无疑是最为重要的思想资源之一。退一步说，即使就国内的经济社会发展阶段而言，当下的中国社会亦与明中叶以后的社会发展有一定的可比性。也就是说，我们今天碰到的社会问题与王阳明当时所碰到的社会问题有类比性。王阳明的时代，也处于中国社会的转型期，也面临着所有转型期社会都出现过的社会问题，如思想解放、体制创新、科举改革、乡村建设、道德重建等。因此，可以说，从政治学、经济学、社会学、教育学及道德伦理的角度研究阳明学，对当下的政治改革和社会稳定，是具有借鉴意义的。至于阳明学产生于绍兴的地域文化背景和人文气候环境，对于该地区的文化建设，则更具有深度研究之必要。而弄清楚阳明学在后期传播过程中东亚诸国所出现的多元的、异彩纷呈的历史场景及其背后的深层次原因，对已启动多年的东亚一体化进程，无疑也是十分紧迫的课题之一。

在东亚，中国儒学历来给人以温文尔雅、谦谦君子之形象。王阳明的出现，曾给东亚诸国以耳目一新的感觉。这不仅在于其打破思想禁锢的精神力量，更在于其"儒者之功，仁人之勇"的政治气魄。冯梦龙的《王阳明先生出身靖乱录》说："先生十四岁习学弓马，留心兵法，多读韬钤之书。尝曰：'儒者患不知兵。仲尼有文事，必有武备。区区章句之儒，平时叨窃富贵，以词章粉饰太平，临事遇变，束手无策，此通儒之所羞也。'"这种儒者形象的出现，对东亚不啻一场地震！它颠覆了传统儒学，为东亚社会的近代转型塑造了人格、输入了血液！所以余秋雨说："如今认为中国对推动世界经济发展的贡献作用巨大已无疑义，那么中国对世界的精神贡献又有哪些呢？……可以毫不不犹豫地回答：王阳明一定是中国历史上作出重要精神贡献的人之一！我认为，我国儒学发展的最成熟高峰就是王阳明思想……对王阳明学说和个人后来的评价的起伏代表着中国精神的命运。如果把他身后的历史年表排列起来，它的起伏决定了中国精神上觉醒的程度。"[1] 构筑人文绍兴，这样的精神遗产当倍加珍视。

---

[1] 余秋雨：《在王阳明故居开放典礼暨王阳明国际文化活动周上的致辞》，钱明、叶树望主编《王阳明的世界》，浙江古籍出版社2007年版。

但阳明学也有局限。王阳明应该说是个集哲学、兵学、政治学、教育学、经济学和社会学于一身而唯独缺乏现代"科学（incommensurable）"精神的全才。余英时说："如果一定要在中国思想流派中找出一家与西方科学精神最相近的，我个人认为只有程、朱一系'格物致知'的理学足以当之。其中朱熹尤其值得注意，他自记'某五六岁时，心便烦恼：天体是如何？外面是何物？'可见他的好奇心最早是从'六合之外'开始的。这样的心理倾向若在西方的文化环境中很容易走上自然科学的路。明、清中国学人用'格物致知'来翻译西方的'科学'，可以说是顺理成章的事。但理学毕竟是中国文化的结晶，其终极关怀仍落在'六合之内'，也就是'人间世界'的秩序。""'中国科学'如果沿着自己原有的轨道前进，无论如何加速，也不可能脱胎换骨，最后与以'数学化'为特征的西方'现代科学'融合成一体。"① 以朱子学之对立面出现的王阳明，可以说是把这种"六合之内"的终极关怀推向极致的大儒。他的著名的格竹子的故事便告诉我们，早期他也像朱熹那样"格物穷理"，但他不是从竹子中探寻植物学的"原理"，而是从竹子中穷得伦理学的"心理"。结果自然是一事无成，大病一场。日本的维新志士从他那里获取了"行动的哲学"基因，但也只局限在政治、军事等事功的领域，而于现代科学可谓毫无补益。尽管这种人文精神与科学精神乖戾的现象，在西方文化中也同样存在，但绍兴作为阳明学的创设之地，这种乖戾现象是否表现得尤为凸显？其心理沉淀是否更为沉重？是有必要作深入研究的。若答案是负面的，那我们又应如何站在同情的理性的立场上对我们的本土文化进行创造性转化呢？

多年来，凡关注绍兴发展和进步的人，都会从其经济社会发展的表象后面隐约感受到精神文化的巨大影响力，犹如马克斯·韦伯所谓的新教伦

---

① 余英时：《一个传统，两次革命——关于西方科学的渊源》，《读书》2009 年第 3 期。

理对西方资本主义发展的内在推动力,而这正是我们今天研究"绍兴文化"抑或"绍兴精神"的现实意义之所在,也是"人文绍兴"的地域性荣耀和所面临的时代性课题。

(原文刊登于《绍兴文理学院学报》2010年第4期)

从谢安的休闲娱乐看东晋社会的特点

顾 玲[*]

摘　要：谢安的休闲娱乐主要为游览山水、饮酒赋诗、清谈析理、品评人物、官场宴饮、家庭聚会等，其特殊身份及人生经历使这些活动具有反映东晋社会某些重要特点的意义。乐山乐水、清谈析理反映了玄学思想对东晋名士日常生活的影响；官场宴饮、下棋解忧揭示了东晋门阀政治内部的多种矛盾；家庭聚会、子侄教育表现了世家大族对家学的重视。

关键词：谢安；休闲娱乐；玄学思想；门阀政治；家学

谢安，字安石，出身陈郡谢氏，"初辟司徒府，除佐著作郎，并以疾辞，寓居会稽"，"及（谢）万黜废，安始有仕进志，时年已四十余矣"[①]。"江左风流宰相，唯有谢安"[②]，谢安的休闲娱乐活动丰富多彩，其特殊身份和人生经历使这些活动反映出东晋社会的某些重要特点。受玄学思想影响，谢安隐居东山期间，与善玄之人交往密切，一起谈玄论道、游山赏水、品评

---

[*] 顾玲（1989—　），女，湖北黄冈人，陕西师范大学历史文化学院2013级硕士研究生。
[①]（唐）房玄龄：《晋书》，中华书局1974年版，第2072页。
[②]（南朝梁）萧子显：《南齐书》，中华书局1972年版，第436页。

人物等，在自然和人文环境熏陶下，其个性愈显不俗。谢安四十多岁入仕时，东晋政局极不稳定，以桓温为代表的桓氏家族对皇权虎视眈眈，异族入侵不断，这种政局在谢安的休闲娱乐的背景中可见一二。谢安在家族子弟聚会中时常不忘对子弟们进行德育、智育方面的教育，其教育又有着自身特色，值得现在的家长借鉴。本文选择休闲娱乐这一独特角度为切入点，以期对东晋社会几个重要特点做些探讨。

一　谢安的休闲娱乐

谢安个性率真旷达，重视人生的自由，志趣高雅，注重生活品质。从隐居东山到官居相位，其休闲娱乐活动除一般家庭聚会、官场宴饮外，还有乐山乐水、清谈析理、品评人物、下棋娱乐等文人士大夫高级文化社交活动。

（一）乐山乐水，饮酒赋诗

谢安一生酷爱与山水亲近，其游览之事史籍记载颇多。"寓居会稽，与王羲之及高阳许询、桑门支遁游处，出则渔弋山水，入则言咏属文，无处世意。"[①] 隐居东山期间，其常与王羲之、许询、支道林等名士结伴而游，在欣赏自然山水的同时，品诗论道，追求个体生命与自然的高度契合，游览所留下的足迹众多，如绍兴就有怀谢驿，"在县之东邑，有东山晋谢安尝游，故云"[②]。

在游山玩水过程中，谢安恬淡、沉稳的个性格外突出。"尝往临安山中，坐石室，临浚谷，悠然叹曰：'此去伯夷何远！'"正是悠游山林，怀想

[①] （唐）房玄龄：《晋书》，中华书局1974年版，第2072页。
[②] 宝庆《会稽续志》，民国十五年周肇祥影印本。

不慕名利的伯夷以寄托自己的高洁之志。又"尝与孙绰等泛海，风起浪涌，诸人并惧，安吟啸自若。舟人以安为悦，犹去不止。风转急，安徐曰：'如此将何归邪？'舟人承言即回。众咸服其雅量"①。与孙绰等人泛海旅行，海上风起云涌，众人惊惧不已，唯谢安依旧吟咏啸歌，泰然处之，最终转危为安，其气度之不凡令人赞叹。

谢安在悠游山林的同时，常与友人饮酒赋诗，创作出许多文义俱佳的诗篇。《王胡之别传》云："胡之常遗世务，以高尚为情，与谢安相善也。"两人多次相互赠诗，《文馆词林》一百五十七载谢安与王胡之诗一首。

> 往化转落，运萃句芒。仁风虚降，与时抑扬。兰栖湛露，竹带素霜。蕊点朱的，薰流清芳。触地舞雩，遇流濠梁。投纶同咏，褰褐俱翔。朝乐朗日，啸歌丘林。夕玩望舒，入室鸣琴。五弦清澈，南风披襟。醇醪淬虑，微言洗心。幽畅者谁？在我赏音。

谢、王皆是乐山乐水之人，以在自然山水中过着"琴棋书画诗酒花"的日子为乐，游山玩水的同时相互赠诗以明己志。此外，谢安在与王羲之等好友的兰亭集会中亦有佳作："伊昔先子，有怀春游，契兹言执，寄傲林丘，森森连岭，茫茫原畴，迥霄垂雾，凝泉散流。"② 该诗描绘了兰亭集会时宁静的自然环境，表现了作者彼时闲适的心情。如此畅快的隐居生活令身居高位后的谢安分外怀念，其在繁忙公务之余还不禁要去感受一下悠游山林的惬意。《晋书·谢安传》云："安虽受朝寄，然东山之志始末不渝，每形于言色。及镇新城，尽室而行，造泛海之装，欲须经略粗定，自江道还东。"③

---

① （唐）房玄龄：《晋书》，中华书局1974年版，第2072页。
② 嘉泰《会稽志》，民国十五年影印本。
③ （唐）房玄龄：《晋书》，中华书局1974年版，第2076页。

(二) 清谈析理，品评人物

对于魏晋南北朝社会，美学大师宗白华曾有言："汉末魏晋六朝是中国政治上最混乱、社会上最苦痛的时代，然而却是精神上极自由、极解放，最富于智慧、最浓于热情的一个时代，因此也就是最富有艺术精神的一个时代。"[1] 以谢安为首的士族文人群体是富有生活情调和文艺气息的一群人，他们广泛开展文化社交活动，清谈析理，品评人物。《世说新语笺疏》卷上《文学》第54条云：

> 支道林、许（询）、谢盛德（安）共集王（濛）家。谢顾谓诸人："今日可谓彦会，时既不可留，此集固亦难常。当共言咏，以写其怀。"许便问主人有《庄子》不？正得《渔父》一篇。谢看题，便各使四坐通。支道林先通，作七百许语，叙致精丽，才藻奇拔，众咸称善。于是四坐各言怀毕。谢问曰："卿等尽不？"皆曰："今日之言，少不自竭。"谢后粗难，因自叙其意，作万余语，才峰秀逸。既自难干，加意气拟托，萧然自得，四坐莫不厌心。支谓谢曰："君一往奔诣，故复自佳耳。"

这段史料记述了谢安与支道林、许询等文人名士齐聚一堂，就《庄子·渔父》篇撰文释义的场景，谢安作为整个聚会的主持人，掌控全局并在最后阐述自己对《渔父》一文的理解。此文人聚会形式与我们今天的学术讲座或文化沙龙极为相似，注重思想自由和对个体智慧的尊重，他们讨论的内容又显示了当时以《老子》《庄子》《周易》为核心的玄学的盛行。谢安谈玄论道的例子还有很多，散见诸史册。例如："谢遏诸人共道竹林优劣，谢公云：'先辈初不臧贬七贤。'"[2] 谢安认为前人最初并不谈论竹林七

---

[1] 宗白华：《美学漫步》，上海人民出版社1981年版，第208页。
[2] （南朝）刘义庆著，余嘉锡笺疏：《世说新语笺疏》，中华书局2011年版，第468页。

贤优劣，且因各人标准不一，也难分优劣。

谢安除了谈玄论道外，还擅长品评人物，有着自己的评价标准，这在《世说新语》里记载较多，本文仅列一条以明之。《世说新语笺疏》卷中《品藻》第74条云：

> 王黄门兄弟三人俱诣谢公，子猷、子重多说俗事，子敬寒温而已。既出，坐客问谢公："向三贤孰愈？"谢公曰："小者最胜。"客曰："何以知之？"谢公曰："吉人之辞寡，躁人之辞多，推此知之。"

王羲之三子拜访谢安，子猷、子重多言俗事，子敬言少，仅问寒温。谢安认为子敬最贤，因贤人言少，浮躁之人言多。谢安在评价人物时能不被外在言语、行为所惑，深入洞察人物内在品质，欣赏志趣高洁、言行脱俗之人。

（三）官场宴饮，下棋解忧

谢安作为文人士大夫，其宴饮之事无疑是特别多的。本文仅列举能反映当时社会特点的一次特殊宴饮，即桓温宴请谢安、王坦之的"鸿门宴"。《世说新语笺疏》卷中《雅量》第29条云：

> 桓公伏甲设馔，广延朝士，因此欲诛谢安、王坦之。王甚惧，问谢曰："当作何计？"谢神意不变，谓文度曰："晋祚存亡，在此一行。"相与俱前。王之恐状，转见于色。谢之宽容，愈表于貌。望阶趋席，方作洛生咏，讽"浩浩洪流"。桓惮其旷远，乃趣解兵。王、谢旧齐名，于此始判优劣。

这段材料着重描述了谢安与王坦之收到桓温鸿门宴邀请后，二人截然不同的表现。王坦之一味担心害怕，而谢安则冷静机智地化解危机，两人修为高低不言自明。更重要的是这次宴请事件反映了东晋皇权与士族，士族与士族之间的矛盾，笔者将在下文详述之。

此外，谢安的一项重要娱乐爱好就是下围棋。尤其是有重大事件发生时，谢安常以棋解忧。《晋书·谢安传》云："安遂命驾出山墅，亲朋毕集，方与玄围棋赌别墅。安常棋劣于玄，是日玄惧，便为敌手而又不胜。安顾谓其甥羊昙曰：'以墅乞汝。'"① 该史料记述了东晋与前秦苻坚政权之间的大战迫在眉睫，谢安镇定自若地与侄子谢玄"围棋赌墅"的故事，反映了东晋政权与北方少数民族政权的矛盾，笔者亦将在下文详述之。

（四）家庭聚会，教育子侄

《晋书·谢安传》载："（谢安）又于土山营墅，楼馆林竹甚盛，每携中外子侄往来游集，肴馔亦屡费百金，世颇以此讥焉，而安殊不以屑意。"谢安喜欢与子侄们齐聚一堂，欢笑畅谈，共享天伦之乐，甚至为此花费重金而被世俗批评。更重要的是谢安非常重视对子侄们的教育，教育事例见于众多史籍，在此列举几例。《世说新语笺疏》卷上《言语》第71条云：

> 谢太傅寒雪日内集，与儿女讲论文义。俄而雪骤，公欣然曰："白雪纷纷何所似？"兄子胡儿（谢朗小字）曰："撒盐空中差可拟。"兄女曰："未若柳絮因风起。"公大笑乐。即公大兄无奕女，左将军王凝之妻也。

谢安与子侄们讲论文义时突然下起雪来，谢安问子侄们纷纷白雪像什么，侄子谢朗说像洒向空中的盐，侄女谢道韫则说像因风而起的柳絮。对于子侄们的回答谢安并不直言优劣，只以"大笑乐"显示自己对侄女才学的肯定，这样既对子侄们进行了知识运用能力训练，又顾及众人颜面，可谓教子有方，用心良苦。

"谢公云：'贤圣去人，其间亦迩。'子侄未之许。公叹曰：'若郗超闻

---

① （唐）房玄龄:《晋书》，中华书局1974年版，第2075页。

此语,必不至河汉.'"① 谢安认为圣贤与普通人的距离并不远,子侄们不同意其看法。其就叹气说:"如果郗超听到这句话,一定不会觉得这句话不着边际。"谢安此话意在对子侄们进行德育教育,启迪他们注重德行学习,也是可以成为贤圣的。

"谢太傅问诸子侄:'子弟亦何预人事,而正欲使其佳?'诸人莫有言者,车骑(谢玄)答曰:'譬如芝兰玉树,欲使其生于阶庭耳。'"② 谢安问子侄:"孩子将来的好坏和自己有什么关系,为什么总想要他们有出息?"谢玄回答:"这就像芝兰玉树的道理,总希望它们生长在自家庭院。"谢玄的回答反映了当时社会浓厚的家族共同利益和荣誉意识,这亦表明谢安家族团体意识教育的成效。

二 谢安休闲娱乐反映的东晋社会特点

如上所述,谢安的休闲娱乐主要包括乐山乐水、饮酒赋诗、清谈析理、品评人物、官场宴饮、下棋娱乐、家庭聚会等。仔细分析这些活动发生的背景,这些司空见惯的休闲娱乐活动就成为我们了解东晋社会几个重要特点的独特切入点。

(一) 玄学思想对名士生活的影响

东汉末年,战乱频繁,政局动荡,经过董仲舒改造的适用于"大一统"社会的儒学思想已不能满足饱受战乱之苦的人们精神上的需要。更加关注人内心世界的玄学顺势发展,在两晋时期已蔚为大观,并有着自己的特点。郭象注《庄子注疏·大宗师》云:

---

① (南朝)刘义庆著,余嘉锡笺疏:《世说新语笺疏》,中华书局2011年版,第12页。
② 同上书,第129页。

> 夫理有至极，外内相冥，未有极游外之致而不冥于内者也，未有能冥于内而不游于外也。故圣人常游外以（弘）[冥]内，无心以顺有，故虽终日（挥）[见]形而神气无变，俯仰万机而淡然自若。夫见形而不及神者，天下之常累也。是故睹其与群物并行，则莫能谓之遗物而离人矣；睹其体化而应务，则莫能谓之坐而自得矣，岂直谓圣人不然哉，乃必谓至理之无此。

此段材料阐明了"内冥"与"外游"的统一。"内冥"即内在"神气"的培养，"外游"即个体外在的变化，内在侧重个体自身的修炼，外在强调社会对个体的影响，此时"名教"与"自然"的关系得到调和，在文人士大夫身上最明显的表现就是视自身或时局需要而定，可隐可仕。故有学者认为东晋"过江名士由'越名教而任自然'的理论模式转向了'内圣外王'的理论模式"[①]。

谢安喜与善玄之人交往，如许询、孙绰、支道林等。许询、孙绰皆为东晋玄言诗的代表人物，善析玄理，亦是当时清谈家群体的领袖。支道林虽为佛门中人，但"此九方皋之相马也，略其玄黄，而取其俊逸"[②]，也为谢安清谈析理活动的重要人物。这些名士言不离玄，行不越玄，玄学思想影响着他们的思维习惯和生活方式。这一时期的玄学思想生活指向明显，不似东晋之前浓厚的政治指向。陈寅恪有言："东晋一朝即清谈后期，清谈只为口中或纸上之玄言，已失去政治上之实际性质，仅作为名士身份之装饰品者也。"[③]玄学在名士阶层盛行，他们乐于用玄学思想指导自己的生活：悠游山林，培养自己旷达个性；用玄理品评人物，褒贬善恶；饮酒作诗，

---

① 马良怀：《崩溃与重建中的困惑——魏晋风度研究》，中国社会科学出版社1993年版，第133页。
② （南朝）刘义庆著，余嘉锡笺疏：《世说新语笺疏》，中华书局2011年版，第729页。
③ 陈寅恪：《陶渊明之思想与清谈之关系》，《金明馆丛稿初编》，生活·读书·新知三联书店2001年版，第201页。

或显或隐，避世但不厌世。此时的玄学使东晋名士的生活更富于诗情画意，同时于自然恬淡中又不乏对现实生活的关注和追求，这就较阮籍、嵇康放荡不羁的极端行为更多了一点为人处世的圆通。

王羲之《赠谢安诗》言谢安"足不越疆，谈不离玄。心凭浮云，气齐皓然。仰咏道海，俯膺俗教。天生而静"，言谢安寄情山水，在自然山水中"内冥"，培养自己的浩然之气。《世说新语》云："王子敬语谢公：'公故潇洒。'谢曰：'身不潇洒。君道身最得，身正自调畅。'"[①] 只有当"内冥"达到一定境界，身心才会"调畅"，既能超然物外，又能不离现实生活。故谢安能一面过着"琴棋书画诗酒花"的生活，一面活在家族现实生活中，在其弟谢万被废黜之后，为保住家族荣誉和地位，谢安也有了入仕之意，即使后来身居庙堂之高，心中仍恋丘壑之美，懂得适时放松身心的妙处。故有"若遇七贤，必自把臂入山林"[②] 之言，又有"苻坚以百万师寇晋，谢安命驾出游以安人心"[③] 之行为。谢安在生活中既追求超凡脱俗的生活方式但又没有脱离现实名利场，"内圣"与"外王"在其身上得到统一，总之，谢安是深谙玄学之道的。

（二）门阀政治的多种矛盾

永嘉乱后，晋元帝渡江，大量中原士族随其南渡，即"衣冠南渡"。北方皇族、士族与南方土著士族相互扶持，维持着东晋岌岌可危的政权，形成了"王与马共天下"的门阀政治局面。田余庆先生的《东晋门阀政治》有言："门阀政治是皇权与士族势力的某种平衡，也是适逢其会得以上升的某几家士族权力的某种平衡。"[④] 东晋门阀政治的基础为皇权与士族的共治，

[①] （南朝）刘义庆著，余嘉锡笺疏：《世说新语笺疏》，中华书局2011年版，第432—433页。
[②] 同上书，第417页。
[③] （清）毕沅：《续资治通鉴》，中华书局1957年版，第1012页。
[④] 田余庆：《东晋门阀政治》，北京大学出版社2012年版，第343页。

一旦某家士族想要打破这种平衡，其他士族就会群起而攻之，皇权与士族、士族与士族间的矛盾就会加剧。这种政治特点在谢安的几次休闲娱乐活动中可见一二。

上文提到的谢安与王坦之赴桓温鸿门宴，其背景为桓温长期掌权，一直都有不臣之心。自371年率军攻打寿春失败后，其在朝中威望大减，揽权之心变得更加迫切，于是废司马奕改立司马昱，即后来的简文帝，希望简文帝日后能传位于己。第二年，简文帝病笃并遗诏太子司马曜继承皇位，这使桓温篡位野心再次落空，他认为这是谢安与王坦之所为。《晋书·谢安传》云："简文帝疾笃，温上疏荐安宜受顾命。及帝崩，温入赴山陵，止新亭，大陈兵卫，将移晋室，呼安及王坦之，欲于坐害之。"[①] 这就是鸿门宴的详细背景。后来桓温仍野心不减，"及温病笃，讽朝廷加九锡，使袁宏具草。安见，辄改之，由是历旬不就。会温薨，锡命遂寝"[②]。"九锡"是古代皇帝赏赐给有特殊功勋大臣的九种礼器，这些礼器通常只有天子才能使用。桓温的要求无疑是对皇权的挑战，这就打破了门阀政治的平衡，导致士族与皇权、士族与士族的矛盾异常突出，因而遭到谢安的强力抵制。桓温死后，其弟桓冲与谢安同心辅助孝武帝，士族与士族、士族与皇权的矛盾暂时得到缓解，东晋社会暂显祥和之气。

另外，东晋社会还面临着北方少数民族政权的威胁。前文谢安与侄子谢玄"围棋赌墅"的背景是淝水之战迫在眉睫。《晋书·谢安传》云：

> 时苻坚强盛，疆场多虞，诸将败退相继。安遣弟石及兄子玄等应机征讨，所在克捷。拜卫将军、开府仪同三司，封建昌县公。坚后率众，号百万，次于淮肥，京师震恐。加安征讨大都督。玄入问计，安夷然无惧色，答曰："已别有旨。"既而寂然。玄不敢复言，乃令张玄重请。

---

① （唐）房玄龄：《晋书》，中华书局1974年版，第2073页。
② 同上书，第2074页。

符坚政权对东晋政权虎视眈眈，率师百万在淝水挑战，民族矛盾尖锐，东晋朝廷对此消息感到万分震惊和恐惧。谢安临危受命为征讨大都督，谢玄急切想知道谢安对此战的计策，谢安默然不答，只是叫侄子与自己下围棋并以别墅做赌注。更令人奇怪的是"玄等既破坚，有驿书至，安方对客围棋，看书既竟，便摄放床上，了无喜色，棋如故。客问之，徐答云：'小儿辈遂已破贼。'"谢安接到捷报时了无喜色，"还内，过户限，心喜甚，不觉屐齿之折"①。有人认为谢安此举甚为矫情，但笔者认为身为一军主帅，面对强敌进攻，若表现得过于大喜大悲，这样极易造成军心不稳，为安定人心，谢安如此表现亦属正常。苏轼也曾为谢安此举辩解，其言："安亦非矫情，盖万目观望，事体应尔。"②并且面对紧迫战况，谢安看似闲散，但心中已有对策，在与谢玄围棋赌墅之后，"安遂游陟，至夜乃还，指授将帅，各当其任"③，既然一切都在掌握之中，担心和恐惧也是多余的，况且泰然自若似乎更符合谢安一贯的风格。

谢安上述休闲娱乐活动适时反映了东晋政权长期存在的多种矛盾，即士族与皇权，士族与士族及东晋政权与北方少数民族政权的矛盾。谢安作为处理这些矛盾的重要人物，面对危急情势，以一种轻松的方式，在谈笑自若间成功化解了冲突，其不俗表现既成就了自己的千秋功业，又为后世士大夫树立了人格榜样。

（三）世家大族对家学的重视

东晋社会政局动荡，士族家庭被迫辗转流徙，官学和私学随政治治乱而时兴时废，但子女教育和文化传承仍是不可忽视的问题，实力尚且雄厚的世家大族为了保住家族荣誉及文脉，格外重视家学教育，他们或聘请饱

---

① （唐）房玄龄：《晋书》，中华书局1974年版，第2075页。
② （宋）李焘：《续资治通鉴长编》，中华书局1992年版，第9851页。
③ （唐）房玄龄：《晋书》，中华书局1974年版，第2075页。

学之士负责子女教育，或由家族内有识之士亲自负责。由于兄长早亡，谢安作为谢氏家族大家长，且自身学识渊博，家族子弟教育问题自然成为其义不容辞的责任。谢安常在家族聚会中展开对子女的教育。通过分析史料，我们亦能够从中感受到谢安教育的一些独特之处。

谢安喜欢利用聚会等比较轻松的环境对子女进行教育。如"林道人诣谢公，东阳时总角，新病起，体未堪劳。与林公讲论，遂至相苦。母王夫人在壁后听之，再遣信令还，而太傅留之"①。支道林去谢安家拜访，当时侄子谢朗还小，大病初愈，身体还很虚弱。谢朗与支道林讲论文义，感到体力不支。母亲王夫人在壁后听到后两次遣仆人去接谢朗，谢安却不让谢朗走。友人拜访，谢安趁此机会让侄子与善清谈析理的友人讲论文义，此教学氛围较刻板的课堂更轻松、随意，正可谓寓教于生活的点滴中。即使侄子身体抱恙也没有放松对侄子的教育，可见谢安对家族子弟教育的严肃态度。

谢安在直接教育的同时还注重对子弟进行润物细无声式的启发教育，内容包括德育和智育两方面。《世说新语笺疏》卷上《文学》第52条云：

  谢公因子弟集聚，问《毛诗》何句最佳？遏（谢玄小字）称曰："昔我往矣，杨柳依依；今我来思，雨雪霏霏。"公曰："谟定命，远猷辰告。"谓此句偏有雅人深致。

谢安与子侄们聚会，问《毛诗》哪句最好。谢玄说出了一句文学意境极佳的诗句，但谢安却说"谟定命，远猷辰告"，这句最有雅量和深度，意为大谋定命，长远计划。谢玄还只停留在个人情感及文学欣赏层面上，谢安却以心怀天下之心来读书，此种气度是年轻的子侄还不具备的。谢安在平常的教育中对子侄强调这种胸怀天下的大气度，除自身品质使然，或许其还欲对子侄们的人生志向产生潜移默化的影响。

---

① （南朝）刘义庆著，余嘉锡笺疏：《世说新语笺疏》，中华书局2011年版，第198页。

三 结 语

　　谢安出生于世家大族，曾隐居东山数十年，与善玄之人交往密切，在自然山水中培养浩然之气，入仕后逐渐进入东晋政权权力中心，亲历东晋政局数次大变动。同时，谢安喜好闲适生活，追求生活情调和品质，休闲娱乐活动丰富多彩。其特殊的身份及人生经历使其休闲娱乐活动具有反映东晋社会几个重要特点的意义。

　　谢安深谙玄学之道，玄意在其休闲娱乐活动中多有体现。乐山乐水、清谈析理、家庭聚会等休闲娱乐或表现谢安自然恬淡、率真旷达的个性，或彰显其深厚的玄学功底，或反映其对玄学教育的推广，这些活动无不是玄学思想对东晋名士生活的影响。谢安的特殊官场宴会、下棋娱乐经历恰巧反映了东晋政权长期存在的士族与皇权、士族与士族和东晋政权与少数民族政权的多种矛盾。谢安在家庭聚会中的教育活动又凸显了动乱社会背景下世家大族对家学和文化传承的重视。

　　或必然，或偶然，特殊身份及传奇人生经历使谢安的休闲娱乐活动有了别样意义。我们能从中了解东晋社会的几个重要特点，进而通过个体微观角度揭示个人与社会的密切关系，即社会大环境决定了个人活动的客观条件，个人活动亦能反映整个社会大环境的某些特点。同时，我们还能感受到一代风流宰相恬淡、沉稳的个性及胸怀天下的大志向。

（原文刊登于《绍兴文理学院学报》2015 年第 3 期）

寓园的人文情趣及人本特色

宋　源[*]

摘　要：晚明的江南园林中，山阴祁彪佳的寓园的历史、规模、内涵、影响、地位极具代表性。一是寓园营造了一个生活世界，其蕴含的人文情趣十分丰厚。祁彪佳的造园思想，为当下人文情趣比技术样式更为重要等本土建筑学核心思想提供了新的范例和史料。二是寓园提供了人本特色园林营造的历史借鉴。人的在场、巧于借景、就地取材、循环利用和社交开放，其特色体现了以人为本的营造理念。

关键词：寓园；寓山注；祁彪佳；人文情趣；人本特色

祁彪佳（1602—1645），晚明绍兴府山阴县梅墅村人，著名的戏曲家、藏书家、造园家。其17岁（1621）举乡试，21岁中进士，次年授福建兴化府推官，崇祯年间授御史，出按苏、松道诸府，文治武功俱佳。弘光元年（1645）时局动乱，清军兵临杭州，以书、币诱招，祁彪佳写绝命书，在寓园自沉。

---

[*] 宋源（1987— ），女，浙江绍兴人，中国美术学院建筑艺术学院2011级硕士研究生。

崇祯八年（1635），祁彪佳以事忤当权者，从苏、松道巡抚任上"引疾南归"。是年他在绍兴城西南20里柯山对河的寓山筑园，名为"寓园"。《寓山注》则为造园过程中反映其主体价值空间的内心写照。祁彪佳退隐后，遍游越中园林，追寻山水经验，开发审美能力。园林的生活实践，使其在纷乱中找到了心灵的安逸。如今斯人已逝，寓山依然在，昔日的寓园虽早荒芜在柯岩风景区一角，但《寓山注》中49篇园林小景与陈国光的卷首《寓山园景图》，仍鲜活地再现了明末园林特点及其人文情趣。

一 祁彪佳与寓园的分期营造

（一）寓园与《寓山注》简介

寓山位于柯山余脉，寓园是一座顺着山丘和水道稍加整治而成的天然山水园。寓山西与柯山相望，东西面是古鉴湖，与内园水道相通，东、南、北三面视野深旷。造园便利用这一地形条件，把远近山水佳景尽收眼底，开发远眺之旷朗景观，建筑物则因山就势，呈"屋包山"态势。

《寓山注》记载了寓园的建造历史。序文说，"往予童稚时，季超、止祥两兄，以斗粟易之。剔石栽松，躬荷畚锸，手足为之胼胝。予时亦同拏小艇，或捧土作婴儿戏。迨后余二十年，松渐高，石亦渐古，季超兄辄弃去，事宗乘；止祥兄且构'柯园'为菟裘矣"[①]。孩提时，祁彪佳尾随填石栽树造园的季超、止祥两兄玩耍，有了二十多年"松渐高，石亦渐古"的积累，才成为寓山的继承人、造园家。可谓"园林兴造，高台大榭，转瞬可成，乔木参天，辄需时日"[②]。

---

① （明）祁彪佳：《祁彪佳集》，中华书局1960年版，第150页。
② 童寯：《江南园林志》，中国建筑工业出版社1984年版，第11页。

其父祁承㸁（1562—1628），字尔光，号夷度，又号旷翁、密园老人，明代藏书家、目录学家。祁父亦有"园林之好"，造有密园、夷轩、澹生堂、旷亭、紫芝轩、快读斋、蕉境等，并撰有《密园前记》《密园后记》等。

受父兄影响，祁彪佳性耽山水园林，几近痴迷。在营造寓园时，集设计施工管理等职责于一身。"卜筑之初，仅欲三、五楹而止。客有指点之者，某可亭，某可榭，予听之漠然，以为意不及此。及于徘徊数四，不觉向客之言。"① 其初无规划，只是因地制宜而展开。犹如苏轼作文，大略如行云流水，初无定质。但常行于所当行，常止于所不可不止，文理自然，姿态横生。

（二）营造寓园的三个时期

第一期（1635—1637）：崇祯八年冬至十年春夏之交，分三个阶段。第一阶段：崇祯八年冬至九年夏秋，"榭先之，阁继之，迄山房而役以竣"。在寓山上逐次建成了志归斋、寓山草堂、太古亭、友石榭、烂柯山房等，大致以寓园山石区的居住建筑为主，但"一径未通，意犹不慊也"②。第二阶段：崇祯九年冬至十年春，"凡一百余日，曲池穿牖，飞沼拂几，绿映朱栏，丹流翠壑，乃可以称园矣"③。值此构建了水明廊、读易居、柳陌、四负堂等，主要建造了园门一带、让鸥池畔的系列景点。第三阶段：崇祯十年春夏之交，辟丰庄、豳圃为农庄园圃。近两年的造园，确立了寓园主体，寓园美景呼之欲出。

第二期（1637—1639）：崇祯十年秋冬至十一年秋基本完工。检阅其《山居拙录》《自鉴录》《弃录》等日记，其间完成了两个系列的营造，以

---

① （明）祁彪佳：《祁彪佳集》，中华书局1960年版，第150页。
② 同上书，第151页。
③ 同上。

溪山草阁为起点，在十月动工，年底建成，然后由寓山山麓之袖海、瓶隐，延伸向南池水岸的处理，有孤峰女玉台、芙蓉渡、回波屿、妙赏亭等。另一系列则是在让鸥池东北岸的建筑群，依陈国光《寓山园景图》所展示的规划图，在读易居往北通过海翁梁，连接试莺馆，与四负堂相背有即花舍，经归云寄可达八求楼，步宛转环则可与寓山山坡相接。还有未入《寓山园景图》与《寓山注》的可与语石、筠巢、浴花台、瑟瞵等均已落成。那两年，祁彪佳投入寓园的精力，"则以其暇，偶一为之，不可以时日计"①。

第三期（1640—1645）：崇祯十三年至弘光元年。祁彪佳完成寓园主要景点后，由于祁母去世节哀守丧，加之山阴、会稽一带受饥荒波及，他无心力、财力继续大规模营造寓园，只能建一些楼廊小阁，砌池、整花石，栽种树木花草。如崇祯十三年十一月二十四日，将新建成的茅庵命名为"竺（竹）深留客处"②；崇祯十四年五月二十一日"督庄奴卸屋为古樟砰一小亭"③，六月十八日，"古樟砰一阁已稍有成规，登而憩之，为园中最幽胜地"④。因而三期工程"深在思致，妙在情趣"⑤，情致所至，随意点染。

（三）寓园与祁彪佳生命相始终

台湾大学曹淑娟教授认为，祁彪佳对寓园，"在床头金尽、形躯劳苦之外，更有其整体生命意识的投注"⑥。他倾心血规划、经营，亲自动手修筑、整理。"构置弥广，经营弥密，意匠心师，每至形诸梦寐"，而且"寒暑劳役，几以是益我沉疴"⑦。松径从崇祯九年开始施工，十一年种植花草，十

---

① （明）祁彪佳：《祁彪佳集》，中华书局1960年版，第151页。
② （明）祁彪佳：《祁忠敏公日记》（第6册），绍兴县修志委会1982年影印本，第39页。
③ 同上书，第7册，第38页。
④ 同上书，第7册，第43页。
⑤ 陈从周：《说园》，同济大学出版社2007年版，第8页。
⑥ 曹淑娟：《流变中的书写：祁彪佳与寓山园林论述》，里仁书局2006年版，第69页。
⑦ （明）祁彪佳：《祁彪佳文稿》（第2册），书目文献出版社1991年版，第1039页。

二年开凿土石、累石，至弘光元年仍在构筑小廊。瓶隐于崇祯十一年开工到弘光元年才告成。归云寄从崇祯十二年定址，十三年浚池，十四年竖石、分楼为二，十五年疏泉，十六年、十七年累石，至弘光元年移廊至竹林。在逝世的前一月，弘光元年的六月初二日，祁彪佳还"荄竹于后圃"①。

二　寓山注与寓园的人文情趣

园林取名为"寓"，本有"寓意则灵"，也蕴含寄居、寄托之意。《寓山注》总名曰"注"，既隐含山水园林经典化、文本化的概念，诠释寓园的品质；又有"解释"之义，即说明各景点命名的来由、依据，并记录祁彪佳对寓园的认知与实践。在《寓山注》中，《序记》阐发了园之沿革、开园总纲、营造原则，其后49记则叙述园林布局、观赏景象等。49个景点多为祁氏亲自命名，其立意高远，独抒性灵，情趣横生。

1. 芙蓉渡

芙蓉，也称木芙蓉，秋日开花，且耐寒不落，又名"拒霜花"。此篇从"草阁""瓶隐"起笔，直到曲廊临流，寒玉秋声。祁彪佳"会心处"，不在红英绿水，碧池黄鹂，而情系"秋江寂寞时，与远峰寒潭，共作知己"②的冷香芙蓉。王国维在《人间词话》里说："一切景语皆情语也。"③ 这"会心处"实为一幅画面，一种境界，反映出祁彪佳审美的独特取向。他追求一种清冷寒峭、幽韵灵动之美，这与其气质秉性、审美品质以及生活阅历分不开。

---

① （明）祁彪佳：《祁忠敏公日记》（第10册），《乙酉日记》，绍兴县修志委会1982年影印本，第17页。
② 陈从周、蒋启霆选编，赵厚均注释：《园综》，同济大学出版社2004年版，第472页。
③ 王国维：《人间词话》，滕咸惠译评，吉林文史出版社2004年版，第104页。

2. 志归斋

"斋，戒洁也"，指在敬神之前戒除不洁使自身清净，由此而引申为一种清幽净洁的建筑物，如书房称为书斋，学舍谓之东斋。"志归斋"是寓园最早的建筑物，"当开园之初，偶市得敞（敝）椽，移置于此"。其建筑格局是："斋左右，贯以长廊，右达寓山草堂，左登笛亭。"①

题名"志归"，所记辞官归里，亦以示归田之志。望着"平畴远风，绿畦如浪"的家园景色，祁彪佳亦觞亦咏，"乃此是志吾之归也，亦曰归固吾志也"②。志归斋有一种平淡冲远、古拙浑厚之美，是一种典型的诗意的栖居地。这种诗意，是以陶渊明为代表的田园诗意，它以牧歌般的旋律缭绕在祁彪佳的心间，催生着他挥之不去的"归去来"情思。

3. 酣漱廊

"酣漱"隐含着"漱石枕流"的典故，出自南朝刘义庆的《世说新语》，在原典中，"枕石漱流"用以表达归隐林泉之意，"漱石枕流"则更彰显了祁彪佳孤介远引的性格，增以"酣"字，加深其沉湎的程度。"虽是洗耳辈嫌其多事，似犹胜竹林嵇、阮流也。"③ 相传晋代"竹林七贤"的阮籍、阮咸叔侄曾归隐于离寓山不远的阮社，耳濡目染，祁彪佳的性格中也平添了一份晋人遗风。

4. 让鸥池

古人常以"鸥盟"来隐喻退居林泉之想。所谓"鸥盟"或"盟鸥"都是指与鸥鸟为盟，同白鸥相伴。让鸥池的命名表现出他与鸥鸟的意会之神交。他把自己与鸥鸟摆在同等的地位，欲将自己最爱之池水割与鸥鸟，即以池引鸥来栖，此乃真性情也。鸥与人的关系表现出祁彪佳恬静自然、超

---

① 陈从周、蒋启霆选编，赵厚均注释：《园综》，同济大学出版社2004年版，第428页。
② 童寯：《江南园林志》，中国建筑工业出版社1984年版，第160页。
③ 陈从周、蒋启霆选编，赵厚均注释：《园综》，同济大学出版社2004年版，第429页。

尘脱俗的志趣以及内敛的人格。

5. 选胜亭

"北接松径,南通峦雉,东以达虎角庵。游者之屦常满,然而素桷茅榱,了不异人意。"① 此亭构造简朴,一点也不吸引游者的眼球。然而登亭眺望,胜景扑面而来,使人油然而生山水鱼鸟之情。

"能品园,方能造园。"② 当祁彪佳一边建筑寓园时,一边游览越中园亭名胜。然而引起他兴趣的不是那些可以复制的园林细节,而是成为每一处景点之一部分的景观。其欣赏一座亭楼,常常为从某处可以"尽"全景而赞叹不已。从齐氏园可"尽湖山登览之胜"③;从淇园可"北望海,东南望诸山,尽有其胜";从矶园,"收拾龙山之胜殆尽"④。依祁彪佳之见,景观是重中之重,以至于它们能弥补其他方面的不足,正如他注意到绍兴城王士美的蕺葭园:"构室不甚工,而蕺山之胜乃全得之。"⑤ 鉴于此,尽管他承认沈玉梁的可也居其亭台营构亦有小致,"惜在委巷中,无可登眺耳"⑥。同样,他不遗余力地称赞倪元璐的衣云阁,"回环映带,更辟一绝胜地"⑦。祁彪佳对设计用来获得景致的建构特别在意。

6. 远阁

如名所示,强调一个"远"字。景必以远观为佳,悠悠天钧,茫茫地表,极目无穷,乃见气势。阁之名谓远,非指阁建于远处,而是指入阁能得以远望。祁彪佳建阁于山之顶,且"尊而踞",奥秘在此。远阁"宜雪、宜月、宜雨",四时景色,各有美妙之处。而这所有的景致,都以远望才得

---

① 陈从周、蒋启霆选编,赵厚均注释:《园综》,同济大学出版社2004年版,第426页。
② 陈从周:《说园》,同济大学出版社2007年版,第16页。
③ (明)祁彪佳:《祁彪佳集》,中华书局1960年版,第178页。
④ 同上书,第183页。
⑤ 同上书,第185页。
⑥ 同上书,第192页。
⑦ 同上书,第195页。

其佳妙。其总结出"态以远生，意以远韵"①的美学观点，无论诗境画意，还是园林景致，都是如此，而且在这种远观的态度背后是祁彪佳做人的潇洒神韵。

7. 丰庄和豳圃

寓园大功告成后，祁彪佳归农之兴尚殷，于是又建丰庄和豳圃。丰庄在园之北，是一片田园。"十月纳禾稼，邻火相舂，荐新粳，增老母一匕箸，及蚕月，偕内子以居焉，采桑采蘩，女红有程课。……余将以是老矣。"豳圃在园之南，是果园，种有桑树及梨、橘、桃、杏、李等果树。"每对田夫相慰劳，时或课妇子挈壶榼往饷之，取所余酒食啖野老，共作田歌，呜呜互答。"②祁彪佳在著述中常提到陶渊明，并引以为楷模。丰庄和豳圃，既是其理想的养老之地，更是其对陶渊明《归园田居》的最好注解。

此外，"冷云石"之虽静犹动；"太古亭"，追求的是"太古之遗制"；"梅坡"之抖擞江村沙浦野趣；筑室名为"约室""静者轩""四负堂"，是为了修身养性……所有命名都反映出祁彪佳的匠心独具、寓园的多姿多彩及其无处不在的人文情趣。

三 寓山园林的人本特色

寓园营造了一个充满人文情趣的生活世界。祁彪佳对每一景点的描写，可谓"处处邻虚，方方侧景"③，使寓园走向更为广阔的自然天地，人与自然融为一体。其园林的主要特色有以下几个方面。

---

① 陈从周、蒋启霆选编，赵厚均注释：《园综》，同济大学出版社2004年版，第431页。
② 同上书，第432页。
③ （明）计成著，赵农注释：《园冶图说》，山东画报出版社2003年版，第171页。

（一）自然借景

在寓园登高远眺，可览四时变幻。"园尽有山之三面，其下平田十余亩，水石半之，室庐与花木半之。"[1] 亭台楼阁在寓山中，被山阴秀色笼罩，"幽敞各极其致"。依祁彪佳之见，园林设计必须得力于山水。寓园依山成园，借景西山、鉴湖、柯岩，由山生园，由园生景，由景生情，而情无限。寓山四野低平，独自兀立。西干山连绵不绝，豆雾尖山高出云表；鉴湖纳三十六源之水，而秋湖在上，脚下帆影点点，可谓"千岩竞秀，万壑争流"。

"亭不自为胜，而合诸景以为胜。"寓园中亭子多为借景佳构。从选胜亭四望，"每见霞峰隐日，平野荡云，解意禽鸟，畅情林木"[2]。在妙赏亭"仰面贪看，恍然置身天际，若并不知有亭也"[3]。榭也是借景的建筑小品，友石榭位于寓园适中处，主人感叹"旷览者神情开涤，栖遁者意况幽闲，莫不留连斯榭，感慨兴怀"[4]。静坐读易居，"自贮之以水，顽者始灵，而水石含漱之状，惟'读易居'得纵观之"[5]。从通霞台眺望柯山，"则台之为景，有不必更为叙志者矣"[6]。面对"银海澜回，玉峰高并，澄晖弄景，俄看濯魄冰壶；微雨欲来，共诧空蒙山色"[7] 胜景，祁彪佳在远阁处不由发出"盖吾阁可以尽越中诸山水，而合诸山水不足以尽吾阁"[8] 的感慨。

---

[1] 陈从周、蒋启霆选编，赵厚均注释：《园综》，同济大学出版社2004年版，第421页。
[2] 同上书，第426页。
[3] 同上书，第428页。
[4] 同上书，第424页。
[5] 同上书，第422页。
[6] 同上书，第430页。
[7] 同上书，第431页。
[8] 同上。

（二）就地取材

祁彪佳对寓山的整体营造，得景随形，利用寓山本身的"高凸""曲深""俊显""平坦"，自成天然之趣。寓园佳处，祁彪佳首称石，故用石颇多。石之来源一为本地山石。崇祯十一年二月十三日，"至寓山，旋至柯山访石"①。三月十五日，又"至柯山选石"②。二十二日，在扫墓归途"偶得花石移归为园中需"③。五月初九日，从萧山"牛头山运花石至。午后累之屿上"④。二为寓山山石。崇祯十年六月十三日，祁彪佳"令平头搜剔山石，渐露巉岩"⑤，至十五日，"剔石竣事"。十三年十一月二十三日，"督奴子开山见石壁峻立，又辟一胜境矣"⑥。祁彪佳还请石工在穴石之骨刻出听止桥，把小斜川凿成"石趾已棱然欲起，及深入丈许，窄怒出，有若渴骥奔泉、俊鹘决云者"⑦的山石相激画面。又凿石室取名"袖海"，能使数十人卧入其中，"寒雪沁肌，不复知人间更有六月"⑧。志归斋北的铁芝峰，此处为寓山之巅，顶上有一石如芝状，上可坐数十人。池上理山，园中第一胜也。邻水处的山石更构成了意想不到的佳境，在回波屿处上演了一处山石相斗相噬的好戏。季超、止祥两兄弟20年前开山时发现的一石，隆起如覆盂，亡兄麟佳（元孺）顾而乐之，取苏轼"马上倾倒天瓢翻"⑨之意，题之曰"天瓢"。祁彪佳在欣赏山石时，无不同山石进行着对话。片片多致，寸石生情，寓园中的山石以形取胜，动静结合。在其上、其旁又栽种

---

① （明）祁彪佳：《祁忠敏公日记》第5册《自鉴录》，绍兴县修志委会校刊1982年影印本，第6页。
② 同上书，第5册《自鉴录》，第9页。
③ 同上书，第10页。
④ 同上书，第15页。
⑤ 同上书，第4册《山居拙录》，第20页。
⑥ 同上书，第39页。
⑦ 陈从周、蒋启霆选编，赵厚均注释：《园综》，同济大学出版社2004年版，第425页。
⑧ 同上书，第426页。
⑨ 同上书，第429页。

植物景观,"红紫杂古翠间"①,石群周围,建亭台楼阁,使山石建筑群疏密得宜。

(三) 循环利用

比起清代江南园林的人工化,在真山真水中的明代园林建筑,更为古朴、自然。计成在《园冶·相地》章云:"旧园妙于翻造,自然古木繁花。"②寓园虽谈不上旧园,但建筑崇尚简朴,多用旧料建构。太古亭,"在幽篁老干间,潇然独立,不共花鸟争妍冶,亭可谓得其所矣"③;志归斋,"忘其为简陋,而转觉浑朴之可亲,遂使画栋雕甍、俱为削色"④。为建丰庄,崇祯十年二月二十一日,祁彪佳"同郑九华至荆塘,市败屋数间,欲构堂于丰庄,即名四负堂";二十三日,"时闻柯山有旧屋可为庄,所偕郑九华往观之";二十八日,"与郑九华至旧屋,折卸所移之庄内"⑤。笛亭是就地取材,用生长于斯的竹子搭成。梅坡结茅为宇,为增园林野趣。寓园主人在茶坞种茶,用沁月泉品茗,"闲啜于长松下,趣亦不恶"⑥。在幽圃植橘、桃、李、杏、栗等,栽紫茄、干瓜、白豆等蔬菜,在丰庄养蚕和家禽,足以果百人腹。那一幅幅农家景象,平淡中亦见风致。

(四) 社交中心

寓园是一个流动的、开放的、大众的社交中心。明末的大部分文人园,是文人士大夫从社会和政治生活隐遁所依附的寄托。寓园和外界的联系依

---

① 陈从周、蒋启霆选编,赵厚均注释:《园综》,同济大学出版社2004年版,第425页。
② (明)计成著,赵农注释:《园冶图说》,山东画报出版社2003年版,第56页。
③ 陈从周、蒋启霆选编,赵厚均注释:《园综》,同济大学出版社2004年版,第425页。
④ 同上书,第429页。
⑤ (明)祁彪佳:《祁忠敏公日记》第4册《山居拙录》,绍兴县修志委会校刊1982年影印本,第6页。
⑥ 陈从周、蒋启霆选编,赵厚均注释:《园综》,同济大学出版社2004年版,第424页。

赖水路，园林意境的创造符合陶渊明描写的桃花源。与其描绘的世外桃源明显不同，它有越中园林的个性：园林作为主人隐秘世界的同时，也是对外开放的，成为主人和外界的交流媒介。

寓山建筑景物的功能涵盖了主人同自己、家人、游人和农夫四者的关系。这四者之间的关系在那里达到了相当程度的和谐。寓园富有特色的水面入口，要将"应接不暇"的游客带到一个异乎寻常的地方。园中游人纷至沓来，主人则在烂柯山房读书。寓园将耕作纳入景观的一部分，也让它作为子女读书、体验生活的地方，体会农民的辛劳。由抱瓮小憩、丰庄、幽圃构成的景园良田的象征和实际意义并重。寓园中晚明浙东最大、最著名的藏书楼八求楼也是用来和当地精英会晤、进行戏曲表演娱乐的场地，而祁佳作为晚明著名的戏曲家，更喜欢将整个园林中的景物作为戏曲表演的舞台或背景，这些已成为其社会生活中必不可少的一部分。寓园中只有小部分建筑主人保留了内部空间的隐私权，更多的建筑因开放吸引着各方游客和知音。通过公私空间的正确处理以及开放时间的控制，寓园作为主人和家人修身养性的场所的同时，也成为一个受公众欢迎的公共空间。

"人在园在，人亡园废"是一种历史现象，其深处蕴含着中国古代园林的旨趣。正如王澍先生所说："中国文人造园代表了一种和我们今天所热习的建筑学完全不同的一种建筑学，是特别本土，也是特别精神性的一种建筑活动。它和今天那种设计建成就调头不管的建筑与城市建造不同。园子是一种有生命的活物。造园者，居园者是和园子一起成长演进的，如自然事物般兴衰起伏。"[①] 随着我国城市化、现代化的加速，今天的城市与建筑活动方兴未艾，古代园林留下的物质和精神遗产就是由于人的存在，营造即为生活；建筑是有生命的，人文情趣比技术样式更为重要。当下，人的

---

① 王澍：《造园与造人》，《建筑师》2007年第2期。

生活世界的营造趋势,应该是传统文化与现代文明的统一,中国本土建造艺术与当代可持续性建筑概念的结合,人与人、人与自然、人与社会的和谐。

(原文刊登于《绍兴文理学院学报》2013年第3期)

从《壬午日历》看祁彪佳的家居生活

李庆勇[*]

摘 要：《壬午日历》记载了祁彪佳在1642年的生活轨迹，其中前十个月的日记记载了他在家时的生活情况，通过日记可以看出他的家居生活主要有五项：交友往来；生产经营；赈灾济穷；建造寓园；读书辑书。其家居生活有着鲜明的特点，既反映出个人的生活情况，又折射出当时的社会风貌。

关键词：《壬午日历》；祁彪佳；家居生活

《壬午日历》是祁彪佳所作《祁忠敏公日记》的一部分。《祁忠敏公日记》共十五卷，大多是一年一卷，一卷一名。祁彪佳（1602—1645），字虎子，一字幼文，又字弘吉，别号远山堂主人，浙江山阴人，出身官宦世家，天启二年（1622）中进士，天启三年（1623）选为福建兴化推官，崇祯元年（1628）回家丁忧，崇祯四年（1631）丁忧服满回京，授福建道御史，崇祯八年（1635）因得罪权臣周廷儒辞官归家，崇祯十五年（1642）受召入京掌河南道事，崇祯十七年（1644）明亡，在南京福王政权任职，弘光元年（1645）因受马士英、阮大铖排挤引病归家，同年，南京福王政权覆

---

[*] 李庆勇（1979— ）男，山东兖州人，济宁学院社会科学部讲师。

灭，清廷以书币礼聘祁彪佳，祁彪佳绝食数日，自沉水池而死。

《壬午日历》作于崇祯十五年（1642），是祁彪佳家居八年的最后一年所作，日记记载了祁彪佳在这一年的生活情况，因这一年闰十一月，故此年共有十三个月，前十个月主要记载了祁彪佳的家居生活，后三个月主要记载了他北上京城任职的情况。

《壬午日历》虽然部头不大，但从前十个月的记载里我们可以看到祁彪佳在家的生活轨迹，其家居生活主要如下。

一　交友往来

《壬午日历》大篇幅地记载了祁彪佳与友人的来往，从中可以看出他的交友特点：交友层次广泛；交友活动频繁；交友形式多样。

（一）交友层次广泛

祁彪佳交友层次广泛，既有乡绅，又有地方官，还有僧人。

祁彪佳交友对象以乡绅为多，这当与他的身份有关，他本身就是一位乡绅，故而能够融入地方乡绅圈，与他们打交道也就如同家常便饭。祁彪佳对当地乡绅颇为亲切，从称呼上看，他多称呼某某公祖，如正月十四日"王雪肝、毕玉台、李峨虹三公祖"[1]，二月二十九日"候唐大愚公祖"，三月十三日"入城，投蒋楚珍公祖"；有的也称某某兄，如正月初七日"同季超兄设斋"，二月初八日"拜德公兄寿"，三月初八日"宁方兄过访"；也有直呼其名的，如正月十二日"朱壶严来晤"，二月十一日"王云岫过访"，三月初一日"晤倪鸿宝、余武贞、郑仞庵、王尔吉"。

---

[1] （明）祁彪佳：《壬午日历》，《历代日记丛抄》（第8册），学苑出版社2006年版。以下日记原文部分皆引自此书，不再一一注出。

祁彪佳与官府往来密切，与地方官交往颇多，这与他的经历有关，他曾经为官，故而能够与地方官打交道，并积极参与到地方事务中去。虽然如此，但他并不妄自尊大，对地方官十分尊敬，从称呼上看，他多称呼地方官为某某父母，如正月十三日"作书与汪父母，言南粮帮贴"，二月十九日"蒋南荫父母、上虞周简臣父母来晤"，三月二十二日"有役吏周梦隆来谒，闻钱圣霈父母过访，不得晤"；有时也称某某公祖，如三月三十日"道台郑公祖相订同观保婴局，见钱寰中规制井然，公祖甚喜，予亦薄有所助"。

祁彪佳与僧人交往由来已久，这与他的信仰有关，他信佛并对之推崇备至，其中原因，又与他人生经历和思想变化密不可分。祁彪佳仕途不顺，因刚正不阿、清正廉洁而与招权纳贿、结党营私的当权者不和，处处受到排挤，因此想远离是非，萌生隐退思想，而他经世致用的思想又比较浓厚，非常想报效朝廷，为君分忧，为国分担，因此又渴望入世，这样，隐退思想与出世思想时刻困扰着他，使他不得解脱，面对困惑，祁彪佳求助于佛，力图在佛教中找到清静之地。祁彪佳说："（乙亥年九月十七日）季超为予言欲去妄念，应当净心，当持一语，以为把柄，莲池师每教人参念佛是，谁可法也。"[①] 言下之意，净心应当求助于佛，非佛不可法，为此，听佛讲法成为祁彪佳的重要活动，"（乙亥年十月十七日）六如师至，为谈养心之法"。壬午年，祁彪佳与僧人交往仍不减往年，以一月份为例，正月初一日"午后，再谒天童师，值高卧，惟与空林师谈少顷"；初二日"与季超邀汝灯、空林诸禅师游寓山作画"；初三日"率二儿礼佛于系珠庵"；初七日"天童师至"；十六日"同无迹师坐谈老樟砰及梅坡"；十九日"晤恒鉴师，商掩骼之，法师以为不胜葬矣，欲火化之"。一月之内，与僧人交往有六天，足见其与僧人交往的频繁。除天童师、空林师、无迹师、恒鉴师外，壬午年祁彪佳还与无量师、无觉师、三宜师、亮谷师、石雨师、子白师、

---

① （明）祁彪佳：《归南快录》，《历代日记丛抄》（第7册），学苑出版社2006年版，第299页。

屏石师、君岳上人、顿然上人、西梧上人、碧晖上人、箬庵上人、怡云上人、敷先上人等有来往，他与僧人的关系可见一斑。祁彪佳不但邀请僧人到家中来，而且外出访僧，经常去佛庵，如八月二十九日"与顾史至系珠庵，探上人"；十月十九日"至福建庵，坐于屏石师精舍"。

（二）交友活动频繁

祁彪佳交友活动频繁，往来不暇，几乎每天都有客人来访，或者去拜访别人。

祁彪佳每日要会见很多客人，如四月十六日，除王三十二兄、陈大表弟、赵禹谟、赵继云相继过访外，还有南粮诸解户来，会见当有十余人左右，致使他"应接无一刻之暇"。再如十一月初五日，"客至者甚众"，有毕二守公祖、徐亮生、朱叔起、余武贞、姜质夫、王尔拭、金楚畹，故他感叹"大抵总无呼吸之暇也"。

祁彪佳待人访客，有时彻夜不停，如四月初七日"薄暮，闻冯邺仙将至，出于北塘，候夜半始值，谈于舟，次为予商出处之道，甚当，送至柯桥，天且曙矣"；十八日"晚，悬灯水畔，焰如繁星，公祖意甚，乐之，饮至夜分乃罢"；二十一日"灌谷举酌，深夜乃别"；八月十三日"与陈长耀赴王云岫之酌，至夜半酣甚，宿寓山"；九月十一日与董天孙"欲至化山，值雨，乃从五云门夜行"。可见，他会客不分昼夜，劳神伤力。五月十一日的日记里提到"体中稍不快"；六月初六日的日记里又提到"体中稍不快"，当与他过度会客有关。

因交友过频，劳累过度，壬午年祁彪佳的身体不是很好，先后得了五次病，在家中四次，在京城一次。先为目疾，日记中记载，"（正月十八日）目有小恙，不能夜读书"；"（正月二十日）以目疾不能观书"。再为疟疾，日记中记载，"（六月十一日）商家姑来问予病。是日，始觉寒，知为疟疾矣。邹培宇再诊脉而去。"后为齿痛，日记中记载："（六月十四日）齿痛兼喉痛，彻夜殆不可忍。"再后为疝病，日记中记载："（八月初六日）夜，大雨，予以疝气卧，不安者半夜"；"（初七日）出寓山，延医治疝病"。最后为体热，为在京时所患，日记中记载，"（十二月十三日）体中发热"；"（十四日）延医钱君颖调理，不能出门，草回话疏……以病不能入朝"。

（三）交友形式多样

祁彪佳与友人交往的形式是多种多样的，从《壬午日历》看主要有喝酒吃饭、听歌看戏、阅书赠书三种形式。

祁彪佳与友人常喝酒吃饭，即日记中提到的"小酌"；如二月十二日"薄暮，与孙铁骸、陈长耀、方无隅小酌"，四月十一日"午后，德公兄、宁方兄、翁艾弟同钱克一各携一簋小酌于绛雪居"。

祁彪佳与友人喜欢听歌看戏，如四月十四日"值翁艾弟、奕还侄听歌于浮景台"；九月初九日"云岫与主人共出馔小饮，听歌于隐阁及呼丈处"；十月初十日"听邹氏女子唱曲"；十月十六日"听石友南曲"。在祁彪佳友人中，孙铁骸就是一位歌者，如二月初九日"听铁骸歌三曲乃归"；二月十三日"晚与诸友共酌梅坡，且于咸畅阁听铁骸在太古亭歌曲"。

祁彪佳听歌看戏反映出晚明时期戏曲的流行。晚明时期，戏曲因其通俗易懂而成为全民喜闻乐见的艺术形式，在江南更是盛极一时，时人称："博观传奇，近时为盛，大江左右，骚雅沸腾，吴浙之间，风流掩映。"[①] 无论节日活动，还是朋友聚会，观赏戏曲多不可少，《壬午日历》的记载就反映了这一情况。

伴随着戏曲的流行，戏曲创作出现了高峰，"年来俚儒之稍通音律者，

---

① （明）吕天成：《曲品》，《中国古典戏曲论著集成》（六），中国戏剧出版社1959年版，第211页。

伶人之稍通文墨者，动辄编一传奇"①。无论文人雅士，还是官员乡绅，创作戏曲蔚然成风。以祁彪佳家人为例，其长兄祁麟佳著有《太室山房四剧》，季兄祁骏佳著有《鸳鸯锦》，堂兄祁豸佳不但著有传奇《眉头眼角》《玉麈记》，而且还擅长登台演戏。在时风的感染和家人的影响下，祁彪佳本人也成就较丰，不但著有传奇《玉节记》（《全节记》），改编剧《鱼儿佛》，而且还写出了在中国戏曲理论史上有重要地位的戏曲理论批评著作《远山堂曲品》《远山堂剧品》，祁彪佳能有这样的成就，当有听曲看戏的功劳，听曲看戏成为他创作的来源。

祁彪佳与友人之间还互相阅书赠书。祁彪佳经常将自己所藏之书与友人分享，如七月初十日"候方仁植，示以家藏易经目"，九月初五日"卓孝廉彝过访，惠以所刻书"。祁彪佳也时常得窥到友人的藏书，如十月十四日"值倪文学襄，得观苏东坡《乌台诗纪》"；十月十八日"晤柴莲生，出其尊公所辑《训子语》求序"。祁彪佳还得到友人不少赠书，如五月十二日"与眉儿入城，贺于颖长公祖，得其所辑理学之书"；六月十三日"得许孟宏孝廉书，赠予《宋元通鉴》《记事》及《仪礼经传》，又得毛子晋文学赠予十三经注疏，又得任正则文学书"。可见，祁彪佳与友人的文化交往活动是比较多的，他家中藏书甚多，其中当有友人赠送的一部分。

祁彪佳的交友往来反映了明末江南结社风气的昌盛。晚明士人喜欢结社交游，诗酒唱和，祁彪佳作为乡绅魁首也积极参与，乐在其中。崇祯十年（1637）十月，祁彪佳创办诗社枫社，作为枫社的创办者和主持人，他与社员联系密切，活动频繁，《壬午日历》就多次记载他与社员孟称舜、董天孙（董玄）、张宗子（张岱）的交往。此外，他还参加了文昌社、证人社、雁社。文昌社乃祁彪佳的兄长祁骏佳、祁豸佳所创，也是祁彪佳参加

---

① （明）沈德符：《顾曲杂言》，《中国古典戏曲论著集成》（四），中国戏剧出版社1959年版，第206页。

的第一个社团，壬午年间，祁彪佳仍一如既往地关注社团活动，如正月十二"举文昌社祭"。证人社乃祁彪佳的知心师友刘念台（刘宗周）所创，祁彪佳也是证人社的成员，《壬午日历》中记载他与刘念台的交往也非常多。通过这些结社活动，祁彪佳与社员的联系和友谊不断加强。从祁彪佳积极参与结社活动并与社员密切交往可以看到明末江南结社的盛况，也看到了明末江南文人、士大夫、乡绅的生活状态。

二　生产经营

祁彪佳作为乡绅，家中有田有地，因此生产经营成为他家居生活的一部分，《壬午日历》记载比较多的是会计产籍和收取租税，此外他还力图改善南粮解户的生活。

祁彪佳非常关心产籍，多次进行会计，如正月初八日"会计寓山田籍，分发与庄奴耕种"；正月二十九日"与陈长耀会计产籍"；三月初六日"与陈长耀会计产籍"。

祁彪佳也参与收取租税的活动，而且与官府交往密切，并多次与之商洽，扮演官府与民户中间人的角色。收租的活动，如五月十五日"托陈长耀至西乡看田起租"；六月三十日"与陈长耀会计租产"；七月二十五日"催租简账至暮乃罢"。收税的活动，如三月十三日"郭尔璋以南关设税，同山民来晤"；五月十六日"平山托予调停会稽山税"；七月初五日"得毕公祖书，再以山税相商"；七月初十日"作书复钱圣霱父母，言宽征之事"；七月二十四日"作书，以山税询毕公祖"；八月初二日"作书郑公祖，言南关税事"。

祁彪佳还关心南粮解户的生产生活，并力图为其改善。日记中他多次提到南粮解户生存的艰难，如正月初六日"德公兄自城中归，言部司责比南粮解户血肉淋漓，为之恻然"；初十日"晚有南粮解户数人来，备道苦楚";三十日"南粮解户来陈疾苦";三月初九日"陈敬枢同诸南粮解户诉被累之苦";十七日"南粮解户来,言监禁之苦,不觉恻然"。为此,他力图减轻南粮解户的负担,如正月初十日"作书致刘念台先生,议帮贴之法";二月初六日"作书与刘先生,言十二年钱粮已恩蠲,南粮帮价可不必矣";三月二十日"为南粮厘剔公作揭"。

除此之外,祁彪佳还参与了不少的活动,如正月初四日"予为校正收除田亩且商立户之事";正月初五日"汪父母及毕公祖皆请附甲立户,自为解纳,且作呈词致之";五月十五日"与德公兄兑明牛种、钱粮、缴还当事"。

祁彪佳的生产经营是地方经济活动的细胞,是地方生产的基层组织单位,具有积极作用,它促进了地方经济的发展,维护了地方的经济秩序,保障了地方的生产生活。

三 赈灾济穷

祁彪佳作为乡绅,关心地方事务,并积极投入地方慈善活动中来,特别是在灾害之年,致力于赈灾济穷,更体现了他在地方事务中的作用。

壬午之年,祁彪佳的家乡大雨成灾,水患不断,从二月开始一直到九月,阴雨绵绵,大雨、暴雨更是常见。如五月份,"初一日,雨";"初九日,雨";"十八日,雨";"二十一日,雨";"二十三日,大雨竟日";"二十七日,雨竟日,以淹没田禾为忧";"二十八日,微雨";"二十九日,雨"。又如六月份,"初一日,初霁,复雨";"初八日,午后,雨……大雨彻夜";"十六日……午后,大雨,至晚转甚,水骤长尺许,夜不能寐,坐听,愁极";"十七日,雨不止";"十八日,雨不止";"十九日……雨不止";"二十日……微雨";"二十五日,微雨"。再如八月份,初八日的日记中说:"自初四至此,皆忽晴忽雨,甚以秋水淹没为田家之虑。"特别是后期,"二十二日……雨,竟夜";"二十三日,雨";"二十四日,雨甚";"二十五日,雨甚竟日";"二十六日……仍微雨";"二十七日,连日阴雨,深以田稻为忧"。祁彪佳不厌其烦地写雨,既反映了当时大雨成灾的状况,又折射出祁彪佳忧虑灾害的心态,他在二月二十四日记道:"自十六日雨至昨凡七日,菜麦深可虑。""田禾为忧""田家之虑",折射出祁彪佳及乡民内心的痛苦。

大灾之后有大疫,水灾导致疾病滋生,祁彪佳在七月初一的日记中记载说"越中疾疫盛行",可见当时疫情严重。

灾害发生,赈灾成为首要之务,以祁彪佳为代表的乡绅,成为协助官府救灾的重要力量,他们也成为自发救灾的组织者。从《壬午日历》中可以看到,祁彪佳的赈灾举措主要有三项:设粥铺、发赈资、给银米。

设粥铺是最主要的活动,开始于五月,也集中在五月,结束于九月。五月初一日"以粥铺事致书道台商之",设粥铺活动由此开始;初三日"得姜质夫书,言粥铺事井井,即致之道台";初七日"作粥铺募疏,作书以粥厂复郑公祖";初八日"欲为柯桥经理粥铺";初九日"托陈长耀赴道台领米粥……午后,至山作粥铺事宜";十三日"吴培洲至,托以粥铺之事";十四日"草粥铺事宜"。此后设粥铺活动不断,到了九月初三日"缴还粥铺、药局诸册",设粥铺活动告一段落。

发赈资多在九月份,当是继粥铺活动而为。八月二十七日"于太公祖以中区赈银发下",拉开发赈资活动的序幕;九月初四日"给散赈资";初五日"散王家村清水闸、程湾各赈资";初六日"作书送赈资于沈静咸、周因仲";初七日"于蔡家堰、柯山、西泽秋湖散赈资";十月初五日"作书以赈资剩余缴还于太公祖",赈资活动结束。

给银米的活动比较分散,不是很集中,多为临时举措,如二月二十四日"连日淫雨,村族中必多饥饿者,乃举应赡之家,每口给米二升";四月十五日"抵家,会邻族,发储米平粜";五月二十九日"予念连日淫雨,村族之人必饥窭，乃每人给银三分"。

祁彪佳的赈济活动不仅限于壬午年，其他年亦是如此，如崇祯八年（1635）十二月二十三日"于宗祠散给赡族银，贫者待之举火，颇有感慨之意"①。崇祯九年（1636）十二月二十六日"至社庙散米与近村贫者"②。崇祯十年闰四月初四日"予再捐十金，以为创，且为设募助之策"③。祁彪佳的义举得到高度赞赏，邵廷采评价说："越州明末饶名臣，而实能济时救世，首推公。"④ 在祁彪佳的带领下，乡绅士大夫一呼百应，"富家大室，闻风乐施"⑤。

通过祁彪佳的赈济活动可以看到明末乡绅在地方事务中的作用，看到乡绅积极的一面，他们参与地方公益事业，关心民间疾苦，特别是在大灾之年深以为忧，并为救灾疾呼奔走，不辞劳苦，慷慨解囊，有利于保障地方民生，维护地方稳定。上述记载说明，虽然地方乡绅对民户有压迫的行为，但也有帮扶的义举，他们之间既有矛盾的一面，也有和谐的地方。

四　建造寓园

祁彪佳历经多年建造寓园的活动，壬午年仍在继续，而且居家之时，始终不断。

崇祯八年（1635），祁彪佳辞官回家，开始了八年的家居生活，为求一清静之所，先是在寓山脚下构筑了读书之所远山堂，然后又在寓山建造了憩息之地寓山别墅，最后才在寓山建造了休闲之用的寓山园林。建造寓园历时最长，从崇祯八年（1635）辞官回家到弘光元年（1645）投水自尽，

---

① （明）祁彪佳：《归南快录》，《历代日记丛抄》（第7册），学苑出版社2006年版，第320页。
② （明）祁彪佳：《居林适笔》，引同上书，第391页。
③ （明）祁彪佳：《山居拙录》，引同上书，第418页。
④ （清）邵廷采：《思复堂文集》，浙江古籍出版社1987年版，第105页。
⑤ （明）祁熊佳：《行实》，《祁彪佳集（附录）》，中华书局1960年版，第237页。

断断续续，从未间断。祁彪佳倾注大量心血，不断为寓园增补修缮，栽花种树，剔石搜奇，修台建阁，可以说是十年成一园，一园寓其情，寓园不仅是祁彪佳宴客会友之所，更是他的情感寄托之地。

壬午年建造寓园最早的记载见于正月二十日，"微雨，与陈长耀再定北阁之址"；二十一日，"至寓山，拆宛转环一带，且定南廊之址"。

其后，建园活动渐趋频繁，祁彪佳参与的活动主要有三：一为督工，如正月二十七日"至寓山督工匠卸旧屋"；二十九日"至寓山督工卸屋"；三月十二日"予独坐草阁监工"；五月十九日"督工匠构园东之岸"；二十九日"携眉儿至寓山督航坞山石匠筑墙"。二为会计工料，如二月十四日"晚与陈长耀会计寓山工料"；四月十二日"为石工会计"；六月二十日"与陈长耀为泥水估工账"。三为规划设计，如七月二十日"择吉建寓园门"；八月初四日"出寓山，移山北一亭作门于柳陌"；十月初六日"至寓山，指点所欲构造处，以示方无隅以及工匠"。十一月后，祁彪佳离家北上，日记中就再未见有建园记载。

祁彪佳建园有随波逐流之势。江南建园，源远流长，及至明代，更为盛行，到了明末，造风更盛，乡绅、士大夫乃至官府群起构筑，在祁彪佳家乡，"回廊曲榭，遍于山阴道上"[①]，"南都各部，皆有花园，凡公会宴饮，于是乎在"[②]。受此影响，作为乡绅、士大夫楷模的祁彪佳自是不甘落后，广聚人力财力营造寓园。

祁彪佳建园主要是为了会客。他友人众多，应酬频繁，需要一个场地开阔、景色宜人的地方款待友人，以交流畅谈，因此寓园就成为首选，这里风景优美，最适于赏景谈心。《壬午日历》中多次记载祁彪佳会客寓园，如正月十五日"薄暮，与周慎山、方无隅小酌咸畅阁"；四月初一日"午

---

① （明）祁彪佳：《越中园亭记》，《祁彪佳集》（卷八），中华书局1960年版，第199页。
② （清）刘献廷：《广阳杂记》，中华书局1957年版，第43页。

后，邀宁方兄同钱溪云、方陈二兄畅饮香茆绛雪居，各醉而别"。

祁彪佳建园也是为了自己休闲之需。他事务繁忙，心力交瘁，需要一个清静的地方来修身养性。因此，寓园成为他消除疲劳的理想境地。《壬午日历》也多次记载祁彪佳在寓园休闲，如七月十四日"午后，至寓园，遇骤雨，观瀑"。

祁彪佳乐此不疲地建园，"其实不只为了享乐，他还在花草木石、楼阁亭榭、一丘一壑中寄托着自己某种忧愤之情和对人生的感慨"①。建造寓园折射出他的避世心态，他说："今人情之险径已极，仕宦之歧路多端，息影林间，渐觉世味有限，是以卜筑数椽为终焉之计。"② 因此"卜筑之兴，遂勃然不可遏"③。

祁彪佳建园是在矛盾心态下进行的。当时正直烽火连年，民不聊生，社会动荡不安，江南也是灾害不断，民生艰难。祁彪佳一面力图革除弊政，救民于水火之中，甚至散家财与灾民，但另一方面他又不遗余力地投入巨资建造园林，以寻求一片避世之地，这两条截然相反的道路，伴随着他的后半生，他在这两条道路上始终摇摆不定，难以取舍，一方面表现出悔恨之心，另一方面又将建园进行到底。崇祯九年（1636）二月十一日，面对好友王金如的规诫，祁彪佳"通身汗下"④，次日"稽首于金如，谢其教言，自兹称先生，执弟子礼"⑤。崇祯十年（1637）二月二十日，祁彪佳自悔说："金如以予盛饰土木，殊为不怿，晚得其手书，以予负君、负亲、负己，而金如自愧不能谏止，亦是负友，予为之竟日悚惕。"⑥ 二十一日"即名四负

---

① 吴承学：《晚明小品研究》，江苏古籍出版社1999年版，第256页。
② （明）祁彪佳：《与徐勿斋》，《祁彪佳集文稿》，书目文献出版社1991年版，第2220页。
③ （明）祁彪佳：《寓山注》，《祁彪佳集》（卷八），中华书局1960年版，第150页。
④ （明）祁彪佳：《居林适笔》，《历代日记丛抄》（第7册），学苑出版社2006年版，第322页。
⑤ 同上书，第333页。
⑥ （明）祁彪佳：《山居拙录》，《历代日记丛抄》（第7册），学苑出版社2006年版，第403页。

堂，以志吾过"①。二十九日又说："予甚有悔恨卜筑之意。"② 祁彪佳意识到自己的奢侈，但未停止构筑步伐，崇祯十二年（1639）又自悔说："碌碌土木，迄无已时……建室拮据，不遑朝久。"③ 壬午年，祁彪佳也说："（八月二十五日）因见向日食物过侈，深为悔之。"可见，祁彪佳是认识到自己生活糜烂的，但他却未能改过，心里想的与实际做的脱节，这是他心里纠结的原因所在。

祁彪佳建园倾注热情，寄情山水的同时笔耕不辍，以寓山为体裁写了不少小品文，辑成《寓山注》。《寓山注》构思精巧，意境优美，与寓园风景融为一体，可以说，造寓园造就了《寓山注》。祁彪佳建造寓园的同时还为寓园多方求取题咏，编为《寓山志》，如八月二十九日"方无隅录张天如诗于《寓山志》"，九月二十七日"作书陶虎溪，且送《寓山志》及补余，求作诗"。可以说，祁彪佳不仅建造了一所物质寓园，也建造了一所精神寓园。

五 读书辑书

祁彪佳家中藏书颇多，山阴祁氏澹生堂闻名一方，其父祁尔光即为晚明浙江著名的藏书家，"祁氏自夷度先生以来，藏书甲于大江以南"④。家学渊源养成祁彪佳读书辑书的习惯。

祁彪佳好读书，常读书，读书成为他日常生活的一部分。从《壬午日历》中我们可以看到他在这一年的读书情况，正月十一日"阅《大明会典》"，五月二十六日"阅《宋元通鉴》"，六月初五日"于大楼观《皇明典

---

① （明）祁彪佳：《山居拙录》，《历代日记丛抄》（第7册），学苑出版社2006年版，第403页。
② 同上书，第404页。
③ （明）祁彪佳：《弃录》，《历代日记丛抄》（第7册），学苑出版社2006年版，第551页。
④ （清）全祖望著，黄云眉选注：《鲒埼亭文集选注》，齐鲁书社1982年版，第94页。

故》诸书"，六月初八日"看《通鉴记事》"，七月初五日"阅《文献通考》八编"，十一日"观《农政全书》"，八月二十四日"在家阅《守圉全书》"，十一月二十四日"阅《南宋始末》"。

祁彪佳不但自己读书，而且重视儿辈读书，并常陪之共读，如二月初八日"整书于烂柯山房，儿辈读书于静者轩及约室"，七月十八日"携朋儿读书山中"，九月二十一日"携儿辈读书静者轩"。

祁彪佳不但读书，而且辑书，壬午年他最致力的辑书活动是编《救荒全书》，这项活动在其家居期间，不停不辍。

祁彪佳辑书活动从二月开始，二月初二日"辑《救荒书》"；之后，二月二十七日"分《救荒全书》为六章，一举纲，一治本，一厚储，一广恤，一宏济，以条目附之，凡百四十余暇"；三月二十二日"辑成《救荒书》凡十二卷"；五月十七日"校正《救荒全书》"；二十三日"辑《救荒全书》"；二十六日"稍简辑《救荒书》，完第七卷"；三十日"辑《救荒全书》"；六月初二日"作《救荒书》凡例"；二十六日"登楼辑《救荒全书》"；二十九日"登楼辑《救荒书》"；七月初三日"坐远山堂辑《救荒书》"；八月初一日"予分《救荒全书》为十八卷"；二十三日"至寓山，坐烂柯山房，辑《救荒书》"；十月初五日"以《救荒书》托浦友订正"。再后因祁彪佳北上，辑书活动中止。

通过读书活动的记载，我们发现祁彪佳喜读政史类书籍，这当与他济世的思想有关，他想从书中找到济世的方法来挽救时势；通过辑书活动的记载，我们发现祁彪佳倾注心血编写《救荒全书》，这当与他救民的思想有关，他想以此来使人们在大灾之年不至于饥馑流亡。因此，祁彪佳济世救民的思想是比较浓厚的。

以上所记，为祁彪佳家居生活的真实写照，反映了他居家时的生活情况，透过日记，我们看到了他的生活轨迹乃至人生状况，并窥见了当时社会风貌的冰山一角。

综上所述,《壬午日历》作为一本日记,以记流水账的方式罗列日常小事,虽然记事杂乱,但它字里行间透出重要信息,只言片语隐含深切情感,是研究祁彪佳乃至当时社会面貌的重要材料。本文通过对祁彪佳在壬午年家居生活的探究,一定程度上揭示了他的家居生活及当时的社会生活情况,可为他人研究祁彪佳及明末社会生活助一臂之力。

(原文刊登于《绍兴文理学院学报》2016年第4期)

绍兴与杭州城市水环境的比较研究

张志荣　祝卫东[*]

摘　要：人类社会赖以生存的水环境是一面镜子，时时处处折射出其本身与经济社会发展之间的密切关系。历史的教训和现实的经验告诉我们，经济社会的发展和水环境的发展是辩证的，统一的，共同依存的。人类社会的发展必须建立在与水环境和谐的基础上，这种和谐首先表现在人类必须遵循自然规律，用自己所掌握的先进科技和对自然的感悟力去为自然演变保驾护航，给水环境以健康发展的出路，从而才能让水环境反哺于人类自身的良性发展。本文以绍兴和杭州城市水环境的演变史实为基础，通过比较研究，从水环境是经济社会发展的物质基础、和谐源泉、文化动力和政治保障四方面论述了水环境在经济社会发展中的积极作用。

关键词：水环境；和谐；经济社会发展；多元化

人类社会的发展，是与水环境的变迁息息相关的。自古以来，人们追

---

[*] 张志荣（1960—　），男，浙江杭州人，中国水利博物馆筹建办公室主任，高级工程师；祝卫东（1970—　），男，浙江绍兴人，中国水利水电科学研究院水文水资源专业博士生，高级工程师，中国水利博物馆筹建办公室主任助理。

求依山傍水、"逐水草而居"的生活环境，一方面反映了对美好生活氛围的向往，另一方面更现实地折射出只有一个好的水环境，人类社会才得以永续发展。没有水，就没有人类，没有良好的水环境，就没有人类文明的辉煌。人类是有思维的，而正是水环境的灵性，才造就了人类的思维和聪慧，才有了社会的和谐。然而，人类社会的发展是曲折的，这是因为，在人水相处的历史进程中，水环境的发展也经历了无数的坎坷，它接受着人类社会发展的巨大影响，反过来也毫无保留地反作用于人类社会，两者的发展是辩证统一的，是共同依存的。本文以绍兴和杭州城市水环境的演变史实为基础，通过比较研究指出，水环境在城市经济社会发展过程中发挥着物质上、意识上、文化上和政治上的多元化作用。

一 绍兴城市水环境演变概述

（一）古鉴湖时代的绍兴水环境

绍兴历来被誉为鱼米之乡、文化之邦，它是历史时期水利的产物，在中国水利史上具有崇高、独特的地位。[①] 说起绍兴，便不由自主地与古鉴湖联系起来。古鉴湖是绍兴城市发展的源泉，是古代绍兴人的母亲湖。绍兴城市水环境的发展，与鉴湖的兴废有着千丝万缕的联系。

鉴湖南靠会稽山脉，山脉从东南到西北横亘绍兴境内，鉴湖之北则是宽阔的山会平原，再北则面对杭州湾。鉴湖的前身是一片沼泽遍地、河流横溢之地，自于越部落来此兴修水利后，才形成一些部落。据《越绝书·越地传第十》载，春秋战国时期，越王勾践曾筑富中大塘，塘距县20里，灌溉效益显著。此后，当勾践伐吴胜利后，封范蠡子于苦竹城。范蠡子曾

---

① 陈桥驿：《绍兴水利史概论》，《鉴湖与绍兴水利》，中国书店出版社1991年版。

在距县18里处修建灌溉陂塘，以"为民治田"，塘长一千五百三十三步，相当于5里多，也有可观的效益。从而使当时的社会经济得到了巩固和发展。这是鉴湖兴起的最原始的成因。东汉永和五年（140），由时任会稽太守的马臻主持，经过科学规划，巧妙地利用了当地山—原—海高程上的变化，在会稽山北麓依山筑塘成湖，积蓄会稽山脉诸溪之水，顺着自然地势启放湖水灌田，由此创建了鉴湖这个大型蓄水工程，鉴湖是和今安徽寿县的芍陂和河南息县以北的鸿隙陂齐名的我国古代最大的灌溉陂塘之一，它还具有防洪、航运和城市供水的综合效益。刘宋时期孔灵符所作《会稽记》是最早记载鉴湖的，鉴湖"筑塘蓄水高丈余，田又高海丈余。若水少则泄湖灌田，如水多则开（应为闭）湖泄田中水入海，所以无凶年。堤塘周回三百一十里，溉田九千顷"[1]。由此可见当时以鉴湖为主的绍兴水环境的基本情况和功能。

筑堤形成鉴湖后，要发挥适时调节的水利效益，还需要配备许多工程设施，其中主要的是湖堤和闸堰。鉴湖的堤防在湖的北面，由于筑堤抬高了湖区水位，因而湖内水面高出灌区地面丈许[2]，形成了自流灌溉的优良条件。要对湖区水量实现调配，用以灌溉、航运和防洪，需要借助堤上的斗门和堰闸。南宋庆元二年（1196）会稽县尉徐次铎所写的《复鉴湖议》对鉴湖堤防作了比较详细的记载，主要记述了湖堤、桥、堰闸、斗门等工程设施的分布和功用，反映了鉴湖作为区域性水利系统的水环境面貌和作用。

鉴湖上游来水主要来自会稽山南的若耶溪，即今之平水江。据《水经·浙江水注》记载，若耶溪"水至清，照众山倒影，窥之如画"，可见水源的含沙量不至于明显引起鉴湖的淤积，但是由于长时间的泥沙直接作用和水生植物附着泥沙和植物残枝败叶的积累，鉴湖淤积的损害到了宋代还

---

[1] 陈桥驿：《绍兴地方文献考录》，浙江人民出版社1983年版。
[2] 见南宋施宿嘉泰《会稽志·镜湖》所引《旧经》，绍兴县地方志编撰委员会1992年版。

是逐渐显现出来。湖中个别地带枯水期已经出现涸露的地面，鉴湖被人为围垦的灾难史从此开始。据记载①，鉴湖围垦开始于大中祥符年间（1008—1016），开始时只是局部小打小闹的盗湖行为，至北宋熙宁年间（1077），围垦而成的湖田面积达到900顷之多，但这时的围垦活动还是违法和隐蔽进行的，鉴湖面积损失不足总面积的1/3。虽然围湖和复湖的斗争多次反复，但总的趋势是围垦在加速进行。政和年间王仲嶷为越州太守，为了讨好荒淫无度的宋徽宗，公然以政府的名义对鉴湖实行围垦，所得湖田租税上缴皇帝私库，供皇室享用。这样一来，豪强富室更加肆无忌惮，开始了掠夺式围垦。此后的十年内，湖田面积猛增至2300顷之多。至此，鉴湖三分之二以上的面积被垦殖，水利效益丧失殆尽，而且围垦还在继续。至南宋嘉泰十五年（1215）古鉴湖的绝大部分已经被瓜分，"所余仅一衣带水耳"。

（二）后鉴湖时代的绍兴水环境

这样一座具有防洪、灌溉、航运等综合效益的水库在十年的时间里迅速废毁了，绍兴的水环境发生了急剧的退化，又来不及做出相应的调整，于是洪水、涝灾、灌溉等问题很快就暴露出来②。在此后相当长一段时间内，绍兴平原不得不逐步开展水利调整，北部平原形成了狭狭湖、白水湖等几个新的蓄水湖泊，仅能部分替代鉴湖的蓄水灌溉功能。绍兴平原的水利调整在明代嘉靖年间才基本完成。明嘉靖十六年（1537）绍兴知府汤绍恩对绍兴水利进行了重大改造，主要有两项内容。第一是开通临浦以北的碛堰，使浦阳江北出钱塘江，而不再东入钱清江（今西小江），减少了绍兴平原来水；第二是在三江口修建了三江应宿闸，"旱则闭以蓄之，田足以灌

---

① 见周魁一《古鉴湖的兴废及其历史教训》中"鉴湖围垦过程一览表"内的引用资料，载《鉴湖与绍兴水利》，中国书店出版社1991年版。
② 王十朋：《鉴湖说上》，《梅溪王先生文集》后集卷27，四部丛刊缩印本，商务印书馆1937年版。

溉；涝则启以泄之，稼不致浸淫。三邑（会稽、山阴、萧山）之民安居乐业"[1]。

新中国成立后，山区修建了平水江水库，修建了新三江闸代替老闸，绍兴水利进入了一个新的发展期。近年来，根据绍兴城市发展总体规划，为了把绍兴建设成现代化的、富有竞争力的大城市，绍兴人民掀起了水环境建设的新高潮。在确保绍兴水利防洪、灌溉、航运和生活用水等基本功能的前提下，痛定思痛，充分挖掘和梳理古代鉴湖水利文化资源，营造新的水环境。城市规划中从区域水环境整治的高度进行规划，重点突出水环境保护和划分生态功能区域，确定了鉴湖、青甸湖、狭狭湖及其附近地区为水生态保护区，作为永久绿色空间[2]，把绿色空间有机渗透到城市里面，提升整个城市的品位和竞争力。通过实施环城河道、市内河道整治并与上述水生态保护区域的水环境对接，水城绍兴焕发出了新生代魅力城市的青春活力。

二 杭州城市水环境演变概述

（一）古西湖时代的杭州水环境

杭州是享誉海内外的风景旅游城市，"上有天堂，下有苏杭"是对杭州独特魅力的真实写照，而其发展史是建立在西湖发展史的基础上的。西湖成因众说纷纭，其中"构造湖盆—潟湖—人为治理综合说"综合了自然与人为两种因素，比较符合西湖发展的历史事实[3]。西湖的南、北、西三面环山，东面是一片冲积平原。在远古时代，杭州还是一片汪洋，西湖则是钱

---

[1] 程鸣九：《三江闸务全书序》，介眉堂本。
[2] 国家电力公司华东勘测设计研究院等：《绍兴市区河道治理保护规划》，2002年8月。
[3] 阙维民：《杭州城池暨西湖历史地理图说》，浙江人民出版社2000年版。

塘江口附近的一个小小海湾。由于钱塘江挟带泥沙在江口遇海潮作用淤积于湾口，堵塞了口门，湾内形成了一个潟湖，这就是西湖雏形，已经为地质勘探证实。当时西湖以西尚有大面积湖水，甚至比外湖还要大。由于西湖诸山川流汇集，挟带的泥沙自西而东淤积，湖面缩小，这就是湖西冲积土的来源。湾口淤积逐步向东扩展，平原面积渐大，在平原东筑起捍海大塘，杭州便在这片平原上诞生[①]。西湖的名称随着西湖漫长的演变历程而变化，直到宋代苏轼的文章里才第一次出现西湖的名字，因它在杭州城的西面而得名。

西湖形成后，依然在各种自然因素和社会因素的作用下不断演变，特别是人为的作用。隋代开始，杭州成为南北大运河的终点，西湖成为向运河供水的源头之一。唐代宗时（763—779），杭州刺史李泌修建了六井，引西湖水入井作为杭州城市民用水。此后四十年，至唐穆宗长庆（821—824）初，著名诗人白居易为杭州刺史，"始筑堤捍钱塘潮，钟聚其水，溉田千顷；复浚李泌六井，民赖其汲"，他开始筑堤并把西湖水大量用于农业灌溉，灌区范围主要是钱塘（今杭州）、盐官（今海宁）一带，共灌溉田地千余顷，以江南运河为干渠，"放湖水入河，从河入田"。西湖下游，盐官以西，还有临平湖蓄水与西湖联合使用，"脱或不足，即更决临平湖添注官河，又有余矣"。白居易的西湖引水系统"北有石函南有笕"，并配备了完善的防洪与管理制度。综合而言，白居易主持的西湖工程是一个堤坝、闸涵和溢洪道俱全的人工湖，即水库，是一个纯粹由人工控制和使用的杰出水利工程。

唐代后期，西湖管理松弛，湖中葑草蔓蔽，湖的效益衰减。五代十国时设立了专业疏浚队，建设了涌金池，西湖水利又有所发展。北宋前期，

[①] 郑连弟：《西湖水利与杭州城的发展》，《水利水电科学研究院科学研究论文集》第12集《水利史》，1982年版。

西湖整治松弛，吴越所建的"撩湖兵"制度被废弃，一百余年间仅有少量修浚。至熙宁年间，陈襄主持对城市给水系统进行整修，把涌金池和六井的饮水口合并为二，各以闸门控制，其一通涌金池，其二通六井，改变了"民求水而不得"的局面，余水入运河，保障了水质和水量，但并未对西湖本身进行整治。元祐四年（1089），宋代著名文学家苏轼出任杭州知州，经过对西湖的全面考察后，他疾呼全面整治西湖，作《乞开杭州西湖状》上奏皇帝，说明西湖水利不在，杭州必将耗散，必须进行一次大规模的整治工程，主要内容包括：修造闸堰，控制湖水；疏浚湖区葑草筑堤，种植菱角筹集经费；修缮六井，扩大供水；治理西湖，引用钱塘江水并作科学的沉沙处理，改善运河给水。苏轼对西湖全面成功的治理，为西湖和杭州城市的长足发展打下了坚实的基础，南宋主要工作就是修井和疏浚运河，如乾道四年（1168）和咸淳六年（1270）进行的两次大规模修井，主要任务是扩大供水范围、加大引水量和提高水质[1]。即改造加固引水管线，建设作为净水措施的"海口子"建筑物，"于水所从分之处浚海口子以澄其源"[2]，南宋给水工程的最大进展也就是净水措施的完善。

西湖水利在南宋到了全盛时期，但是由于社会发展和人口增加，围湖造田、豪家侵占和污染湖水等新的问题出现了。南宋初"西湖冒佃侵多，葑茭蔓延，西南一带，已成平陆，而濒湖之民，每以葑草围裹，种植荷花，不已，恐数十年后，西湖遂废，将如越之鉴湖，不可复矣"[3]，"包占水池，盖造屋宇，濯秽洗马，无所不施"[4]，这些危害西湖的行为都遭到了制止，多次浚湖整修，保持了西湖的原有规模和面貌。元代至明初，西湖再现淤积、围垦和侵占引起的"繁华一去风流减，今日横堤几树鸦"等令人痛心

---

[1] 周淙：《修六井记》，《西湖志》卷1，上海古籍出版社1995年版。
[2] （宋）潜说友：《咸淳临安志》卷35，北京图书馆出版社2006年版。
[3] 周魁一：《宋史·河渠志注释》，《二十五史河渠志注释》，中国书店出版社1990年版。
[4] 吴自牧：《梦粱录》卷12，《杭州掌故丛书》，三秦出版社2004年版，第170页。

的萧索面貌。正统（1436—1449）以来，迫于权贵的势力，虽然进行了一些局部的浚湖和引水渠道整修，但都难以挽回西湖向堙废发展的可悲趋势。直至正德年间，杭州知府杨孟瑛在上疏请示获准的情况下，不畏权势，排除一切困难，一气呵成地疏浚西湖，恢复了西湖唐宋时期的风貌。这是西湖得以生存发展的一个转折点，如果没有这次整治，西湖可能从此消失。在杨孟瑛整治西湖后一直到雍正二年（1724），没有进行全面整治，局部的修缮基本难以产生大的作用，而权豪世家侵占湖面的行为又开始重演，有的甚至被官府所认可，征收赋税。由于湖区情况的持续恶化，迫使清政府做出全面整治西湖的决定。雍正二年，主管官吏提出了《请开水利，以赡民生，以裕国计》的西湖整治初步设计，阐述了西湖对城市给水和农田灌溉的重大意义，其工程任务是"浅涸者挑深，淤塞者开浚，芟除葑草，以复故址，而畅湖流"。工程实施后的成效是显著的，遗憾的是，工程没能恢复到杨孟瑛整治后的规模状况，主要原因是没能触及权贵们的要害，不敢狠下决心迫使权贵们交出被侵占的部分湖区。

（二）新西湖时代的杭州水环境

雍正以后，西湖基本上长期没有得到全面整治，在岁月的侵蚀中，到杭州解放时已经濒于淤塞。新中国成立后，党和政府非常关心西湖水环境的建设，1952年至1958年，新中国成立后首次对西湖做了全面整治。经过疏浚，湖水深度和蓄水量大大增加；经过沿湖和沿岛驳坎，西湖堤防标准得到了有效提高；设立疏浚工程处，加强了日常管理和维护，西湖得以继续发展，成为闻名海内外的游览胜地。

迈入21世纪，西湖景区的发展建设迎来了从单纯的西湖整治时代到全新的"新西湖"综合保护时代。杭州是一座有着江、河、湖、溪、海多样水体的秀水城市，随着西湖综合保护、西溪湿地综合保护、运河综合保护工程的实施，随着萧山湘湖、余杭南湖的开发，随着萧山海港的规划建设，杭州城市的发展也进入了江、河、湖、溪、海"五水共导""因水而强"并且与秀美水环境和谐共生的新时期①。特别是对新西湖的综合保护工程，挖掘弘扬了历史文化，深化培育了西湖内涵，整理拓展了西湖外延，以人为本，以水为核心，以山为背景，充分融合了人、水、山三者之间的意境，是一项"还湖于民"的民心工程，是其他水环境综合保护工程的领头羊。"十一五"时期，杭州城市发展将继续以西湖为核心，以湘湖、南湖为衬托，进一步在保护、管理、经营、研究上下功夫，实现"三湖共舞"，提升城市品位，彰显"真山真水园中城"的城市特色②，为杭州市民营造一个独一无二的具有国际品牌的"生活品质之城"。

三 绍兴与杭州城市水环境的比较研究

从鉴湖和西湖的上述演变史略来看，它们同样经历了从无到有的产生过程，也同样经历了自然和人为两种因素的综合作用。如果说它们的产生和两种因素的作用是经济社会发展进程中的必然，那么，它们一存一废的最后结局却是一种非常偶然的历史现象。对于它们所形成的绍兴和杭州城市水环境变迁的原因，很多学者已经作了认真的研究，从上述概况中也可见一斑，这里不再赘述。本文所关心的是，通过两地水环境演变的比较研究，得出水环境对于经济社会发展的各种作用，这种作用主要体现在四个方面，即水环境是经济社会发展的物质基础，是经济社会发展的和谐源泉，是经济社会发展的文化动力，是经济社会发展的政治保障。下面分别加以论述。

---

① 王国平：《以科学发展观为统领打造五水共导和谐杭州》，2006年4月15日在杭州"十一五"发展专题报告会上的讲座。
② 杭州市规划局：《杭州市城市总体规划（2001—2020年）》，2002年9月。

(一) 水环境是经济社会发展的物质基础

首先，没有水就没有人类社会，这是人所共知的。任何形式和规模的水环境设施都是因为经济社会发展的需求而逐步发展起来的，并且随着经济社会的发展而发挥着积极作用。后汉永建四年（129），绍兴山会平原实现吴（郡）会（稽郡）分治，随着经济和社会的发展，人口快速增加，水利已经成为制约山会平原发展的主要因素①。自永和五年（140）开始，在会稽郡太守马臻的主持下，历尽曲折，终于建成了东汉时期最大的人工蓄水工程——鉴湖。此后的绍兴成为沃野千里，村落遥相连接，境内无荒废之田，田无旱涝之忧的富庶之地，从此开始了持续 1000 年的鉴湖兴利繁荣历史。《宋书》的作者沈约在描绘绍兴地区经济发达景象时说："会土带海傍湖，良畴亦数十万顷，膏腴上地，亩值一金，户、杜之间不能比也。""带海傍湖"说明了当时绍兴与湖海水环境相伴的地理位置，从而才有了大面积"良畴"，由此使得绍兴富甲天下。一句话里表述了三方面的意思，层次分明，逻辑关系明确，充分表达了作者对绍兴水环境在经济社会发展中绝对作用的肯定。西湖的兴起也是从南北大运河供水需求和杭州城市供水需要而开始的。由于当时杭州地处江海边缘的淤积层上，水味苦恶，便引西湖水供民用，湖水来源于环湖诸山的集水和湖底泉水，成为杭州城市发展的保证，此后湖与城互相依存，成为不可分割的整体，使杭州城市发展的光辉绵延至今，人们说起杭州便言西湖，说起西湖便是杭州。毋庸置疑，两座城市在历史的洗礼中脱颖而出，完全是由于各具特色和不同时期城市水环境滋润下促成的，否则，可能还只是默默无闻的两个普通城市。

其次，破坏水环境往往会立刻遭到自然的报复，得不偿失。在鉴湖的发展过程中，我们可以非常明显地得出这一结论。古鉴湖遭围垦废弃后的

---

① 陈桥驿：《古代绍兴地区天然森林的破坏及其对农业的影响》，《地理学报》1965 年第 2 期。

南宋绍兴十八年（1148），越州之地突发大水，由于失去了鉴湖的防洪调蓄能力，洪水猛然泄往下游，直接威胁州城安全。"假令他日废湖不止于今，而大水甚于往岁，则其危害当如何？"① 虽然最后绍兴城市由于其他水利设施的暂时作用而没有毁损，但是绍兴北部平原的积水涝灾，田失灌溉，官失常赋，人民流徙，给经济社会带来了严重危害。已有研究结果表明②，南宋143年的水灾频率是北宋166年的5倍，而旱灾更是达到了12倍之多。此后元代和明代修建了一些水利设施，水旱灾害才有所缓解。这些客观的历史数据无可辩驳地反映了鉴湖围垦的严重后果。围垦的所得和所失，研究者有不同的论调。从客观的角度来说，围垦诚然一时增加了湖田面积和税收，但它对于整个水环境破坏带来的生态、社会、经济上的总体损失却远远不是急功近利的区区粮产和赋税所能补偿的。南宋庆元二年（1196），徐次铎说："湖田之上供，岁不过五万余石，两县岁一旱，其所赈济劝分，殆不啻十余万石，其得失多寡盖已相绝矣。"③ 这是最基本最原始的得失统计，何况乎长远。西湖围垦也经历了这样一个曲折，杨孟瑛整治西湖后，豪家占湖现象再次抬头，有的甚至被官府承认并且征收赋税，这些赋税"为官民利益者甚微，而所损于三县民者实不止于巨万"④，就是对围垦得失的历史评价。上述得失仅仅是物质上的评述，从社会全面发展的角度来看，其无形的负面影响又岂止于此？！

此外，水环境遭受破坏甚至废毁的后果是不可逆转的。因经济社会发展的需要，水环境遭受破坏后不得不重新进行调整，由于水环境建设的系统性、复杂性、艰巨性，这种调整往往需要经历相当长的时间才能整合完

---

① 王十朋：《鉴湖说上》，《梅溪王先生文集》后集卷27，四部丛刊缩印本，商务印书馆1937年版。
② 邱志荣：《马臻与鉴湖》，《历史的探索与研究》，黄河水利出版社2006年版。
③ 徐次铎：《复鉴湖议》，嘉泰《会稽志》卷13及有关方志。
④ 觉罗满保、黄叔琳：《请开水利以赡民生以裕国计》，《西湖志》卷2，上海古籍出版社1995年版。

成，才能重新为经济社会的良性发展提供原动力。水环境的调整本身就需要在人力、物力和财力上付出沉重的代价，加之由于调整期间经济社会发展的必然滞缓性，即使调整最终得以完成，然而从历史的角度来说，其间的损失是不可逆转、不可平复的。这种损失很难仅仅用实物来衡量，但是横向和纵向的负面辐射是客观的、必然的。鉴湖因为围垦而基本丧失了调蓄能力，导致本区水旱灾害急剧增加，后来历经500年时间的调整，至明嘉靖年间改道西子江、兴江三江闸，才又有了新的水利格局。这500年在历史的长河中可能只是一瞬间的事情，但是其给经济社会发展带来的累积影响绝不只是500年的数字，如果按照银行复利计算法来推算，我们可能会更加审慎地对待每一项水利工程建设。可以这么说，如果不是因为鉴湖的废毁，如果鉴湖的命运能够和杭州西湖一样延续下来，那么，绍兴经济社会的综合竞争力早已上了一个更高的台阶。诚然，历史是没有假如的，也不可能重来，可是历史的教训却没有理由不让我们深刻感悟自然的报复力。

（二）水环境是经济社会发展的和谐源泉

一方水土养一方人，独特的地理条件和良好的水环境特征是人们安居乐业的基本生存需求。传说中的世外桃源"土地平旷，屋舍俨然，有良田美池桑竹之属。阡陌交通，鸡犬相闻。其中往来种作，男女衣着，悉如外人。黄发垂髫，并怡然自乐"，那份平静、安逸与和美来自"良田""美池""桑竹"营造的悠然水环境，正是世世代代人们向往的乐土。古越绍兴民风淳朴，路不拾遗，是饱经了鉴湖为核心的水环境浸染而使然，绝不是一个皇帝、一番说教或者一场政治运动所能够缔造的。清代乾隆年间的《越中杂识》一书曾评价鉴湖的作用为"向为潮汐往来之处，自马太守筑坝筑塘之后，始成乐土"，简单的"乐土"两个字，一方面反映了鉴湖的历史作用，另一方面更让人浮想联翩，描绘出了当时绍兴人民在鉴湖水系养育下美满和谐的生活场景。人与自然和谐是经济社会高度发展的必然要求，水环境好了，人与自然和谐了，人民才能和谐美满，经济社会才得以繁荣，这也是古鉴湖时代绍兴一千多年经久不衰，成为当时富庶一方的风水宝地之原因。与其形成强烈对照的是，鉴湖遭受围垦废毁后"田失灌溉，官失常赋，人民流徙"所带来的萧条索然和民间疾苦，这样的社会，人民怎么可能和谐美满？

说到水环境对和谐社会创建的作用，古往今来杭州人的幸福感给了世人最好的答案。2007年2月15日《瞭望东方周刊》公布数据显示，最新的中国城市幸福度排名中，杭州再次名列第一，第三次折桂。该项调查是由知名幸福学研究者、美国芝加哥大学商学院终身教授奚恺元与新华社主办的新闻杂志《瞭望东方周刊》多次合作开展的，旨在通过调查为政府的城市规划作应有的参考。那么，杭州人的幸福感来自哪里？调查结果反映，杭州人在自然环境、建筑美观、生活便利、文明、近年发展等8个具体方面的幸福度均进入了前十位，这是很不容易的。杭州是一座美丽的旅游城市，它的魅力来自西湖，来自西湖的历史和文化。"江南忆，最忆是杭州""未能抛得杭州去，一半勾留是此湖"，连古人都深深陶醉于拥有西湖山水的幸福中，今人又岂能不为所动？世界上像杭州这样"城市在自然山水中，山水在城市中"的都市是不多的，谁可与西湖山水媲美？谁又能享有"人间天堂"之美誉？看着杭州城自己的子民徜徉于西湖山水间的那份满足和悠然，目睹国内外游客流连于西湖山水边的那种赞叹和嫉妒，西湖水环境在杭州人的幸福中占有多大比重，就了然于心了。

（三）水环境是经济社会发展的文化动力

文化是抽象的，看不见摸不着，需要感受；文化又是具体的，存在于各种形式的人、事、物中，可以提炼。经济社会的发展与文化是水乳交融的，经济持续快速协调健康发展和社会全面进步都伴随着文化历史的激励和现代文化的冲击，离不开与人口、资源、环境相协调，首要的是与人们生产生活赖以存在的水环境相协调。翻开古代绍兴和杭州发展史,在鉴湖和西湖水环境里繁衍出来的文化魅力为当时当地的繁荣做出了不可磨灭的贡献。绍兴在吴越历史上有这样一个故事:忠诚于越国的文种大夫屈死,越人哀之,葬之重山。后一年,伍子胥"从海上负种俱去,游夫江海。故潮水之前扬波者伍子胥,后重水者大夫种"[1]。故事主要是描述当时这一带的潮汐情况,但是人们使用这种带神话色彩的水文化篇章来纪实水环境并表达一种寄托之情,是古越文化得以兴旺和经济社会发展的最朴素的推动力。绍兴的地域文化从大禹治水的传说就已开始,都是围绕着水而前行的,直至后来的古鉴湖时期也是在兴湖、废湖和复湖的曲折中发展。有了这样一个冲破云霄的大禹传说,有了这样一场流淌千年的鉴湖风云,绍兴历来便因其瞩目的文化焦点而早早地被载入史册,由此也为绍兴经济社会最终大发展做出了贡献。

战略地说,水环境带来的文化财富是良性的,恒久的,如果这种水环境和相应的水文化能够永续并存,"双剑合璧",其利无穷。鉴湖废毁后,虽然绍兴水利环境经过努力进行了调整,但是原本意义上的鉴湖基本不复存在[2]。诚然,很多时候文化是对业已逝去的美好事物的追忆,但那是迫不得已的补救,并非人们的原意。就像现在对鉴湖水环境水文化的研究、保护和发扬,那是不得不采取的亡羊补牢之举,最多只能算是一种不该消失而已经消失的千古遗憾之美,鉴湖废毁后的绍兴文化绝不会是鉴湖水环境存在至今的绍兴文化,绍兴的经济社会发展亦然。相比于绍兴,杭州是幸运的,因为西湖水环境及其水文化在历史的尘埃中最终顽强地挺进,至今活力四射,为杭州的发展保驾护航。西湖水文化几乎贯穿了整个杭州发展史,在最初作为杭州城市发展用水需要的基础上,逐渐延伸到风景文化建

---

[1] (北魏)郦道元原注:《水经注》卷40《浙江水》,浙江古籍出版社2001年版,第621页。
[2] 陈谅闻:《鉴湖形成、演变及其水资源的利用问题》,《鉴湖与绍兴水利》,中国书店出版社1991年版。

设需要,经过吴越时的大发展,北宋继续,南宋到达高峰和完善①,直至今天,最终确立了其开放式休闲文化景观效益的重要地位。著名的"西湖十景"文化就是西湖历史发展的产物,进而启蒙了当代形成的"西湖新十景"文化。"山外青山楼外楼,西湖歌舞几时休?暖风熏得游人醉,直把杭州作汴州。"撇除其中的政治色彩,南宋时西湖水环境及其水文化发展的盛况一览无余,社会经济空前发展的面貌跃然字里行间。走进今天,西湖作为历史时期的水利工程已经基本完成了使命,但是它依然现身说法奉献着其丰富的历史文化内涵和人文景观魅力。杭州的发展可以通过调整各种产业结构和比重来实现整体飞跃,但是西湖宝贵的水文化遗产资源和新的自然环境与文化形象依然是其主要的经济支柱。杭州自古接受着西湖的滋润,西湖山水环境及其孕育出来的水文化也将永远是这个城市魅力的象征。

(四) 水环境是经济社会发展的政治保障

中华民族的历史就是一部水利发展史,这一点可能和世界上其他国家不一样。历代治国,首要的事情就是治水,把水治好了,社会才能稳定,国家才能发展。如上所述,古代鉴湖和西湖建成后,百姓安居乐业,这是当时绍兴和杭州稳定繁荣的基本条件。我国历史上发生的农民起义、国家战争等历史事件,很多是因为水环境毁坏带来的生存问题或者为了争夺水域而引起的争端,这在中华民族的母亲河黄河的历史沧桑中可以找到许多不争的史实。水环境是国家权力稳定的最基本政治保障,回头看鉴湖和西湖的历史,水环境的兴废状况总是和国家的政治局面紧密相关的。为了满足荒淫无度的宋王朝统治者的一己私欲,地方政

---

① 郑连弟:《西湖水利与杭州城的发展》,《水利水电科学研究院科学研究论文集》第12集《水利史》,1982年版。

府竟然公开以政府名义对湖区展开掠夺式的围垦，用毁湖得到的田地赋税收入来供皇室享用，这或许就是宋皇朝走向灭亡的开始，是大自然对其实施的冥冥中的报复。可悲的是，在湖毁水去的痛心局面下，皇帝居然把这一责任推给"亲旧权势之家"[1]，这种劣根性也注定了其最终走向衰败的命运。由于地方政府急功近利式的腐败和一味地向权贵妥协，鉴湖很快毁废了，而西湖则因为有了杨孟瑛这样的不畏权势、为民请命、甘为公仆的廉洁之士，最终渡过了难关，得以保存下来。本次全国城市幸福度调查中，杭州人"对自己城市的官员最满意"，这不仅是因为杭州城市公务员具备良好的综合素质和处事能力，更重要的是，他们想人民所想，"还湖于民""为民兴湖"，在人民心目中留下了美好的印象，为杭州经济社会进一步快速发展奠定了基础。这种"杭州模式"是其他城市规划、建设和管理中值得借鉴的。

四 结 语

历史是残酷的，过去发生的事情不可能改写，但是可以追溯，现代人们必须认真地研究历史，从历史的烟云中整理出经验和教训，让既有的财富继续发扬光大，让逝去的悲剧不再重演。鉴湖和西湖水环境发展的不同历程和结局辩证地告诉我们，人是属于自然的，我们所做的一切必须要适应自然的变迁，即使有必要在合理范围内修复自然变迁留下的一些伤痕，也不能忘记必须时刻维护自然的尊严，而不能肆意掠夺自然资源。任何急功近利或者一饱私欲的破坏行为终将受到无情的惩罚。我们说水环境是有"灵性"的，也就是自然的"灵性"，经济社会的一切发展都离不开水环境，离不开实事求是地研究"自然心理学"，从根本上去关爱自然关爱水。人与

---

[1] （清）徐松：《宋会要辑稿》1 之 33《食货》，中华书局 1987 年版。

自然的和谐发展,并不在于人们按照自己的主观臆想彻头彻尾地把自然改造成自己的奴隶,而是应该用人类所掌握的先进科技和对自然的感悟力去为自然演变保驾护航,从而反哺于人类自身的良性发展。

(原文刊登于《绍兴文理学院学报》2007年第4期)

论民俗对于建设绍兴文化水乡的价值

仲富兰　何华湘[*]

摘　要：本文在对"水乡"文化内涵分析时提出了"地理水乡"和"文化水乡"的概念，并指出地理水乡是客观前提，文化水乡是地理水乡的结晶与升华，从而提出水与民俗的关系及其对于建设绍兴文化水乡的价值问题。"水乡"已成为美好生态的代名词，象征着自然生态的和人文生态的和谐，人们对"水乡"的"期待视野"内在地包含了对乡土风俗的遐想与神往。

关键词：水乡文化；绍兴民俗；文化建构

一　水的内涵与人文价值

绍兴民俗最重要的特点，是纵横交错的河湖港汊和充满生机的水乡风情，正是与水的不解之缘，构成绍兴民俗的重要"底色"。本文首先就从"水"与水乡民俗的关系谈起。

---

[*] 仲富兰（1950—　），男，上海人，华东师范大学传播学院教授，博士生导师，上海市民俗文化学会会长；何华湘（1979—　），女，湖南道县人，温州大学民俗学硕士，华东师范大学传播学院在读博士生。

水是万物之母，生命之源，这一点在我国浩瀚的典籍中，可谓耳熟能详。水是人类得以生存与进行文化创造的最宝贵的物质资源。因其作为人类生活的重要资源，特别是早期农业生产需要大量水进行灌溉，人类文明的起源大多在大河流域，如尼罗河流域的古埃及文明，两河流域的巴比伦文明以及长江黄河流域的中华文明等。由于水对人类社会生活的极端重要性，因此形成了一些专门与水有关的研究领域，如水力学、水文学等。在人类文明的童年时代，人们开始探讨世界各种事物的组成或者分类，水就在世界本原诸要素中充当了重要角色。翻开中外哲人的论述，都对水进行了充分的阐释：古希腊哲学家泰勒斯认为水是万物的本源；其后恩培多克勒（Empedocles）又提出四元素说，认为世界由"气、水、火、土"四种元素组成，水是其中之一。古印度哲学家也提出了"地、水、火、风、气"的五大概念，后来在佛教中演化为"地、水、火、风"四大元素的说法。中国古代春秋战国时期的哲学家提出了五行学说，认为把宇宙间的事物分别归属于水、火、木、金、土五种基本的类别，水在五行中占有一席之地，代表润化、生机、财富等意义。

也许是水可以荡涤污秽、洁净万物，在东西方宗教中，水往往被认为能洗净人身体及灵魂上的罪恶。圣经旧约记载，创世之初上帝为了人类的罪恶以洪水灭世，在新约之中，耶稣本身受过洗者若翰的洗礼，后来基督徒是经由受洗礼进入教会，福音中记载耶稣行过许多与水有关的奇迹，在迦纳的一场婚宴中，他将水变成酒，此外还在水面上行走。天主教的圣水被认为能涤净罪愆，某些圣地的泉水被认为可以治病。"在东方宗教之中，印度教的传统是人的一生中必须到瓦拉纳西以恒河之水沐浴一次，洗净一身的罪恶。在更东方的中国，大乘佛教中的观世音菩萨的形象是手托柳枝净瓶，普施甘霖；道教之中，则有以符灰泡水供人饮用以治病的习俗；风水之术则认为一切物体方位对于运势均有影响，水就是影响环境的因素之一。"① 由于水对生命的重要意义以及它的独特禀性,在文学、神话、民俗和艺术等文化领域中,经常会出现带有特殊寓意的水的形象和借代。在中国民俗文化中,水,更是作为民俗的表征,具有异常丰富的内涵。

水作为阴柔的表征。通常有"似水柔情"一说,常常不是代表血性男儿,而是意指女性的柔情。民俗中还常用水来形容月光,说"如水的月光,泼洒在大地上",那是因为月光和水有着同样温情柔媚的品性。

水作为洁净的象征,在形容纯净的时候我们也常常会想到水。坊间常常有"以水为净"的说法,文人骚客则在修辞中常常用水的清澈、透明来形容人品的清纯。水在这里无疑是洁净的象征:洁净的水,总给人带来一种安宁、纯净和祥和之感,带来一片纯洁、安详、柔静的温情。几千年以来,水的阴柔与纯净构成了中国文化中一个重要的人格审美趋向。

水又是流动、变化的象征,故《孙子兵法》中有"兵无常势,水无常形"的说法,用兵的方法如此,世上万物哪一个不是如此呢?"子在川上曰:'逝者如斯夫,不舍昼夜。'"(《论语·子罕》)不变就不能前进,不动就没有生命。中国的哲人还有许多这样的至理名言:"流水不腐,户枢不蠹""问渠哪得清如许,为有源头活水来"。生命需要运动,需要变化。没有运动和变化,生命力就会枯竭。一个人的生命活力,其重要一点在于求变,在于摆脱惰性。所以,人们崇尚那些不被惰性拖住,像水一样日夜流动的品格。然而,既是像水一样流动、变化,却又是水流千遭归大海,目标始终如一。在具体的行动上,又像水一样进退自如,灵活求变。这难道不正是中国哲学的最基本的体现吗?

据史书记载,中华民族的人文初祖——黄帝和炎帝就分别出生和逝世于长江与黄河流域,并居住在姜水和姬水一带。考古工作者在黄河之支流

---

① 敏歌:《宗教与水》,http://blog.sina.com.cn/s/blog_4ac72e14010009tp.html,2007年3月25日。

河道两岸发掘出众多的原始村落遗址,像闻名遐迩的裴李岗—磁山文化和稍晚期的仰韶与龙山文化等群落。从这些文化遗址中就出土了大量与水或水生物有关的陶纹图案①,充分表现出我们的先人在渔猎采集时代的社会生活中与水须臾不可分离的情景。正如管子所说:"水仍万物之本原也,诗生之宗室也。美恶贤不肖,愚俊之所产也。"(《管子·水地》)"水者,地之血气,如丽脉之流通也……集于草木,根得其度;华得其数,实得其量;鸟兽得之,形体肥大,羽毛丰茂,明文明著;万物莫不尽其几,反其常者,水之内度适也。"(《管子·度地》)不言而喻,在远古时期曾产生的鱼龙原始图腾正是人与水的这种依恋纽带情结在原始社会的精神活动中的升华表征。我们从"上善若水。水善利万物而不争,处众人之所恶,故几于道。居善地,心善渊,与善仁,言善信,正善治,事善能,动善时,夫唯不争,故无尤"(《老子·八章》)等与水有关的论述中,可以看出对水性的认识已深深地融入人们的自然时空观和处世哲理中去了。

中华民族"滴水穿石"②的精神表述,就是推崇一种坚忍不拔的奋斗精神,以百折不挠的水滴一般的韧性,去凿开顽石,开创生活的道路。"大禹治水"是为中国人所推崇与敬仰的传说,在那个时代,没有火药,不可能把大山炸出一条江流。但通过分流、导引以及水本身的力量,就是水流"不舍昼夜"的冲刷,才像刀一样劈开青山,向前流淌。人们从中可以感受到水流的伟大力量——一种韧性的震撼力。人们把这种自然的力量引入人格,化为一种健康、进取、锲而不舍的人格象征,构成了全人类文化空间中另一个以水为范的人格审美趋向。

中国还有些与水有关的俗话:"水火无情""洪水猛兽"等。指的是水

---

① 如陕西宝鸡北首岭的《水鸟啄鱼》、临潼姜寨的《双鱼单蛙》、西安半坡的《人面鱼纹》和陕县底沟的《鱼形》彩绘等。

② 这句话最早出现在《汉书·枚乘传》。枚乘是西汉文学家,汉赋《七发》最为有名。他在一篇文章中说:"泰山之溜穿石,单极之绠断干。"后来就演变成了"水滴石穿,绳锯木断"。

一方面能给人类生存和繁衍带来巨大利益，另一方面也会如同烈火或猛兽一样，给人类造成巨大的灾难。中国诸多的神话作品，记录了我们的先民与滔滔洪水做斗争的史迹。"当尧之时，天下犹未平也，洪水横流，泛滥于天下"（《孟子·滕文公上》），神话传说中的人类始祖伏羲和女娲就是在洪水为患威胁人类生存之危急关头，才由兄妹匹配为夫妻以延续人间香火的。从女娲、鲧、舜、禹的治水史迹可以看出，东方和西方一样，曾长期多次出现过大规模洪水灾害①。在中国历史上，从汗牛充栋的对水研究的专著中，如战国时代的《禹贡》、汉魏时期的《水经》以及晋代郦道元的《水经注》等，以及存于经史子集的诸多文献史料中，人们可以看出水利与水害在世俗生活中所遗留的深深痕迹。撰作《史记》的伟大史学家司马迁曾经发出"甚哉！水之为利害也"（《史记·河渠书》）的感慨，就是有力的佐证。正是在与水患的艰难奋斗中，人类才增长了对自然的认识和抗衡的能力而步入文明时代，才出现了"（大）禹疏九河，通济、漯而注诸海，决汝汉，排淮泗而注于江"（《孟子·滕文公上》）的伟大壮举。这就是史称的"禹迹"。对于大禹治水以及中华民族历史上的治水英雄，历史已经做出了很高的评价，这方面的记载可谓史不绝书。

二 绍兴水乡的地理与民俗特质

古城绍兴与水的历史可谓源远流长，千百年来，鉴湖、富中大塘、吴塘、西兴运河、玉山闸、山会海塘、芝塘湖、麻溪坝、扁拖坝、三江闸、嵩坝清水闸、河湖整治、马山闸、新三江闸、海涂围垦、平水江水库等许多蔚为可观的水利工程记载了令人惊叹的历史佳绩；一大批与"治水"相关的能人志士，如大禹、范蠡、马臻、贺循、皇甫政、赵彦、彭谊、戴琥、

---

① 闻一多先生在其《伏羲考》一书中就列举了40多种关于这场洪水灾难的传说。

南大吉、汤绍恩、萧良干、刘宗周、俞聊等更是前仆后继，闪耀着夺目的光彩；一大批珍贵的水利专著，如《越绝书》《会稽记》《鉴湖说》《越中山脉水利形势记》《水利考》《复鉴湖议》《闸务全书》《天乐水利议略》等著述，丰富了中华民族的历史宝库和治水理论；无论是"会稽大禹庙碑"还是"修汉太守马君庙记"，无论是"山会水则碑""戴琥水利碑"，还是"新建三江塘闸碑记""重浚三江闸碑记""山阴海塘碑记"等，无不诉说着绍兴人与水相亲而又与水患抗争的历史。水，孕育着一代又一代的越地苍生，同时，也浇灌和滋养着越地的民俗与文化。

绍兴以典型的江南水乡风光著称于世，稽山鉴水，钟灵毓秀。"千岩竞秀，万壑争流"的会稽山，"人在镜中，舟行画里"的鉴湖……构成了令人神往的水乡自然景观。绍兴城内外河网密布，大小河流长1900公里，桥梁4000余座，自古有水乡、桥乡之称。已故著名建筑大师陈从周教授曾经有"万古名桥出越州"（陈从周《山湖处处·续越州吟》）的名句，可谓准确地概括了绍兴地理风貌的特点。有了桥，河流纵横的绍兴水乡就形成了一个整体，构成了绍兴独特的水巷风貌，造就出江南文化中典型的"小桥、流水、人家"的优美风光。人们居在水畔，行在水上，出门行路不是舟楫就是桥梁，生产、贸易、饮食等无不受此影响。不仅如此，水乡地貌对城市的规划建设与军事防御也产生了重大影响。据记载，清代绍兴城内共设城门9座，其中7座就为水门。这是因地制宜的结果，一方面可见河道确实在绍兴地理上占据着重要的地位，另一方面可见人们对自然环境的尊重与依赖。

然而，无论"小桥、流水、人家"也好，水门也好，它们反映的只是地理意义上的水乡。山再高，有仙才名；水再多，有龙才灵。纯粹的水，如果没有人的精神的灌注，纵是汪洋也只能作画布上的铺衬。教人"心向往之"的水乡，还须是充盈着人的生气、跳脱着人的性灵的水乡，换言之，它须是文化的水乡。"越女新妆出镜心"（张籍《酬朱庆馀诗》），这是唐代诗人张籍对越州人朱庆馀的评语,今天看来,恰似对水乡绍兴的生动写照,经受了多个朝代的风雨后仍然不失其明艳的姿容和优雅的气质。绍兴作为古越文化的发祥地和中心,能历久不衰,与其水乡的身份不无关系。早在新石器时代,这块土地上就有人类的生息繁衍。可以毫不夸张地说,五千年的中华文明史,绍兴都有着与之对应的文化遗存,从舜禹遗迹、越国古址、秦汉碑刻、唐宋摩崖到明清故居可谓应有尽有。据有关专家考证,"绍兴古运河即山阴古水道,是杭甬运河(浙东古运河)的重要部分,是我国有史记载的先秦古运河之一。在从杭州到宁波的100多公里长的古运河中,绍兴古运河是其中闪亮的明珠,是浙东古运河的核心"[1]。绍兴县和市区的古运河长14.5公里,市区古运河长6公里左右。这里有全国重点文物保护单位古纤道、八字桥,还有东湖、太平桥、绍兴古城河、古鉴湖等。沿河两岸文化遗存十分丰富,沿途黄酒飘香,乌篷悠悠,古街古巷,风情独特。水道的纵横交错,使绍兴文化内涵丰富,城市个性清晰,她所容纳的"三乌文化""酒文化""桥文化""兰文化""石文化""戏曲文化""名士文化""宗教文化"等,已经构成具有绍兴地域特色的系列文化。水乡的地理风貌为绍兴的民俗风貌涂上了个性鲜明的一抹亮色。

自古以来,对文化的尊崇就是对人性和智慧的尊崇,对文化的追求就是对更高境界的人性和智慧的追求。诚然,关于民俗文化[2]的价值早已是众所周知,文化的魅力也日益凸显。当前,不少水乡就在挖掘地方历史文化底蕴,积极建设"文化水乡"。江苏的周庄、广东的杏坛……都是中国著名的水乡,并且获得中国首批"历史文化名镇"的称号,拥有深厚的文化积淀,但他们都没有坐享前人的"文化遗产",而是予以积极的保护和发扬。当地政府一方面治理当地的水资源,保护水乡风光,一方面加大社区文化

---

[1] 周能兵:《古河运申遗:绍兴应争取搭上车》,2007年5月14日,绍兴政府网(http://blog.shaoxing.com.cn/index.php/2651/viewspace-1295.html)。

[2] 参阅仲富兰《中国民俗文化学导论》(修订版),上海辞书出版社2007年版。

建设的力度，将深厚的民间文化寓于丰富多彩的社区活动，在现实生活中展现文化水乡的风采。

同是水乡，与周庄和杏坛相比，绍兴有其得天独厚的文化资源。著名的绍兴"三乌"——乌干菜、乌毡帽、乌篷船，绍剧，黄酒，社戏，还有数不胜数的人文景观，令绍兴当之无愧地获得首批"历史文化名城"的荣誉。今天的绍兴，也没有辜负历史带给她的荣耀，一年一度的兰亭书法节、公祭大禹、黄酒节、安昌腊月风情节等文化活动都为古城绍兴注入新的活力，使其文化积淀在当今时代焕发出新的光彩。无论中外，当人们提到水乡绍兴，无不在脑海里浮现出社戏和乌篷船、越剧和老酒、兰亭和沈园等概念。民俗特色，就是绍兴声名远播和吸引八方人士近悦远来的巨大磁力。

无论是水乡之"水"，还是水乡之"乡"，都与中国传统文化和民众情感息息相关。数千年来，人们赋予"水"和"乡"的含义已远远超出其字面意义，实际上，"水乡"一词，已经糅合了人们特定的情感和心境，隐含着对一种理想文化的体认和呼唤——这种文化，有别于嘈杂纷纭的都市喧嚣，有别于辽阔粗犷的大漠孤烟，也有别于匆匆碌碌的市井生活——这是一种天人和谐的居住文化。毋宁说，人们对水乡的向往，对水乡的眷恋，其实是出于对这种居住文化的认同与追寻。人惯于以自身作为万物的尺度，对环境的评判理所当然是从人类自身的感官认知、生活习性、文化模式、历史经验等以人为中心的因素出发。人是文化的产物，人所欲求的水乡必然是为文化所限定的水乡，也就是说，水乡，只要它在人们的脑海里代表一定的意义，那它必然就具有文化的品格。水乡的完整含义，就是其地理意义与文化意义的有机结合。对文化水乡的强调，是为了突出水乡的文化内涵，在千篇一律的"东方威尼斯"风光里展示出独特的形象。不同的水乡，之所以显出不同的特色，在很大程度上就是因为文化的百花争艳、各有千秋。因此，不管是绍兴，还是周庄、杏坛，或是其他各地的水乡，都想方设法突出自己的文化特色，走"文化水乡"的路线。

三 绍兴水乡民俗的鲜明特色

地域文化的特色，最直接地表现为民俗风情。民俗是长期以来土生土长的民间生活文化，是祖祖辈辈沿袭下来并继续为老百姓享用的生活模式，铭刻着当地民众物质生活和精神生活的特征。水乡的特色文化实际上就是民俗文化。绍兴水乡之所以被认同为文化水乡，是因为绍兴的千年积淀如同绍兴的老酒历久弥香，是因为其"小桥流水"仍然洋溢着活泼泼的人文气韵。绍兴水乡之所以被识别为独特的"绍兴"水乡而非其他的水乡，则是因为绍兴独特的民俗文化，是"此物只应绍兴有"的乌篷船、绍兴酒、绍兴社戏、绍剧与越剧、绍兴师爷等，这些民俗事象共同构成了与众不同的绍兴水乡文化。

乌篷船是绍兴水乡的一大特色，它与白篷船都是旧时绍兴的水上交通工具，只不过白篷船是夜间航行的。乌篷船历史之悠久至少可追溯到南宋，陆游曾有"轻舟八尺，低篷三扇，占断苹洲烟雨"（陆游《鹊桥仙》）的句子，说的就是绍兴的乌篷船。乌篷船有大有小，种类很多。大的可坐二三十人，是"埠船"；小的就如"轻舟八尺"所言，是脚划船，因船体前进主要靠脚蹬桨而得名。乌篷船的船头大多雕有"螭首"，为的是吓唬兴风作浪的水族，保佑船只平安。周作人的散文《乌篷船》对此作了这样的描述："船头着眉目，状如老虎，但似在微笑，颇滑稽而不可怕……"[①] 看上去倒成了增添情调的艺术加工了，这与船夫一边划水前进一边呷黄酒嚼茴香豆的悠然神态却是十分相符。既是交通工具，就免不了同时也附带着成为人际沟通、信息集散的传播工具。埠船一般行驶缓慢，人员集中，而船舱空间相对狭小，因此在时间上和空间上都为乘客提供了谈天说地的便利条件。

---

① 周作人：《周作人散文》（插图珍藏版），人民文学出版社2005年版。

在悠闲的水上旅途中，人们可以自由交流各自的所见所闻，从国家大事到家长里短，无所顾忌。各种各样的信息也就随着船只的迎来送往而传播到四面八方。

水乡船多，船只不仅承担着交通和传播的任务，甚至还承载着人们的生产和生活。每年春天，绍兴农家都要开荡罱泥。届时，家家户户划着农船驶入湖荡，将水底的有机腐殖质罱到船上，再运到岸上肥田，绍兴农谚"人要桂圆枣子，田要河泥草子"反映的就是这一习俗。绍兴农田历来是宁绍平原的著名粮仓，显然，乌篷船功不可没。对于长期生活在船上的渔民和戏班演员而言，乌篷船尤为重要（也有的是白篷船）。他们吃在船上，住在船上，遵守一定的习俗和独特的水上禁忌，乌篷船就是他们水上的家，是他们生活文化的参与者和见证者。

黄酒是乌篷船上离不开的一样东西，也是绍兴人引以为豪的特产。绍兴自古有"酒乡"之名，从越国至今，有文字记载的黄酒历史超过2500年，与酒有关的历史典故、因酒而生的艺术佳作不计其数。黄酒是中国独有的品种，堪称中国国粹。而绍兴黄酒在中国黄酒中又可谓一枝独秀，在康熙《会稽县志》中有"越酒行天下"的记载，在现当代的影视作品里也常常可见"绍兴老酒"的幌子。1995年，江泽民视察绍兴时，曾题下"中国黄酒天下一绝"的赞语，充分肯定了绍兴酒的地位和品质。绍兴酒不仅在饮用、保健、制药、烹饪等多个领域大显身手，还彻底融入了绍兴的水乡文化。绍兴酒是用糯米做的黄酒，酿出来的酒香浓馥郁，味道醇厚，然而，其度数虽低，后劲却大，不容轻视，饮用时不能不倍加小心。酒能养人，不仅养身，还养心性。独特的绍兴酒也养成了绍兴人独特的气质。绍兴自古是鱼米之乡，人民安居乐业，勤劳淳朴，具有江南水乡的温和性格，然而其恭肃的外表下还藏着刚硬的骨气和火烈的激情，在关键的时刻往往厚积薄发，一鸣惊人。越王勾践，硬汉鲁迅，以及众多以他们为代表的名人志士，都体现了这种水与火交融互补的品格气质。尤其是在"貂裘换酒"

的秋瑾那里，酒与人共酣，水与火相融，阴柔与阳刚并济，铸造了惊天地泣鬼神的一代女侠。

黄酒浇铸了绍兴人的心性，也滋润了绍兴人的情感，在绍兴的民俗生活中占有重要的一席之地。在祭祀中，酒是不可或缺的东西，人们用它来酬谢天地、讨好神灵、驱赶邪祟、怜恤孤魂野鬼、供飨祖先亡灵。在这里，酒作为一种神物，被用来沟通天地、人神、生死。在绍兴民俗中，酒还被用来沟通人际关系，表达心意，抒发情感、寄托愿望。例如，调解纠纷的和解酒，答礼报恩的谢情酒，结盟议事的歃血酒，起屋造房的上梁酒等。至于人生仪礼和岁时节日中的各种酒俗更是花样繁多，其中最为著名的当数女贞酒。女贞酒又名女儿酒、女儿红，是绍兴民间秘酿家藏的老酒。过去，绍兴人家但凡生了女儿，都会酿几坛老酒，并在酒坛上绘上美好吉祥的图案字样，泥封窖藏，等女儿长大出嫁那天拿出来用作陪嫁，款待宾客，谓之"女儿红"。若是生男孩酿的酒，则叫"状元红"。后因酒坛雕饰甚美，又有"花雕"之称。女儿酒不仅是绍兴婚俗的一部分，还寄托着长辈对后辈的呵护，传递着对人生的美好祝愿。此外，女贞酒之得名还蕴含着传统的道德观念，与人生礼仪结合在一起，体现了旧时人们对封建礼教和伦理秩序的重视和维护。

在绍兴，黄酒已经不纯然是酒。在绍兴酒里面，还流淌着人们的生活态度、价值观念、情感渴求。如果说"水为酒之血"，没有鉴湖水就没有绍兴酒，那么，也可以说"酒为水之灵"，绍兴酒正是绍兴水乡的灵气之所钟，而与酒有关的各种民俗活动则是这灵气的挥洒，酣畅淋漓地体现了绍兴水乡文化的神韵。

社戏也是绍兴的一项颇为古老的民俗活动，当地民众对社戏的喜爱并不亚于乌篷船和黄酒，所谓"锣鼓响，脚底痒"，社戏班子一来，是不能不去看的。陆游《稽山行》中的"太平处处是优场，社日儿童喜欲狂"和"空巷看竞渡，倒社观戏场"就是对社戏演出轰动村舍的写真。社戏并非绍兴独有，但绍兴社戏却以其自身的特色而备受瞩目。社戏本是指为祭祀土地而演戏酬神，后来逐渐发展成集娱乐、庆祝、贸易、交际等多种功能于一体的大型综合活动，其宗教性质反而逐渐弱化了。现在，凡是有需要，并且也有条件的，请来戏班演戏，村民一起热闹热闹，都叫社戏。绍兴是水乡，每逢社戏，远近村民都会成群结队摇着乌篷船前往观戏。为方便看戏，戏台子干脆就搭在河边上，还有的甚至就搭在水面上，叫作"河台"或"水台"，倒像是专门演给人看，而把土地神晾在一边了。水上观戏，这是只有在水乡才能体会得到的情趣。

在过去，乡村的娱乐生活单调贫乏，社戏对村民而言无异一场精神文化的盛宴，民众的参与热情可想而知。张岱在《陶庵梦忆》中就提到社戏演出时"一老者坐台下对院本，一字脱落，群起噪之，又开场重做"，可见戏台上的演出并不仅仅是戏子的事，而是台下的村民共同督促、共同参与完成的节目。村民们对戏文的较真，一方面反映了他们对写在白纸黑字上的"经典"的根深蒂固的认可，一方面反映了他们要求演员按照自己的审美品位满足其精神需求的强烈愿望。戏里演的虽然是子虚乌有，但村民投入的却是真情实意。这股执着劲，大约也是绍兴人性格中刚硬一面的表现吧！在触及台词出错这样的原则性问题时，台下观众则要当仁不让地"指挥"起台上演员，这算得上是绍兴社戏的一大特色。

社戏所演多为绍剧和越剧。绍剧即绍兴乱弹，俗称绍兴大班，又叫绍兴高腔，深受秦腔影响，唱腔高亢激越，剧目中像《女吊》和《龙虎斗》这样的复仇故事不在少数。清代戏曲理论家焦循《花部农谭》谓"其事多忠、孝、节、义，足以动人；其词直质，虽妇孺亦能解；其音慷慨，血气为之动荡"，20世纪三四十年代也曾被称为"越剧"。越剧从绍兴嵊州的民间小戏"的笃班"发展而来，初期又叫"女子文戏"，唱腔清丽温婉，颇具水乡的柔美，剧目多为《孔雀东南飞》《钗头凤》《梁山伯与祝英台》之类的爱情折子。绍兴俗话"绍剧打天下，越剧讨老婆"生动地道出了这两个剧种在人们心目中的区别,也道出了绍剧和越剧在绍兴民众生活中的地位。南宋状元王十朋曾在《会稽风俗赋》中将绍兴人的精神精辟地概括为"慷慨以复仇,隐忍以成事",这种古老的精神在绍剧和越剧里得到了生动的阐释,在社戏的水台上一次次复活再现,在看戏的民众中一次次燃烧升华。这也是绍兴社戏非同一般的地方。

乌篷船、黄酒、社戏以及绍剧、越剧等都是绍兴具有民俗特色的事物,是足以彰显绍兴文化的标签。可以说,绍兴的民俗远远不止这几样,但从中我们已经能够发现,民俗构成了人们的生活文化,构成了绍兴水乡文化的地域特色,是绍兴文化、绍兴精神得以立足和发展的土壤与源泉。

四　绍兴民俗对于建设文化水乡的价值

绍兴民俗文化哺育了绍兴的历代名人。大禹治水三过家门而不入,越王勾践卧薪尝胆,王羲之曲水流觞兰亭集序冠绝千古,巾帼英雄秋瑾舍生取义,文学大师鲁迅横眉冷对千夫指、俯首甘为孺子牛,人民的好总理周恩来为国鞠躬尽瘁、死而后已……绍兴还有许许多多这样胸怀天下,志存高远,德才兼备的名士。一方水土养一方人,一方风俗教化一方百姓。绍兴名人辈出,与当地民俗不无关系。他们的志、他们的德、他们的才,都可从绍兴的民俗文化里找到其渊源。

绍兴民俗与水乡特色水乳交融的特点,给我们展示了民俗对于价值建构的独特视角。20 世纪 80 年代以来,由于民俗文化学的勃兴,为各地文化建设贡献出了一种在特定的历史处境下更富有当代民众人文价值关怀的方式。

对绍兴水乡的考察应该包括绍兴自然环境和绍兴人文历史环境两个不同层面,并从两者的结合上探究绍兴民俗的本质,这正如法国 19 世纪的文学史家丹纳把地域、种族、时代并列为决定文学特征的三大要素一样,今天我们对于地方民俗的研究，不可忽视地域、历史与心理的考察。这是因为人总是生活在一定的区域和一定的文化背景之下的，对这种地理环境和文化历史的追溯，自然可以构成特定地域民众性格和个性生成（即"民性""民气"）的合理解释。其实早在"五四"新文学时期人们已经注意到它的这一功能。周作人曾专门写了一篇《地方与文艺》的文章来论述这个问题；著名文学家茅盾在主持《小说月报》时，也在《民国日报》副刊"文学小辞条"上加了"地方色"辞条，认为文学的地方色就是个性。他们说的是文学研究，但是对于民俗研究同样是不可或缺的。20世纪80年代末，民俗文化学者提出拓展民俗研究的新领域，正是对这一传统方式的继承和丰富，民俗研究从"文学"到"文化"就是试图打破民俗研究一元化的文学表现价值模式，以进一步丰富民俗文化研究的审美内涵。

绍兴民俗对于水乡文化的价值建构，其作用和功能是巨大的。举个例子，绍兴乡间大抵有"奖学""养贤"之俗，为了养育贤良，教育后代耕读传家，许多宗族专门设立制度资助本族贫家子弟求学上进，考取功名，光宗耀祖。这对于培养人才、提掖志士无疑是十分有益的。绍兴民间又有"人凭志气虎凭威""穷汉争傲气"等俗谚，更是长人志气。水乡河网密布，桥梁众多，为了行人方便，民间多有义渡、义茶之善举；遇上饥荒瘟疫之时，行医之人多出义诊；有钱人家为了修心积德，也往往慷慨解囊，施衣赈粥，资助架桥造亭等公益事业；为了大家的共同利益，水乡人民还自觉地遵守一些不成文的乡规里约，如为了避免争抢，并确保绍酒酿造过程中水质的洁净，每年春天开荡罱泥之时，全村都在约定的日子一齐出动，在此之前不会有人私自争先。这既是对水乡资源的合理利用，也是对维护水乡生产秩序所需的道德规范的自觉遵守。这些习俗体现了当地民风之淳美，通过耳濡目染，无形之中陶冶了生活其间的人们的德操。

民俗还能助长才情，催生艺术杰作，滋养文化大师。若非古人的"修禊"风俗，王羲之大约也不会于"暮春之初"与群贤"会于会稽山阴之兰亭"，更不会因时、因地、因事而创作名扬天下的《兰亭集序》；若非茴香豆、绍兴酒、乌篷船、乌毡帽、社戏、绍剧、祝福等绍兴民俗风物，就不可能诞生孔乙己、阿Q、祥林嫂等人物典型，就不可能诞生《孔乙己》《阿Q正传》《社戏》《祝福》等脍炙人口的文学作品，也就不会有作为一代文学宗师而存在的鲁迅；甚至，若非生在酒乡，深受绍兴酒文化的熏陶，秋瑾也许就不会留下"貂裘换酒也堪豪""浊酒不销忧国泪"这般气壮山河、荡人心魄的诗句。

由此可见，绍兴的民俗文化有着优良的传统，它对人的影响是多个方面的，生活其间的人们也必定要受其影响。绍兴名人是从民众中成长起来的，他们首先是绍兴人，自然也就离不开绍兴民俗文化的哺育和滋养，无论是心志、德行，还是才华，不管其天赋如何，都是在民风民俗的潜移默化中形成的。没有哪个名人是在文化"真空"中成长起来的，无一例外，他们都必须接受民俗的浸渍和熏陶。而绍兴之所以名人辈出，正是当地良风美俗之功。绍兴名人是绍兴人民中的典型和杰出代表，具有绍兴人特有的气质和个性，在某一方面或某几个方面突出地反映了绍兴人的特征。正因为如此，绍兴名人才会受到家乡百姓的喜爱和称道。他们留下的文化瑰宝，被故乡保存、珍惜、发扬；他们的气质和精神，深深地植入民间情感，并进一步化作民俗精神的一部分。绍兴民俗文化养育了历代名人，反过来，历代名人又丰富了绍兴的民俗文化。这样代复一代的反哺，促成了民俗文化的良性循环，使绍兴水乡成了名人之乡、文化之乡。

民俗还塑造了绍兴的整体形象。民俗不仅从客观上直接参与建构绍兴社会生活的生活文化，还塑造了主观认知中的绍兴整体形象。这里的认知有两层意思，一是他者对绍兴的认知，二是绍兴对自身的认知。就前者而言，绍兴的形象是绍兴不同于其他地域的地理面貌和文化特征。如前所述，绍兴无疑是地理意义上的水乡，但又如何从诸多水乡中识别出独一无二的绍兴水乡呢？陌生的事物总是比较容易引起注意，他者对绍兴的认识，应该是从绍兴本土特色——也就是绍兴民俗——开始的。民俗本身就是生活中的文化，外来者对绍兴的感受不外乎首先是从衣食住行、婚丧嫁娶、岁时节日这些可以感知的生活元素开始的，渐渐地能将许多个细节串联成有意义的概念和看法，最后就拼成了一幅宏观的绍兴文化的图景，并且又在绍兴民俗生活里再次得到验证。这就是为什么外乡人说起绍兴动辄提起"三乌"、黄酒、社戏的缘故。这些物事，在他者看来，正是绍兴最惹眼的东西，久而久之，就将它们当作绍兴的代名词了。

　　绍兴对自身的认知，其实与他者对绍兴的认知是分不开的。民俗意识的苏醒，必须要放在世界的大环境下才可能。"不识庐山真面目，只缘身在此山中。"而一旦跳出"庐山"，跳出自我的小天地，隔着一定的距离回头看，就会发现自我的存在，认识自身的形象。此时的绍兴，实际上是在用着他者的眼光来打量自己了。数千年来，绍兴一直浸染在民俗的氤氲和装点中，如同天生丽质不自知的女子，到后来，城市意识、民俗意识觉醒了，民俗生活掺入了有意识的自觉行为，民俗事物也就开始成为有意勾勒自身形象的画笔了。旧时的乌篷船是出于水乡交通和生产的需要，现在的乌篷船则添加了文化遗产保护、城市形象宣传以及旅游观光的需要；旧时的乌干菜本来是生活贫困、物资缺乏所致，现在却成了趋之若鹜的特色佳肴；旧时的乌毡帽曾是绍兴独特的民间常用帽，在盛行一个世纪以后逐渐为各种时髦头饰替代，毡帽厂店相继停业，现在绍兴商店里却摆上了从山东淄博购进的乌毡帽……"三乌"等物已从过去单纯、实在、具体的物品演变成了象征城市形象的符号。也许其实用价值日渐下降，但其文化价值却随着传统的延续和民俗意识的觉醒而越涨越高。在开始认知到故乡文化的绍兴人的心目中，这些与众不同的乡土的东西，对外就代表着绍兴，这里面浓缩着绍兴的值得怀念的过去，也值得今天拿出来夸耀。就这样，民俗，在绍兴对自身的认知和他者对绍兴的认知中"里应外合"地塑造了绍兴的整体形象。

水乡并没有固定的形象，文化水乡也没有具体的模式可以衡量比照，建设水乡文化可以说是法无定则。但是，"民族的才是世界的"，这已是广泛的共识。就绍兴而言，民俗对于建设水乡文化的价值的确是不可低估的。民俗不仅仅建构了绍兴的生活文化，哺育了无数的绍兴名人，塑造了独特的绍兴形象，它还是一座宝藏，是可以为人类提供更多惊喜、让生活变得更为美好的资源。建设文化水乡，实际上就是在开发民俗资源。尊重民俗，认识民俗，改造民俗，利用民俗，乃至建设一个和谐、创造、进取的民俗共同体，这都是建设绍兴文化水乡课题当中的应有之义。

（原文刊登于《绍兴文理学院学报》2007年第4期）

水文化——越文化生成发展的重要基因

孟繁华[*]

摘　要：越文化源远流长，其水文化灿若明珠。用文化人类学方法考察，水文化是越文化生成发展的重要基因。尤其随着漫长岁月的历史流变，它成为养育越文化的活力之源；水文化的诸多人文因子，融入和养成越地的文化传统，使越文化在其空间力建构上"和而不同"，闪烁着诸多亮点，始终与时俱进，异彩纷呈。

关键词：水文化；越文化；生成发展；基因

人类，亦可说是环境的产物；它的活动、分布及各方面的发展，均受到地理环境的制约和影响。研究一种文化区域的历史地理特色，阐释其环境与文化的关系，将会使一种地域文化研究推进到一个理性的层面。因为"地理环境为文化的发展提供某种可能性，而人文因素是使这种可能性转变为现实性的选择动力"[①]。越文化源远流长，她所呈现的地域文化特征，除社会结构的因素外，与其区域的自然环境是有着千丝万缕的联系。笔者认为，水文化是越文化生成发展的重要基因，尤其随着漫长岁月的历史流变，

---

[*] 孟繁华（1947—　），男，湖北鄂州人，《鄂州大学学报》副主编，湖北省吴楚文化研究会秘书长。

[①] 冯天瑜：《人文论衡》，武汉出版社1997年版，第164页。

它已成为养育越文化的活力之源，正因如此，越虽作为邦国文化在历史长河中是短暂的，而作为一种地域文化，其地域的人文情愫、文化传统绵延不绝，蕴含着巨大的文化能量，在其空间力建构上"和而不同"，仍闪烁着诸多亮点，始终与时俱进，异彩纷呈。

一 处"南"独厚，居"越"独丰的水环境，是孕育越文化的母体

水是一切生命之源，也是民族文化之源。中华大地的水环境，一直具有处"南"独厚，居"越"独丰的地理特征，这也是越文化最突出的环境优势。这种优势自古有之，沧桑未移；既为越文化的生成提供了丰腴的物质基础，同时也为越文化的发展架构了历史和现实的温床。这里所说的"南"，是指我国古越人、越族历代繁衍生息、聚居的江南，即处于长江中下游（即古称之扬水、汉水以南）的一个大的越文化区域。《吕氏春秋·恃君篇》云："扬、汉之南，百越之地……多无君。"张正明先生更是明确指出："从今鄂城（今湖北鄂州）起，沿江而下逾湖口，登陆而东至大海，土著民族即为越人。"[1]"考古发现，鄂东和江西、湖南的大部分地方，在楚进入前都为越人占据。"[2] 此江南一带，水网纵横，大小湖泊星罗棋布，东南濒海，得水独厚。正如《盐铁论》云："山海之利，广泽之畜，天地之藏也。"

这里所说的"越"，即指春秋时吴、越立国的"吴越"之地。就地域文化而言，越与吴同源，"接土邻壤，壤交通属，习俗同，言语通"（《吴越春秋》），文化极具共性。从考古学的角度看，吴文化、越文化无法分开。吴

---

[1] 张正明、刘玉堂：《大冶铜绿山古铜矿的国属》，《楚史论丛》，湖北人民出版社1984年版，第72页。

[2] 湖北省社会科学院历史研究所：《湖北简史》，湖北教育出版社1994年版，第36页。

的土著民族也是越人，即使有"吴为周后"之说，有学者仍称其为"越化的周人"。公元前473年勾践平吴，吴、越实已合二为一，是著名的南国水乡。随着历史的推移，此地"东南形胜"，因水而兴而荣，逐渐将"三吴"（指吴郡、吴兴、会稽即今江苏苏州、浙江湖州、绍兴）连为一体，"钱塘自古繁华"，为催生越文化搭建了一个颇具历史意义的地理平台。

王勃《滕王阁序》所云"物华天宝，人杰地灵"，虽说是指南昌，但用以概说越文化所涉区域也并不过誉。此江南、越地，是后世公认的"江南鱼米之乡"，亦是李斯《谏逐客书》所云"江南金锡"最多的矿冶地带。从商代而至秦汉，中原所需铜铁资源大部来自此区域的大冶铜绿山、瑞昌铜岭、安徽铜陵等鄂、赣、皖主要矿区。中古以来，苏南、浙北，更是中国人才和赋税的渊薮。而且周代的青铜工艺，以扬州吴越之地为最精。对此，吕思勉所著《先秦史》认为："北方知用铜，系由南方传授，则似无可疑者。"[①] 张正明先生说："把文献记载、考古发现和勘探结果综合起来考查，先秦的产铜中心，应在吴头楚尾及其以东区域。"[②] 又说："正在铜器时代，没有采炼铜、锡、铝之类有色金属的矿冶业这个强项，就无何物华天宝可言了。"[③] 纵观历代华夏各文化区域，物华天宝与人杰地灵兼而有之的，惟越文化的历史地理区域之江南而已。

总之，越文化的生成区域，处"南"居"越"，山重水复，山环水绕，其水环境优势是中原、关中和西南诸省都无可企及的。水有灵气，水生物华。所谓"上有天堂，下有苏杭"，亦是对此最好的注脚。而且，越地及周边，铜铁、稻米、水产海产资源富甲天下，既有烟花江南胜景，又是天赐风水宝地。尤其在上古中古时代，越地水运占绝对优势，人流物流交通便

---

① 张正明、刘玉堂：《大冶铜绿山古铜矿的国属》，《楚史论丛》，湖北人民出版社1984年版，第71页。
② 同上书，第72页。
③ 张正明：《吴楚文化三题》，《鄂州大学学报》2006年第4期。

捷。一是缘此地利，二赖其先民开发之功，从先秦至明清，此地所创建的区域文明积淀深厚、历久弥新。水文化如藤萝蔓布，瓜瓞绵绵，成果丰硕，同时也给历代绵延不绝的越文化提供了生成发育的充足养分。

二　越人亲水恋水情结，是养育越文化的活力之源

越人与水结下不解之缘，其来有自。其源可追溯至越人显著的图腾意识。《淮南子·原道训》云："九疑之南，陆事寡而水事众，于是民人剪发，以象鳞虫。"九疑之南为越地，鳞虫即是其所崇拜的灵物。《说苑·奉使》记载："诸发曰：'彼越……处海垂之际，屏外蕃以为居，而蛟龙又与我争焉。是以剪发文身，烂然成章，以象龙子者，将避水神也。'"《淮南子·泰族训》则说得更为明确："越人以箴刺皮为龙文，所以为尊荣也。"[①] 上述记载，皆指明越人有"断发文身"即灵物崇拜的习俗，这个习俗与他们的图腾信仰密切相关。"鳞虫"是何物？据专家考证，"鳞虫"即是蛇或鳄鱼，其灵物是嬗变了的龙。越人断发文身，象蛟龙之状，他们的龙，恰是源于"崇拜扬子鳄"而演化的[②]。闻一多先生说："在我国古代，有几个著名的修剪头发（断发）、刺画身体（文身）的民族，其装饰的目的则在于摹拟龙的形状。"[③] 并举史料证明越人就是这样一个民族。越地先民"陆事寡而水事众"，因近水亲水而"剪发文身……以象龙子"，造就了自己所崇拜的灵物。

越人亲水恋水情结，最集中地体现在对水的治理和开发方面。如《中国绍兴水文化》[④] 一书引《会稽方志集成》曰："会稽地域的治水问题，最早可上溯到远古大禹治水的传说，顾颉刚在《古史辨》中说：'禹是南方民

---

① 邵学海：《春秋时期龙之鹿角长在江淮之间》，《楚俗研究》，湖北美术出版社1999年版，第12页。
② 张正明、刘玉堂：《大冶铜绿山古铜矿的国属》，《楚史论丛》，湖北人民出版社1984年版。
③ 《闻一多全集》第1集《伏羲考》，生活·读书·新知三联书店1982年版，第26页。
④ 宋行标：《中国绍兴水文化》，中华书局2001年版。

族神话中的人物'，这个神话的中心点在越（会稽）。禹是否确有其人，有待考证。但大禹治水的传说反映了该地域先民对治理水患、以改造生存环境的迫切性。"接着，该书列举了绍兴25处与大禹有关的遗迹，如"大禹当时治水和集会的'会稽山'"；"昔禹治水，歌功未成，乃斋于此"，"得黄帝之遗谶"——"金简玉字之书"的"宛委山"；"夏禹墓葬之所"的"禹陵""大禹陵"；大禹杀防风氏的"刑塘""斩将台"以及禹庙等。对此，已有学者明确指出："2000多年来，越文化吸附、援引了典籍记载中禹与南方活动有关的传说材料，以具体化的形式将禹层累为越地文化的代表人物。"[①]

越地治水，并非仅仅因为大禹而名之于世。最令人折服的是，越地历代治水人才辈出，有不少水利工程堪称巨构鸿篇，既达到外扼潮汐、内主泄蓄之功效，为当地垦殖、船运的发展创造优越条件，又能依山川形貌开河、建闸、围堰、造桥、修堤、植柳，匠心独运，妙笔生花，使之不仅惠泽民生，而且提炼出水环境的精华，蕴含水文化的灵气。如建成于东汉时期的鉴湖，地跨当时山阴、会稽二县，它不仅是我国江南最古老的大型蓄水工程，使山会平原旱涝保收，渔农两利，而且如当地民谣所云"十里湖塘七尺庙，三山十堰念眼桥"，沿湖及周边自然景观和人文景观融为一体。纵览广袤的越地河山，绍兴的鉴湖、三江水系，其上至苏、锡、镇、扬，下有沪杭及浙东等地，不管是通都大邑，还是村居社林，真可谓"垂虹玉带门前事，万古名桥生越州""小桥处处随人意，自有家声伴鸟啼"（陈从周《越州吟》），随处可见白云红树的水乡景色和天人合一的路桥景观。

历代越人亲水恋水，治水用水，深悟水安民安、水利民利、水美民乐、水和人和的水文化精髓。正因如此，越文化的发展也充满了勃勃生机。越地的一些城镇乡村，如绍兴的安昌古镇、苏州的同里、周庄等极具江南水

[①] 吴恩培：《吴文化概论》，东南大学出版社2006年版，第45页。

乡的迷离风采，同时也使越地的桥、越地的船、越地的剑、越地的酒、越地书法、越地诗文、越地戏曲等众多文化事象，也似沾上了水的灵气，或巧夺天工，或不同凡响，绚烂多姿，独步中华。如流传至今的王羲之"曲水流觞"佳话及举世称誉的《兰亭集序》之书法圣品，即是其中突出一例。

三 水文化的人文因子，融入和养成越地的文化传统，使越文化在中华文化格局中风采斐然

一种文化的滋长，或者说它的构建，往往有一种"地理环境提供的色调"；这种色调是地域传统形成的基因。越文化植根于丰厚的水文化的环境背景中，因历代先民的智慧和感悟，水文化的诸多人文因子，如海纳百川的胸襟、淡定从容的品格、豁达开放的思想、大浪淘沙的精神，皆融入和养成了越地的文化传统。而传统，说到底是一种历史和社会认同的人文情愫，一旦形成，亦可能蕴含巨大的文化能量。因为"我们每个人都在一定的文化传统中生活、生长……都在这一传统中获得知识，培养能力，形成思维和工作方式。传统和我们的关系与生俱来，十分密切，渗透在我们的每根血管中"[1]。越文化的传统特点，拙见以为生动体现了水文化的精粹。笔者试从三方面略述其下。

（一）兼容并包，博采众长

《老子》云："江海所以能为百谷之王者，以其善下之也。"又云："万物归焉而弗为主，可名于大。"[2] 老子的道学与孔子的儒学，是中国传统文化并立于南北的两座高峰。老子反复以水喻"道"，尤以论其安邦立国之道

---

[1] 戴逸：《繁露集》，中国社会科学出版社1997年版，第120页。
[2] 涂又光：《论帛书本〈老子〉的社会学说》，《楚史论丛》，湖北人民出版社1984年版，第173页。

为甚。他的"大邦者，下流也""大邦宜为下"[①] 的思想（即主张立国者，应像江海一样有博大胸襟，善处之下流，百川汇流于此，方可成其"大"），这正好符合越的地域特点，也概括了越文化的豁达、包容、开放的传统特点。自春秋吴越立国，即自称"蛮夷"，虚心吸纳荆楚及中原"上国"的政治、军事、经济、文化的思想和技术，尤其尊重范蠡、文种、伍子胥等具有高位思想、文化而赴越奔吴的硕人，不论是逃亡还是慕名而来，皆如获至宝，委以重任，治国大事必先向他们问计。尤在吴王阖闾、越王勾践时期，吴越以此包容、开放的胸襟博采众长，国力渐强，相继称霸于诸侯。当时，其地积极引进、补己不足，如吴越铁器、兵车制造、宫室建设等，迅速缩小了与那些"上国"的差距，甚至超过他们的水平。楚成王六年（前671），周惠王赐胙楚国，要求楚"镇尔南方夷越，无侵中国"，楚犹似取得了周天子在长江中下游的合法政治代理人资格，当时吴、越皆与楚结盟，甚至王室联姻。越王勾践之女嫁给楚昭王（即"楚昭越姬"），生子熊章，昭王死后又立为楚君即楚惠王。即使到了战国晚期，越地归并入楚的版图，越地仍在海纳百川、豁达包容的传统影响下，与楚"和而不同"，地域经济、文化皆取得较为辉煌的成就。其中楚春申君黄歇"封于江东"之时，辖地包括今江苏、上海和浙江北部。黄歇领导吴越之民，重建"吴墟"城（今苏州），开设"吴市"，治理太湖水系，水利工程堪称大家手笔。"治水入江，导流入海"（《松江府·水利》），疏通吴淞江，开浚黄浦江，今上海简称"申"，黄浦江又名申江、黄歇浦、春申浦等，皆源于此。是时，吴越文化得到融合，江东已成"东楚"富足之地。这里值得一提的是，这种兼容并包、博采众长的传统特点，吴、越有其共性；但越人行动更为稳定、自觉，渐趋于理性层面。吴却因吴王夫差受外因影响，这种外因，包括晋

[①] 涂又光：《论帛书本〈老子〉的社会学说》，《楚史论丛》，湖北人民出版社1984年版，第172页。

国的挑唆、伍员的楚怨，再加上越为图存图强而施之以反间计，屡屡示弱于吴，诱之以珠宝、美色。而随着吴叛楚盟与之争战百年，尤其伍子胥受到拒谏、冷落、赐剑自杀，吴人思想逐渐偏离了传统的轨道，浑浑噩噩，树敌强邻，结果吴越盛衰易势，吴王夫差国灭人亡。由此可见，越人这种"知其雄而守其雌"[①]的传统是一种内在的文化认同，也体现了一种高度的政治智慧。历代越人继承和弘扬这种传统，直到近代，越人蔡元培明确提出"循思想自由之原则，取兼容并包主义"，提倡科学和民主的主张，可谓一脉相承。由此一个侧面，我们也更加体味出越文化最富有生机、博大而深刻的传统内涵。

（二）自强不息，忧乐天下

"子在川上曰：逝者如斯夫！"江河行焉，不舍昼夜，自强不息，大浪淘沙。越地越人在长期感受这种水文化的熏陶和启迪之下，自强不息精神世代延续，从古至今，出现了不少令世人叹服而彪炳千秋的代表人物。大禹是开创越地文明的圣者；勾践是上古开国的一代名君。还有范蠡、文种，是辅佐越王披肝沥胆的干臣，亦可称之国之重器、安邦奇才。上述人物是越地先民的骄傲，亦是越文化最早的代表人物。他们建立的丰功固然为后人称颂，而他们所共有的忧乐天下、自强不息的思想精神则对后世影响更为显著。禹治洪水"化为熊"，"三过家门而不入"，这些流传至今的上古神话或传说，凸显了大禹以天下为己任、义无反顾、奋力开拓的精神。越王勾践，十年不忘"会稽之耻"，卧薪尝胆，亦是越文化浓墨重彩、大笔渲染的精神渊源。而范蠡、文种对复兴越国厥功至伟，他们不仅在国家面临灭顶之灾时殚精竭虑，屡出奇谋，力挽狂澜于既倒，而且理国政"如烹小

[①] 涂又光：《论帛书本〈老子〉的社会学说》，《楚史论丛》，湖北人民出版社1984年版，第178页。

鲜",兴农扶末(商),终使国运蒸蒸日上。在这些人物的精神引领下,越文化经历代先民的实践和士人演绎,逐渐凝聚而形成了最典型而具传统价值意义的精神内核。

正因如此,我们一提到越文化的中心绍兴,即会想到这里是秋瑾、蔡元培、鲁迅、周恩来的故乡。这些中国 20 世纪响彻世界的英杰,他们在国运衰危、民族存亡之秋,苦心追寻救国救民之道,求索革命真理和文化真谛,纾国难,铸国魂;其人生信念的坚定执着、人格的伟大高尚、精神的坚韧刚毅,堪为世之楷模。他们承载着中华民族至为高尚的士人传统,亦弘扬着越文化的核心精神。关于这一点,周恩来的诗作已表述得相当清楚,其曰:"大江歌罢掉头东,邃密群科济世穷。十年面壁图破壁,难酬蹈海亦英雄。"这四句诗既是这些人物精神的集中写照,亦是对越文化这种传统特点最为生动的诠释。

(三) 淡定从容,厚积薄发

水的文化形态,既有惊涛拍岸、大河奔流、沉舟侧畔千帆过的壮阔气象,亦有浮光耀金、静影沉璧、池塘青草、飞瀑深潭、天光云影共徘徊的优美景观。而后者,恰是历代文人多有吟咏、传统士大夫向往的淡定从容的境界。这种水文化特点,和"以恬淡为至味"(嵇康《答难养生论》)的审美情趣交合无垠,为中国文化传统和传统士人气质的养成打上了深深烙印。在这方面,越文化因所处地理环境而感之至深至远,因此尤为明显而深刻地形成了自己的地域文化特色。

溯源于历史,范蠡理政,"与勾践深谋二十年",行成于思,素处以默,涵养以深,可谓世之大智者。大功成就后并不贪恋权位,反而一再辞官,靠自己的智慧和能力致富。由此,可见其淡定从容的旷达情怀和深邃的社会眼光。特别是魏晋时期,著名思想家、文学家、古琴家嵇康(《晋书》云其先姓奚,会稽上虞人,以避怨徙焉,世称"竹林七贤"之第一人),提出

"越名教而任自然"的主张,崇尚老庄,博学多才,绝世不仕,甚至因此与同列"竹林七贤"而举其出仕的山涛闹翻,并写了一封有名的《与山巨源绝交书》。其书中云"外荣华,去滋味,游心于寂寞,以无为贵","今但愿守陋巷,教养子孙;时与亲旧叙阔,陈说平生。浊酒一杯,弹琴一曲,志愿毕矣"。他认为"以志无所尚,心无所欲,达乎大道之情"(《释私论》)。他所说的"大道"既可说是老子的"天之道",亦是指在超然自适的自然山水中领悟圣人之心、君子之守和人生之美。此正如罗宗强先生在其《玄学与魏晋士人心志》中所说,嵇康"是在一种对于自然界的体认中走向这如诗如画的人生境界,闲适中透露出一种平静的心境"[①]。以嵇康、阮籍、刘伶等为代表的竹林玄学,以一种超然、淡定的心态看待宇宙、现实,即使俗务缠身,精神上也自由放逸。士大夫将其推崇为"穷理尽性之妙"的人生境界。流风所及,越文化自魏晋以来,多以清俊超脱、风神秀逸为尚,并形成一种与"名教"的政治实体渐行渐远的地域性人文传统和审美特质,特别在诗歌创作上,越地著名诗人谢灵运、鲍照、张若虚、贺知章、张志和、孟郊、陆游、周邦彦等,皆能挣脱经学束缚,返璞归真,写出不少强调人的自然情性和人格操守的清新诗词。一些佳句名篇,脍炙人口,流传古今。

江南自古"处江湖之远",魏晋以降学术思想异常活跃,老庄之学及佛教禅宗思想渊源尤深,流布甚广,再加上历代官场失意或流徙或辞官归隐的士人颇多,他们与越地草根意识交融,潜移默化,逐渐养成了淡定从容的人文情愫。越地民间有尊师重教、勉力向学的风尚,士民以不忘"耕读传家"的祖训为荣,从业亦奉"陶朱公"的"农末俱利"思想为圭臬,业儒与重商并行不悖。越地山水田园风光、民间习俗,皆充溢质朴、儒雅、聪慧的人文内涵。郭象《庄子·天道》注云:"我心常静,则万物之心通

---

① 罗宗强:《玄学与魏晋士人心态》,浙江人民出版社1990年版,第105页。

矣。"淡定从容，这种与江南水乡背景相契合的思想情志，一则不迷恋于高官厚禄的政治诱惑，二则不受道貌岸然的正统"经学"和"名数"的思想束缚，三则不汲汲于物欲功利、见利忘义，崇尚人格、节操、学养及大境界。历代越籍及同受越文化滋养的江南士人，以修身为本的哲人心态，淡泊名利，宁静致远，通人情，达物理，厚积薄发，因而造就了如王充（东汉）、王羲之（晋代）、陶渊明（晋代）、陆机（晋代）、沈约（南朝梁代）、陶弘景（南朝齐梁）、骆宾王（唐代）、柳永（宋代）、黄庭坚（宋代）、王冕（明代）、徐渭（明代）、唐寅（明代）、黄宗羲（明清）、郑燮（清代）、吴昌硕（清末）等各领域的名人巨匠。他们博学多才，在中国古代哲学、诗学、史学、医学、音律学及书画艺术等各个领域首开风气，使越文化乃至中国传统文化的历史画廊多姿多彩，不断推陈出新。更值得越人骄傲的是，1917年蔡元培甫任北京大学校长，就号召学生不要追求做官发财，致力研究高深学问，提倡科学、民主，反对旧思想、旧礼教，使北大成了中国新文化运动的堡垒。

尤在明、清和近代，越文化厚积薄发，人文荟萃，蔚为壮观。如以全国科举取士的人才现象来看，越地科甲鼎盛。据有关资料统计，明代科甲鼎盛的13府中，江南占7府，分别是绍兴、苏州、常州、宁波、嘉兴、杭州、松江等府，其中绍兴、苏州府中进士总数为977人、970人，位列二、三名；清代科甲鼎盛的9府中，江南占6府，分别是杭州、苏州、常州、绍兴、嘉兴、湖州等，而杭州、苏州所中进士数为1004人、785人，排名为一、二位[①]。若就民间口碑资料来看，"绍兴师爷"名重一时，这从一个侧面折射出越地士人群体中极具参政、问政的人才优势。而随着近代国门渐开，越人因宜适变，在兴办近代工商实业、文教事业及做买办、开银行等方面，越地（江浙）人士异常活跃，显示出超卓的才能和强烈的竞争意识，

---

① 吴恩培：《吴文化概论》，东南大学出版社2006年版，第68页。

涌现了王文韶、盛宣怀、朱葆三、张謇、王一亭等一批开创中国近代民族实业的先驱。近代上海，十里洋场，五方移民杂处，西方列强环伺，是一个充满激烈竞争和发展机会的社会。在沪的华商林立，其势力雄厚者以宁波帮（多营洋货）、绍兴帮（多营钱业、酒店）、杭州帮（多营丝绸）等越人商帮居首。而"在上海的众多移民中，江浙人是主体，占总人口的80%以上"[①]，为上海在百年时间养育形成"海派文化"以及建成国际性的大都市提供了大批人才。特别表现在促进现代科技发展方面，越地堪称院士的摇篮。全国两院院士籍贯以地区统计（2000年数字），前十个地区的排列分别是：上海（84位）、苏州（83位）、宁波（70位）、无锡（65位）、福州（49位）、绍兴（45位）、常州（43位）、杭州（41位）、北京（36位）、嘉兴（30位）[②]。除北京之外，其余皆可说是受越文化深广浸淫的地区。

综上所述，水文化与越文化息息相通；越文化因吸纳水文化的诸多人文因子，逐渐养成兼容并包、自强不息、淡定从容的地域文化传统。其中蕴含着巨大文化能量，因而使越文化一直生机勃勃，并焕发出斐然光彩。

（原文刊登于《绍兴文理学院学报》2007年第4期）

---

① 吴恩培：《吴文化概论》，东南大学出版社2006年版，第69页。
② 同上。

"上善若水"与"南方之强"
——试辨越文化的水性禀赋

胡发贵[*]

摘　要： 存在决定意识，一定的文化总是产生于具体的物质环境和历史条件，因而不同的环境和条件，其所孕育的精神，自然会各有特色。中国地理南北差异很大，风俗也因而不同，由此而凝集的精神也就有了迥异的风格，早在孔子时就有了"南方之强"与"北方之强"的区分。所谓"南方之强"，意指南方水文化所结晶的"上善若水"观念，这一理念赋予了越文化弘毅、坚韧、厚德载物的鲜明品格。

关键词： 水；上善若水；越文化；坚韧

人类的文化，就其本质而言是一种创造，但创造总是依凭一定的物质基础来进行的，因此，文化总是包含着其所产生的自然地理环境因素，这也使得文化的认知与对环境的把握密切相关。正如马克思所说："任何历史记载都应当从这些自然基础以及它们在历史进程中由于人们的活动而发生的

---

[*] 胡发贵（1960—　），男，安徽黄山人，江苏省社会科学院哲学与文化研究所副所长，研究员。

变更出发。"① 对中国古代文化的认识，这同样是一个重要的视角。正是在此视角的观照下，我们发现古代南方的越文化，水性十足，在物质层面孕育了稻作文化，在精神层面则呈现出沉静含蓄、灵动柔美的人文情愫和风骨，而特别令人关注的是，水的柔性，蕴藏着坚忍不拔的顽强精神，并结晶出鲜明的"南方之强"的坚韧、厚德文化。

一

人是环境的产物，一方水土养一方人，不同的地理环境会产生不同的风俗习惯和生活方式。中国古代先哲于此早有深刻的体认，如《礼记》所揭："凡居民材，必因天地寒暖燥湿，广谷大川异制，民生其间者异俗。刚柔轻重，迟速异齐，五味异和，器械异制，衣服异宜。修其教不易其俗，齐其政不易其宜。中国戎夷，五方之民，皆有性也，不可推移。东方曰夷，被发文身，有不粒食者矣。南方曰蛮，雕题交趾，有不粒食者矣。西方曰戎，被发衣皮，有不粒食者矣。北方曰狄，衣羽毛穴居，有不粒食者矣。中国夷蛮戎狄，皆有安居，和味，宜服，利用，备器。五方之民，言语不通，嗜欲不同，达其志，通其欲，东方曰寄，南方曰象，西方曰狄鞮，北方曰译。"②

这段引文很生动地揭示了文化因地理环境的差异所形成的多样性，也因此，南北学术风格差异明显。据清代学者刘师培的研究，中国古代学术盛于春秋战国，但诸子间因其所处区域的不同所造成的学术风格、思想旨趣的区别，也由此凸显。秦、赵之地的荀卿、吕不韦，其学术"平实刚志"，而且也没有什么纵横之士；地处南北之间的韩、魏、陈、宋，则有

---

① 《马克思恩格斯选集》（第1卷），人民出版社1992年版，第24页。
② 《十三经注疏》，中华书局1979年版，第1338页。

"苏、张之横放，韩非之跌宕"；而南方的文化，更是异彩纷呈，特色鲜明，刘氏概称之为"南方之文"："老子之书，其说杳冥而深远，及庄、列之徒承之，其旨远，其义隐，其为文也纵而后反，寓实于虚，肆以荒唐谲怪之词，渊乎其有思，落乎其不可测矣。屈平之文，音涉哀思，负耿介，慕灵修，芳草美人，托词喻物，志洁行芳，符于二南之比兴，而叙事纪游，遗尘超物，荒唐谲怪，复与庄列相同。"①

二

正如上述，"南方之文"其态缥缈，其旨幽远，那么其精神特质又是什么呢？早在两千多年前，孔子就已给出了"宽柔以教，不报无道"的"南方之强"的评论："子路问强。子曰：南方之强与，北方之强与？抑而强与？宽柔以教，不报无道，南方之强也，君子居之。衽金革，死而不厌，北方之强也，而强者居之。"②"南方之强"到底是何意？朱熹注解说："宽柔以教，谓含容巽顺以诲人之不及也。不报无道，谓横逆之来，直受之而不报也。南方风气柔弱，故以含忍之力胜人为强，君子之道也。"③显然，所谓"南方之强"，实即如孟子所说的"动心忍性"的坚韧品格，"天将降大任于斯人也，必先苦其心志，劳其筋骨，饿其体肤，空乏其身，行拂乱其所为，所以动心忍性，增益其所不能"④，也是一种包容、宽容的博大与高尚的胸襟。所以孔子肯定"南方之强"，是一种优秀的品德，"君子居之"；而好勇斗狠的"北方之强"，缺乏道德之美，故只有"强者居之"。

如果继续追问，南方何以有如此之"强"呢？这当然与南方的自然地

---

① 刘师培：《刘申叔遗书》，江苏古籍出版社1997年版，第560页。
② 朱熹：《四书章句集注》，中华书局1983年版，第21页。
③ 同上。
④ 同上书，第348页。

理环境密切相关，而其间最为突出的禀赋就是水了。江南水乡泽国，沟壑纵横，南蛮之所以"断发文身"，正是赖水而生的表现。其实中国古代文化中，很早就注意到了对水之意义的探求。如《尚书·洪范》所提出的构成世界五大基本元素即"五行"中，第一就是水："一曰水，二曰火，三曰木，四曰金，五曰土。"《管子·水地篇》更主张水为万物之源，"水者，何也？万物之本原也，诸生之宗室也"。意即万物依水而生，还应特别指出的是，《管子》还尤其强调水之精华凝为人。

在先秦诸子中，老子对水的体认最为特别，对水的称颂也最为突出，如"上善若水，上德若谷"[1]。老子何以大赞水德为"上善"呢？从《老子》一书可知，他主要从水的汪洋濡弱中，发现了其内在的坚韧性，"天下莫柔弱于水，而攻坚强者莫之能胜"（《老子》第八章），"柔弱胜刚强"（《老子》第七十八章），这类论述自然令人想起滴水穿石的自然现象，以及在此背后所蕴含的水的锲而不舍的精神。老子还从水的濡弱中发现了水的谦下与包容性，如"上善若水，水善利万物而不争"（《老子》第八章）。老子从其思辨的视角，从水的这一人文价值意涵，更进一步推论出坚韧不屈，贵雌守弱的人生哲学。前面说过，水之所以被赋予"上善"之德，正如前揭所示，因水"利万物而不争"，因水以其"至柔"而能攻天下之"至坚"，故而"上善若水"所表达的是肯定柔顺、谦逊、坚韧为最大的美德。老子所谓"上德若谷"，也是同样的意思，因为其中的"谷"字训"虚"，所以老子宣扬"古之善为道者……旷兮其若谷"（《老子》第五十一章）。因此"上善若水"，老子所推崇的圣人，是谦退的，"圣人之道，为而不争"（《老子》第八十一章），而且是"知其雄，守其雌"，"知其荣，守其辱"，"知其白，守其黑"（《老子》第二十八章），"善者吾善之，不善者吾亦善之"（《老子》第四十九章）；是敦厚的，"大丈夫处其厚，不居其薄，处其

---

[1] 朱谦之：《老子校释》，中华书局1984年版，第41页。

实，不居其华"(《老子》第三十八章)，"人之不善，何弃之有"(《老子》第六十二章)；是严责己而宽待人的，"不责于人"(《老子》第七十九章)，"报怨以德"(《老子》第六十三章)。要之，老子所揭橥的"若水"的上德概念和所期许的圣人人格，是自持而克己的，是宽厚而坚韧的，它本质上即是在宣扬一种不争的人生哲学，一种退让的忍德，一种坚韧的美德。概而言之，"南方之强"之所以呈现出"宽柔以教，不报无道"的内涵，可能恰在南方水德的滋润吧。

古代越文化中的精英，十分突出地印证了"南方之强"，体现了坚忍不拔、坚不可摧的特别能忍耐、能吃苦的牺牲精神。最为突出的如大禹治水。史称"禹为人敏给克勤；其德不违，其仁可亲，其言可信"[①]。当时"洪水横流，泛滥于天下。草木畅茂，禽兽繁殖，五谷不登，禽兽逼人"[②]。其父鲧治水不成功而伏罪，禹接着治理，终获成功。而其间禹承受着两种沉重的磨难：其一是忍着巨大的丧父悲痛，"禹伤先人父功之不成受诛，乃劳身焦思"[③]；其二是付出了常人难以想象的牺牲，"禹……劳身焦思，居外十三年，过家门不敢入"。《庄子》说大禹为治水，劳累得胫无毛、胈无肉，意思是人瘦得不得了。毫无疑问，大禹是一位能顽强拼搏、特别吃苦耐劳的英雄人物。

其后人勾践也是一位极负盛名的能忍辱负重的典型。史称他为禹之苗裔，其先人封于会稽，"文身断发，披草莱而邑焉"。勾践三年，吴王夫差大败勾践，围会稽，后者被迫称臣纳妾，避免了覆亡。"越王勾践反国，乃苦身焦思，置胆于坐，坐卧即仰胆，饮食亦尝胆也。曰：'女忘会稽之耻邪？'身自耕作，夫人自织，食不加肉，衣不重彩，折节下贤人。……与百

---

① 司马迁：《史记》，中华书局1982年版，第51页。
② （宋）朱熹：《四书章句集注》，中华书局1983年版，第259页。
③ （汉）司马迁：《史记》，中华书局1982年版，第53页。

姓同其劳。"① 最后终于灭吴，一雪前耻，并进而称霸中原。勾践之所以史负盛名，一直为人所传颂，可能不是因其功业，而是因其卧薪尝胆的勇气和毅力。

本文最后将列举的是越文化杰出代表、中国封建社会后期伟大的思想家王守仁（阳明），他也是一位体现"南方之强"精神的模范。阳明的一生坎坷跌宕，布满荆棘。早年因抗旨救戴铣等人，触怒了刘瑾，被廷杖四十，后谪贵州龙场为驿丞。途经杭州至钱塘江时，又遇刘瑾派出的刺客谋杀，多亏他机智假装溺水逃脱，否则，中国思想史上就少了一位重要的思想家。后来，王阳明虽有平定漳南、横水诸地叛乱的功劳，还有平宁王朱宸濠的功绩，但却未得到应得的功名，只空有"新建伯"的封号，"然不予铁券，岁禄亦不给"；相反，他一生立身行事，招惹得"天下谤议益众"②，还有人诬称阳明暗通宁王宸濠，只是估计宁王必败，故起兵计讨之。史称阳明"一屈于江西，再屈于两广"，有功不录，有绩不赏，令忠臣心寒，他自己也"愤甚"！③

其经历已属不幸，其学术思想更饱受非议。阳明创立的心学，固然在学术界影响很大，堪称"显学"。按《明史·儒林传》的说法，"嘉、隆而后"，学术界几成王阳明心学的天下，"时天下言学者，不归阳明则归湛若水，独守程朱不变者，惟（吕）与罗钦顺云"。但却不断遭受朝廷和权贵们的指责、讽刺，如抨击他不守师法，背离程朱理学，如讥他的"心学"标新立异、哗众取宠，只不过是求新奇的"新学"而已等，不一而足。对此，在给明代另一位大儒罗钦顺的一封信中，王阳明颇有感慨地写道："而数年以来，闻其说而非笑之者有矣，诟訾之者有矣，置之不足较量辨议之者

---

① （汉）司马迁：《史记》，中华书局1982年版，第1742页。
② （明）王阳明：《王阳明全集》，上海古籍出版社1992年版，第116页。
③ 同上书，第1541页。

有矣。"①

虽然人生多难,但阳明以弘毅的精神,承受住了外界的巨大压力,"往年驾在留都,左右交谮某于武庙,当时祸且不测。僚属咸危惧,劝其图自解。阳明云:君子不求天下之信己也,自信而已"②。阳明这种"自信"的信念,正生动昭示了"南方之强"的人格境界。

（原文刊登于《绍兴文理学院学报》2007年第4期）

---

① （明）王阳明:《王阳明全集》,上海古籍出版社1992年版,第78页。
② 同上书,第207页。

海上"越瓷之路"航线研究的几个问题

魏建钢[*]

摘 要：中国大规模的海上陶瓷贸易从唐代越瓷开始，起点在明州港，贸易地遍及东亚、东南亚、南亚、西亚以及东非。传统的陶瓷北方陆地贸易为何会转入南方海上"陶瓷之路"？以越瓷作为大宗贸易商品的"越瓷之路"主要开辟了哪些航线？生产力水平比较落后的唐宋时期，越瓷在海洋贸易中又是如何依靠自然条件来完成航行任务？本文作了分析和探索。

关键词："越瓷之路"；航线；分布；自然条件

在中外文化交流史上，中国陶瓷大规模对外输出是在唐代，它主要是通过海运来实现的，在唐、宋、元、明、清历代陶瓷贸易中，形成了相对稳定的航线，这条航线后来被日本学者称为"陶瓷之路"[①]，它是继我国古代"丝绸之路"之后又一条重要的贸易通道，对加强中外物质文化的交流，促进人类文明作出过重要贡献。越窑是中国古代著名的青瓷窑，始烧于汉，

---

[*] 魏建钢(1963—)，男，浙江上虞人，绍兴文理学院副教授。
[①] ［日］三上次男：《陶瓷之路》，天津人民出版社1983年版，第144页。

盛产于唐宋，在唐宋时期宁绍地区分布窑址共计达230余处①，唐代起，越窑青瓷已作为一种重要商品出现在国内各大市场，随着明州港的不断发展，以越窑为主要外销瓷的贸易格局逐渐形成。

一 从"丝绸之路"到"陶瓷之路"

中国古代陶瓷像丝绸一样成为对外贸易的重要产品，一直以来担当着中国文化对外交流的重要载体。在英语中，"中国"和"瓷器"同为一词；土耳其语中，中国和瓷器都称作"秦"；阿拉伯语中，瓷器和中国的词意相同。可见，在外国人眼中，对中国的认识最早主要是通过瓷器来实现的。

陶瓷在对外贸易过程中不同时代有截然不同的两条路线，唐以前走的是陆路，也就是德国地理学家冯·李希霍芬（1833—1905）全名的"丝绸之路"，它是连接中国和中亚、西亚的交通大动脉，因为输出的货物主要以丝和丝织品为主，所以以此命名。其大致路线是：出（甘肃）玉门关往西，走北道，沿北山（天山）南麓西行，越葱岭的北部西向，可至大秦；走南道，从鄯善旁南山（昆仑山）北麓至沙东，西逾葱岭至大月氏、安息诸国，再往西到达大秦（古时的罗马帝国），中国大批货物主要是走南道运出国门。汉代起，中国与西方古罗马帝国就有频繁的贸易往来，唐代陶瓷作为一种新兴商品进入国际贸易行列，古时的丝绸之路逐渐演变成陆上陶瓷之路，成为丝绸之路运输线上的新的里程碑。

丝绸之路主要的交通工具是骆驼，走的是内陆戈壁、沙漠和高原、山地，路途遥远，气候干燥，道路崎岖，日温差较大。陶瓷是易破碎的商品，器面光滑，体积较大，质量较重，装运极不方便。《万历野获编》有记载，为了防止瓷器在运输过程中因碰撞、摔落而破损，人们想了许多办法。用

---

① 林士民：《青瓷与越窑》，上海古籍出版社1999年版，第300页。

稻草包装瓷器，并在其间塞进少数砂土及豆麦，洒上水促使豆麦发芽，缠绕胶固，防止瓷器碰撞和绑绳断裂。可见，唐时中国人为了把瓷器运往国际市场可谓费尽苦心，但毕竟骆驼运输运量有限，运输速度又极其缓慢，路上安全性得不到保证，加上唐时，瓷器主要产地浙江又远离丝绸之路西端起点唐都长安，用这种方法运送中国瓷器对于满足西亚、中亚诸国对瓷器的需求可谓杯水车薪。寻找一种安全、大量、快捷的瓷器贸易通道，成为当时中国、印度、阿拉伯诸国商人共同的愿望，海上"陶瓷之路"就在这样的背景下形成了。

海上"陶瓷之路"通常泛指亚欧大陆东西方通过海洋进行贸易活动的通道。主要包括中国经东南亚、南亚至西亚，进入波斯湾沿岸地区，穿越红海至埃及，南下经索马里半岛到东非诸国；同时也包括中国东部沿海到朝鲜半岛、日本的陶瓷航线。日本学者三上次男于20世纪60年代考察中东、东非诸国古遗址后，撰写了《陶瓷之路》一书。他在书中用精辟的语言阐述了中国陶瓷在世界各国的发现和收藏，利用亲身的考古经历，阐释了中国陶瓷对世界物质文化进步所作出的贡献，并最早把这条运送中国陶瓷的海上航线命名为陶瓷之路。陶瓷之路实际上是以中国陶瓷作为大宗货物的跨海国际贸易路线。

二 越瓷贸易的地理分布和"越瓷之路"航线

(一)"越瓷之路"的含义

中国陶瓷形成系统的海上贸易有个渐变的过程。起初，陶瓷器只是作为一种礼物，由唐王赠送给各国使臣、僧侣、商贾、学者等，由于唐代中国在国际上享有崇高的威望，再加上中国陶瓷本身制作精良，迅速成为商人争相贩运的商品。在历代外销陶瓷中，各个时期陶瓷风格明显不同，唐宋时，主要是越窑青瓷、邢窑白瓷、唐三彩以及龙泉窑青瓷。在8世纪七八十年代起，从明州港始发装载越窑青瓷为主的商舶驶向东亚、东南亚、南亚、西亚至东部非洲，经历9世纪、10世纪的兴盛至11世纪初被龙泉窑青瓷所取代。我们把以明州港为起点，以装载越窑青瓷为主要产品，经历唐末、五代、北宋初三个朝代的海上贸易航线称作"越瓷之路"。

（二）越瓷贸易的地理分布

根据世界各地文物发掘统计，越窑青瓷出现在东亚、东南亚、南亚、中东及东部非洲等地。世界上出土越窑青瓷最多的国家是日本，其次是埃及，此外，还有东亚的朝鲜半岛，东南亚的越南、泰国、马来西亚和印度尼西亚，南亚的斯里兰卡、印度和巴基斯坦，中东的沙特阿拉伯、伊朗、阿曼、伊拉克，东非的苏丹、索马里、肯尼亚、叙利亚等，共二十多个国家。

（三）"越瓷之路"航线

以越瓷为大宗商品的"越瓷之路"航线可以分成东线、东南线、西南线三条。

东线：目的地为东亚朝鲜半岛、日本列岛。根据目的地不同又可分成两条线，从明州出发经山东登州，至朝鲜半岛西岸，到日本；从明州出发直达日本九州岛西海岸。

东南线：目的地为东南亚。从明州出发到台湾列岛，穿巴林塘海峡，经菲律宾到加里曼岛，沿卡里马塔海峡，到爪哇岛、苏拉威西岛。

西南线：目的地南亚、西亚和东非。这条道路实际上就是日本学者三上次男先生20世纪中期提出的"海上陶瓷之路"的主体，《新唐书·地理志》卷四十三（下）中把它称作"海夷道"，属于唐代中国与外国交往的七大交通路线之一。

中国与西亚之间的航线至迟在6世纪已全线贯通，《宋书》有记载"舟舶继往，商使交属"，说明中国与大秦、天竺之间有商业往来①，8世纪后期，从明州港出发载有越瓷的商船已横渡印度洋、阿拉伯海峡进入中东、东非诸国。

《新唐书·地理志》卷四十三（下）对"海夷道"有详细的描述："广州东南海行，二百里至屯门山，乃帆风西行，二日至九州石。又南二日至象石。……经没来国……经天竺西境小国五……自三兰国正北二十日行，经小国十余，至设国。……至没巽国。……至拔离謌磨难国。又一日行，至乌剌国……又西北陆行千里，至茂门王所都缚达城。"具体的航线是：从明州出发，沿海岸线南下，穿越台湾海峡到广州港，经过一番国内货物卸装，加足食品、淡水，启航南下，过香港九龙，折西行，至海南岛东北部，沿越南东海岸南行，至越南占婆岛，经过越南义平省归仁、富庆省芽庄，过金兰湾，到藩朗，经头顿—昆仑岛特区的昆仑岛，穿越中国南海至新加坡，东南经苏门答腊岛巨港，到爪哇岛，折向西沿马来半岛东海岸至克拉地海峡秦国柴亚附近（或经素叻他尼州），穿越马六甲海峡北上，经过苏门答腊岛北端东海岸棉兰以北日里附近，折向西北过苏门答腊岛西北班达亚齐，往北过尼科巴群岛，穿越孟加拉湾至当时狮子国斯里兰卡，经过印度南端科摩林角，至喀拉拉邦奎隆，沿印度西海岸北上，经过印度河河口至巴基斯坦首都卡拉奇，再往西经过阿曼湾，至霍尔木兹海峡北岸阿巴斯港附近，穿过波斯湾到达伊拉克幼发拉底河，换成小舟，逆流而上至巴士拉，沿底格里斯河直达巴格达。

需要说明的是，越瓷贸易远不止到波斯湾，在非洲埃及、索马里、坦桑尼亚等国都有越瓷遗存发现，因此，"海夷道"应该还要向西南延伸。经过亚丁湾，穿过曼德海峡和红海，绕过索马里半岛南下到非洲东海岸诸岛。

---

① 参见《宋书·蛮夷传》。

三　越瓷贸易需要解决的几个实际问题

从明州出发至西亚、东非的越瓷贸易航线距离十分遥远，中间要经过东海、台湾海峡、南海、卡里马塔海峡、马六甲海峡、孟加拉湾、阿拉伯海（有的直接穿越印度洋）、阿曼湾、霍尔木兹海峡、波斯湾、曼德海峡、红海等海域，海路曲折，风浪巨大，在生产力水平比较落后的唐宋时期，依靠什么力量运用什么方法来完成这一历史使命？

（1）发达的造船业是"越瓷之路"航线开辟的基本条件。中国的造船业要追溯到春秋战国时期，周成王（前1024—前1005）时就有"于越献舟"记载①，说明越王勾践时代，浙东地区已有造船史；汉代造船业得到进一步发展，已能造出宽6—8米，长30米，载重达50—60吨的木船，可以在近海航行，《后汉书·地理志》中有海上贸易的最早记录"自日南障塞，徐闻、合浦船行可五月，有都之国……汉之译使还矣"。西汉时在长安西郊的苑囿里"有九真之麟，大宛之马，黄支之犀，条支之鸟，越巨海，殊方异类，至于三万里"②。《后汉书》记载："至桓帝延熹九年（166），大秦王安敦谴使自日南徼外，献象牙、犀角、玳瑁。"③ 中国至红海的贸易线路在2世纪前后已开通，而且两地之间已经存在广泛的双向交往，大量国外珍禽奇兽就是通过"越巨海"的长途海运进入中国。

唐代起，我国造船业进入全新的发展阶段，主要原因是陶瓷作为大宗商品开始大量输出国外，而海运具有平安、运载量大及运速比驼队快的优点，同时，唐后期，党项族逐渐发展并建立西夏王朝，宋夏边境时战时和，丝绸之路东段时延时断，9世纪塔吉克人推翻阿拉伯人的统治，在中亚建立

---

① 参见《竹书纪年》。
② （汉）班固：《西都赋》，《昭明文选》京华出版社2000年版，第8页。
③ 参见《后汉书》卷88《西域传》第七十八《大秦传》。

萨曼王王朝，丝绸之路中段受阻。据《一切经音义》中描述："唐时中国有一种'苍舶'，长达二十丈，可载六七百人。"① 9世纪阿拉伯商人苏莱曼在《东游记》中说："唐时中国海船特别大，波斯湾风浪险恶，只有中国船航行无阻，阿拉伯东来的货物都要装在中国船上。"② 唐时中国造船业已领先阿拉伯国家，并且能克服海上风浪畅通于海上。宋代造船业更取得长足的进步，北宋钱塘人沈括有记录："国初，两浙献龙舟，长二十丈，上为宫室层楼，设御榻以备游幸。"③ 宋真宗天禧年间（1017—1021），仅明州就每年造船177艘，哲宗元祐五年（1090），明州、温州年造船达到600艘④。唐时起，明州迅速崛起成为中国陶瓷重要输出港已无可置疑，同时也可确认，我国东南沿海造船业规模已十分巨大。另据文献对船行描述：远洋船舶"船体巨木全方，挎叠而成"，"上平如衡，下侧如刃"⑤，船的浸水部分呈"V"形，有利于海上劈风斩浪；从舱体载重量来看，"宋时海船大者载重达五千料（《明会典》记：一料为一石，即为今60公斤），载五六百人"⑥。显然，三百吨瓷器、几百人居住的木船在没有现代化建造技术的古代已称得上"巨舟"，南宋周去非在《岭外代答》中所说的"一舟数百人，中积一年粮"是真实可信的。成书于12世纪初的《萍州可谈》对远洋船舶的结构、装运货物作了更为详细的描述："深阔各数十丈，商人分占储货，人得数尺，下以储物，夜卧其上，货多陶器，大小相套，无少隙地。海中不畏风涛，唯俱靠阁，谓之奏浅，则不复可脱。船忽发漏，既不可入治，令鬼奴持刀絮自外补之。鬼奴善游，入水不瞑。"⑦ 当时木船的船体已分仓隔绝

---

① 唐代高僧慧琳，疏勒国人，开元中住京师西明寺，有《大藏音义》一百卷，即《一切经音义》。
② 苏莱曼：《中国印度见闻录》，穆根莱等译，中华书局1983年版。
③ （北宋）沈括：《梦溪笔谈·补笔谈》，中华书局1962年版。
④ （清）徐松：《宋会要辑稿》，中华书局1987年版。
⑤ 《宣和奉使高丽图经》卷34《海道一》。
⑥ （南宋）吴自牧：《梦粱录》卷12，三秦出版社2004年版，第184页。
⑦ （宋）朱彧：《萍州可谈》卷2，上海古籍出版社2012年版，第28页。

建造，其目的是预防航运途中发生局部渗漏，远洋船舶随船还有修船补漏的船工，可谓有长远的思考；在装载过程中能做到充分利用空间，确保装运最大化，足见当时海运水平之高。

（2）季风洋流的借用是实现越瓷远洋贸易的动力保障。1世纪前后，中国商人从阿拉伯远洋船队中获得印度洋季风的秘密，他们明白，阿拉伯人的船只能在红海和印度洋之间穿梭来往，靠的是一种自然力，那就是季风。季风在北印度洋地区会随着冬夏季节的更替发生方向相反的变化。

冬季北印度洋盛行东北信风，同时在阿拉伯海区出现逆时针洋流，这时适宜远洋船舶沿阿拉伯海北岸作自东向西航行，就是从印度经巴基斯坦、伊朗到波斯湾阿拉伯半岛东南海岸，有的可穿越红海至埃及，有的可南下直达东非诸国；也可以借助东北风直接自印度西南端奎隆穿越印度洋，至对岸亚丁湾，或进入曼德海峡，穿红海到埃及，或沿索马里半岛南下至东非诸国。夏季，北印度洋盛行西南季风，在季风力驱动下，阿拉伯沿岸出现顺时针洋流，这时中国商船也可以借助自然风力返航，一部分较小的船舶可沿阿拉伯海北海岸自西向东到印度再经过马六甲海峡北上；较大的船舶可在阿拉伯半岛东南直接穿越印度洋到印度南端，再东行到尼科巴群岛进入马六甲海峡，北上回国。

中国近海至中南半岛、菲律宾群岛也有季节性的海流分布，每年冬季，中国沿海直至中南半岛，马来半岛沿岸盛行自北向南的洋流，称东海沿岸流和南海东北季风漂流，这适于中国远航商船的顺流南下，而这时，台湾列岛、菲律宾群岛一带盛行自南向北的黑潮，台湾以北分出一支台湾暖流，继续沿浙江以东海域北上，赴东南亚贸易海船可以顺这一海流返航；夏季，中国沿海至中南半岛，马来半岛沿岸盛行自南至北洋流，称南海西南季风漂流，这时台湾及菲律宾群岛以东洋面同样盛行自南而北的黑潮，可见，这个季节无论近海还是远洋都适宜于商船返航。

三国时，吴国丹阳太守万震在《南州异物志》中叙述南海上船舶的风帆:"外徼人随舟大小或作四帆,前后沓载之。有卢头木,叶如牖形,长丈条,织收为帆。其四帆不正前方,皆使邪移,相聚以取风吹。"① 说明用船帆的方向移动来获取风的作用力,推动船舶前进,这种方法古人早知。另外,南宋钱塘吴自牧对远洋船舶描述中,指出即使其中最小的一种称"钻风"的海船也有"大小八橹或六橹"②。可见,自唐代起中国远洋贸易船舶主要是用盛行风向及洋流的季节变化来获取动力,对风帆运用很有讲究:风有八面,唯当头不可行。也就是说除了迎面吹来的风不能用外,顺风、侧风均可用帆的方向调节来获取动力。但当船舶进入无风区或无洋流区时,需用人力撑橹前进,一般船舶有8—12橹,最多的有20橹;常见船舶撑橹为每橹4人,最多的30人,远洋航行的水手船员已有相当成熟的操作技术。

(3) 天象地理的观察是确保"越瓷之路"航线顺达的关键。从明州港出发的船舶至西亚、东非需要经过众多曲折的海路,他们靠什么来确定航向?《萍州可谈》记录得十分清楚。"舟师识地理,夜则观星,昼则观日,阴晦观指南针。或以十丈绳钩取海底泥嗅之,便知所至。"③ 沈括在《梦溪笔谈》中比较详细地介绍了罗盘的构造。唐宋时代,远航的舟师已经掌握了用传说经验和当时最先进罗盘(指南针)定向相结合的导航技术,一些长期远航的舟师,熟悉航线上不同国家的地貌景观和风土人情,了解不同气候条件、海洋环境下的海底沉积物性质,掌握不同季节不同经纬度区星空的变化和太阳高度的差异,这是确保越瓷贸易航线顺达的关键。

(4) 出航时间的巧妙制定是完成越瓷贸易的必要条件。海上越瓷贸易起点在明州,明州港兴起后"几乎所有的越窑青瓷都通过明州港外销"④。海路运输通常有三条:东线,穿东海、黄海到朝鲜半岛、日本群岛;东南

---

① 《太平御览·舟部》。
② (南宋)吴自牧:《梦粱录》卷12,三秦出版社2004年版,第184页。
③ (宋)朱彧:《萍州可谈》卷2,上海古籍出版社2012年版,第29页。
④ 虞浩旭:《试论唐宋元时期明州港的瓷器外销及地位》,《景德镇陶瓷》1999年第4期。

线，先到澎湖、马祖、台湾，至琉球群岛，过巴士海峡，巴林塘海峡，到菲律宾群岛、马来群岛；西南线，经广州，沿南海西海岸南下，过越南，穿过马六甲海峡，到斯里兰卡，过印度南端，抵西亚、东非。上述三条线路中，西南线路途最远，还要穿过北印度洋，《新唐书·地理志》卷四十三（下）称"海夷道"，为了使船舶能顺利借助风力和洋流，对出海时间和航行时段有严格要求。

第一种情况：每年的11月份，明州启航过广州南下，借助东海沿岸流，南海东北季风及季风漂流，航行40天，到达苏门答腊岛兰里贸易，穿越马六甲海峡，于次年1月到印度南端奎隆贸易中转，剩余产品换用小船沿阿拉伯海北部海岸，借北印度洋逆时针洋流，自东向西经过巴基斯坦、伊朗，进入波斯湾交易。第二年夏天，当北印度洋盛行西南季风时，小船顺风顺流而返，借助阿拉伯海顺时针洋流到印度，穿越马六甲海峡，顺中南半岛西南季风及季风漂流返回明州。

第二种情况：11月份明州启航经广州，顺东海沿岸流，南海东北季风及季风漂流，航行40天到兰里，穿越马六甲海峡，于次年初借东北信风航行60天直接穿越印度洋到佐法尔或直航亚丁，沿北印度洋逆时针洋流南下到索马里、坦桑尼亚。当年夏季西南季风起，顺西南季风横穿印度洋，过马六甲海峡，借助中南半岛西南季风和季风漂流返回明州。

（原文刊登于《绍兴文理学院学报》2008年第2期）

后　　记

　　本书系《绍兴文理学院学报》特色栏目"越文化研究"系列丛书之一。越文化之中心区域绍兴古城，自春秋越国越王勾践七年（前490）开始筑城建都，距今已有2500多年建城史，2500多年来城址不变、赓续相继。秦汉以后，相继成为山阴、会稽县治，会稽郡、越州、绍兴府（路）治和东扬州、浙东观察使、两浙东路治所，是一座始终以行政中心功能为主的传统城市。从城市地理环境、人口数量、用地规模、功能布局到城市肌理诸多方面，按照城市自身规律发展，保持了非常明显的稳定性和延续性。越地城池历史悠久，文化积淀深厚，1982被国务院列为第一批中国历史文化名城。越地城池的稳定性和延续性，不断累积、丰富、深化了城市文化的内涵和历史记忆，推动着城市文明的进步和深入，在中国城市史上有着特殊的价值。

　　本栏目多年来一直关注于越地城池和地理文化的研究趋势发展，配合绍兴建城史的研究，组织刊发了一系列相关的论文，集腋成裘，特编成此辑，奉献给读者。

高利华
《绍兴文理学院学报》编辑部
2017年4月26日